JN260187

実務 刑事弁護と証拠法

庭山英雄
荒木和男
合田勝義

［編著］

青林書院

はしがき

　憲法の人権規定や刑事訴訟法は，犯罪者のマグナ・カルタといわれており，その担い手は弁護士であると期待されている。

　1980年代に，4つの死刑再審無罪事件（免田，財田川，松山，島田）が，弁護団の努力で得られたことを機として，捜査，起訴手続が見直され，実践的刑事弁護の充実が叫ばれた。

　そして弁護士を中心として，冤罪の源は，被疑者段階にこそあることに着目し，当番弁護士制度が定着し，身柄を拘束されている被疑者の40％に，弁護士会が費用を負担して，かけつける弁護士として制度が定着した。

　制度を改革し，または理念どおりに運用させるべく，検察官や裁判官と，十分にわたりあえるように，弁護士間にも刑事弁護に力を入れるべきだという気運が高まり，各種マニュアル本が続々と出版された。

　そんな高まりの中で，100年来といわれる監獄法の改正も，弁護士会の協力もあり，成立し，代用監獄といわれる警察の留置場に，起訴まで最長23日間身柄拘束できるシステムも，見直すべきことが確認され，刑務所すなわち刑罰の最終目的が，被告人の社会復帰にあることも再確認された。

　刑事訴訟の目的も，治安の維持のみにあるわけではなく，まして被疑者・被告人に罰を受けさせることにあるわけではなく，すべて等しく社会生活を送れるように矯正をすべきことにあることが確認されている。

　その流れの中で，司法改革の1つの成果といわれる裁判員制度が創設され，それに先立って公判前整理手続の創設と証拠開示制度のシステムおよび被疑者国選弁護システムの創設も確認された。

　裁判員制度の運用開始は，2009年の春からであり，既に若干の実績（鹿児島で2010年暮れに無罪が出たり，また，控訴審で差し戻されたり，2011年3月30日には東京高裁で，原告無罪が，証拠の評価だけで，逆転有罪となった（新聞報道）り，いくつかのパターンは出尽くした。上告審の経過まちであるが）を築きつつあるが，他方控訴審でのシステムは，手つかずであるし，集中審理は，それなりの肯首すべきものがあるが，事実認定だけでなく，量刑も裁判員に任せており死刑までも含めた重罪について，国民の口頭審理で結論を出すこ

とが，果たして，我が国の犯罪者のマグナ・カルタたる制度の実践に，いかなる影響を与えるかは，まだ実例が少なく，論ずることはできない。

　しかし，国民の声という名前で，マスコミの影響をどれだけ受けるのか，過ぐる大戦も国民の声だったのではないか，憲法にいう「裁判官の裁判を受ける権利」はどうなったのかなどの批判もある。制度としての運用が開始された以上，弁護人としては，そのある制度の中で，これを活用し，被疑者・被告人の権利の擁護のために実践的に活動するしかない。

　刑事弁護を有効的に実践するためには，証拠の採否についての手続の議論や収集手続，そして評価について十分な知識を持つことが前提となる。

　まして，足利事件にみるDNA鑑定の評価や痴漢事件の繊維鑑定など最新の知識も警察の捜査，検察の主張を検証するためにも必要である。

　終極的には誤判の原因は何かという古くて新しい問題に帰着することであるが，『誤判原因に迫る』（日弁連人権擁護委員会編，2009年）によると少年や知的障害者の扱い方，目撃証言のあいまいさ，共犯者の供述・自白の信用性と補強証拠，科学への無批判なる尊重など後日問題化されたものは多くあるという。

　冤罪は，自由心証主義の許では，さけられないのかと絶望的になる必要はなく，裁判官の意識を改めさせ高めるため，弁護人が制度をフルに理念どおり活用することが必須であると思われる。

　合理的な疑いをいれない程度の立証を検察官に負担させていることが，絵にかいた餅ではないことを，起訴前の弁護から始めて，裁判官の意識改革をはかる活動が期待されているというべきである。

　死刑再審無罪の4事件に，最高裁まで，何人の裁判官が関与したのかを考えると，これらは科学捜査の事後的誤りが指摘されたわけではないので，我が国の裁判官の検察追随の姿勢はおそろしいといわざるを得ない。

　弁護人の役割と実践が，国民の期待にそむかないことを祈りつつ，本書が広く読者に役立つことを心より期待する。

　　平成23年4月

　　　　　　　　　　　　　　　　　　　　　編者代表　荒木　和男

凡　例

I　引用法令
(1)　本書に引用した法令は，平成23年1月末現在のものによった。
(2)　本文中において，刑事訴訟法は「刑訴法」，刑事訴訟規則は「刑訴規則」とそれぞれ略記した。
(3)　カッコ内の法令条項の引用は，原則として，次のように行った。
　(a)　法令条項を列記するにあたっては，同一法令の場合は「・」で，異なる法令の場合は「,」でそれぞれ区切った。
　(b)　主要な法令名は，後掲の「法令名略語」によった。

II　引用判例
　カッコ内における判例の引用は，原則として，次のように行った。なお，その際に用いた略語は，後掲の「判例・文献略語」によった。
〔例〕最判平21・4・14刑集63巻4号331頁
　　　←最高裁判所平成21年4月14日判決，最高裁判所刑事判例集63巻4号331頁

〔法令名略語〕

憲	憲法		及び観察等に関する法律（医療観察法）
刑	刑法		
刑訴	刑事訴訟法	裁	裁判所法
刑訴規	刑事訴訟規則	裁判員	裁判員の参加する刑事裁判に関する法律
医療観察	心神喪失等の状態で重大な他害行為を行った者の医療		
		弁	弁護士法

〔判例・文献略語〕

最	最高裁判所	民集	最高裁判所（大審院）民事判例集
最〔大〕	最高裁判所大法廷		
高	高等裁判所	高刑集	高等裁判所刑事判例集
地	地方裁判所	下刑集	下級裁判所刑事裁判例集
簡	簡易裁判所	裁判集刑	最高裁判所裁判集刑事
判	判決	東高時報	東京高等裁判所刑事判決時報
決	決定		
		判特	高等裁判所刑事判決特報
刑集	最高裁判所（大審院）刑事判例集	判時	判例時報
		判タ	判例タイムズ

編者・執筆者一覧

編　者

庭 山 英 雄（弁護士・元専修大学教授）

荒 木 和 男（弁護士）

合 田 勝 義（弁護士）

執筆者・執筆分担

荒 木 和 男（上 掲）　　第1部第1章・第2章

合 田 勝 義（上 掲）　　第1部第3章

吉 田 武 男（弁護士）　　第2部第1章～第3章第1節・第2節

藤 田 充 宏（弁護士）　　第2部第3章第3節

國 部 　 徹（弁護士）　　第3部第1章～第9章

平 賀 睦 夫（弁護士）　　第4部第1章～第4章

庭 山 英 雄（上 掲）　　第5部第1章～第16章

佐 藤 善 博（弁護士）　　第6部第1章・第2章

村 木 一 郎（弁護士）　　第7部第1章～第12章

竹 村 眞 史（弁護士）　　第8部第1章・第2章

内 山 成 樹（弁護士）　　第9部第1章～第3章

目次

はしがき
凡　例
編者・執筆者一覧

第1部　証拠調べの準備にあたっての弁護人としての心構え

第1章　証拠調べの準備にあたっての諸問題
　　　　　——弁護人依頼権の意義について …………〔荒木　和男〕… 3
　第1節　国選弁護人がつく場合……………………………………………… 3
　第2節　弁護人の請求権の告知と実務……………………………………… 4
　第3節　国選弁護人選任の性格とその濫用とは（辞任の正当事由とは）… 5
　第4節　私選弁護人の辞任と権利濫用……………………………………… 7
　第5節　必要的弁護の場合は別異に扱うべきか…………………………… 7
　第6節　被告人の希望は国選弁護人において生かされるか
　　　　　——指定と複数の選任など…………………………………………14

第2章　証拠調べの準備……………………………〔荒木　和男〕…15
　第1節　起訴状に対する求釈明——起訴されたときの心構え……………15
　第2節　起訴状の検討と求釈明………………………………………………16
　第3節　訴因の特定で争うべきポイント……………………………………19
　第4節　冤罪事件を防ぐための弁護のポイント……………………………20
　第5節　事件を受けるにあたって，裁判員制度下の控訴審の心構え……25

第3章　第1回公判期日前の準備活動 ……………〔合田　勝義〕…29
　第1節　証拠調べの準備………………………………………………………29
　　Ⅰ　刑事弁護において大切なこと　29
　　Ⅱ　逮捕への対策　29
　　Ⅲ　勾留対策　30
　　Ⅳ　接見の心構え　32

Ⅴ　不当な取調べへの対応　*33*

　　Ⅵ　被害者との交渉　*34*

　　Ⅶ　保釈の取り方　*35*

　第2節　具体的事前準備……………………………………………………*36*

　　Ⅰ　裁判所の関与と被告人側の事前準備　*36*

　　Ⅱ　証拠の開示の要請と公判前整理手続の選択について　*37*

　　Ⅲ　検察官の証拠調べ請求と被告人側の証拠意見，同意・不同意の準備について　*38*

　　Ⅳ　被告人側の証拠準備と証拠調べ請求の準備について　*39*

　　Ⅴ　弁護人の冒頭陳述の目的と是非　*41*

　　Ⅵ　犯罪被害者等の保護と手続参加を認める刑事手続について　*42*

　　Ⅶ　公判手続の更新　*50*

第2部　証拠調べの流れと実務

第1章　冒頭陳述 ……………………………………〔吉田　武男〕…*55*

　第1節　検察官の冒頭陳述………………………………………………*55*

　　Ⅰ　検察官の冒頭陳述に先立つ冒頭手続（刑訴291条）　*55*

　　Ⅱ　検察官による冒頭陳述　*55*

　第2節　弁護人の冒頭陳述………………………………………………*56*

　　Ⅰ　弁護人による冒頭陳述の意義　*56*

　　Ⅱ　弁護人による冒頭陳述の目的等　*57*

　　Ⅲ　弁護人が冒頭陳述を行う場合の注意点　*57*

第2章　証拠調べの請求 ……………………………〔吉田　武男〕…*59*

　第1節　証拠調べ請求——請求権者・時期……………………………*59*

　　Ⅰ　証拠調べ請求　*59*

　　Ⅱ　取調べ請求権者等　*60*

　第2節　証拠の意義………………………………………………………*60*

　　Ⅰ　厳格な証明に用いられる証拠，自由な証明に用いられる証拠　*60*

　　Ⅱ　証拠調べの方法による分類　*61*

Ⅲ　供述証拠，非供述証拠　*61*
　第3節　証拠調べ請求の時期，取調べ請求する証拠，取調べ請求の
　　　　順序等………………………………………………………………*61*
　　Ⅰ　証拠調べ請求の時期　*61*
　　Ⅱ　取調べ請求する証拠と根拠　*62*

第3章　証拠決定 …〔第1節・第2節＝吉田　武男,第3節＝藤田　充宏〕…*71*
　第1節　証拠決定前の措置……………………………………………………*71*
　　Ⅰ　証拠決定と証拠能力　*71*
　　Ⅱ　裁判所の証拠決定前に弁護人がなすべき措置，準備等　*72*
　第2節　証拠能力の判断各論(1)………………………………………………*75*
　　Ⅰ　証拠能力　*75*
　　Ⅱ　各種証拠の証拠能力各論　*78*
　第3節　証拠能力の判断各論(2)………………………………………………*123*
　　Ⅰ　通常書面と伝聞法則と同意の意味　*123*
　　Ⅱ　その他の問題　*151*

第3部　証拠調べへの展開──証拠調べの方式

第1章　書　証 ………………………………………〔國部　徹〕…*161*
　第1節　証拠書類………………………………………………………………*161*
　第2節　本来的な取調べ方法──朗　　読……………………………………*162*
　　Ⅰ　朗読の意義　*162*
　　Ⅱ　外国人事件と証拠書類の朗読　*162*
　第3節　簡易な取調べ方法──要旨の告知……………………………………*164*
　　Ⅰ　要旨の告知の意義　*164*
　　Ⅱ　要旨の告知の問題点　*164*
　第4節　ビデオリンク方式の場合の特殊な取扱い──再　　生…………*166*
　　Ⅰ　ビデオリンク方式　*166*
　　Ⅱ　再　　生　*166*

第2章　人　証 〔國部　徹〕…168
第1節　証人尋問——交互尋問の意義，反対尋問の方法 168
Ⅰ　人的証拠の取調べについての法の規定　168
Ⅱ　交互尋問の確立　169
第2節　交互尋問のルール 170
Ⅰ　交互尋問の意義　170
Ⅱ　交互尋問の実施　170
第3節　被告人質問 176
Ⅰ　被告人質問の意義　176
Ⅱ　被告人質問の実施方法　176

第3章　物　証 〔國部　徹〕…178
第1節　証拠物 178
第2節　展　示 179

第4章　検　証 〔國部　徹〕…180
第1節　検証とは 180
第2節　検証結果の証拠調べ方法 181

第5章　鑑　定 〔國部　徹〕…182
第1節　鑑定とは 182
第2節　鑑定結果の証拠調べ方法 183

第6章　不同意への対応 〔國部　徹〕…184
第1節　弁護側立証における問題点 184
第2節　不同意に対する弁護人の対応 186

第7章　不当な訴訟指揮に対する対応 〔國部　徹〕…187
第1節　正式な「異議」 187
第2節　異議の述べ方 188

第8章　共犯者の自白 〔國部　徹〕…190
第1節　共犯者の自白の危険性 190
第2節　共犯者の自白の証拠調べの方法 191
第3節　対処の必要性 192

第9章　違法収集証拠総論
　　　　──違法収集証拠の排除法則……………〔國部　徹〕…194
　　第1節　違法収集証拠の排除法則………………………………194
　　第2節　重大性の判断要素………………………………………195

第4部　証拠調べのコントロール（規制）

第1章　証拠調べのコントロール（規制）のあり方……〔平賀　睦夫〕…199
　　第1節　総　　論……………………………………………………199
　　第2節　訴訟指揮権によるコントロール（規制）…………………200
　　　Ⅰ　訴訟指揮の主体　200
　　　Ⅱ　訴訟指揮権によるコントロール（規制）の内容　202
　　第3節　当事者によるコントロール（規制）………………………203
第2章　異議の種類と機能……………………………〔平賀　睦夫〕…205
　　第1節　総　　論……………………………………………………205
　　第2節　意見としての異議…………………………………………205
　　第3節　手続省略を肯認しない旨の異議…………………………206
　　第4節　証拠調べに関する異議……………………………………207
第3章　刑訴法309条の異議の対象と理由……………〔平賀　睦夫〕…208
　　第1節　総　　論……………………………………………………208
　　第2節　裁判所・裁判長の処分に対する異議（刑訴309条1項）………209
　　　Ⅰ　証拠調べに関する決定に対する異議　209
　　　Ⅱ　証拠調べに関する処分以外の裁判長の処分に対する異議
　　　　（刑訴309条2項）　213
　　第3節　検察官らの行為に対する異議……………………………213
　　　Ⅰ　冒頭陳述に対する異議　213
　　　Ⅱ　証拠調べ請求に関する異議　214
　　　Ⅲ　異議申立てと公判調書　215
第4章　交互尋問における異議 ………………………〔平賀　睦夫〕…216
　　第1節　証人等の尋問について……………………………………216

Ⅰ　証人等の尋問の方式　216
　　Ⅱ　交互尋問における尋問と問題点　217
　　Ⅲ　具体的な異議の申立て方と対応　219
　第2節　被告人質問について……………………………………………… 219

第5部　証拠の評価

第1章　第5部「証拠の評価」の構成と目的 ………〔庭山　英雄〕… 223
　第1節　裁判員裁判評価の視点………………………………………… 223
　第2節　証拠開示の問題………………………………………………… 224
　第3節　主張明示義務の問題点………………………………………… 225
　第4節　予断排除の原則との関係……………………………………… 225
　第5節　被害者参加制度の問題点……………………………………… 226
　第6節　市民参加自体の問題点………………………………………… 226

第2章　証拠評価の原則，総説 ………………………〔庭山　英雄〕… 228
　第1節　自由心証主義の意義…………………………………………… 228
　第2節　自由心証の判例………………………………………………… 230

第3章　自由心証の歴史と人権 ………………………〔庭山　英雄〕… 233
　第1節　歴史研究の必要性……………………………………………… 233
　第2節　ドイツにおける近代的自由心証主義の成立………………… 233
　第3節　日本における自由心証主義の成立…………………………… 235
　第4節　まとめに代えて………………………………………………… 236
　　Ⅰ　成立の背景は民主自由社会　236
　　Ⅱ　自由心証主義の廃止の問題　237

第4章　自由心証抑制の理論……………………………〔庭山　英雄〕… 238
　第1節　はじめに………………………………………………………… 238
　第2節　事前抑制の体系………………………………………………… 239
　　Ⅰ　当事者主義による抑制　239
　　Ⅱ　証拠能力制限による抑制　239
　　Ⅲ　証明力を争う権利による抑制　240

第3節　事後抑制の体系……………………………………………… *241*
　　　Ⅰ　控訴審の理由不備による抑制　*241*
　　　Ⅱ　控訴審の事実誤認による抑制　*241*
　　　Ⅲ　上告審による抑制　*241*
　　　Ⅳ　再審による抑制　*242*
　　第4節　有罪判決の証拠説明による抑制……………………………… *243*
第5章　自白の証明力の評価に関する問題 ………〔庭山　英雄〕… *245*
　　第1節　事実認定のむずかしさ………………………………………… *245*
　　第2節　自白の証明力の判断基準のむなしさ………………………… *247*
　　第3節　自白の証明力評価の着眼点…………………………………… *249*
　　第4節　石井・木谷論争をめぐって…………………………………… *250*
　　第5節　足利事件おける取調べ録音テープの再生…………………… *253*
　　　Ⅰ　12月7日の否認供述　*253*
　　　Ⅱ　弁護人と検事とのやりとり　*255*
　　　Ⅲ　私の若干の所見　*255*
第6章　被告人供述（自白）と補強法則 ……………〔庭山　英雄〕… *257*
　　第1節　供述と補強証拠………………………………………………… *257*
　　第2節　自白と補強証拠………………………………………………… *258*
　　　Ⅰ　補強証拠を必要とする場合　*258*
　　　Ⅱ　補強証拠を必要としない場合　*259*
　　　Ⅲ　その他の場合　*259*
　　第3節　補強証拠の種類とその証明力………………………………… *260*
　　第4節　被告人と犯人との同一性の問題……………………………… *260*
第7章　共犯者の自白と補強証拠その1
　　　　　――類型別考察……………………………〔庭山　英雄〕… *262*
　　第1節　はじめに………………………………………………………… *262*
　　第2節　第一部の共犯者の自白に関する事実認定上の準則と留意点… *262*
　　　Ⅰ　巻き込み型　*263*
　　　Ⅱ　でっち上げ型　*263*
　　　Ⅲ　誇張型　*264*

第3節　第二部の共犯者の自白に関する法律上の準則……………………… 264
第8章　共犯者の自白と補強証拠その2
　　　　──証明力の見地から …………………〔庭山　英雄〕…267
　第1節　はじめに………………………………………………………………… 267
　第2節　共犯者の供述の証明力の判断基準…………………………………… 268
　　Ⅰ　共犯者の供述が客観的事実と符合する場合　268
　　Ⅱ　共犯者の供述は一貫しているか，それとも変転しているか　269
　　Ⅲ　共犯者の供述が詳細で明確性，具体性，迫真性を持つか　269
　　Ⅳ　共犯者の供述の動機・原因および取調べ状況に注目する　269
　　Ⅴ　共犯者の供述内容が経験法則に反していないか　270
　第3節　共犯者の自白と補強証拠………………………………………………… 270
　第4節　派生的問題……………………………………………………………… 271
第9章　目撃証言の評価その1
　　　　──学問分野別検討 ………………………〔庭山　英雄〕…272
　第1節　はじめに………………………………………………………………… 272
　第2節　第1編心理学からのアプローチ……………………………………… 272
　　Ⅰ　第1部目撃証言の信頼性に関わる要因　273
　　Ⅱ　第2部目撃証言の心理学的基礎　274
　　Ⅲ　第3部証言過程の分析　275
　第3節　第2編法律学からのアプローチ……………………………………… 276
　　Ⅰ　全体の構成　276
　　Ⅱ　第1章日本における犯人識別手続きの問題点　277
　　Ⅲ　第1章第4節日本型人物識別の批判的検討　280
第10章　目撃証言の評価その2
　　　　──証拠評価の原則を求めて ……………〔庭山　英雄〕…282
　第1節　はじめに──先行研究に学ぶ………………………………………… 282
　第2節　証拠評価の際の注意点………………………………………………… 285
　　Ⅰ　イギリスのタンブル判決　285
　　Ⅱ　わが国の場合　286

第11章　鑑定の評価その1
　　　　——刑事鑑定の流れと問題点……………………〔庭山　英雄〕…288
　第1節　刑事鑑定の歴史……………………………………………………288
　第2節　刑事裁判と鑑定……………………………………………………290
　　Ⅰ　鑑定資料の性格（質）の問題　292
　　Ⅱ　党派性および鑑定人の姿勢　294
　　Ⅲ　鑑定能力および鑑定方法　296
　　Ⅳ　鑑定人の選任の問題　297
　　Ⅴ　鑑定補助者の問題　298
　　Ⅵ　鑑定と裁判との関係　299

第12章　鑑定の評価その2
　　　　——精神障害事件無罪判決例………………〔庭山　英雄〕…301
　第1節　無罪判決を目指して………………………………………………301
　第2節　精神鑑定の実際……………………………………………………302
　　Ⅰ　雇用促進住宅事件（無罪事例集No.554）　302
　　Ⅱ　公園殺人未遂事件（無罪事例集No.613）　303
　　Ⅲ　奈留町事件（無罪事例集No.730）　304
　　Ⅳ　2回刺突事件（無罪事例集No.673）　305
　　Ⅴ　江戸川事件（無罪事例集No.257）　306
　　Ⅵ　赤羽台事件（無罪事例集不登載，弁護人申告による）　307
　　Ⅶ　沖縄パラノイア事件（無罪事例集No.534）　308
　第3節　まとめに代えて……………………………………………………308

第13章　裁判官の心証形成………………………………〔庭山　英雄〕…311
　第1節　心証形成理論の原点………………………………………………311
　第2節　日本の理論をめぐって……………………………………………312

第14章　証明の程度………………………………………〔庭山　英雄〕…314
　第1節　総　　論……………………………………………………………314
　第2節　判例の動き…………………………………………………………315

第15章　挙証責任と推定…………………………………〔庭山　英雄〕…317
　第1節　総　　論……………………………………………………………317

xiv 目次

第2節 証拠提出責任……………………………………………………… 319

第16章 裁判員制度と事実認定 ……………………〔庭山　英雄〕… 321
第1節 はじめに………………………………………………………… 321
第2節 裁判員制度とは何か…………………………………………… 322
 Ⅰ 裁判員制度とは *323*
 Ⅱ 裁判所からの呼出状 *323*
 Ⅲ 裁判員選任手続 *323*
 Ⅳ 公判審理 *324*
 Ⅴ 評議，評決，判決宣告 *324*
 Ⅵ 最高裁判所のアンケート調査 *325*
第3節 事実認定の指導原理と市民参加の意義……………………… 326
 Ⅰ 無罪の推定 *326*
 Ⅱ 合理的な疑問を残さない程度の証明 *327*
 Ⅲ 市民が参加することの意義 *327*
第4節 裁判員制度と自由心証主義…………………………………… 328
 Ⅰ 裁判員と刑事裁判上の諸原則 *328*
 Ⅱ 再審弁護団員の警告 *329*
第5節 評議のあり方…………………………………………………… 330
 Ⅰ 市民と法曹とのコミュニケーション *330*
 Ⅱ 学者や裁判官の所見 *332*
 Ⅲ 弁護人弁護士の所見 *333*
第6節 裁判員裁判と死刑……………………………………………… 333

第6部　最高裁判例「名倉判決」が解明した供述証拠の経験則等と証明力

第1章 痴漢冤罪裁判の問題点 ………………………〔佐藤　善博〕… 337
第1節 立証証拠が被害者供述のみで有罪になる裁判………………… 337
 Ⅰ 有罪と無罪を分けるのは，被害者供述にある「合理的疑い」の有無のはず *337*
 Ⅱ 痴漢冤罪裁判の有罪判決の被害者供述の証明力の評価

──「合理的疑い」と「合理的疑いのない証明」　339
　　Ⅲ　被害者供述にある「合理的疑い」の証明の程度がまちまち　342
　第2節　被害者供述の証明力の評価についての研究と痴漢事件の
　　　　特色……………………………………………………………… 344
　　Ⅰ　供述の3過程に誤りの入る危険性から供述証拠の証明力は本質的
　　　に弱い　344
　　Ⅱ　犯人識別供述の証明力（信用性）の評価は慎重でなければならな
　　　い　346
　　Ⅲ　被害者供述の証明力（信用性）の評価の特色　348
　　Ⅳ　痴漢事件は「客観的裏付け証拠」の得られにくい事件ではない　349

第2章　最高裁判例（名倉判決）が解明した被害者供述の経験則
　　　等と証明力……………………………………〔佐藤　善博〕…351
　第1節　名倉判決とは………………………………………………… 351
　第2節　上告審での著しく正義に反する重大な事実誤認…………… 352
　　Ⅰ　「経験則等から不合理」は判断が「著しく正義に反する事実誤認」　352
　　Ⅱ　「経験則等から合理的な疑い」が「合理的疑い」であり，「合理的
　　　疑いがある場合」は，「合理的疑いのない証明」がない　354
　第3節　被害者供述だけでは真偽不明………………………………… 360
　　Ⅰ　被害者供述に，経験則等から，「思い込み等」すなわち「錯覚や誇
　　　張，虚偽」があったら，被告人の防御は困難　360
　　Ⅱ　被害者供述に一般的，抽象的信用性があっても，「錯覚や誇張，虚
　　　偽」が「潜んで混在している」との「合理的疑い」がある　362
　　Ⅲ　「供述だけでは真偽不明」と「水掛け論は真偽不明」は「異論のな
　　　い経験則」　363
　　Ⅳ　「被害者の思い込みその他により犯人とされた場合，その者が有効
　　　な防衛を行うことが容易でない」は挙証責任の転換を意味する　368
　第4節　被害者供述と被告人の否認供述との「水掛け論は真偽不明」　370
　　Ⅰ　被告人供述の一般的信用性（＝無実の具体的可能性）は「合理的
　　　疑い」の証明（論証）として十分　370
　　Ⅱ　「水掛け論は真偽不明」　371

第5節　名倉事件の被害者供述にある経験則からの具体的な3点の
　　　　「合理的疑い」と反対意見 ………………………………………… 373
　Ⅰ　法廷意見　373
　Ⅱ　堀籠（反対）意見と「合理的疑いのない証明」の原則　374
　Ⅲ　法廷意見(1)(2)(3)に対する堀籠（反対）意見(1)(2)(3)と「合理的疑い」
　　　377
　Ⅳ　「被害者に嘘をつく動機がない」との反対意見　380
第6節　供述証拠の補強証拠の要否，程度 ……………………………… 383
　Ⅰ　名倉判決で，被害者供述に「錯覚や誇張，虚偽」がないことが認
　　　められる場合　383
　Ⅱ　補強証拠の要否と補強の程度の研究と名倉判決　384
　Ⅲ　「特別に信用性を強める方向の内容」　386
　Ⅳ　繊維鑑定について　386

第7部　裁判員裁判および証拠の整理手続

第1章　公判前整理手続の制度趣旨 …………………… 〔村木　一郎〕… 391
　第1節　はじめに ……………………………………………………………… 391
　第2節　公判前整理手続で求められるもの ……………………………… 392
　第3節　公判前整理手続は裁判員裁判に特有なものではない ………… 393
　第4節　弁護人から果敢に公判前整理手続に付するよう求める活動　394
第2章　公判前整理手続の具体的内容 ………………… 〔村木　一郎〕… 398
　第1節　展開される手続の概観 …………………………………………… 398
　第2節　検察官の証明予定事実記載書面への対応 ……………………… 398
　第3節　検察官による請求証拠の開示について ………………………… 400
　第4節　統合捜査報告書の原資料について ……………………………… 402
　第5節　検察官請求証拠の吟味 …………………………………………… 403
第3章　類型証拠開示 …………………………………… 〔村木　一郎〕… 405
　第1節　2つの証拠開示制度 ……………………………………………… 405
　第2節　類型証拠開示制度の位置づけ …………………………………… 406

第3節　類型証拠開示請求の要件…………………………………… *407*
　第4節　類型証拠の開示方法………………………………………… *410*
　第5節　類型の概観…………………………………………………… *410*
　　Ⅰ　証　拠　物（1号）*411*
　　Ⅱ　裁判所等の検証調書等（2号）*418*
　　Ⅲ　捜査機関の検証調書等（3号）*418*
　　Ⅳ　鑑定書等（4号）*424*
　　Ⅴ　証人予定者の供述録取書等（5号）*429*
　　Ⅵ　検察官が直接証明しようとする事実に関する供述を内容とする被告人以外の供述録取書等（6号）*430*
　　Ⅶ　被告人の供述録取書等（7号）*433*
　　Ⅷ　取調べ状況記録書面（8号）*434*
第4章　類型証拠開示請求に対する検察官の対応…〔村木　一郎〕…*435*
　第1節　開示するとの回答について………………………………… *435*
　第2節　不存在との回答について…………………………………… *436*
　第3節　開示しないとの回答について……………………………… *436*
　第4節　証拠開示をめぐる書面は裁判所にも提出すべきか……… *437*
第5章　類型証拠不開示に対する裁定申立て………〔村木　一郎〕…*439*
　第1節　裁定申立て…………………………………………………… *439*
　第2節　裁定申立てを受けた裁判所の対応………………………… *440*
　第3節　即時抗告……………………………………………………… *440*
第6章　検察官請求証拠に対する意見明示…………〔村木　一郎〕…*441*
　第1節　証拠意見明示の時期………………………………………… *441*
　第2節　旧来の感覚からの脱却——証拠の厳選という観点の重要性… *441*
　　Ⅰ　死体写真，傷害部位写真等　*442*
　　Ⅱ　被害状況再現実況見分調書，犯行再現実況見分調書等　*443*
　　Ⅲ　被告人の前科関連資料　*443*
　第3節　旧来の感覚からの脱却——直接主義という観点の重要性…… *444*
　　Ⅰ　被告人以外の供述調書等　*444*
　　Ⅱ　鑑定書等　*445*

Ⅲ 被告人の供述調書 446

第7章 弁護人の予定主張明示 〔村木 一郎〕…449
第1節 予定主張明示の時期 449
第2節 明示されるべき予定主張の内容 449
第3節 主張関連証拠開示へ結びつける配慮を 450

第8章 主張関連証拠開示請求 〔村木 一郎〕…451
第1節 この開示制度の意義 451
第2節 開示請求の要件 452
第3節 開示請求の場面 452
Ⅰ 自首の予定主張の場面 453
Ⅱ 責任能力を争う予定主張の場面 453
Ⅲ 情状として被告人の知的レベルの低さを予定主張とする場面 453
Ⅳ 共犯者や被害者の粗暴壁，犯罪的傾向などを予定主張とする場面 454
第4節 主張関連証拠開示請求に対する検察官の対応 454
第5節 主張関連証拠不開示に対する裁定申立て 454

第9章 捜査機関が収集していない証拠への対応 〔村木 一郎〕…456
第1節 証拠開示制度の限界 456
第2節 具体的な収集方法 456
Ⅰ 弁護士会照会（弁23条の2） 456
Ⅱ 公務所照会（刑訴279条） 457
Ⅲ 証拠保全（刑訴179条1項） 458

第10章 弁護人からの証拠調べ請求 〔村木 一郎〕…459
第1節 公判前整理手続における特色 459
第2節 公判前整理手続における証拠調べ請求の実際 459

第11章 公判前整理手続における証拠調べ請求の制限 〔村木 一郎〕…461
第1節 制度についての正確な知識と冷静な理解を 461
第2節 条文の確認 462
Ⅰ 証拠調べ請求の制限は検察官にも及ぶ 462

Ⅱ　証拠調べ請求の制限は公判前整理手続が終了した後に掛かる　*463*
　Ⅲ　「やむを得ない事由」について　*464*
　Ⅳ　職権証拠調べ　*465*
第3節　弾劾証拠の取扱いをめぐって……………………………………… *465*

第12章　期日間整理手続について ……………………〔村木　一郎〕… *467*
第1節　制度趣旨…………………………………………………………… *467*
第2節　手続においてなされるもの……………………………………… *467*
第3節　期日間整理手続に付される場面………………………………… *468*
第4節　最　後　に………………………………………………………… *468*

第8部　心神喪失者等医療観察法について

第1章　心神喪失者等医療観察法の概要 ………………〔竹村　眞史〕… *473*
第1節　はじめに…………………………………………………………… *473*
第2節　医療観察法の目的………………………………………………… *474*
第3節　対象行為および対象者…………………………………………… *474*
　Ⅰ　対象行為　*474*
　Ⅱ　対　象　者（医療観察2条3項）　*475*
　Ⅲ　医療観察法の対象とならない者　*475*
第4節　検察官による審判申立て………………………………………… *475*
　Ⅰ　起訴強制の原則　*475*
　Ⅱ　例　　外　*476*
第5節　鑑定入院命令……………………………………………………… *476*
第6節　付添人の選任……………………………………………………… *477*
第7節　社会復帰調整官…………………………………………………… *478*
第8節　審判手続…………………………………………………………… *478*
　Ⅰ　合議体の構成　*478*
　Ⅱ　別の合議体　*479*
　Ⅲ　事実の取調べ　*479*
　Ⅳ　審判期日　*480*

Ⅴ　決定の種類　*480*

　第9節　抗告・再抗告……………………………………………… *481*
　第10節　処　　遇……………………………………………………… *481*
　第11節　退院請求……………………………………………………… *482*
　第12節　医療観察法にいう医療と精神保健及び精神障害者福祉に関
　　　　　する法律による措置入院等の医療との関係……………… *483*

第2章　付添人の証拠収集………………………………〔竹村　眞史〕… *484*
　第1節　弁護人との違い……………………………………………… *484*
　第2節　当初審判時…………………………………………………… *485*
　第3節　抗告審時……………………………………………………… *490*
　第4節　再抗告時……………………………………………………… *492*
　第5節　退院請求時…………………………………………………… *493*
　第6節　医療終了の申立て時………………………………………… *494*

第9部　裁判員裁判と控訴審

第1章　1審判決の尊重……………………………………〔内山　成樹〕… *497*
　第1節　はじめに……………………………………………………… *497*
　第2節　1審判断の尊重と控訴審での弁護活動…………………… *497*
第2章　控訴審における新証拠…………………………〔内山　成樹〕… *500*
　第1節　公判前整理手続を経たことによる立証制限……………… *500*
　第2節　控訴審における一般的立証制限との対比………………… *500*
　第3節　総　　論……………………………………………………… *501*
第3章　裁判員の判断対象とならなかった争点に関する判断
　　　　……………………………………………………〔内山　成樹〕… *503*
　第1節　裁判官の専権に属する法律の解釈等……………………… *503*
　第2節　公判前整理手続での争点整理……………………………… *504*

判例索引
事項索引

第1部
証拠調べの準備にあたっての弁護人としての心構え

■CONTENTS

第1章　証拠調べの準備にあたっての諸問題
　　　　――弁護人依頼権の意義について
第2章　証拠調べの準備
第3章　第1回公判期日前の準備活動

第1章
証拠調べの準備にあたっての諸問題
——弁護人依頼権の意義について

第1節　国選弁護人がつく場合

　憲法37条は，被告人に対し，公平かつ迅速な公開の裁判を受ける権利を保障し（1項），すべての証人に対して審問する機会を充分に与え（2項），3項で「刑事被告人は，いかなる場合にも，資格を有する弁護人を依頼することができる。被告人が自らこれを依頼することができないときは，国でこれを附する」と規定する。
　刑訴法36条も，憲法を受けて，国選弁護人選任制度を定めている。
　被告人が貧困その他のときは，資力を申告させ（東京近辺は流動資産50万の資産があるかで分ける），ないときは国選弁護人を選任し，有資力者で，弁護人を知らないときは，弁護士会に照会する（刑訴36条の2・36条の3）（国選弁護人予定者は弁護士会からの推薦で日本司法支援センター——法テラスに登録されている）。
　さらに，刑訴法37条では，被告人が未成年，70歳以上，心神喪失または心神耗弱のときほかは，裁判所が職権で弁護人を付することができるし，法定刑に死刑・無期もしくは長期3年以上の懲役・禁錮に当たる事件では，被疑者段階でも被勾留者には国選弁護人を付する（刑訴37条の2本文）。
　上記は，勾留状が発せられている場合に限るもので，裁判員裁判対象事件と重なるが，現在の実務では，別件逮捕勾留でない限り，国選弁護が，起訴前も該当する。死体遺棄（3年以下の懲役，刑190条）で逮捕されているが，殺

人が最終目的といったケースは，当番弁護士（国選ではない）でかけつけても気をつかうことになる。

貧困要件および職権選任の要件は，被疑者段階でも該当する（刑訴37条の4）。

また，死刑または無期が法定刑の場合や職権でつける場合（刑訴37条の2・37条の4）は，必要があれば複数の弁護人をつける（でも原則2人）こともできる（刑訴37条の5）。

裁判員裁判対象事件や，その他公判前整理手続に付され，集中審理をされるような重大事件では，被告人との打合せ，事件の分析や弁護活動が過重になる場合があるので，世間の注目度の高い事件なども複数推薦を積極的に弁護人から求めるべきである。

被疑者国選では，弁護人は2人を超えられない（刑訴37条の5）となっているが，3人くらい認められるケースもあるので，具体的理由をあげて具体的人数の制度的保障の複数選任を上申すべきである。

被疑者国選では，原則として複数の必要的選任は刑訴法37条の4（精神障害その他）以外ないので，複数推薦が必要と思ったときは，ついた弁護人がその旨を上申する必要がある。

複数選任については，刑訴規則28条の5で手続は定められているが，訴訟指揮権に基づいて追加選任ということはあり得ないので，特に法定刑の重い場合に限定して，刑訴法37条の5を置いたものである。弁護人の上申等が必要と思われる。

第2節　弁護人の請求権の告知と実務

上記のとおりの裁判所の弁護人選任の義務性を担保するために，被疑者として逮捕されたときの司法警察員（刑訴203条），検察官（刑訴204条）および起訴されたときの裁判所（刑訴272条）等（勾引された被告人に対しても刑訴76条・77条）で，弁護人を選任できる旨を，告知すべしと規定している。

選任手続の法的性質については，手続は訴訟指揮権の発動として行われる

ことは争いないが，①単なる裁判所の意思表示説——告知即効力発生，②公法上の一方行為（公法契約説）——でも被選任者の応諾が効力発生要件，③第三者のためにする弁護委任契約と分かれているが，国の責任とする①説が強い。

　実務としては，昭和23年6月9日付最高裁事務総長通達があり，具体的選任は，各地の弁護士会に一任すべしとされている。

　弁護士会は，各地の日本司法支援センター（以下，略称「法テラス」という）に，候補者名簿を出しているので，法テラスが順次登録弁護士から選任することになる。そして裁判所に通知し，選任命令が出ると，はじめて国選弁護人となる。

　当番で入り，被疑者国選に該当し，起訴後，同一人が弁護人になるときなど弁護活動以外の報告事務手続が煩わしくなる。

第3節　国選弁護人選任の性格とその濫用とは（辞任の正当事由とは）

　最高裁昭和24年11月2日大法廷判決（刑集3巻11号1737頁）は，「選任は，原則として被告人の自由意思にゆだねられているのであって，貧困であっても被告人に弁護人を選任する意思のない場合は，強制弁護手続を除いて，選任しない」としており，被告人の国選弁護人請求権は放棄を認めるものであるとする（通説・判例といえる）。

　したがって，上記請求権の性質および法意を踏まえると，権利であってその濫用は許さないということになる（最〔大〕判昭31・7・4民集10巻7号785頁，最決昭44・6・11刑集23巻7号941頁）。

　弁護人が，有効な弁護をしないとか，被告人が，当該弁護人を通じては，防御活動を行う意思のない場合は，解任し新しく選任手続をすることもありうるが，後者においては，再選任請求は認めない例もある。

　最高裁昭和54年7月24日判決（刑集33巻5号416頁）は，被告人からの国選弁護人請求を却下した東京地裁の決定を支持し，以下のように理由を述べている。

すなわち，統一公判を要求する被告人らは，弁護人に対し打合せ等の要請に応じず，弁護活動を誹謗したりしたので，弁護人の辞任を認め（すなわち解任した），再度の請求を却下して，「被告人は，自らの責に帰すべき事由により，……憲法および刑訴法が保障している国選弁護人の選任を受ける権利を放棄したものであり，国は国選弁護人を附する義務を負わない」とし（東京高判昭51・2・27高刑集29巻1号42頁），弁護人不在で審理した。最高裁判例も1，2審の前記結論を肯定した。

被告人の行動が支持されず，それに対し一定の制裁を加えることは別として，弁護権の放棄と被告人の不当行動とは直接結びつくわけでもないので，憲法上の権利を奪うのは，現に選任を請求しているのだから，大いなる矛盾とする有力反対説もある（鈴木義男，熊本典道，光藤景皎ほか）。

これらを弁護人からみると，辞任の正当事由とは何かという命題になるが，病気や事件との特殊事情（被害者が親族など）とか，被告人からの暴行脅迫・侮辱の極端な場合に限るべきであって，被告人との意思疎通の困難・トラブル等があっても，直ちに辞任の正当事由にならないとすべきである。

裁判所が辞任を認めないが，弁護人が出頭しないとなると不在のまま審理することになる。

従来から，通説は国選弁護人の選任は裁判所の命令（決定）と考え，辞任もまた，解任という裁判とされていたが，刑訴法38条の3で，新しく解任事由を定めた。

すなわち，①付する必要のなくなったとき，②被告人と利益相反するとき，③弁護人の心身の故障，④弁護人の著しい任務違反，⑤弁護人への暴行脅迫（以上平成16年改正）である。

よって裁判所命令説（裁判所の意思表示とする）が確認されたことになる。

解任に対し不服申立制度はない。

これは，被疑者国選にも準用される（刑訴38条の3第4項）。

私選弁護人が選任されたときも①であるが，適正迅速な裁判の維持のため国選弁護人を解任せず併存させてもよい。

もちろん，被告人と弁護人間に弁護方針の不一致があるとの一事が即，解任事由とはならない。

第4節　私選弁護人の辞任と権利濫用

　私選弁護人と被告人または選任権者との関係は，民法643条の委任契約であるが，弁護人としての公益的立場（弁護士法１条では，人権の擁護と社会正義の実現を使命とし，誠実に職務を行うべきことを定める）から，辞任を権利の濫用として裁判所が制限することもある。
　公務執行妨害等の12名の被告人の弁護人が，第１回公判の人定質問の最中に，４名以外は事務量加重なので辞任申出をなし，８名の被告人から国選弁護人の選任申立てがあった事案で，辞任を認めず，新たな選任もしないで審理を進め，判決中で，辞任は権利濫用として効力を生じないとした（東京高判昭28・８・14判特39号82頁）判例がある。
　同様な判例は，その後もある（具体的には上訴審で訴訟手続の法令違反でないとしたなど）。
　裁判所が，辞任等を手段として，訴訟の進行を弁護人が自由にすることは許さないということであろうが，仮に，かかる辞任が，弁護人の職務に反するとしても，結果として被告人に帰責させる取扱いは，大いに疑問とすべきであろう。
　進行のみに目を奪われて，憲法の定める弁護人選任権をないがしろにし，被告人に対して裁判を受ける権利を全うさせないことになると考える。
　明らかに弁護人または被告人が，訴訟の遅延のみを計る目的が看てとれる場合の例外的取扱いとしてのみ肯定されるべきものであろう。

第5節　必要的弁護の場合は別異に扱うべきか

　憲法で保障した弁護人選任権は，一般論であって，必要的弁護事件が何かは，憲法のかかわるものではなく，専ら刑訴法上の問題であるというのが判例の立場（最〔大〕判昭25・２・１刑集４巻２号100頁）であり，判例は帰すると

ころ，必要的弁護を受ける権利は，憲法上の権利ではないとするのである。

反対説（熊本典道，庭山英雄・自由と正義29巻2号57頁）は，憲法37条は，実質的な弁護を受ける権利を保障しているものであって，任意的弁護事件であっても弁護人不在のまま審理を進めることは，違憲違法であるとする。

仮に，刑訴法289条が，直接憲法の要請ではないとしても，刑訴法は重罪について強制弁護制度を採用したものであり，被告人の利益だけではなく，国家の刑罰権なりの公正な行使の保障をしているものであるので，被告人が自由に弁護人選任を辞退できないものとすべきであろう。

人定質問や判決宣告は別として，実質的審理は弁護人抜きで進められないと解すべきである（学説多数）。

であるので，弁護人が期日の直前に辞任したとしても，審理を進めるためには，国選弁護人の選任が必要となる――場合によっては私選と国選の併存もありうる。

現実には，即時に国選弁護人を選任するのが困難であるとか，国選弁護人も直ちに訴訟活動を継続できない等の問題から，実務は，消極的といわれているが，目先の進行にとらわれることは，結果として充実した審理ができないことになり，ときに弁護人と被告人が意を通じて，抵抗戦術として不出廷をなすことがあり得ても，安易に弁護人抜き裁判を認めるべきではない。

確かに刑訴法288条では，被告人の在廷義務を規定し，または，同341条が，「被告人が許可を受けないで退廷したとき又は被告人が裁判長から退廷を命じられたときは，その陳述を聴かないで判決をすることができる」としており，それを引用して，殺人等の被告事件の審理で，弁護人が不規則発言をし，発言を禁止され，次いで退廷させられ不在となり，被告人らも抗議したことで退廷となり被告人不在の法廷で，起訴状朗読をさせた事案で，異議申立てを却下した決定（東京地決昭51・6・15判時824号125頁）中で，以下のように述べている判例がある。

すなわち「弁護人自ら在廷の利益を放棄喪失したものであり，刑訴341条を類推適用しうる。かかる迅速裁判の確保と裁判の威信保持の必要性が積極的具体的に肯認すべきときには，刑訴286条の2，同341条を類推適用して弁護人不在のまま公判審理をしてもいい」とし，書証・人証を調べた。

事案は任意的弁護のケースだが、必要的弁護にも、被告人に帰責事由があり、弁護人に権利の濫用が認められれば、判例は前記不在裁判を肯定しているといえる。

抽象的には然りとしても、具体的には、強度な濫用事由や、被告人への明確な強い帰責が認定されて、はじめていえることであろう。

経緯として昭和53年に法務省が、弁護人抜き法案を出し、日弁連は反対し、いくつかの対案または善後策を出して、法案は廃案となったのであるが、そしてその後は、問題はなくなったかに思えた。

しかし、大津地裁の暴力行為の事件（過激派ではない）（昭和54年のケース）で、6人の弁護人の選任と解任が、繰り返され遂に地元では弁護人推薦が不可能となったケースが発生した。

弁護人として被告人の意思に反して、形式的な弁護活動をすることも肯定できないものがあり、控訴審（大阪高判昭56・12・15判時1037号140頁）は「被告人の態度は、まことに不当であって、弁護人の気持ちは理解できないわけでもなく、専ら帰責事由は被告人にあるが、弁護人は被告人の主観的利益の単なる代弁者でなく、その正当な利益擁護者であるので、弁護拒否にあっても、被告人の意思に拘束されず被告人の正当な利益の擁護のために可能な限りの弁護を尽すべきである」として、被告人に帰責事由があったとしても、必要的弁護の例外を認めることは刑訴法289条の趣旨に反するとして原判決を破棄し差し戻した。

理論においては、控訴審判決のとおりであろうが、選任と解任の繰り返しで、地元弁護士会では、もはや推薦すべき人材がなくなってしまったという事件では、難きを強いることになり、弁護人が被告人と意を通じたわけでもなく、被告人に事実上出廷を拒否された場合と認められるなら、不在審理もやむを得ないと思われる――被告人は拘束されておらず（あとで保釈取消しになったが）、法廷外でも弁護人は圧力を受けたともいわれている。

被告人の圧力のある場合は、複数選任をしたりして対応すべきとも思われる。

結局、差戻しの1審でも、被告人の行動は同じであり、国選弁護人2名と私選弁護人が併存したが、数期日の不出頭があり、それも被告人に帰責さ

べきことであるとして，不出廷審理が再度行われ，再度の控訴に至ったようであり，参考になるので経緯を紹介すると，以下のとおりであった。

必要的弁護事件で私選も国選も，弁護人不在のまま審理判決が許されるのか，という命題である。

○大津地裁昭和59年2月7日判決（判時1123号149頁）（差戻し後の地裁）

傷害・暴行・脅迫を包括しての暴力行為等処罰に関する法律違反ほかで昭和44年に起訴され，被告人が国選弁護人の解任要求を繰り返したため，10年で8名の国選弁護人が交代した事案で，最後の2名の国選弁護人が辞任届を提出し，不出頭だったが，裁判所は昭和54年3月8日に以下のとおり説明し有罪判決をした（最初の1審）。

すなわち「必要な限度で，刑訴法289条の例外を認め弁護人不在廷のままで審理をすることが憲法・刑事訴訟法等の法秩序全体の精神に照らし，また刑訴法286条の2，341条の類推適用により許容される場合がある」とした。

弁護人に辞任を強制し，出頭させないことに追い込んだのは被告人の責めであり，その不利益は被告人自ら甘受すべきものであるとした。

○被告人は控訴し，控訴審（大阪高判昭56・12・15）は，弁護人の辞任は，被告人と結託したものではなく，独自の見解に基づくものに限らないとし，被告人の帰責事由があるからといって，直ちに刑訴法289条の例外を認める根拠はない（判タ456号35頁・同459号31頁）として差し戻した。

必要的弁護事件について，弁護人不在のまま審理判決ができる場合があるというのが近時の多数説であるが，判例は，いずれも私選弁護人のケースであり，不出頭も退廷も被告人と意思の合致ありといえる事案であったので，裁判所が選任する国選弁護人のケースで，正面から答えたのは，1審が初めてといえる。

それを破棄した控訴審は，ではどんなケースで認めるべきか疑問を残した。

○差戻しの最終段階では，各2名の国選と私選の弁護人が併存していたにもかかわらず，無断退廷や不出頭が双方において認められたようであり，結局，弁護人抜きで，再び審理判決に至った。

控訴審の差戻し後も，私選については，即，被告人の責めであり，国選弁

護人ついても，暴行脅迫と出廷阻止・辞任強要と因果関係があるので，刑訴法289条の例外とせざるを得ないとし，1年6月の懲役とした。

かつ，未決通算にあたり，差戻し前の主文を通算が上回っても法文の適用上仕方ないとした。

差戻し前の1審では，被告人による6名の国選弁護人の選任と解任が繰り返された結果，地元弁護士会は推薦を拒否するに至り，後に一本釣りをされた2名も同じ経緯をたどったもので，被告人も保釈を取り消されたのであり，刑訴法289条の濫用というべきだとした。

そして，控訴審判決が，被告人を，弁護人抜き裁判は違法とのお墨付に思われ，誤信と満足を与えてしまったと批難している。

さらに，破棄判決ゆえに，未決勾留の日数はすべて法定通算されるため（刑訴495条），保釈取消しをするも，集中審理をせざるを得ず，そこをねらって，私選弁護人戦術をとられたと判決中で，なげいている（途中保釈を取り消したので弁護人や家族への直接的暴力はなくなったが，更新手続も十分にできなかったし，なお，出廷拒否は続いた）。

そして，被告人と弁護人（私選と国選を区別し）の態度を延々と認定し，よって，弁護人抜きの審理判決もやむなしとした。

○続　　括

被疑者，被告人の弁護人依頼権が保障されるべきは，既述のとおりであり，争いはない。国選弁護人の選任義務の具体化は（現在は，法テラスが介入している），支払のためのやむなき限度であり，裁判所が選任義務を負い行っていることは，昭和23年の最高裁通達のいうとおりであり被疑者国選弁護実施後も変化はない。

国選弁護人の選任請求権は，憲法から発生する権利だとしても，誠実に濫用にわたらないように行使すべきことではある（刑訴規1条2項）。

問題は，権利濫用とすべきは，どんなケースかである。

経済的な理由を偽って，国選弁護を選択したとしても，これを厳格に解し，かつ，疎明させたりすることを認めるべきでないし，かつ実務もそのように解して刑事司法手続は運用されている。

被告人が，選任された弁護人を通して，権利の擁護のための防御活動を行

う意思を自ら示したと認められるときは，弁護を受ける権利の放棄と考えてよいといわれており，この理屈は，任意的弁護でも（最判昭54・7・24刑集33巻5号416頁，凶器準備集合，公務執行妨害のケース）事例判断ではあるが，認められたのであり，弁護人の辞任の正当事由は何かを考える場合も，私選・国選および任意・国選強制かを問わずその公益的立場に照らし，辞任は権利濫用になるかという論点になる（国選の場合は，裁判所の任命，解任の事由いかんとなる）。

すなわち，私選弁護人は，その選任権者は被疑者・被告人ではあるが，自由に選任・解任をなしうるとすると訴訟の進行そのものが勝手に寸断されることになり，権利の濫用として，効力を生じないとすべき場合はあろう。

弁護人抜き裁判は違法であるが，その違法は判決に影響なしとするかの判例（東京高判昭50・3・27高刑集28巻2号132頁）もあるが，正面から，濫用に当たるか否かをみるべきであろう。

さらに必要的弁護事案で，同様な問題が発生したのが，前記差戻し後の大津の事件の判決であった。

被告人の意思にかかわらず，いわば強制的に裁判所が国選弁護人をつけた場合にも，前述の理屈は，あてはまるのかである。

基本的には同じであろうと考える。

もちろん，仮に被告人が弁護人は不要であるといったとしても，制度の趣旨からいえば弁護人抜きで審理・判決することは違法である。

だからといって，弁護人が勝手に退席したり，不出頭の場合は，そのことが被告人の責めに帰すべきものであるといえない限り，審理を進められない。

時には，裁判所の訴訟指揮に対し，弁護人も被告人も意を通じて抵抗するために，退廷することもありうる。

もちろん弁護人らの意のままに訴訟の進行が運用されてよいわけではないので，弁護人または被告人抜きで，審理できる要件を検討すべきことになる。

必要的弁護制度下でも，迅速裁判と裁判の威信保持を理由にして，刑訴法286条の2（勾留されている被告人の出頭拒否と公判手続の進行）や同341条（陳述を聴かない判決）を類推適用の根拠にした例はある。

例外であることや類推適用の根拠とするため被告人の帰責事由を具体的・明確にする必要があるとしているし，かつ帰責事由は強度であることを力説しているものが大部分である。

一切例外を認めないとするのも無理があるし，昭和53年の法務省提出の改正案も，事由と要件を４つにしぼるもので，その１つ１つは，従来の判例の基準を抽象化したにすぎないとも思われるが，例外を条文化すること自体を，日弁連が反対し，廃案となった経緯がある。

以来，弁護士会において，国選弁護人を確保すべき体制がととのったというべきであり，ケース・バイ・ケースで，例外認定をしようと法曹三者で合意したのである。

そのような状況の中で，本件１回目の大津地裁の判決があったのである（大津地判昭54・3・8判時948号131頁）。事実として，初めの１審では，27回の公判中13回不出廷，勾留中も６回不出廷，国選弁護人の選任は累計８名，24名しかいない地元では通常の手続で国選弁護人を推薦できなくなった。

そして控訴審での破棄差戻しと再度の１審は前に紹介したとおりであり，検察官は，控訴審は不当と思ったが，判例違反などの適切な上告理由がなかったと不満の感想をもらしたという。

大津地裁の被告人の行動は誰しも肯定できないものといえるが，むしろ，かかる被告人と信頼関係が確立できない場合に，国選弁護人の辞任を認めるべき正当事由があるかどうかという視点でみるべきと思われる。

必要的弁護事件だとしても，弁護人と被告人の関係は変わらないし，被告人に正当なる利益を，もはや擁護できないと思われる客観的要件を満たしたなら辞任は認めるべきだし，そのあとは必然的に，弁護人抜きの審理になるのは容認すべきこととなる。

もちろん，被告人の意見に左右されることなく，意見に反しても弁護すべきときがあることは当然である。

差戻しを命じた控訴審は，抽象論であって，具体的言動なり程度に言及がなく，１審判決のどこを再審理せよといっているのか十分な説得力を持つとは思えない。

抽象的には法曹三者の協議結果により（被告人に訴訟遅延の目的ありや，弁護

人の理由なき退廷や不出頭，弁護人が法廷秩序を維持すべく退廷を命じられたとき），具体的にはケース・バイ・ケースで，努力を積み重ねよとしかいえない。

第6節　被告人の希望は国選弁護において生かされるか
　　　　――指定と複数の選任など

　現行の法テラスを介しての選任手続では，地方裁判所に対応する地元弁護士会に限定されないわけであるし，法テラスには常勤弁護士もいることであるので，前の事件で信頼関係が築かれた弁護人に，再度，当番なりで依頼し，ついで被疑者国選に移行するというケースもありうべきである。
　また，交通事情も刑訴法制定時とは異なり，発達していることでもあり，1審に引き続いて2審も，同一の弁護人に依頼したいという被告人の希望は，弁護人予定者を介して実現される場合もあるといえる。
　しかし，被告人に国選弁護人選任権が，制度の趣旨からいっても，事実上もあるとは，あり得ないことである。
　なお，最高裁での国選弁護は，被告人が地元の拘置所から，東京に移監されない例なので――かといって，弁護人が，地元の拘置所で出張面会をすべき費用は出ないことから（法律審だから，記録を読めばわかるという建前であろうか），十分に被告人との意思疎通ができないこともあるので，むしろ地元の弁護士を選任したほうが，適しているケースもあると思われる。

〔荒木　和男〕

第2章

証拠調べの準備

第1節 起訴状に対する求釈明
——起訴されたときの心構え

　公判請求されたら，検察官提出の証拠の閲覧開示を漫然と待つのではなく，弁護人として，公判で出されるであろう証拠を予想し，積極的に被告人と打ち合わせて公判を弁護側の予定の方向に引っ張っていく覚悟が必要である。

　公判前整理手続の活用は別の章に譲るとして，本章では証拠調べの一般論を述べる。

　すでに被疑者ノート等を差し入れていることであろうし，接見を通して，再逮捕や起訴後の取調べの予定も，およそわかるはずであり，事件の性格から証人予定者も予想がつくし，共犯者などは起訴状や，勾留状謄本でも判明しているはずであるから，会える証人予定者には，直接会って事実確認することを躊躇すべきではなく（共犯者にも，積極的に接見すべきである），検察官の主張はわかるので，その検証と反証について被告人と打合せをする。

　証拠開示の予定を問い合わせ，閲覧，謄写は直ちにし，保釈が却下され被告人の身柄が拘束されている場合は，具体的保釈を可能とするため，早目に第1回公判期日を確保せざるを得ない。

　保釈請求は自己規制することなく，権利保釈でなくても，被告人，弁護人の権利であると自覚して，被告人の希望があれば，なすべきである。

事件の内容によって，複数弁護人の可能性（一応3人以内）と必要性を，私選，国選を問わず検討すべきであり，特に裁判員裁判対象事件では，必要的検討事項と思われる。

現場に臨んで実況見分をすることは，証人尋問にあたっても有効であるし，検察官や裁判官が現場を見ることは，まずあり得ないので，それだけでも事件の理解において役立っている。

かつ，写真，見取図など警察官作成のものは同じ現場でも，見方の相違があり，可視可することにより，別の現場に思われることも稀ではない。

事件によっては，裁判員裁判対象事件でなくても，弁護人から，証拠開示を求めて，公判前整理手続に付することを申し立てるケースもある（第7部「裁判員裁判および証拠の整理手続」参照）。

第2節　起訴状の検討と求釈明

刑訴法256条では，起訴状の必要的記載事項として，①被告人の氏名など特定事項，②公訴事実，③罪名を定める。

そして公訴事実は，訴因を明示し，できる限り日時，場所および方法を特定せよとされており，事件について予断を生じさせるものの引用はいけないとされている（刑訴256条4項・6項）。

被告人の特定とは

通常は，年齢，職業，住所や本籍地で特定されている。不明のときは，その旨を記載して（氏名に黙秘権の行使がゆるされるかについては争いがあるが，現実に判らないときはありうる），人相，体格や留置番号で特定したり，写真を添付したりするケースもある。

そして，検察官の起訴状朗読に先立って，被害者の特定について秘匿決定の有無（刑訴290条の2）をなして，被告人の人違いがあるや否やについて裁判長が発問することもある（刑訴規196条）（人定質問という）。

そして起訴状朗読で実質的審理がスタートする。

この後で，起訴状について検察官に対し釈明を求めることがありうる。

弁護人としては求釈明は，被告事件について意見陳述をするために有益かつ必要な範囲でできるとされているが，求釈明に名を借りて法廷混乱を目的とするとされない限り，弁護人としての意見であるから求めてもよい。

ただし，裁判所の訴訟指揮によることになるし，訴因の特定のため，どの程度に被告人の防御権の行使に必要かは裁判所の判断となる。争点を顕在化して不意打ちにならないようにしないと違法となるという判例はあるので利用できる。（最判昭58・12・13刑集37巻10号1581頁は，「13と14日の謀議を認定し，共謀共同正犯とした原審が，13日のアリバイを認めながら，12日にもあったとして有罪としたのに対し，12日の謀議は顕在化していないのであり，被告人にとっては不意打であり，違法である」とした）。

検察官は，弁護人の求釈明に対して，いずれ冒頭陳述で明らかにすると答えることが多いが，弁護人としても口頭陳述の権利はあるのだし，特に裁判員裁判では，この弁護人の権利を行使すべきものであるので，求釈明は，事前に準備し告げて，適切に釈明すべきと交渉する必要がある。

起訴状に被告人と記された者と被告人として審理を受けた者とが異なっていた場合，判決はどうなるのか，判決の効力は誰に及ぶのか，冒用者に効力が及ぶのか（略式命令では冒用者に及ぶ（最決昭60・11・29刑集39巻7号532頁）とされる）など問題は多い。

訴因制度を採用した現行法では，訴因変更なしに，窃盗の起訴で，強盗を認定することは許されないので，訴因の特定は大切である。

その意味で，起訴状には，犯罪構成要件に該当すべき検察官の主張が，日時，場所，方法等で記載されているはずであるが，反面，被告人に対して防御の範囲を特定する意味があるので求釈明となる。

訴因は，できる限り具体的に表示されることが要請されており（最〔大〕判昭37・11・28刑集16巻11号1633頁〔白山丸事件〕），問題はどこまで細かくなすべきかである。事案によって事前に書面で出すとか裁判所にもあらかじめ提出することも必要である。この判例は「犯罪の種類，性質等の如何により，これを詳らかにすることができない特殊事情がある場合には，法の目的を害さないかぎり」幅のある表示は違法でないとする。昭和56年4月25日の最高裁決定も「覚せい剤の使用量や使用方法に不明確なところがあっても訴因の特

定あり」としている（刑集35巻3号116頁）。
　以下，問題となるケースを述べる。
　〇傷害の程度
　単に情状に関するのみだから構成要件でないというものもあるが，具体的に記すことが必要と考える。
　〇故意・過失
　故意は改めて記さなくても行為そのものに含まれているが，過失は注意義務を示す必要があるし，未遂なら故意が前提となるべきである。それらが明確でなければ求釈明すべきことになる。
　〇共謀共同正犯
　ただ「共謀して」だけでは，実行共同か共謀か不明であるので，共謀というなら，共謀者の氏名，共謀の日時・場所，共謀の中味，共謀者の役割分担，共同加功の中味態様を明確にすることが必要である。
　それでも，択一的主張（AまたはBとか，その両名），場所・日時もどこどこほかとか何時から何時までとか，実行行為者もAまたはBまたは被告人という記載でも可とするのが判例だが，疑問である（参考判例：最決平13・4・11刑集55巻3号127頁）。
　覚せい剤の使用については，実際に自白と鑑定に頼らざるを得ないためか，1ヵ月近くの日時の幅でも特定ありとされ，場所も〇〇県またはその周辺でよしとされている。もちろん社会的事実として両立しうる他の使用方法なり日時・場所もありうる事情があるので，検察官に釈明させた例もある（東京高判平6・8・2高刑集47巻2号282頁）。
　予備的訴因罰条の追加などもありうる。
　教唆については，正犯について特定がされていれば，教唆の日時・方法・場所等は特定を欠いてもよいという（東京高判昭31・11・21高刑集9巻11号1171頁）裁判例もあるが，やはり被告人の防御のためには特定は必要というべきだし，なければ求釈明となろう。
　〇被告人の前科・経歴・素行
　恐喝において，人を恐れさせる要因として被告人の経歴・性格・素行を記載するのは許されるが，仮に詐欺罪で同種の前科のある事実は，予断を生じ

させるので許されず，削除を求めるべきである。

第3節　訴因の特定で争うべきポイント

　前述のとおり，訴因は検察官による犯罪構成要件の具体的主張であって審理の対象そのものであるが，反面，弁護人にとって防御の対象でもある。
　そこで，できる限り厳格に限定的に検察官の主張を具体的に展開させるべきであり，判例は特殊事情がある場合は幅のある記載も許されるなど寛容であるが，概括的な訴因は許すべきでないという視点を，弁護人として持つべきであろう（酒巻匡は反対，刑訴百選〔第6版〕84頁および最決平14・7・18刑集56巻6号307頁）。
　基本的には特定明示を求めるべきであるし，「特殊事情があるなら，それでも罪となるべき事情が確実に存在する」事情があるか否かの釈明を求めるべきこととなる。
　殺人の方法について「有形力を行使して」などの主張は，特定されていないというべきであるが，判例（最決昭58・5・6刑集37巻4号375頁）は，これでも過失との区別がついているとする。
　判例は訴因の特定は検察官の冒頭陳述でも，その他の証拠によってもなされることでもよいとするが，起訴状自体で特定を求めているのが刑訴法256条3項の法意であるというべきである。
　弁護人としては，あくまで求釈明をして，裁判官の訴訟指揮権の発動を求めるべきだし，裁判官が釈明の必要を認めたにもかかわらず，なお検察官が応じなければ「公訴棄却」を求めることになる。
　あくまで被告人の防御の必要性があるのだと述べ，裁判官がそれでも，具体的指揮をしない場合は，異議申立てを調書にとってもらい（不作為の違法，刑訴309条2項），決定を求める。裁判官に慎重さを求め，控訴に備えることに役立つ。
　前記覚せい剤の使用については，個々の使用について併合罪とするのが判例なので，特に釈明が必要である。それに対応して検察官は最後の行為を起

訴したのだというのが例であるが，せめて最終行為の日時が必要かと思う。
　どこまでが一事不再理の効力範囲か疑問なしとしないし，ただ１回の使用と限定させるべきという見解もある。
　要は公判の入口段階にも，問題は多くあると理解して取り組む必要があるということである。

第4節　冤罪事件を防ぐための弁護のポイント

　日本弁護士連合会編『誤判原因に迫る―刑事弁護の視点と技術』では，誤判事例（無罪事件を含む）を類型ごとに分析して以下のように述べているが，刑事事件の入口段階において留意すべきことであるので引用補充する。
　○窃盗のケース
　検察官もそれに追随する裁判所も，窃盗の被害発生に近い時点で盗品を"所持し"入手経路について合理的な説明ができない場合は犯人と推認しているようである。
　すべて，この近接所持と情況証拠で犯人と断ずると誤判原因となるので証拠の検討と被疑者・被告人の気持ちを十分に聴くことが必要である。
　自白はすべての取調べ過程を可視化しても，なお信用できないことが多いし，確実な情況証拠たりうるものは何があるかが重要である。
　被告人の言い分が若干不合理であるとしても，自白の補強証拠の信用性は十二分に検討すべきであるし，起訴状や開示記録から，刑訴法279条の公務所等への照会などで，逮捕状請求書，逮捕状，弁解録取書，勾留質問調書などの開示を受けて，自白の信用性，被害者供述の変遷と矛盾を主張したケースもある。
　特に共犯者の供述は，仔細に分析して臨む必要がある。
　○詐欺罪
　欺罔行為には，虚偽的約束型と不正請求型があり，人を欺くと一言でいっても，前者は権利移転義務の履行意思も能力もない場合であり，後者は，真実は履行請求すべき理由がないのに，それを秘して財産上の利益を得る場合

であると分類できる。

　ある無罪判決に，有罪の決め手となった被告人の会話を，被害者が録音したテープの一部を有力証拠として有罪とした１審を覆したものがある。

　その中で，テープは原テープでなく，被害者に有利な所のみを再編集したものと断じ，１審ではテープのダビングも認めず，検察官の反訳（テープの一部）のみ採用したが，控訴審でテープ全部の再生を認め，被害者の供述を虚偽とし，無罪になった（季刊刑事弁護５号133頁）という。そこまで裁判所に要求すべきだし，かつ要求が通らなくても将来のため記録化すべきであろう。布川事件での再現テープも合成だったともいう。

　被告人の自白も，それに沿う証拠もあり，１審では示談もしたが実刑となり，控訴審で弁護人が交代し争い，差戻審で，新しい証拠の収集をし，尋問もなしに，自白も事実と合わないし，一部騙取金も，被害者に入金されている（被害は単なる伝票処理上のミスと主張）としてなした無罪事件もあるので，あきらめないことである。

　自白があっても，頭から信用はせず，十分な打合せと弁護人自らの証拠の検証が必要なのである。

　結局，無罪となった例では，詐欺の構成要件の一部に欠落が認められたものであり，中味は，履行の意思・能力の欠落が認められなかったり，故意が否認されたりである。

　誤判・冤罪事件のほとんどに自白調書が存在しており，被害者供述に沿う証拠が存在していたので起訴になったものであり，中には取調官から必ず執行猶予になるから，認めろといわれ応じたが実刑となって不満というものもあるが，被告人との十分な打合せと，可能な反証の収集で闘う意思を示すことである。

　いずれも，十分な被告人との打合せと，各証拠を検証し，照会請求等の裏付け（反証）をとって，やるべきで，第１回公判までの方針決定が，十分であることが誤判防止のキーといえるものである。

　その業界の実務についても精通する必要があり，裁判官も実務は素人であるので，作業を複数の弁護人で分担することで，要点をコンパクトにまとめて，裁判官に証拠と意見を述べることが，必要であり，自白があっても安心

してはいけない。

　○恐　　喝

　被害者側の供述の信用性を争うことは当然として，ポイントは，いかにして恐喝行為そのものの存在を否定できる間接事実を出せるかである。

　畏怖と困惑は違うし，権利行使でないかどうか，加害者の属性との関連をうすめることができるのか否かなどを検討する。

　自白は，あるより，ないほうが公判で闘いやすいが，事柄の性質上，身柄拘束から早く解放されたい（保釈をとりたい）と切望する被告人が多くあり，ために，公判で初めて否認したり，そこでもなお自白を維持し執行猶予ねらいで弁護人と対立したケースもある。

　法的主張を構成し，きちんと見通しを告げて，被告人と意思統一をすることが肝要であろう。

　○横領・背任

　ホワイトカラー犯罪の典型であり，被害者と一定の信任関係に立っていることが前提となる。

　告訴に意味があり，行為自体は表面的に正常な形をとっており，争いは内面の意思となる場合が多い。

　起訴にあたっては，捜査機関の立てたストーリーが確定していることが多いし，何らかの被害が発生しているのが前提であるので，被疑者・被告人からの聴き取りも，時間をかけて十分に行う必要がある。

　その上で，被告人の供述に沿う客観的事実を間接証拠から反証をあげて捜すことになる。

　無罪事案では，自白のないケースが，ほとんどという——逆に，故意（不法領得の意思）を徹底して争えば，時間はかかっても，無罪の可能性は秘められているといえる。

　図利加害の目的と被害者本人の利益を図る目的とは，必ずしも両立し得ないことではなく，多く併存しているのであり，どちらが主であるかで，行為の犯罪性が決まると最高裁決定（最決平10・11・25刑集52巻8号570頁，平和相互のケース）もいうのであり，少なくとも裁判所は取引の現実に通じてはいないという前提で，捜査機関も如りとした上で，弁護団の力量が問われることに

なるのが横領・背任の弁護である（郷原信郎『検察の正義』75頁以下参照）。
　○暴行・傷害
　裁判官の分析は，小林充＝香城敏麿「刑事事実認定」判タ216号に詳しいが，多数の関与の場合は，目撃証言などあっても，相互の供述の矛盾を，地道に分析するとほころびは見つかるという。
　原始供述などがヒントになることが多いが，弁護過誤の危険もある犯罪類型といわれているので，注意が必要である。
　○交　通　事　故（業務上過失致死など）
　法定刑の加重があり，従来のように時々無罪もあるが，多くが執行猶予になると甘く考えることはできない。
　注意義務の根拠と違法性の根拠について弁護活動の重点が置かれるべきことになる。
　予見可能性と予見義務，結果回避義務と可能性などが争点となるが，現場の状況，事故車両の科学的なアプローチも重視すべきことになる。
　実況見分調書が正確か否かは，各調書を検討した上，必ず現場に臨んでみることが必要である。実況見分調書が複数あるときもあり，証拠開示を要求するのも基本である。
　視認できたかどうかという基本事項も，現場に自ら臨まなくては反論もできない。
　事故は一瞬であって，すでに結果が出ている以上，不利益供述をしたとしても，それが事実とはいえないというべきである（目撃供述にしても自白にしても，ほとんどが故意でなく，過失であるので，記憶にのみ頼るべきでない）。
　実況見分調書はパターン化されているのであって，短時間で，作成せざるを得ないところがあり，もともと，正確性に欠ける，参考程度と思って現場に弁護人自ら行くことが第一歩である。
　自ら，公判前整理手続を利用し，すべての類型および主張関連証拠の各開示を求めると，複数の実況見分調書が出てくることが多い。
　○痴　　　漢
　迷惑防止条例違反または，強制わいせつをいうが，これを認めることで略式命令で罰金におわるといわれ，自白したが，後に公判で否認したりしたケ

ースが出ており，99人の有罪を見逃しても，1人の無辜を有罪とするなかれという刑事裁判の基本からすると，社会現象として難しい問題が多発している。

被害者の供述と本人の自白の信用性が多く比較されるが，取調べ側は，現に被害申立てがある以上，犯人がいるという前提で臨むのだし，駅事務室で申しひらきをしようと考えたら，まず犯人とされてしまうのが現状である。

そこで警察も，近時は繊維鑑定（第2部第3章第2節Ⅱ(8)参照）をして，被疑者の手から，被害者の下着の繊維が検出されたか否かを，鑑定している。

下着にも潜在指紋が出る場合もあるので，これらも，証拠開示を求めるべきである。

痴漢上級者は，素人をダミー（幕）に使うので，ほとんど逮捕されず，反面，真犯人でなくてもつき出され（名指しされ）ると否認は割に合わないという現実がある（多くは，示談すれば起訴できない親告罪であるので，仮に真犯人が，これらの事情を十分理解してあえて否認していたとしても，弁護のスタンスを変えるべきではない）。

多く，被害者の供述だけで有罪にされるので（2人以上の証人の補強供述がいるという説もあるが），「心理鑑定」（多く被告人供述の真実性と供述心理について）の採用を求める弁護もある（ただし，裁判官は自由心証主義に反するとして不採用になるケースも多い）。

○薬物事案

薬物事案では，尿の採取過程の違法性が問題となって，補強証拠として鑑定書の証拠能力が否定されるケースは，かなりある。

他人の尿であるとか，別の荷物と一緒に入っており，違法薬物であるとの認識がなかったという言い訳は，通りづらいが，あることはある。裁判員裁判で無罪になったケースの控訴審が注目されている。

利得もないし，他に合理的な動機がないとしたケースもあるが，打合せを十分にしないと難しい。

不知の間にコーラ等の他物と一緒に服用させられたとの否認は，よくあり，かつ，通りづらいが，背景事情や供述経過を聴き取り，「疑わしきは被告人の利益に」という原則によって無罪になったケースもあるので，予断を

もって臨んではいけない。
　鑑定も，複数の方法があり，専門家と協議し，知識を得るべきである（第2部第3章第2節Ⅱ(8)参照）。
　きちんと事情聴取をすることは，情状立証にも連動すべきことであるので，しっかり対応することが必要である。
　○殺　人　等
　人の生命を奪うもので重罪であって，裁判員制度の対象であるので，慎重にかつ口頭弁論中心の効果的弁論が期待される。
　責任能力論を別とすれば，犯人性は認める弁論になりがちであり，それも無理はないが，誤判事件の多くは，見込み捜査や情況証拠による起訴が多いので，素直な本人の言い分を聴き（これも難しいが），閲覧記録（開示されたものすべて）を十分に検討するべしとしかいえない。
　中には，被告人（被疑者）の関与はあっても，被害者の死亡とは別原因というものもあるので，情況証拠はよく分析するにしても，死因についての鑑定も頭から信じてはいけない。
　疑いのある以上，専門家の意見を聴くべきである。
　死因に繋がるアナザーストーリーのほうが合理性があれば，合理的疑いが生じるというべきである。

第5節　事件を受けるにあたって，裁判員制度下の控訴審の心構え

　従来からいわれるように，まず1審判決を重視すべきことは，弁護人である以上当然である。
　控訴審で，逆転無罪もあるし，1審がいかにも検察寄りということもないわけではないが，控訴逆転無罪は，快感であるが，判決をみると，いかに合理的疑いがあるか，無罪控訴審は百万言を尽して論述していることが通常である。
　裁判所も苦心しているわけである。
　他方有罪判決を維持する控訴審は形式的であり一般論で終わっている。

裁判員制度の対象となった事件の控訴審については，全く条文が変わっていないので，議論百出の状況で（別掲参照），さらに改正案も議論されているので，今ここで論ずる必要はないと思われる。

　しかし，現行法のもとで，すでに控訴も上告もなされていることでもあるので，予想は必要である。

　まず従来の傾向や現在のキャリア裁判官のもとでは，国民の声が反映している裁判員裁判の事実誤認を理由としての有罪判決破棄は難しいし，改めて調書を調べての無罪は著しく減少するはずである。

　現在ですら，前記のように，合理的疑いありと論証するのに大変な苦心が見られるのであり，裁判員の事実認定を覆すのは事実上も審理構造上も至難の術というべきように思われる。

　他方，見直しのケースには，審理不尽で破棄差戻しで改めて，1審で裁判官による再審理を求めるべきことになるとするのが理論の帰結と思われる。

　1審においては，いかに裁判員に対して，健全な常識でいえば，これこれで，疑いが残るとアピールすることしかない。

　控訴審に期待してはいけないというべきである。

　現に，裁判員制度下の控訴審についての司法研究報告（法曹会，2009年）でも，できる限り1審判断を尊重すべきとしており，その理由を以下のように述べている。

　すなわち，1審は，直接，証人や被告人に話を聴いているのだから，明らかに信用性の判断が，客観的証拠と矛盾していたり，経験則や論理法則上明らかに不合理であって，これが結論に重大な影響を及ぼす場合でない限り，1審判断が尊重されるはずである。

　事後審であるといわれている従来の控訴審のあり方と同一であるが，国民の判断が入っていることと，陪審制度（わが国でもそのとおりだった）の多くが，控訴審のない1審限りであることを考えると，控訴審制度を手つかずで残した現行裁判員制度としては，当然のことを改めて文章にしただけであり，新しいものは，何もない。

　東京高裁の裁判官の任意団体「つばさ会」の報告も，「広く多くの国民の納得を得られる確実性の高い経験則を用いることが控訴審の判断において必

要である」としている。しかし，どう考えても，言葉だけでは，従来と，どう変化したかは，わからない。

　逆に素人の裁判員の判断だから，誤判の可能性は高いといわざるを得ず，控訴審は，経験則違反と考えるときは，破棄自判しないで，差し戻して，もう一度，裁判員制度での審理をやり直すべきとも思われるが，それは訴訟経済に反するだけでなく，裁判員制度への冒涜であると非難されよう。現に控訴審で破棄された例でも，差戻しはないこともある（自判，東京高裁平成23年3月30日）。

　現行法では裁判員裁判の控訴審は立法的解決を求めるしかないし，逆に，十分な議論を経ないで，重大事件から，必要的に（選択の余地なく）導入した制度自体が，違憲（裁判官による裁判を受ける権利の侵害）といわれる議論にたどりつくことになると筆者は考えている。

　裁判員の評議の中味については，秘密ということでもあり，その記録は，そもそもないのであるから，その上，判決書は，従来と比して簡潔に結論が記されるとあっては，構造的に現行の控訴審は欠陥があるといえる。

　合理的な疑いを否定するような，争点整理をし，かつ，十分な裁判員を含めた証拠に対する評価をして，その過程を，判決書に記すことは無理を強いるものとも思われる。

　しかも，弁護人としては，証拠開示のために，整理手続を利用するとしても，困難な事件では，安易な争点整理には応じるわけにもいかないとすべきなので，時間の節約という点でも，集中審理が役立つことしかメリットはないと思われる。

　そして裁判員に，原則口頭で証拠の評価を経験則をまじえて力説することも，弁護人の資質と責務となる。

　自白の任意性・信用性についても，取調べの全過程の可視化が実現したとしても，「代用監獄制度」が残っており，24時間，取調べを行う者たち（留置官を分離してはいるが同じ警察官）の支配下にあるという事実に変化はないのであるから，完全にプレッシャーはなくなり，任意に，事件について供述が可能かは，残る課題である。

　まして，すべてが可視化していない現状で，かかる現状と供述調書の作成

過程を，裁判員に実感させ体験させることは，弁護人の課題とはいえ重いというべきである。

　現行法が事後審としての控訴審を，手つかずで残している以上，素人裁判員の判断と専門家の判断のどちらが尊重されるべきかといった実りも終着点もない議論をせず，疑わしきは被告人の利益にと考え，自分の心証を，破棄自判の中で示すべきと考える（有罪を覆す場合）。平成22年秋まで事実認定で裁判員裁判の判決を覆した控訴審はない（そのあと，差戻しと自判が1つづつ出た——いずれも上告審待ち）。

　無罪判決を破棄すべきと考えた場合，少なくとも合理的な疑いを持った原審関与者が多くいたわけであるので，それ以上の経験則なり，疑いを示す根拠づけが必要となるはずである。

　公判前整理手続に臨むにあたり，いかに争点を整理すべきか，裁判員に対して，いかに弁論をなすべきかも，控訴審を視野に入れると弁護人の責務は重いとしかいえない。

〔荒木　和男〕

第3章

第1回公判期日前の準備活動

第1節　証拠調べの準備

I　刑事弁護において大切なこと

　刑事弁護において重要なことは，第1に，できる限り速やかに弁護活動に着手することである。そして，被疑者・被告人と早期に打ち合わせ，接見をするなどして，事案の真相と本人の主張を把握し，事案に即した適切な解決の方向を目指す弁護活動をすることである。被疑者が被疑事実を否認している場合には，虚偽自白をしないですむ弁護活動が求められる。第2に，刑事手続についての刑訴法の法的規制を厳格に守らせる刑事弁護を行うことである。第3に，以上のような弁護活動において，証拠の収集と保全，弁護活動についての「証拠の客観化」を行うことである。

II　逮捕への対策

(1)　刑事弁護の留意点
　刑事事件に発展する可能性がある相談があったとき，まず逮捕・勾留といった刑事事件になること自体が,相談者本人の社会生活上重大な影響を持つ。

刑事弁護として次の点に留意して行う必要がある。
① 速やかに活動に着手することが重要である。
② 本人を中心に，事情を知る親族や知人の協力を得て，事実関係をできる限り正確に詳しく把握し，本人を中心に「事実関係に関する確認書面」を作成することが重要である。
③ それとともに，関係証拠の収集・保全を図ることである。本人の行動経過に関する領収書等，携帯電話やメールの送受信記録やその内容の保全を図ることが必要である。また事件の現場の情況について写真撮影をするなどして保全することも重要である。関係証拠の収集・整理の過程で証拠隠滅と疑われる行為をしてはならない。
④ そして，係争事件について，犯罪の成否を検討し，犯罪が成立しないときは，その理由とその理由を裏付ける事実関係を，犯罪が成立するときでも，相談者本人にとって主張しうる事実上，法律上の主張を明確にするとともに，事案に即した適切な解決等（当事者間の示談や家庭裁判所による調停など）を相手方に内容証明郵便などの書面で通知する。
⑤ そして捜査機関にも同旨の通知をすることが必要となる場合もある。捜査機関に対しては，捜査には協力する意図があるので，任意捜査にとどめ，強制捜査を回避してほしい旨書面で申し入れることも有用である。

(2) **強制捜査と被疑者支援について**

逮捕・勾留といった強制捜査に発展する場合にも，被疑者側で作成した事実関係に関する書面を提出するとともに，被疑者には弁護人が随時接見等を行い，被疑者の相談にのり，必要な弁護活動を行うので，くれぐれも虚偽自白などしないように釘をさしておくことが必要である。

Ⅲ 勾留対策

(1) **勾留の要件について**

勾留の要件として，勾留の理由と勾留の必要性がある。勾留の理由は，犯罪の高度の嫌疑があり，さらに①住所不定，②罪証隠滅のおそれ，③逃亡のおそれ，のいずれか1つに当たる場合であり（刑訴60条1項），勾留の必要性

とは実質的に身柄拘束が必要であることを意味する（刑訴87条1項）。

(2) 勾留対策について

(a) 勾留は，長期にわたる身柄拘束処分であるから，被疑者に与える不利益が多くなるので，勾留の要件をきっちり検討することが必要である。事案の性質（犯罪の嫌疑の有無，犯罪の軽重など）や被疑者側の事情（犯罪に対する態度，任意捜査への協力，仕事や生活上の事情など），事案の解決方法（示談交渉の着手）などを検討し，勾留の理由・必要性がない旨の「意見書」を作成するとともに，これらに関する被疑者本人や家族などの「上申書」を作成することも有用である。

(b) 逮捕が違法であった場合，直ちに釈放すべきであり，逮捕前置主義の趣旨に照らせば，違法逮捕の継続として勾留を認めることは許されないと解すべきである。違法逮捕の有無，情況についても検討し，「意見書」に記述すべきである。

(3) 検察官・裁判官に対する申入れ

弁護人は，被疑者と上記の検討内容について十分打合せをし，弁護人から担当検察官に面接の申入れをして，上記の「意見書」や「上申書」を提出し勾留の必要性がないことを申し入れるとともに，被疑者からも弁解録取の段階で検察官に「意見書」や「上申書」に沿った陳述をさせ，勾留の必要がないことを理解してもらうことが必要である。そして，弁護人も被疑者も，検察官が勾留請求をした際には，勾留質問の段階で，担当裁判官に対して面接の申入れをし，「意見書」や「上申書」を提出して，勾留の必要性がないことを理解してもらい，勾留請求の却下の決定を求めるべきである。

(4) 勾留の裁判に対する不服申立て

裁判官が勾留決定をしたとき，勾留の裁判に対して準抗告をすることができる（刑訴429条1項2号）。被疑者側で勾留の理由および勾留の必要性がないと判断したときは，再度これらの要件の1つ1つについて具体的に検討し，勾留の理由および勾留の必要性のないことを工夫して主張する必要がある。準抗告棄却決定について，憲法違反・判例違反があれば，特別抗告ができる（刑訴433条）。

(5) 否認事件における弁護活動

被疑者が被疑事実を否認している場合には，弁護人は被疑者との接見を頻繁に行って，被疑者が虚偽自白に追い込まれないようにしたり，違法・不当な取調べがあればそれを記録するための日弁連編集の『被疑者ノート―取調べの記録―』を差し入れて，被疑者に取調べの経過や不備を記録させるなど，弁護活動の工夫が必要である。弁護人が1人で十分に対応できないときは，複数の弁護人の選任を求めることも必要であろう。

Ⅳ 接見の心構え

(1) できる限り早期に接見するなどして虚偽自白を防止すること

できる限り早期に被疑者に接見し，接見を頻繁に行うことによって，被疑者の虚偽自白を防止することである。渡部保夫『無罪の発見』は「逮捕後短時間内又は数日間内に虚偽の自白をした事例も稀ではない」「虚偽自白の動機・原因はいろいろであるが，基本的には，次の三要因に集約できるように思われる。第一は，被疑者の人格である。……第二は，被疑者の心身の状況である。……第三は，取調べの圧力である。……以上の三要因の相乗作用として，虚偽の自白が生ずるであろう。……重罪事件に関しても，そのような例がある」として実例の紹介をしている。そして，「捜査段階で虚偽の自白をした場合，ことに多数の自白調書が作成されたような場合，諦めなどの心理から，裁判官による勾留質問の際にも被疑事実を認め，さらに公判になっても公訴事実を認めるものがいるであろう」と指摘している（24～26頁）。被疑者には，弁護人や家族の具体的な支援の気持ちを伝え，被疑者を精神的に支え，被疑者が虚偽自白をしないことが被疑者の人格，今後の生活にとって掛け替えのない大切なものであることを理解させ，被疑者が真実を貫くことを支援すべきである。

(2) 弁護人も，被疑者から詳細に聴取すること

逮捕・勾留された後に弁護人に選任された場合には，すでに被疑者が虚偽の自白をはじめており，弁護人に対しても虚偽の自白を維持しようとしていることもありうる。そのような場合には，被疑者から犯罪行為の動機，態

様，犯行前後の行動等を詳しく聴取して，不自然・不合理な点はないかどうか，また物的証拠と本人の自白の整合性があるかどうか，詳細に検討することが重要である。

(3) 否認事件において留意すべきこと

否認事件においては，毎回の接見において，被疑者の体調や取調べの時間，内容，被疑者が取調べにおいてどのような対応をしているか等について，詳しく聴き取り，被疑者の弁解内容をメモ化して，公証人役場で確定日付を取っておくとともに，被疑者にも『被疑者ノート』に詳しく記述するように指導しておくことが必要である。そして，被疑者が虚偽自白した場合にも，対応できるようにしておくべきである。

V 不当な取調べへの対応

(1) 捜査機関への是正申入れ

逮捕勾留中の被疑者に対する取調べにおいて，違法・不当と思われることがあったときは，直ちに書面でその是正を申し入れることが必要である。

(2) 黙秘権の行使などの被疑者支援の強化

そのような申入れにもかかわらず，捜査機関が違法不当な取調べを継続する場合には，「何人も，自己に不利益な供述を強要されない」という憲法上の黙秘権（憲38条1項）を根拠として，被疑者に対し，取調べ拒否，黙秘権の行使，弁護人の取調べ立会要求，供述調書その他の書面の署名捺印の拒否などの防御方法を説明して，被疑者の黙秘権行使を支援するとともに，重ねて捜査機関に違法不当な取調べの是正を書面で申し入れるべきである。

(3) 公判対策の準備

そして，弁護人は，できる限り頻繁に被疑者と接見して被疑者を励ますとともに，被疑者から取調べ状況や被疑者の言い分を聴取してメモ化し，その都度確定日付を取っておくとともに，被疑者にも『被疑者ノート』に詳しく記述するように指導しておくことが必要である。

(4) 勾留場所の変更請求や勾留期間の安易な延長を阻止する

弁護人は，裁判所に対して，勾留場所の変更を請求したり，移送の職権発

動を求めたり，勾留期間の安易な延長を阻止する活動をすべきである。被疑者の勾留期間は，原則として「勾留請求した日から10日以内」とされており（刑訴208条1項），「やむを得ない事由がある」と認めるときに限り勾留期間を延長することができるにすぎない（同条2項）。「やむを得ない事由」とは，「事件の複雑困難，証拠蒐集の遅延もしくは困難等により勾留期間を延長してさらに捜査せねば終局処分が困難な場合をいい，その存否の判断には，牽連する事件も相当の限度で考慮に入れることができる。」（最判昭37・7・3民集16巻7号1408頁）とされており，単に「被疑者，参考人の取調べ未了」などによって安易な延長は認められないのであって，勾留期間の安易な延長を認めるべきでない旨担当裁判官に申し入れたり，安易な延長決定については準抗告の申立てをすべきである。

Ⅵ 被害者との交渉

(1) 被疑者との早期の協議をすること

弁護人は，被疑者やその家族との間で，被疑事実について被害者側に対しどのように対処すべきか，早期に協議する必要がある。

(2) 被害者に対する早期の書面での申入れ

事案の性質や被疑者の被疑事実に対する態度，被疑者や支援する家族の経済状態等により，被害者側に対し，謝罪や示談ないし損害賠償の協議の申入れをすべきと判断したときは，早期に書面で謝罪や示談等の協議の申入れをするとよい。被疑者側としては，誠意をもって謝罪の気持ちを伝えるように努力するとともに，示談や損害賠償の金額は事案の性質に見合った適切な金額の支払をするように努める必要がある。事案の性質に見合った損害金の支払ができないときは，被疑者側の経済状況等を率直に話して，被害者側の理解を得るほかない。

(3) 示談の成立，損害賠償をしたとき

示談が成立したときは，「示談書」にその旨明記し，被害者側から「宥恕する」旨の同意があれば，「被害者は被疑者を宥恕した」旨明記させてもらうとよい。被害者側に損害賠償をすることは，被疑者の罪を償う有力な方法

であり，被疑者側の経済状況に見合った損害賠償の申出をして，協議したこと，損害金の一部弁済をしたことも，有力な情状となるので，被害者から「領収書」の作成交付をしてもらったり，弁護人からその経過を記載した被疑者宛の「報告書」等の書面を作成して交付しておくとよい。

(4) **被害者との交渉が不調に終わったとき**

事案の性質や被疑者の被疑事実に対する態度により，謝罪や損害賠償の協議の申入れをしたが，不調に終わったときは，弁護人からその経過を記載した被疑者宛の「報告書」等の書面を作成し，被疑者側が誠実に謝罪し，誠意をもって対応したことを理解してもらえるようにしておくとよい。

Ⅶ 保釈の取り方

(1) **保釈実務の実情について**

公訴を提起され，被疑者が被告人となれば，保釈の請求が認められる（刑訴88条）。被告人には原則的に保釈を受ける権利があるかのような規定となっている（刑訴89条）が，裁判所が除外事由の「被告人が罪証を隠滅すると疑うに足りる相当な理由があるとき」（同条4号）を緩やかに解釈して，保釈を認めない傾向がある。否認事件においては，ほとんど保釈を認めないのが現状である。否認事件こそ，被告人の証拠の収集，保全，その他防御活動が認められるべきであるにもかかわらず，被告人の身柄を拘束して，裁判を受ける権利を事実上制約しているのである。被疑者段階の保釈問題とともに，被告人の権利保釈の原則的確立を立法的に解決する必要がある。

(2) **保釈請求の留意点**

保釈請求書には，被告人について逃亡のおそれや罪証隠滅のおそれがないことをできるだけ具体的に記載するとともに，公判期日には被告人が出頭することを確約することを記載し，被告人の「誓約書」や家族の「身元保証書」を添付することが多い。なお，被告人の「誓約書」には，「本件の関係者に一切面談の申入れなどしない」旨の確約文言を記載させることも有用であり，裁判官との保釈面接でねばり強く，保釈の必要性・相当性を説得すべきである。なお，裁判官から，稀には，保釈の許可条件として，公訴事実を

争わないこと，証拠書類に同意することなどを求められることがあるが，このような「取引」に安易に応じるべきではないことはいうまでもない。

(3) 「検察官意見書」の閲覧・謄写について

保釈請求をすると，裁判官は，検察官に意見を求める。検察官は，保釈に反対する場合には，保釈に反対する理由を記載した意見書を提出している。裁判官面接の際に「検察官意見書」を閲覧して裁判官面接をしたり，保釈を却下された場合には，「検察官意見書」を謄写して，準抗告における反論に利用することができる。

第2節　具体的事前準備

I　裁判所の関与と被告人側の事前準備

(1) 裁判所の訴訟準備

裁判所は，当事者の証拠の整理その他訴訟の準備を促し，検察官および弁護人を出頭させて，公判期日の指定その他訴訟の進行に関し必要な打合せを行うことができることになっている（刑訴規178条の9・178条の10）が，基本的な立証準備は検察官と被告人側で行う。

(2) 公判前整理手続の利用について

裁判所は，充実した公判の審理を継続的，計画的かつ迅速に行う必要があると認めるときは，検察官および被告人側の意見を聴いて，第1回公判期日前に，決定で，事件の争点および証拠を整理するための公判準備として，事件を公判前整理手続に付すことができるとしている（刑訴316条の2第1項）。否認事件などの弁護人は，公判前整理手続による証拠開示制度を利用する必要があれば，裁判員裁判の対象事件以外の事件でも，担当裁判所に対し，公判前整理手続に付す旨の申入れをすべきである。

(3) 被疑者・被告人の証拠保全について

なお，被疑者・被告人側は，あらかじめ証拠を保全しておかなければその

証拠を使用することが困難な事情があるときは，第1回公判期日前に限り，裁判官に押収，捜索，検証，証人の尋問または鑑定の処分を請求することができることになっている（刑訴179条）。

II　証拠の開示の要請と公判前整理手続の選択について

(1)　当事者の証拠調べ請求と証拠開示

現行法上，証拠の開示について「検察官，被告人又は弁護人が証人，鑑定人，通訳人又は翻訳人の尋問を請求するについては，あらかじめ，相手方に対し，その氏名及び住居を知る機会を与えなければならない。証拠書類又は証拠物の取調を請求するについては，あらかじめ，相手方にこれを閲覧する機会を与えなければならない。但し，相手方に異議のないときは，この限りではない」(刑訴299条1項)と規定しており，実務上この規定を軸に検察官も証拠開示を行って事前準備を行い，被告人側も開示された証拠と被告人側の主張や証拠を検討して事前準備を行っている。

(2)　検察官手持ち証拠の開示について

しかし，事案によっては，被告人側は，検察官が手持ちの証拠をすべて開示しておらず，真相の解明に役立つ証拠や被告人に有利な証拠を開示していないのではないかとのことで，検察官に対し手持ち証拠の事前開示を要求したり，裁判所に対し，検察官に手持ち証拠を開示することを命ずることを求めてきた。現行法上，検察官の手持ち証拠の開示に関する明文の規定がないため，証拠開示否定説と肯定説があるが，最高裁（最決昭44・4・25刑集23巻4号248頁）は，証拠調べの段階で，弁護人から証拠開示命令の申出があった場合には，証拠が特定され閲覧の具体的必要性が示され，閲覧が被告人の防御のため特に重要であり，開示されても罪証隠滅，証人威迫等の弊害を招来するおそれがないときは，裁判所は訴訟指揮権に基づき特定の証拠の開示を命令できる旨決定した。刑事裁判所での公正の要請，検察官の真実発見協力義務の見地から，最高裁のこの決定は，証拠開示について消極的すぎるといわざるを得ない。

(3) 公判前整理手続と検察官手持ち証拠の開示について

その後，司法制度改革に伴う平成16年の刑訴法の改正により，「公判前整理手続」の制度が採用され，検察官手持ち証拠の開示が大きく進展した。「公判前整理手続」は，「充実した公判の審理を継続的，計画的かつ迅速に行うため必要があると認めるとき」に，「事件の争点及び証拠を整理するため」の「公判準備」と規定している（刑訴316条の2）。「公判前整理手続」に付されたときは，「検察官請求証拠の必要的開示」（刑訴316条の14）のほか，被告人側から開示の請求があった場合における「類型証拠の開示」（刑訴316条の15），「主張関連証拠の開示」（刑訴316条の20）を認めた。「公判前整理手続」は，裁判員裁判対象事件だけでなく，重大事件とされる法定合議事件や社会で耳目を集めた事件，捜査段階で紆余曲折のあった事件などにおいても行われることになり，検察官手持ち証拠の開示が必要と判断するときは，裁判所に「公判前整理手続」に付すことを求めるべきである。

Ⅲ　検察官の証拠調べ請求と被告人側の証拠意見，同意・不同意の準備について

(1) 検察官の証拠調べ請求と被告人側の証拠意見の留意点

裁判所が証拠決定をする前に，当事者の請求に基づく場合は相手方またはその弁護人の意見を，職権による場合は検察官および被告人または弁護人の意見を聴かなければならない（刑訴規190条2項，刑訴299条2項）。検察官は証拠調べ請求をする際に「立証趣旨」を簡単に記載しているが，特に限定した趣旨が明確でない限り，かなり広く証拠として利用されることに注意しなければならない。証拠決定についての意見は，口頭または書面でなされるが，異議を述べる際は，異議の理由も述べるとよい。証拠意見をきっちり残すためには，書面で明確に述べておく必要がある。

(2) 検察官の証拠調べ請求と被告人側の同意・不同意の留意点

(a) 刑訴法は，「証拠とすることに同意した書面又は供述は，その書面が作成され又は供述のされたときの情況を考慮し相当と認められるときに限り，第321条乃至前条の規定にかかわらず，これを証拠とすることができる」

と当事者の同意した書面の証拠能力について規定している（刑訴326条1項）。本来刑訴法320条1項によって証拠とすることができない伝聞証拠に証拠能力を与える「同意」は，当事者の重要な訴訟行為である。「同意」の本質は，反対尋問権の放棄ないし直接主義の保障の放棄を意味するので，同意・不同意については慎重に検討する必要がある。

なお，刑訴法326条は，「検察官及び被告人が証拠とすることに同意した供述」についても，同意した書面と同様に取り扱う旨規定しており，「証人が共同被告人から伝聞した事項を供述したときに被告人及び弁護人が何ら異議を述べず，かえって証人に対し尋ねることはないと述べたときは，その供述を証拠とすることに同意があったものと認められる」との判例もある（最判昭28・5・12刑集7巻5号1023頁）ので，注意が必要である。

(b) 同意権者は，検察官と被告人である（刑訴326条）。弁護人は，包括代理権に基づき，同意・不同意の意思表示をするのであるから，弁護人は被告人と協議をしておく必要がある。同意・不同意は，1通の書面でも，部分を分けて，その一部について同意することもできる（一部同意）。同意は，裁判所に対してなすものである。その証拠の証拠調べが終了すれば，同意の撤回は許されない。錯誤を理由とする場合も，撤回は許されないとされている。

Ⅳ 被告人側の証拠準備と証拠調べ請求の準備について

(1) 被告人側の証拠準備の方法①について

(a) 被疑者・被告人弁護人側には，強制的に捜査を行ったり，証拠収集を行う権限は全くない。しかし，弁護士は，受任している事件について，所属弁護士会に対し，公務所または公私の団体に照会して必要な事項の報告を求めることを申し出ることができ（弁護士法23条の2の「弁護士会照会制度」），照会を受けた公務所等は報告義務を負うことになっている（ただし，報告義務を履行しなくとも罰則がないので，強制できない。報告義務を強制できる罰則等の立法的解決が求められる）。また刑訴法179条は，「被告人，被疑者又は弁護人は，あらかじめ証拠を保全しておかなければその証拠を使用することが困難な事情があるときは，第1回公判期日前に限り，裁判官に押収，捜索，検証，証人の尋

問又は鑑定の処分を請求することができる」と規定して，被告人側の「証拠保全の請求」を認めている（証拠保全を請求すべき裁判官については刑訴規則137条，請求の方式については同規則138条に規定している）。

（b）第1回公判期日以降は，直接受訴裁判所に証拠調べ請求をすることになる。公務所等に対する照会（刑訴279条），他の裁判所に存在する訴訟記録や他の官公署に存在する公文書等の書類の取寄せ（刑訴279条），公私の団体だけでなく，個人が所有ないし保管している証拠物の差押え・提出命令（刑訴99条）も，第1回公判期日以降，直接受訴裁判所で実施されることになる。

(2) 被告人側の証拠準備の方法②について

（a）弁護側は，被疑者，被告人，その家族，知人の協力のもと，事実関係や行動経過などをできる限り正確に詳しく把握し，本人を中心に「事実関係に関する確認書面」を作成するとともに，これらに関する手持ちの領収書等の関係資料，携帯電話やメールの送受信記録やその内容の保全を図ることが重要である。

（b）第三者が所有する資料等についても，早期に事情を説明してコピーの交付を受けたり，写真撮影をさせてもらうなどして，証拠の収集と保全を図るべきである。

（c）被疑事実については，事件現場の情況の調査と保全が極めて重要になる。弁護人は，できる限り早期に，被疑者，被告人やその家族，知人とともに現場に赴き，事件現場の情況を調査し，写真・ビデオの撮影，ウォーキングメジャーや一般のメジャーを使用するなどして正確に記録をしておくとよい。事件現場の全体情況を多角的に写真撮影しておくと，将来の証拠関係の検討資料とすることができる。

（d）重要な証拠の収集，保全のため，上記の「弁護士会照会制度」や刑訴法の「証拠保全の請求」を有効に利用すべきである。また書面作成日を確定するためには，公証人役場の確定日付の制度が利用できる。

（e）弁護側は，関係証拠の収集・整理の過程で，証拠隠滅と疑われる行為を一切しないことが重要である。

（f）証拠の収集・整理の過程そのものも詳しく記録し，関係者との話合いについても録音またはビデオ録画等をしておくとよい。

(3) 弁護側の証拠調べ請求について
(a) 弁護側の証拠調べ請求も，第1回公判期日以降に行うことになる（刑訴規188条）が，検察官の証拠調べ請求と同様に，公判調書の証拠等関係カードと同じ様式の書面を作成すると，証拠調べ請求に関して定めた刑訴規則188条の2・同条の3・189条1項の要請をみたすことになって便利である。証人の尋問を請求するときは，証人の尋問に要する見込みの時間を申し出なければならない（刑訴規188条の3第1項）。見込み時間とは反対尋問を含めたおおよその見込み時間とされている。証拠書類その他の書面の一部の取調べを請求するには，特にその部分を明確にしなければならない（刑訴規189条2項）。
(b) 弁護側も，検察官に対して，あらかじめ，証人等の氏名等の開示と証拠等の閲覧の機会を与えなければならない（刑訴299条1項）。

V 弁護人の冒頭陳述の目的と是非

(1) 検察官の冒頭陳述について
　証拠調べのはじめに，検察官は，証拠により証明すべき事実を明らかにしなければならない（刑訴296条）。これを「冒頭陳述」という。公訴事実および情状に関し，立証の対象とする具体的事実を明確にして，裁判所の審理計画や被告人側の防御に資するものである。通常の場合，犯行の動機，経緯，犯行の情況，犯行後の情況などに重点をおいて陳述される。冒頭陳述において，「証拠とすることができず，又は証拠として取調を請求する意思のない資料に基いて，裁判所に事件について偏見又は予断を生ぜしめる虞のある事項を述べることはできない」（同条但書）。
(2) 被告人側の冒頭陳述について
(a) 被告人側の冒頭陳述は，第1に被告人側の立証目的を明確にすることであり，そして第2に検察側との争点を明確にすることである。
(b) 被告人側の冒頭陳述について，「裁判所は，検察官が証拠調のはじめに証拠により証明すべき事実を明らかにした後，被告人又は弁護人にも，証拠により証明すべき事実を明らかにすることを許すことができる」旨規定さ

れている（刑訴規198条1項）ので，被告人側の冒頭陳述は，任意的であり，その時期も制限されていない。公訴事実に争いのない事件では，ほとんど行われていない。しかし，被告人が公訴事実を否認したり，被告人側が様々な理由で無罪を主張する場合には，少なくとも被告人の反証に移る前に被告人側も冒頭陳述を積極的に行うべきである（第2部第1章第2節）。

（c）被告人側が冒頭陳述を行う時期について，検察官の冒頭陳述の直後に行う場合と，検察官立証が終了し，被告人立証の段階の冒頭に行う場合があるが，これまで検察官と弁護人の証拠収集能力の格差のため，検察官立証が終了した段階で，被告人側の冒頭陳述が行われることが圧倒的に多いとされていた。

（d）しかし，公判前整理手続の場合の「公判手続の特例」の規定が設けられたことにより，今後は，争いのある複雑な事件については，充実した公判を継続的，計画的かつ迅速に行うため，検察官の冒頭陳述の直後に，被告人側の冒頭陳述を行うことを求められることになることが多くなると思われ，そのようなことが想定される場合には，被告人側で，あらかじめ，「事件を公判前整理手続に付する」ことを求め，検察官から「検察官請求証拠の開示」（刑訴316条の14）のほか，「類型証拠」（刑訴316条の15），「主張関連証拠」（刑訴316条の20）の開示を受けて，公判手続においては，当初から被告人側の冒頭陳述を行う気構えを持つ必要がある。

(3) 公判前整理手続の場合の公判手続の特則

公判前整理手続に付された事件については，被告人または弁護人は，証拠により証明すべき事実その他の事実上および法律上の主張があるときは，検察官の冒頭陳述に引き続き，被告人側の冒頭陳述において上記の主張を明らかにしなければならない（刑訴316条の30）。この場合には，被告人側の冒頭陳述が義務となり，検察官の冒頭陳述に引き続き行うこととなった。

Ⅵ 犯罪被害者等の保護と手続参加を認める刑事手続について

(1) 被害者等特定事項の非公開

性犯罪などや犯行の態様，被害の状況その他の事情により，被害者特定事

項（氏名および住所その他の当該事件の被害者を特定させることとなる事項）が公開の法廷で明らかにされることにより，被害者等の名誉または社会生活の平穏が著しく害されるおそれがあると認められる事件については，被害者らから申出があるときは，裁判所は被告人側の意見を聴き，相当と認められるときは被害者等非公開の決定をすることができる（刑訴290条の2第1項）。被害者らは，あらかじめ検察官に申出をすることになっている（同条2項）。裁判所は，これ以外にも，被害者等特定事項を明らかにされることによる弊害があると認められる事件を取り扱う場合には，被害者特定事項を明らかにしない旨の決定ができる（同条3項）。

(2) 証人尋問の際の証人に対する配慮規定

被告人の証人尋問権は憲法上の権利（憲37条2項）となっており，原則として公判期日に公判廷で行われることになっている（刑訴282条）。しかし，被害者，特に性的犯罪の被害者に対する証人尋問における，被害者の羞恥心や名誉に配慮し，被告人や傍聴人から受ける心理的圧迫感を軽減させるため，裁判所は，次のような対応措置をとることができることになった。弁護人は，あらかじめ事案ごとにこれらの対応の是非についての意見を検討しておく必要がある。

(a) 証人の付添人（刑訴157条の2）

「証人の年齢，心身の状態その他の事情を考慮して証人が著しく不安又は緊張を覚えるおそれがあると認めるときは，その不安又は緊張を緩和するのに適当であり，かつ，裁判官若しくは訴訟関係人の尋問若しくは証人の供述を妨げ，又はその供述の内容に不当な影響を与えるおそれがないと認める者を証人の供述中，証人に付き添わせることができる」ようにしたものである。心理カウンセラー，年少者の親，証人が依頼した弁護士などが考えられる。付添人は，証言に影響を及ぼすような言動をしてはならない。

(b) 証人の住居等に関する事項についての尋問制限（刑訴295条2項）

証人およびその親族等に害を加え，これらの者を畏怖させる行為がなされるおそれのある場合には，証人の住居，勤務先等に関する事項について尋問の制限ができる。ただし，犯罪の証明に重大な支障が生じたり，被告人の防御に実質的な不利益が生じるおそれがあるときは，この限りではない。

(c) 証人と被告人・傍聴人との遮蔽措置

犯罪被害者や遺族らが証人となった際，直接被告人や傍聴人から見られることによって，強い心理的圧迫や精神の平穏を害されたり，名誉を著しく害されるおそれがある。このような負担を軽減させるため，証人と被告人間の遮蔽措置（刑訴157条の3第1項），証人と傍聴人間の遮蔽措置（刑訴157条の3第2項）をとることができる。訴訟当事者である被告人と傍聴人は，立場を異にするので，それぞれ要件等も異なる。

(イ) 証人と被告人の遮蔽措置（刑訴157条の3第1項）　「犯罪の性質，証人の年齢，心身の状態，被告人との関係その他の事情」により，「証人が被告人の面前において供述するときは圧迫を受け精神の平穏を著しく害されるおそれがあると認める場合であって，相当と認めるときは」，被告人と証人との間で，一方からまたは相互に相手の状態を認識できないようにするための措置をとることができる。この場合も，被告人は証人の証言を直接聴き，自ら反対尋問もできる。

(ロ) 証人と傍聴人の遮蔽措置（刑訴157条の3第2項）　「犯罪の性質，証人の年齢，心身の状態，名誉に対する影響その他の事情を考慮し，相当と認めるときは」，傍聴人とその証人との間で，相互に相手の状態を認識できないようにするための措置をとることができる。「犯罪の性質」等により，証人の精神の平穏や名誉の保護のため，積極的に適用が認められるようになっている。

(d) ビデオリンク方式による証人尋問（刑訴157条の4第1項）

性犯罪関係の事件等の被害者や「犯罪の性質，証人の年齢，心身の状態，被告人との関係その他の事情により，裁判官および訴訟関係人が証人を尋問するために在席する場所において供述するときは，圧迫を受け精神の平穏を著しく害されるおそれがあると認められる者」を証人尋問する場合において，「相当と認めるときは」，裁判官および訴訟関係人が証人を尋問するために在席する場所以外の場所（これらの者が在席する場所と同一の構内に限り）にその証人を在席させ，映像と音声の送受信により相手の状態を相互に認識しながら通話をすることができる方式によって，尋問をすることができる。

(e) 公判期日外の証人の尋問（刑訴281条）

「証人の重要性，年齢，職業，健康状態その他の事情と事案の軽重とを考慮した上，検察官及び被告人又は弁護人の意見を聴き，必要と認めるときは」公判期日外において尋問できる（刑訴281条）。尋問は，裁判所で行ってもよいし，裁判所以外の場所で行ってもよい。証人が病気の場合，証人が年少であったり，性犯罪の被害者であって，必要と認めるときは，この規定を利用できる。この場合，検察官，被告人および弁護人には，証人尋問の日時，場所等を知らされるが，立会いは証人尋問の必要条件とはされていない。検察官，被告人または弁護人は，証人の尋問に立ち会うことができ，証人尋問をすることができる（刑訴157条）。

(f) 証人尋問中の被告人の退席・退廷（刑訴281条の2・304条の2）

証人尋問に被告人が立ち会った場合において，証人が被告人の面前においては圧迫をうけ充分な供述をすることができないときは，弁護人が立ち会っている場合に限り，その証人の供述中被告人を退席・退廷させることができる。この場合には，供述終了後，被告人に証言の要旨を告知し，その証人を尋問する機会を与えなければならないとされている。この規定は，被告人と証人との遮蔽措置をしたり，ビデオリンク方式の証人尋問のときにも適用される。

(g) 特定の傍聴人の退廷（刑訴規202条）

証人等が特定の傍聴人の面前で充分な供述をすることができないと思料するときは，その供述をする間，その傍聴人を退廷させることができる。

(h) 証人等の配慮規定の併用について

「証人の付添人」（刑訴157条の2），「証人と被告人・傍聴人の遮蔽措置」（刑訴157条の3），「ビデオリンク方式による証人尋問」（刑訴157条の4），被告人の退席・退廷規定（刑訴281条の2・304条の2），「特定の傍聴人の退廷」（刑訴規202条）は，それぞれ要件を満たす限り併用しうる。

(3) 被害者の手続参加制度――「犯罪被害者等の権利利益の保護を図るための刑事訴訟法等の一部を改正する法律」（平成19年6月20日成立，同20年12月1日施行）

重大な特定の犯罪について，被害者の手続参加が認められる（刑訴316条の33第1項）。

(a) ①故意の犯罪行為により人を死傷させた罪——殺人（刑199条），傷害（刑204条），傷害致死（刑205条），危険運転致死傷（刑208条の2）など，②刑法176条（強制わいせつ）・177条（強姦）・178条（準強制わいせつ及び準強姦）・211条（業務上過失致死傷等）・220条（逮捕及び監禁）・224条から227条の罪（略取，誘拐及び人身売買の罪），③そのほか，犯罪行為に②の犯罪行為を含む罪，④前記①②③に掲げる罪の未遂罪

(b) 手続参加ができるのは，「犯罪の被害者等若しくは当該被害者の法定代理人又はこれらの者から委託を受けた弁護士」とされている。「被害者等」とは，「被害者又は被害者が死亡した場合若しくはその心身に重大な故障がある場合におけるその配偶者，直系の親族若しくは兄弟姉妹をいう」とされている（刑訴290条の2第1項）。

(c) 被告事件の手続参加の申出は，検察官を通じて行うものとされ，裁判所は「犯罪の性質，被告人との関係その他の事情を考慮し，相当と認めるときは」手続への参加を許すものとしている（刑訴316条の33第1項・2項）。

(d) 手続への参加を許された者を「被害者参加人」という。裁判所は，被害者参加人について，「被害者等」に該当しないことが明らかになったり，刑訴法312条の規定により罰条が撤回・変更されたため被害者参加を認める事件に該当しなくなったとき，その他被害者参加人の手続への参加を認めることが相当でないと認めるに至ったときは，許可決定を取り消さなければならない（同条3項）。

(e) (イ) 被害者参加人または委託を受けた弁護士（以下「被害者参加人」という）は，公判期日に出席して審理に参加する（刑訴316条の34第1項）。被害者参加人，委託弁護士が多数である場合において「必要があると認めるときは」，裁判所は，公判期日に出席する代表者の選定を求めることができる（同条3項）。「審理の状況，被害者参加人，又はその委託を受けた弁護士の数その他の事情を考慮して，相当でないと認めるときは，公判期日の全部又は一部への出席を許さないことができる」（同条4項）。これらの規定は，「公判準備において証人の尋問又は検証が行われる場合について準用する」（同条5項）。

(ロ) 被害者参加人は，検察官に対し，当該被告事件について検察官の権限の行使に関して意見を述べることができ，この場合において，検察官は，

当該権限の行使について，必要に応じ，その理由を説明しなければならないとされている（刑訴316条の35）。

　(ハ)　裁判所は，被害者参加人から証人尋問の申出があったときは，「審理の状況，申出に係る尋問事項の内容，申出をした者の数その他の事情を考慮し，相当と認めるときは」，「情状に関する事項（犯罪事実に関するものを除く。）についての証人の供述の説明力を争うために必要な事項について」「申出をした者がその証人を尋問することを許すものとする」としている（刑訴316条の36第１項）。

　その手続は，「検察官の尋問が終わった後（検察官の尋問がないときは，被告人又は弁護人の尋問が終わった後）」，被害者参加人が，検察官に対して，「直ちに」「尋問事項」を明らかにして尋問の申出をなすものとし，検察官は，当該事項について自ら尋問する場合を除き，意見を付して，裁判所に通知するものとされている（同条２項）。尋問の制限については，同条３項参照。

　(ニ)　裁判所は，被害者参加人から，被告人質問の申出があるときは，「この法律の規定による意見の陳述をするために必要があると認める場合であって」，「審理の状況，申出に係る質問をする事項の内容」「申出をした者の数その他の事情を考慮し，相当と認めるとき」は，申出をした者が被告人に対してその質問を発することを許すものとするとしている（刑訴316条の37第１項）。質問事項の内容について，特に制限はされていない。被害者参加人は，検察官に対して，あらかじめ，「質問事項」を明らかにして，被告人質問の申出を行い，「この場合において，検察官は，当該事項について自ら供述を求める場合を除き，意見を付して，これを裁判所に通知するもの」としている（同条２項）。質問の制限については，同条３項参照。

　(ホ)　裁判所は，被害者参加人から「事実又は法律の適用について意見を陳述することの申出がある場合において」，「審理の状況，申出をした者の数その他の事情を考慮し，相当と認めるときは」，「公判期日において」，検察官の刑訴法293条の意見陳述の後に，「訴因として特定された事実の範囲内で，申出をした者がその意見を陳述することを許すものとする」としている（刑訴316条の38第１項）。

被害者参加人は，事実または法律の適用についての意見の陳述をすることの申出をするには，あらかじめ，検察官に対して，「陳述する意見の要旨」を明らかにし，検察官は，意見を付して，裁判所に通知するものとしている（同条2項）。裁判長の被害者参加人の陳述に対する制限については，刑訴法316条の38第3項，被害者参加人の陳述が証拠とはならないことについては同条4項参照。

　　㈥　被害者参加人の付添人についての規定は，刑訴法316条の39第1項ないし3項，被害者参加人と被告人との遮蔽措置についての規定は同条4項，被害者参加人と傍聴人との遮蔽措置についての規定は同条5項参照。

(4)　**被害者等の意見陳述**（刑訴292条の2）

(a)　被害者等による意見陳述の制度は，刑事手続に犯罪被害者を一定の範囲で主体的に関与させるものである。被害者から，犯罪被害の内容や苦しみを直接加害者である被告人に対して陳述させることによって，犯罪行為について深い反省と責任を痛感させようとするものである。刑事裁判が，犯罪被害の実情と苦しみ，悲しみを直接踏まえて，犯罪行為を裁くことになる。

(b)　裁判所は，被害者等または当該被害者法定代理人から，「被害に関する心情その他の被告事件に関する意見」の陳述の申出があるときは，公判期日において，その意見の陳述をさせるものとしている（刑訴292条の2第1項）。この意見陳述の申出をすることができるのは，当該事件の被害者または被害者が死亡した場合もしくはその心身に重大な故障がある場合における配偶者，直系の親族もしくは兄弟姉妹，当該被害者の法定代理人である（刑訴290条の2第1項）。

被害者等の意見陳述は，犯罪被害の実情や被害者の苦しみ，悲しみを陳述して，被告人に深い反省をせまり，責任を痛感させる契機とすることができる。有効な意見陳述をするためには，刑事記録の検討や被告人側の供述等も詳しく検討する必要がある。被害者側は，警察や検察庁に協力を求めるとともに，弁護士会の犯罪被害者支援センターに協力を求めることもできる。

(c)　意見陳述の申出は，あらかじめ検察官にしなければならない。検察官は，意見を付して，裁判所に通知することになっている（同条2項）。

(d)　裁判所や訴訟関係人は，被害者等が意見陳述をした後，その趣旨を明

確にするため，当該被害者等に質問することができる（同条3項・4項）。
　(e)　裁判所は，被害者等の意見陳述や当該被害者等に対する質問が重複するとき，または事件に関係のない事項にわたるとき，その他相当でないときは，これを制限できる（同条5項）ほか，「審理の状況その他の事情を考慮して，相当でないと認めるときは」，意見の陳述に代え意見を記載した書面を提出させ，または意見の陳述をさせないことができる（同条7項）。意見を記載した書面が提出されたときは，公判期日において，その旨を明らかにし，「相当と認めるときは」，その書面を朗読し，またはその要旨を告げることになっている（同条8項）。
　(f)　これらの意見陳述や書面は，犯罪事実の認定のための証拠とすることができない。
　(g)　意見陳述を行う被害者等についても，証人尋問の配慮規定が準用される（同条6項）。

(5)　犯罪被害者等の保護，手続参加と刑事弁護

　刑事手続においても，犯罪被害者の権利や配慮規定が整備されてきており，弁護人は，これらの規定の適用についても適切に対応するため，あらかじめ検討して，弁護人としての意見を準備するとともに，基本的にこれまでの刑訴法の原則に変わりはないのであるから，あらゆる権利を行使して，被告人の人権を守るべきである。

　(a)　被害者等の保護規定と被告人の裁判を受ける権利

　被告人の裁判を受ける権利は，憲法上の権利であって，原則として直接主義，口頭主義の原則に基づいて裁判を受けられるようにしなければならない。被告人と証人との遮蔽措置の採用やビデオリンク方式の採用または両者の併用について，「相当と認めるか否か」等について意見を述べることも多くあると思われるが，弁護人は，各事件ごとに十分検討して，意見陳述の準備をきっちりしておくべきである。

　(b)　被害者等の手続参加と刑事弁護

　　(イ)　被告人の犯罪行為が明白な場合においては，弁護人は，被疑者・被告人らとの間で，早期に被害者等に対して，どのように対処すべきか協議する必要がある。謝罪すべき事件は早期に謝罪の申入れを書面ですること，示

談や損害賠償をすべき事件は早期に示談や損害賠償の申入れを書面ですることなどが必要である。各事件において，被告人側において，将来事実上または法律上の主張とする可能性のある事情についても，それらの書面に適切な形で記載することも検討しておく必要もある。

　(ロ)　被害者等の陳述等についても，被害感情や処罰感情だけであれば，無理に反対尋問や質問をする必要はないし，また，そうしても効果をあげられない場合が多い。しかし，犯罪事実について，被告人の主張と異なる陳述が含まれているときは，検察官に被害者の証人尋問を求める場合もある。

　(ハ)　弁護人は，特別予防や教育刑の処罰理論の発展，また被告人の更生のため，執行猶予制度や保護観察制度の有効性などについても，わかりやすく弁論できる準備が必要である。

(c)　分割払についての刑事訴訟手続における「和解」の利用

「被告人と被害者等は，両者の間における民事上の争い（当該被告事件に係る被害についての争いを含む場合に限る）について合意が成立した場合」には，被告人と被害者等は，弁論の終結までに係属している第 1 審裁判所または控訴裁判所の公判期日に出頭し，合意をした内容を記載した書面を提出して，共同して，当該合意の公判調書への記載を求める申立てをすることができる（『犯罪被害者等の権利利益の保護を図るための刑事手続に付随する措置に関する法律』（以下「犯罪被害者保護法」という）13条 1 項）。保証人が付されたときは，被告人・被害者等と共同の申立てをすることになる（犯罪被害者保護法13条 2 項）。「その記載は，裁判上の和解と同一の効力を有する」（同13条 4 項）。なお，「刑事訴訟手続に伴う犯罪被害者等の損害賠償請求に係る裁判手続の特例」として，「損害賠償命令の申立て」の制度が新設された（同17条以下）。

Ⅶ　公判手続の更新

(1)　公判手続の更新について

「開廷後裁判官がかわったときは，公判手続を更新しなければならない。但し，判決の宣告をする場合は，この限りでない」（刑訴315条）。簡易公判手続によって審判する旨の決定が取り消されたときは，公判手続を更新しなけ

ればならない。ただし，検察官および被告人または弁護人に異議がないときは，この限りではないとされている(刑訴315条の2)。また，刑訴規則213条は，「開廷後被告人の心神喪失により公判手続を停止した場合には，公判手続を更新しなければならない」（1項），「開廷後長期間にわたり開廷しなかった場合において必要があると認めるときは，公判手続を更新することができる」（2項）と規定している。

　これらの規定は，直接主義・口頭主義の原則に基づくものであり，両主義に反する限度で効力を失う。更新前の証拠調べの請求，証拠決定など手続的行為は，更新後も有効なものとして残るが，実体形成行為は，両主義に反する限度で効力を失うため，更新前の証言，被告人の供述，証拠書類・証拠物の取調べは無効となるから，再度適法な証拠調べをしなければならない。更新前の被告人質問，証人尋問の結果，検証の結果については，それらの公判調書を刑訴法322条2項・321条2項の書面として取調べをした上で証拠とすることになる(刑訴規213条の2第3号)。

(2) **公判手続更新の手続について**

　公判手続を更新するには，次の例によるとされている(刑訴規213条の2)。

「一　裁判長は，まず，検察官に起訴状（起訴状訂正書又は訴因若しくは罰条を追加若しくは変更する書面を含む。）に基いて公訴事実の要旨を陳述させなければならない。但し，被告人及び弁護人に異議がないときは，その陳述の全部又は一部をさせないことができる。

二　裁判長は，前号の手続が終わった後，被告人及び弁護人に対し，被告事件について陳述する機会を与えなければならない。

三　更新前の公判期日における被告人若しくは被告人以外の者の供述を録取した書面又は更新前の公判期日における裁判所の検証の結果を記載した書面並びに更新前の公判期日において取り調べた書面又は物については，職権で証拠書類又は証拠物として取り調べなければならない。但し，裁判所は，証拠とすることができないと認める書面又は物及び証拠とするのを相当でないと認め且つ訴訟関係人が取り調べないことに異議のない書面又は物については，これを取り調べない旨の決定をしなければならない。

四　裁判長は，前号本文に掲げる書面又は物を取り調べる場合において訴訟関係人が同意したときは，その全部若しくは一部を朗読し又は示すことに代えて，相当と認める方法でこれを取り調べることができる。

五　裁判長は，取り調べた各個の証拠について訴訟関係人の意見及び弁解を聴かなければならない。」

(3) 被告人側の留意点

① 公判手続の更新は，裁判の公開，直接主義，口頭主義の原則に基づくものであり（1号），公訴事実の要旨の陳述を行うことを求めるべきである。

② 弁護人は，これまでの公判手続の中間的な総括に基づき，この陳述の機会を積極的に利用すべきである。

③ 弁護人は，証拠能力を争う書面や関連性が少ない等のため証拠とするのを相当でないと認めるものについては，異議の申立てや証拠排除の意見を述べておく必要がある。

④ また，重要な証拠書類や証拠物の取調べについては，朗読や要旨の告知，展示という取調べ方法を求めるべきである。

〔合田　勝義〕

第2部
証拠調べの流れと実務

■CONTENTS
第1章　冒頭陳述
第2章　証拠調べの請求
第3章　証拠決定

第1章

冒 頭 陳 述

第1節　検察官の冒頭陳述

I　検察官の冒頭陳述に先立つ冒頭手続（刑訴291条）

　公判手続は，裁判長による被告人に対する人定質問によって開始され，引き続いて検察官の起訴状の朗読がなされ，その後に裁判長から被告人に対する黙秘権を含む権利保護に必要な告知等がなされる（被告人の権利保護のための告知事項については，刑訴規則197条参照）。その後，起訴状記載の公訴事実に対する被告人および弁護人による認否等が行われる。その際裁判長は被告人と弁護人に対し，事件について陳述する機会を与えなければならないとされている。これは弁護側に防御権の行使の機会を与えるとともに，事件の争点を明確にするためである。これら一連の手続は冒頭手続と呼ばれている。

II　検察官による冒頭陳述

　冒頭手続が終了した後，証拠調べの手続に入る（刑訴292条）。最初に行われるのが検察官による冒頭陳述であり，それらによって検察官は証拠に基づいて証明すべき事実を明らかにしなければならない。ただし，証拠とするこ

とができないか，証拠申請する意思のない資料に基づいて裁判所に事件について偏見や予断を与えるおそれのある事項を述べることはできない（刑訴296条但書）。

　ところで，事件によっては，「証拠に基づいて証明すべき事実は起訴状記載の公訴事実と情状に関する事実である」といった中身のない形だけの冒頭陳述がなされる場合がある。検察官による冒頭陳述の目的が，裁判所に対し事件の概要を明らかにすること，および被告人・弁護人に対して防御の機会を与えることにあるから，弁護人としてはそのような冒頭陳述がなされた場合は，刑訴法296条本文違反を理由に同法309条1項に基づき異議の申立てをすべきである。

　また冒頭陳述で被告人の前科や前歴，被告人の行為や性格の悪質性，さらには余罪等に言及されるケースも少なくない。そのような場合，特に否認事件においては裁判官に予断を与えるおそれがあるから，弁護人としては同法296条但書違反を理由に異議を述べるとともに，削除を求めるべきである。

第2節　弁護人の冒頭陳述

I　弁護人による冒頭陳述の意義

　検察官による冒頭陳述は義務的であるが，弁護人も裁判所の許可を得て冒頭陳述をすることができる（刑訴規198条1項）。その場合，上記刑訴法296条但書と同様の趣旨の規定が置かれている（刑訴規198条2項）。
　弁護側の冒頭陳述は検察官の場合とは違って行うかどうかは任意である。また時期も検察官の冒頭陳述が終わった直後である必要もない。実際には行われるケースは少ないし，また行われたとしてもその時期は検察官の立証が終わった後で，弁護側の立証活動に入る直前が多い。
　ただし，公判前整理手続に付された事件については，弁護人も検察官の冒頭陳述の後に行うことが義務づけられている。したがって弁護人は，検察官

と同様に証拠により証明すべき事実，その他事実および法律上の主張があるときは，この時点でそれらを明らかにしなければならないことになる（刑訴316条の30）。

II　弁護人による冒頭陳述の目的等

　弁護人が冒頭陳述を行う場合の目的も「証拠により証明すべき事実を明らかにする」ことであるが（刑訴規198条），そこでいう「事実」は起訴状記載の公訴事実についてだけでなく，正当防衛，心神喪失，心神耗弱，自首といった犯罪の成否や刑の減免に関する事実，さらには量刑その他の情状に関する事実も含まれる。
　また弁護人の冒頭陳述の目的はそれに尽きるわけではない。検察官による冒頭陳述によって裁判所に与えた予断や偏見，さらには検察官による立証活動によって裁判所に与えたであろう不当な偏見や予断を払拭し，それを排除することも目的の1つである。そのような場合には，適宜適切な異議の申立て等をして予断や偏見を排除すべきであることは当然であるが，それに加え弁護人による冒頭陳述を活用することも必要であろう。

III　弁護人が冒頭陳述を行う場合の注意点

　弁護人が実際に冒頭陳述を行うかどうかは，慎重に考慮して決めるべきである。そもそも刑事裁判では，立証責任は全面的に検察官にあり，弁護人としては検察官の立証に対して完全に反証することまでは要求されていない。検察官とは違って捜査権限もなく，それゆえに証拠収集能力差が隔絶している弁護人としては，検察官の立証に対して許容されるあらゆる手段を駆使して裁判所に「疑い」を抱かせることができれば，基本的に弁護人の立証は成功したといえるし，通常，弁護人ができるのはそれが限度であろう。
　弁護人が機械的に冒頭陳述を行うことは，場合によっては裁判所に対して当事者主義に徹する民事裁判のようにどちらの「言い分」がより説得的かといった判断を求める形になってしまう危険がある。そうなれば，その結論に

よって有罪か無罪かが事実上決まってしまうことが危惧される。
　いずれにしても，弁護人が冒頭陳述を行うかどうか，行う場合の時期や目的等については，諸事情を考慮して慎重に決めるべきである。

〔吉田　武男〕

第2章

証拠調べの請求

第1節　証拠調べ請求——請求権者・時期

I　証拠調べ請求

　証拠調べの手続は，すでに述べた検察官による冒頭陳述によって開始される。検察官の冒頭陳述によって証拠により証明すべき事実が明らかにされた後，検察官と弁護人から証拠調べ請求がなされる（刑訴298条）。その場合，検察官は事件の審判に必要と認めるすべての証拠の取調べ請求をしなければならず，その後に弁護人は必要な証拠の取調べ請求をすることになる（刑訴規193条）。ここでは検察官は「すべての証拠」の取調べ請求をすることになっているが，審理の過程で必要が生じたときは新たに証拠調べ請求ができる。

　それに対し，裁判所は，証拠の採否や証拠調べの範囲・順序・方法等を決定し，その決定に基づいて具体的な証拠調べが実施されることになる（すでに述べたように，事情によってはその間に弁護人の冒頭陳述が行われることになる）。

　以上のような一連の手続全体が広義の証拠調べ手続であり，刑訴法292条の証拠調べはこの広義の証拠調べである。他方，狭義の証拠調べ手続とは，裁判所が公判期日に要証事実の存否に関して証拠能力が認められた証拠につ

いて適確な方法で取調べを行うことによって裁判官が心証を形成する行為をいう。

Ⅱ　取調べ請求権者等

　当事者主義を前提とする刑訴法では，検察官と弁護人による証拠調べ請求が原則とされるが，必要があるときは補充的に裁判所も職権で証拠調べをすることができる（刑訴298条）。弁護人の証拠調べ請求権はいわゆる固有権であり，被告人の明示の意思に反してもできる。
　また証拠調べ請求は，第1回公判期日前にはできないが，それ以後であれば公判期日だけでなく公判期日前にもできる（刑訴規188条）。

第2節　証拠の意義

Ⅰ　厳格な証明に用いられる証拠，自由な証明に用いられる証拠

　証拠とは，犯罪事実等を証明する手段として用いられる資料をいうが，いくつかの観点から分類することができる。まず証拠として「厳格な証明」に用いられる資料と，「自由な証明」に用いられる資料がある。これは，証拠によって証明しようとする事実（要証事実）との関係で，刑訴法の定める証拠能力を有する証拠で，しかも公判において適法な証拠調べを経た証拠による証明が必要であるか否かによる分類である。刑訴法300条以下で規定されている証拠は，いずれも厳格な証明に用いられる資料のことである。
　厳格な証明を要するのはどのような事実についてか，また自由な証明で足りるのはどのような事実についてかは確定しているわけではなく，説が分かれている。ただし，情状や量刑に関する事実以外は，原則として厳格な証明を要するものと解すべきである。したがって犯罪の構成要件に該当する事実

はもちろん，故意過失といった責任や違法性を根拠づける事実もすべて厳格な証明を要することになる。また情状に関する事実であっても，すべて自由な証明で足りるというわけではない。犯行の動機や手段，さらには被害者に与えた被害の程度といった犯罪事実に関連する事実についても，当然厳格な証明を要する。

II 証拠調べの方法による分類

証拠調べの方法による分類としては，証人，鑑定人，鑑定証人，被告人らに対する尋問ないし質問の方法による「人証」，その物の存在や状態が証拠となる「物証」ないし「証拠物」，そこに記載されている内容が証拠となる「書証」，人の五官（五感）による事物の存在および状態を認識する処分である「検証」，裁判所が特別な学識経験によってのみ知り得る法則とその法則を適用して得た意見判断を求める「鑑定」等がある。

III 供述証拠，非供述証拠

刑訴法320条の伝聞法則との関係で，要証事実を直接知覚した者の供述が証拠となるものが「供述証拠」で，それ以外の証拠を「非供述証拠」とする分類方法もある。なお，供述証拠中，被告人や被疑者の供述に関しては黙秘権の告知が必要である。

第3節 証拠調べ請求の時期，取調べ請求する証拠，取調べ請求の順序等

I 証拠調べ請求の時期

すでに述べたように，第1回公判期日以後であれば公判期日でも公判期日前でもよいが，検察官の冒頭陳述がなされた後でなければならない。冒頭陳

述の目的が，検察官が証拠によって証明すべき事実を明らかにすることにあるから，それが終わる前での証拠調べ請求は考えられないからである。

ただし，公判前整理手続に付された事件の場合は別である（刑訴規188条但書）。

II 取調べ請求する証拠と根拠

(1) 挙証責任

検察官と弁護人が具体的にどのような証拠の取調べ請求をするかについての規定はない。要するに，実質的挙証責任と形式的挙証責任に従って挙証責任を負う当事者が必要に応じて適切な証拠の取調べ請求をするということに尽きる。実質的挙証責任とは，要証事実について当該事実の存否がどちらとも判然としない場合にどちらが不利益を受けるかという意味での責任である。本来犯罪事実についての挙証責任は検察官にあり，弁護人がこの意味での挙証責任を負うのは，例えば名誉毀損罪における「真実の証明」といった法律で明示された例外的な場合に限られる。それに対し，形式的挙証責任とは，事実上の必要に応じて証拠を提出しなければならない責任のことで，常に一方当事者が負う実質的挙証責任とは異なり，訴訟の進行状況に伴って相手方に移る可能性をもっている。

(2) 証拠の厳選等

証拠の取調べ請求について，刑訴規則189条の2は，「証明すべき事実の立証に必要な証拠を厳選して」しなければならないとしている。この規定は裁判員裁判を意識して新設された規定であるが，各当事者が挙証責任に応じて自己の主張を裏付けるものとして強い証明力を有し，しかも最良の証拠について取調べ請求することは当然である。強力な捜査権限を有している検察官とは違い，証拠の収集能力の点で隔絶している弁護人としては，熟慮と創意工夫をこらし，可能なあらゆる方法を駆使して証拠を収集して取調べ請求をすべきことはいうまでもない。

(3) 証拠調べ請求の義務

当事者がどのような証拠について証拠調べ請求するかは，前記のような挙

証責任をにらみながら自らの判断でする以外にないが，例外として取り調べなければならないものもある。

　刑訴法300条は，同法321条1項2号後段の被告人以外の検面調書について，「公判準備若しくは公判期日において前の供述と相反するか若しくは実質的に異なった供述をし」たときで，前の供述を信用すべき特別の情況が存するときは，検察官は必ずその取調べを請求しなければならないとしている。この規定は，被告人に有利な調書について検察官に取調べ請求の義務を課したものと解されている。被告人にとって不利な書面であれば，検察官に義務を負わせなくても取調べ請求がなされるからである。ただし，検察官はそのような書面については相反性や特信性の不存在等を理由に簡単に証拠調べ請求をするとは思われない。稀であろうが，そのような場合，弁護人としては刑訴規則208条（釈明等）に基づいて釈明を求める等して当該書面を特定し，自ら証拠調べ請求をすることも考えられる（取調べ請求の時期については留意する必要がある。当該証人尋問が終了した直後にすべきであろう）。これに対し裁判所は，証拠決定をする前提として同規則192条（証拠決定についての提示命令）により検察官にその書面を提示させ，それらの要件を満たしている場合は証拠調べの決定をした上で，証拠調べをすることになる。

　また刑訴法303条は，裁判所は公判準備においてした証人その他の者の尋問，検証，押収および捜索の結果を記載した書面や物について，公判期日に証拠書類または証拠物としてこれらを取り調べなければならないとされている。裁判所は補充的に職権で証拠調べができることになっているが（刑訴298条2項），ここではその例外として裁判所にそれらの証拠について取調べ義務を課している。

(4)　証拠調べの範囲，順序等

　証拠調べの範囲や順序について，裁判所は検察官と弁護人の意見を聴いた上で定めるとしている（刑訴297条1項）。また刑訴規則199条は，最初に検察官が取調べ請求した証拠で事件の審判に必要と認めるすべての証拠を取り調べ，その後に弁護側が取調べ請求した証拠で必要な証拠について取調べをし，そして相当と認めるときは随時必要な証拠調べをすることができるとしている。

証拠調べの順序について，実務上，争いのない事件の場合，検察官は，自白調書や情状関係証拠等の審判に必要なものを一括して『証拠等関係カード』に記載して証拠調べ請求をし，それら証拠の取調べが終わった後に，弁護側が請求した情状関係証拠の取調べを行い，そして被告人質問をするというのが通常である。

それに対し，争いのある事件では，まず検察官が自白調書を除いた公訴事実に関連する証拠の取調べ請求をし，それら証拠が取り調べられることになる。そしてその後に弁護側が事実の反証のための取調べ請求をし，その取調べが終わった後に，検察官が自白調書の取調べ請求をし，その取調べが終わった後に，被告人質問や場合によっては情状関係の証拠調べが行われる，というのが普通である。

以上は通常のやり方であるが，審理の途中で必要が生じて新たな証拠の取調べ請求がなされて取調べが行われることもある。また審理の進行状況等によっては，順序等を変更する必要が生じることもある。そのような場合，裁判所は検察官と弁護人の意見を聴いた上で証拠調べの範囲や順序等を変更することができることになっている（刑訴297条3項）。

ただし，公判前整理手続に付された事件では，やむを得ない事由によって公判前整理手続または期日間整理手続において請求することができなかったものを除き，その後は証拠調べの請求ができないことになっている（刑訴316条の32第1項）。

(5) **検察官による証拠調べ請求の順序等に関する2，3の問題点**

事実に争いのある事件では，検察官の証拠調べ請求に関して注意すべき点がある。

第1は，刑訴規則193条1項で検察官は必要な「すべての証拠の取調を請求しなければならない」と規定されているにもかかわらず，弁護側の対応をにらみながら小出しに証拠申請をしてくるケースがある。そのような場合，弁護人としては検察官に対し手持ちのすべての証拠を一括して申請すべきであると主張し，検察官の追加証拠調べ請求に対して却下を求めるべきである。

第2に，刑訴法301条は，被告人の自白調書は犯罪事実に関する他の証拠

が取り調べられた後でなければその取調べを請求できないとしているが，この規定は，自白調書が補強証拠の取調べに先立ってなされることにより裁判所が予断を抱くことを予防し，また自白の偏重とそれに伴う誤判の危険を防止するために，自白の取調べの時期について制限を設けたものである。同条については，検察官にすべての証拠の取調べ請求をするよう規定している刑訴規則193条との関係で，自白調書の「取調べ請求」の時期を制限する規定であるのか，それとも自白調書の「取調べ実施」の時期を制限する規定であるかが問題であるが，前者と解すべきである。理由は，検察官による証拠調べ請求の当初から自白調書の取調べ請求を認めるならば，裁判所に自白調書の存在を知らせたり，それを意識させることになってしまい，その結果，当該事件について裁判所に予断や偏見を与えるおそれが生じ，ひいては刑訴法301条の趣旨が徹底されなくなるからである。

なお，裁判所が，裁判の迅速処理の観点から，事実に関する検察官の立証の途中で自白調書の取調べをしたいとの意向が示された場合には，刑訴法301条の規定を根拠に反対し，裁判所がそれを認める決定をした場合は異議を述べるべきである。

第3は，刑訴規則189条は，証拠調べ請求に際し，その証拠と証明すべき事実との関係，すなわち当該証拠の立証趣旨を具体的に明示しなければならないと定めている。しかし現実は，検察官作成・提出の『証拠等関係カード』の「立証趣旨」の欄にごく簡単に記載されているのがほとんどである。簡単な事件であれば，さほど不都合はないであろうが，事件が錯綜して複雑な場合には問題である。「立証趣旨の拘束力」の問題もさることながら，そのような場合は釈明を求め，立証趣旨を明確にさせるべきである。

(6) 証拠調べ請求の方法，弁護人による証拠収集等

(a) 書面による請求

証拠調べ請求をする場合，検察官は『証拠等関係カード』によって請求するのに対し，弁護人は簡単な事件では口頭で行うことが多い。しかし刑訴規則では，証人や鑑定人等の尋問を請求するときはその氏名や住居を記載した書面を差し出して行い，また証拠書類等の書面の取調べを請求するときはその標目を記載した書面を差し出して行うことになっている（刑訴規188条の2）。

否認事件や複雑な事件の場合や，多数の証拠について取調べ請求をするときは，この規定に従うべきであろう。

　(b)　弁護人の証拠調べ請求，証拠収集の方法

　公訴事実に関連する証拠はもとより，さらには情状に関する証拠についても，相当数が検察官から提出されているのが実情である。証拠収集力の点で検察官と比べて弁護人は圧倒的に劣ることはいうまでもないが，熟慮と創意工夫を重ねて被告人に有利な証拠を発見して証拠調べ請求をするのが弁護人に課せられた使命である。入手可能ないくつかを例示すれば，弁護側で作成ないし入手した供述書，供述録取書，手紙やメール，ファックス，日記・メモ類，示談書，領収書，被害者の宥恕の意思を示す嘆願書等の書面，被告人の病状や精神状態を示す診断書等が考えられる。

　ところで，捜査機関を含む第三者が保管・所持しているために弁護人では入手し難いと考えられる証拠書類や物についても，工夫することによって入手できる場合がある。以下，場合を分けて例示する（詳細は第2部第3章）。

　　(イ)　証拠書類や物が検察官の手元にある場合　　検察官が証拠調べ請求をしないで手元に保有している証拠の中には，被告人の否認調書や被告人にとって有利な証拠がありうる。弁護人としては，被告人や関係者から詳しい事情を聴取した上で，その可能性があれば検察官の手元にある未開示のそれら証拠を開示させ，検討する必要がある。弁護人としては，その存在がはっきりしているときはもちろん，不確かであってもその可能性があるときは，検察官に対してその存否を確認した上で任意の提出を求めるべきである。それを拒否された場合は，裁判所に当該証拠について証拠調べ請求をする以外にない。そのような場合，裁判所は訴訟指揮権に基づいて検察官に所持しているか釈明を求め，所持しているときは弁護人の証拠調べ請求についての意見を求めることになる。そしてその証拠が被告人以外の者の供述証拠で，検察官が同意するときは任意で提出させる。仮に検察官がそれに応じない場合は，刑訴規則192条により提示命令を求め，さらには提出命令，差押命令も考えられる。ただし，検察官がそれを証拠とすることに同意しなければ，弁護人としては刑訴法328条により供述の証明力を争うための証拠として使用できるだけである。

またそれが被告人にとって有利な被告人の否認調書の場合は，裁判所は検察官の同意，不同意に関係なく任意性と特信性を条件に証拠決定をし，検察官に提出を命じることになる。また検察官の手元にある証拠物についても，刑訴規則178条の11に基づき，その物の還付ないし仮還付することの訴訟指揮を裁判所に求める等して証拠調べに持ち込むことになる。

(ロ) 証拠が裁判所にある場合　書類等の証拠がその事件を審理している同じ部か，同一裁判所の他の部にあるときは，借り受けて公判期日に公判廷に顕出することになる（相手方にも閲覧の機会を与えるためである）。またそれら書類等が他の裁判所にあるときは，刑訴法279条（公務所等への照会）を根拠に「取寄せ」を裁判所に申請し，裁判所はこの申請により当該書類等の送付を嘱託し，送付を受けることになる。このようにして送付されてきた書類等も，上記と同様に公判廷に顕出することになる。弁護人は顕出された書類等を検討した上で，必要に応じて証拠書類ないし証拠物として証拠調べ請求をすることになる。なお，このような書類等の「取寄せ」は，他の裁判所に対してだけでなく，他の「公務所」に対してもできる。例えば検察庁に保管されている確定記録も送付を受けることができる。

(ハ) 証拠が「公務所又は公私の団体」にある場合　弁護士は，弁護士法23条の2に基づいて，所属弁護士会に対し，「公務所又は公私の団体」に照会して必要な事項の報告を求めることを申し出ることができる。弁護士会は，この申出に基づいて当該公務所等に照会して必要な事項の報告を求めることができることになっている。この弁護士法23条の2に基づく照会請求の具体的な活用方法等については後述する（第2部第3章第1節Ⅱ(1)(b)）。

この照会請求に対する『回答書』やそれに添付された書類等は，必要に応じて証拠調べ請求をすることができる。

なお，弁護士法23条の2の照会請求については，強制する方法がないため，「公務所又は公私の団体」が応じなかった場合は，刑訴法279条に基づいて裁判所に対しそれら団体に対する照会を求めることができる。同条の場合も制裁による強制力はないが，それに応じる可能性はより大きいであろう。裁判所の照会請求に応じて提出された『回答書』等については，裁判所は公判廷でそれらを顕出し，弁護人を含めた当事者は必要に応じて証拠調べ請求

をすることになる。
　　㈡　証拠が「公務所又は公私の団体」以外の第三者の手元にあり，任意の提出を拒否された場合　刑訴法279条や弁護士法23条の２に基づいて必要な事項の報告を求めることができるのは「公務所又は公私の団体」に対してだけである。弁護人が証拠調べ申請を考えている書類等が「公務所又は公私の団体」以外の第三者の手元にある場合は，任意で引き渡してもらうか，借り受けることができれば問題はない。しかしそれを拒否された場合は，刑訴法99条や同法102条に基づいて裁判所に対し，相当な理由があることを示して差押え，提出命令，捜索を求めることができる。裁判所がそれを認めて捜索差押命令や提出命令を出し，強制的に証拠を確保した場合，それら証拠は公判期日に公判廷に顕出されることになる。顕出後の手続については，すでに述べたとおりで，弁護人において検討した上で，必要に応じて証拠調べ請求をすることになる。
　　㈥　証拠保全　刑訴法179条に基づき，弁護人は，第１回公判期日前に限り，あらかじめ証拠を保全しておかなければその証拠を使用することが困難な事情があるときは，裁判官に押収，捜索，検証，証人の尋問または鑑定の処分を請求することができる。なお，この証拠保全の制度の詳細については，後述する（第２部第３章第１節Ⅱ(1)(c)）。
　(7)　**証拠調べの方法等**
　　(a)　**証拠調べの方法**
　証拠調べ請求に対し裁判所は証拠決定をし，この決定に基づいて証拠調べが行われることになる。この証拠調べは，要証事実が厳格な証明の対象となる場合は，刑訴法や刑訴規則で定められた方式に従って行われなければならない。ただし，自由な証明の対象となる場合であっても，ほとんどが同様の方式で証拠調べがなされているのが実情のようである。ただし，例外として刑訴法291条の２の簡易公判手続によって審理する旨の決定がなされた事件や，同法350条の８の即決裁判手続によって審理する旨の決定がなされた事件の証拠調べについては，「適当と認める方式」でできることになっている（刑訴307条の２・350条の10第２項）。

(b) 証拠の種類別の具体的な証拠調べの方式

証拠の種類別の証拠調べの方法は，以下のとおりである。

(イ) 証拠書類（書証）の取調べ　原則として証拠調べ請求をした当事者が公判廷において朗読して行う（刑訴305条1項・2項）。ただし，裁判長が当事者の意見を聴いて相当と認めるときは，この朗読に代えて要旨を告げる方法でもできる（刑訴規203条の2）。なお，刑訴法157条の4により，強制わいせつ，強姦，児童福祉法違反事件の一部等の被害者や，犯罪の性質や年齢，さらには心身の状態その他の事情から，法廷で供述するときに圧迫を受けて精神の平穏を著しく害されるおそれがあると認められた場合の証人については，法廷外にその者を在席させてビデオで法廷とつないで尋問するという方法（ビデオリンク方式）で尋問を行い，そしてそのやり取りの映像と音声を記録したビデオテープを尋問調書の一部とすることができることになった。この尋問調書の取調べについては，原則としてビデオテープの再生ないし調書の内容の告知によって行うとされている（刑訴305条4項）。

(ロ) 証拠物の取調べ　取調べ請求をした当事者が公判廷においてそれを展示して行う（刑訴306条）。ただし，これは絶対的ではなく，証拠物であっても展示に加え，別の方法で取り調べられることがありうるし，そのほうが適当な場合もある。例えば，録音テープ，ビデオテープ，映画フィルム等については，展示だけでなく，再生・映写する方法がとられる（最決昭35・3・24刑集14巻4号462頁）。

なお，証拠書類とはその書面の内容が証拠になるものであるのに対し，証拠物たる書面とは書面そのものの存在または状態が証拠となるものをいう。後者についての取調べは，提示とともに朗読して行う（刑訴307条）。証拠物たる書面の例としては，脅迫罪における脅迫状，手紙やメモ等がある。

(ハ) 証人，鑑定人，通訳人等の人証の取調べ　いずれも尋問の方法によってなされる（刑訴304条）。なお，同条1項・2項では，尋問はまず裁判長が行い，その後に検察官ないし弁護人が行うことになっているが，当事者主義を前提とする実務では，尋問の順序は逆になっている。

(ニ) 刑訴法128条の検証　公判廷で行われた場合は，独立して検証として行われる場合と，尋問中に，例えば傷害の被害者の受傷部位や程度等が

問題となって当該部位や傷が示され，時には写真撮影され，尋問や供述調書中にその旨記載されたり，末尾に写真が添付されることがある。公判廷外での検証については，検証調書が作成された後の公判期日に取り調べられることになる。この場合，改めて取調べ請求は必要ない（刑訴303条）。

　㈩　鑑定，被告人質問　鑑定（刑訴165条）については，鑑定結果の報告が鑑定書による報告の場合は鑑定書の取調べにより，口頭による鑑定結果の報告の場合は鑑定人尋問による。また被告人質問（刑訴311条2項・3項）は被告人の供述を求めることによってなされる。

〔吉田　武男〕

第3章

証拠決定

第1節 証拠決定前の措置

I 証拠決定と証拠能力

　証拠調べ請求に対し，裁判所はそれを採用するか，却下するかを決定する（刑訴規190条1項）。また裁判所が職権で証拠調べをする場合も，その旨の決定をする（刑訴298条2項，刑訴規190条2項後段）。その場合，裁判所は，各当事者の意見を聴いた上で，証拠調べ請求された証拠の証拠能力の有無と取調べの必要性の有無に基づいて証拠調べ請求を採用するか，却下するかを決定することになる（刑訴規190条1項・2項）。

　証拠能力とは，当該証拠を要証事実との関係で厳格な証明の資料として用いることができるという訴訟上の資格ないし効力のことであり，証拠としての価値である証明力とは区別される。証拠能力は，証拠決定する前提となるもので，それが否定された場合はもちろん証拠調べ請求は却下される。またいったん取り調べられた証拠に証拠能力がないことが後日判明した場合は，職権でその証拠の全部またはその一部について排除する決定ができる（刑訴規207条）。

　なお，各種証拠の証拠能力の有無や，証拠能力が認められる根拠条文，さ

らには検察官からそれら証拠の証拠調べ請求がなされた場合に弁護人として留意すべき点，その他については本章第3節（「証拠能力の判断各論(2)」）において述べる。

II 裁判所の証拠決定前に弁護人がなすべき措置，準備等

(1) 必要な証拠の収集

弁護人が最初になすべきことは，いうまでもなく被告人を含めた関係者らから詳細な事実関係を聴取して広く事実を把握することである。そうした中で，被告人にとって有利な事実や事情，さらには証拠の発見に至ることが多々ある。その上で，弁護人としては，創意と工夫を駆使し，可能なあらゆる方法，手段を用いて証拠収集に努めるべきである。

前述の第2章第3節II(6)(b)と一部重なるが，例えば，次のような方法が考えられる。

(a) 刑訴法279条による公務所または公私の団体に対する照会，取寄せ

弁護人としては，当然のことであるが，証拠調べ請求をする前にその証拠を事前に収集して検討する必要がある。それら証拠が手元にあるか，自ら直接収集できれば問題はないが，そうでない場合は，すでに述べたように（第2章第3節II(6)(b)(ハ)参照），弁護人としては刑訴法279条（公務所等に対する照会）を利用することができる。同条による公務所等に対する照会請求の時期については特に制限はなく，必要であれば第1回公判期日前でも可能である。この手続によって得られた報告や証拠については，それらが直ちに証拠となるわけではなく，検討して必要に応じて証拠調べ請求することになる。もちろんそれら報告書等の証拠能力については，一般原則に基づきその内容や証明すべき事実との関係で決せられることになる。

(b) 弁護士会照会制度の利用（弁23条の2）

すでに述べたように，弁護士は，受任している事件（民事事件だけでなく刑事事件を含む）について，所属弁護士会に対し「公務所又は公私の団体」に照会して必要な事項の報告を求めることを申し出ることができる。この申出に対し弁護士会は，その申出が適当でないと認めるとき以外は，申出に基づい

て当該公務所または公私の団体に照会して必要な事項の報告を求めることができるし，必要な書面の写しの取寄せもできる。ここで「公私の団体」とは，法人格を有さなくても団体と認められる程度の組織をもっていればよいとされている。弁護士会照会制度は，弁護人にとって必要な資料を収集する有効な手段であり，大いに活用すべきである。もちろん限界はあるが，やり方次第では有効に活用できるはずである。拒否された場合には，それを強制する手段はないが，弁護人個人が直接照会したり，回答を求めるような場合と比べて，はるかに有効な手段であることは間違いない。弁護士法に基づく法的請求であるから，回答を拒否されることは少ないであろう。具体的な活用例をあげれば，勾留中の被疑者が逮捕直後に捜査官から暴行されて負傷したような事案で，その直後に受診した民間病院や警察病院に対し受傷の具体的内容や受傷日等を照会すること，事件発生場所における当該日時の雨量や風速の確認（照会先は地方気象台等），ある人物についての出入国の記録（照会先は入国管理局），血中アルコール濃度の数値（照会先は医療機関，検察庁等），宿泊の有無（照会先はホテル等）等がある。このように照会先や報告を求める内容等も多種多様であり，非定型的であるから，工夫して活用すべきである。

(c) 証 拠 保 全

刑訴法179条の証拠保全の請求は，検察官と比較して証拠収集の能力の点で隔絶している被告人や弁護人につき，当事者主義を実質的に実現させるべく被告人の利益のために設けられた制度である。要するに被告人に有利な証拠を，被告人や弁護人の請求に基づき裁判官をして保全させることを目的としたものである。

被告人（場合によっては起訴される前の被疑者），弁護人は，第1回公判期日前に限り，あらかじめ証拠を保全しておかなければその証拠を使用することが困難な事情があるときは，裁判官に押収，捜索，検証，証人尋問または鑑定の処分を請求することができることになっている。ただし，現実にはあまり利用されていないようであるが，事案によっては有効な手段である。

なお，同条の「その証拠を使用することが困難な事情」とは，物証や書証についていえば，それら証拠の散逸，滅失，変更の可能性が強いような場合をいう。証人尋問についていえば，例えば病気等による死亡や海外渡航や移

住するおそれがある場合をいう。また検証や鑑定については，それら検証等の対象の散逸，滅失，変更のおそれがある場合等である。この検証や鑑定により「あらかじめ保全しておかなければその証拠を使用することが困難な事情」の例としては，交通事故裁判等において，当該事故車両の損壊状況等を明確にしておく必要があるような場合に，当該車両が修理されたり，廃車されたりしてそれが不可能になってしまうようなケースが想定される。

(2) **裁判所による差押え，提出命令**

(a) 刑訴法99条の活用

裁判所は，必要があるときは証拠物または没収すべき物と思料する物を差し押さえることができる（刑訴99条1項本文。ただし，同法103条ないし105条による公務上と業務上の秘密保護の観点からの制限がある）。また差し押さえるべき物を指定し，所有者，所持者または保管者にその物の提出を命じることができる（刑訴99条2項）。弁護人は，必要があれば裁判所に対して差押えや提出命令を求めることができると解されるから，これらも証拠収集の1つの手段として活用できる。その時期については，第1回公判期日後，すなわち予断排除の原則の観点から検察官の冒頭陳述が行われた後と解される。

なお，物を保全するためにその占有を取得し，またはそれを継続する強制処分が刑訴法上の「押収」であるが，具体的には同条の差押えと提出命令，および刑訴法101条の領置である（提出命令については争いがあるが，通常そのように解されている）。

刑訴法99条に基づいて得られた物は，そのまま証拠となるわけではないが，同法303条により，公判準備においてした押収および捜索の結果を記載した書面（差押調書等）ならびに押収した物は，裁判所は公判期日に職権で取り調べなければならないことになっている。

(b) 差 押 え

上記のとおり，裁判所は必要に応じて証拠物または没収すべき物と考える物を差し押さえることができるが（刑訴99条1項本文），この差押えは強制的に対象物の占有を直接取得するという強力な証拠収集方法であるためか，実際には裁判所が差押えをすることはほとんどない。実際には，差押えのような直接の強制力を伴わない前述の公務所等に対する照会や証拠の取寄せ（刑

訴279条），提出命令（刑訴99条2項）といった方法によっているのが実情のようである。

なお，この差押えの手続については，刑訴法106条により，公判廷外での差押えや捜索は，差押状または捜索状を発してしなければならないと定められている。ただし，公判廷においてはそのような令状は必要とされていない。

(c) 提 出 命 令

裁判所は，差し押さえるべき物を指定し，所有者，所持者または保管者にその物の提出を命じることができる（刑訴99条2項）。この提出命令は，対象となる物の所有者や所持・保管者に対してその物の提出を義務づける裁判である。その物の所有者等が無視してそれに応じなければ，前記の差押えが控えているから，その意味で事実上の強制力がある。

なお，すでに述べた刑訴法279条の公務所等に対する照会等の規定は，「公務所又は公私の団体」が対象であって，個人を対象としていないから，個人を対象とする場合は，この提出命令は有効な手段であろう。

第2節　証拠能力の判断各論(1)

I　証　拠　能　力

(1)　証拠能力と証明力

証拠能力とは，その証拠を要証事実との関係で厳格な証明の資料として用いることができるという訴訟上の資格ないし効力のことをいい，証拠としての価値に関する証明力とは区別される。証拠決定をする前提となるもので，それが否定された場合はもちろん証拠調べ請求は却下されることになる。またいったん取り調べられた証拠でも，その後に証拠能力がないことが判明すれば職権でその証拠の全部またはその一部について決定で排除することができる（刑訴規207条）。

ところで刑訴法318条は,「証拠の証明力は,裁判官の自由な判断に委ねる」と規定している(自由心証主義)。この規定の趣旨に従えば,どのような証拠を用いて証明するかについては,法的制約はないはずである。しかしながら自白については,「強制,拷問又は脅迫による自白,不当に長く抑留又は拘禁された後の自白その他任意にされたものでない疑のある自白は,これを証拠とすることができない」とされ,任意性の認められない自白の証拠能力は否定されている(刑訴319条1項)。また自白が「自己に不利益な唯一の証拠である場合には,有罪とされない」とされ,自白の証明力についても制限が設けられている(同条2項)。さらに「伝聞」証拠についても,実質的には原則と例外が逆になっているといわれているが,原則として証拠能力が否定されている。

自白に補強証拠が要求される根拠は,自白のみで有罪と認定できるとすれば,ただでさえ自白偏重捜査といわれているのに,さらなる自白偏重を招くことになるためであり,また自白が誤判を招いてきたという実態に鑑みてその証明力を補充する必要があるためである。いずれにしても,自白や伝聞証拠は,自由心証主義に対する例外である(詳しくは第5部第5章・第6章)。

(2) **証拠能力の制限の理由,目的**
(a) 証拠能力の意味,証拠能力を制限する目的等

証拠能力の意味については,刑訴法上積極的に規定されているわけではなく,前記の自白や伝聞証拠との関係で,それを制限ないし否定する観点から規定されているにすぎない。

証拠能力によって証拠を制限しようとする理由については,学説上,虚偽排除説,人権擁護説,違法排除説があるが,証明力が乏しいために誤解や偏見を生みやすい証拠を排除することと同時に,証明力の有無とは関係なく,手続の適正その他の利益のために証拠の資格を剥奪することにあると考えられる(証拠禁止)。

このような観点から,任意性が認められない自白や被告人に不利益な事実の承認についての証拠能力は否定されることになる(刑訴319条1項・322条1項但書)。また多くの例外規定が設けられてはいるものの,伝聞証拠についても原則として証拠能力が否定されている(刑訴320条1項)。

(b) 自白，伝聞証拠以外で証拠能力が否定されるもの

　明文の規定はないものの，解釈上証拠能力が否定されるものがある。単なる意見や憶測，風評といったものは証明力が認められないだけでなく，証拠能力も否定される。また例えば，宣誓を欠く証人の証拠のように，違法・無効な証拠調べ手続によって得られた証拠も証拠能力を欠くことになる。さらには違法収集証拠についても証拠禁止の観点から証拠能力が否定されることがある。

　以上のほかに，特に最近問題になっているのは，不確かな人の五官（五感）に基づく証拠ではなく，一見すると科学的根拠があるかのように思われがちないわゆる「科学的証拠」の証拠能力である。科学的証拠といわれているものとしては，写真，録音テープ，ビデオフィルム，車両走行速度測定装置等に基づくデータ，ポリグラフ検査の結果，DNA鑑定，警察犬による臭気鑑別書（臭気選別書，臭気鑑定書），声紋鑑定書，毛髪鑑定書，繊維鑑定書等がある。それら証拠は，真実「科学的根拠」があるかのように考えられがちであるためか，無批判ないし過度に信用され，時には誤判の原因となるケースも少なくない。

　しかしながら，それらの多くは実験データの積み重ねも少なく，明確な科学的根拠もない。したがって一般的に承認されているわけではない。それにもかかわらず，実務においては具体的な証拠収集過程等に対する慎重な検討なしに証拠能力が付与され，事実認定に供される傾向がみられる。そのような根拠薄弱な科学的証拠が検察官から証拠調べ請求された場合，弁護人としては，同意できなければ証拠の収集・作成の詳細な過程やそのときの諸事情，例えば担当者の知識や経験，当該証拠の作出に使用された機械装置の仕組みその他について詳しく検討し，証明力についてはもとより，証拠能力の有無についても争うべきである。

　いずれにしても，DNA検査やポリグラフ検査の結果，警察犬による臭気鑑別書等に代表される科学的証拠といわれるものは，果たして科学的に承認・信頼されうる証拠であるか否かの判別が難しく，その証拠能力が問題にされてきた。これらのいくつかについて，以下，個別的に検討する。

Ⅱ　各種証拠の証拠能力各論

(1)　被撮影者の承諾を欠く写真の証拠能力

　犯行状況や犯行現場を無断で撮影した写真が証拠調べ請求された場合，違法に撮影（収集）された証拠であるとして，その証拠能力が問題になる。例えば，デモ行進の際に，警察官によって公安条例違反や公務執行妨害等の状況が撮影された写真が，検察官から証拠調べ請求されることがあるが（映画フィルムも写真と同様であろう），そのような写真の証拠能力をどう考えるか問題である。またそれとは別に，そのような写真を非供述証拠と解すべきか，それとも供述証拠と解すべきかも問題になる。

　(a)　被撮影者の承諾なしに撮影された写真の証拠能力

　　(イ)　問題点　　被撮影者の承諾なしに撮影された写真は，違法収集証拠として証拠能力を否定されるかという問題がある。違法に収集された証拠は証拠能力が否定されて排除されることがあるが，その要件等については後に述べる。

　そもそも承諾なしに自己の写真を撮影されたり，使用されないという権利（肖像権）は，プライバシーの権利の1つとして保障されている。国家権力との関係でいえば，憲法13条によって保障されていると解されている。したがって，例えば，デモ行進の際の警察官による写真撮影についても，その合憲・合法性が問題になる。さらにはそのような写真撮影は強制捜査であり，刑訴法218条2項（身体の拘束を受けている被疑者の……写真を撮影するには……前項の令状によることを要しない）の反対解釈から，令状なしに不拘束者を撮影することは憲法の定める令状主義に反するとの指摘がなされている。

　　(ロ)　最高裁昭和44年12月24日大法廷判決　　上記の観点から警察官による写真撮影が問題になった事案に関する最高裁大法廷判決がある（最〔大〕判昭44・12・24刑集23巻12号1625頁・判時577号18頁）。事案は，集団示威行動に関する京都市条例に基づいて定められた許可条件に違反する行進状況等を撮影していた警察官に対する傷害および公務執行妨害事件である。そこでは，同条例が表現の自由を定めた憲法21条違反に該当するかという点のほか，「み

だりに容ぼう等を撮影されない自由」と憲法13条との関係，このような場合に容ぼう等の写真撮影が許容されるか否か，許容される場合の限度等が争点となった。

同判決は，何人も，その承諾なしに，みだりに容ぼう・姿態を撮影されない自由を有し，警察官が正当な理由もないのに個人の容ぼう等を撮影することは，憲法13条の趣旨に反し許されない，警察官による個人の容ぼう等の写真は，現に犯罪が行われ，もしくは行われた後間がないと認められる場合であって，証拠保全の必要性および緊急性があり，その撮影が一般的に許容される限度をこえない相当な方法をもって行われるときは，撮影される本人の同意がなく，また裁判官の令状がなくても憲法13条・35条に違反しないと判示した。

(ハ) 最高裁判決が示した3要件とその影響力　前記最高裁判決は，現に犯罪が行われ，もしくは行われた後間がないと認められること，証拠保全の必要性および緊急性が存在すること，その撮影が一般的に許容される限度をこえない相当な方法をもって行われることの3要件を条件に承諾なしの写真撮影であっても許容されると判示した。

同判決は，写真の証拠能力それ自体が直接問題になったものではない。しかし，上記3要件を満たすことによって無断写真撮影の違法性が払拭されるということになるから，そのような場合には少なくとも違法収集証拠との関係で証拠能力が否定されることはなくなるはずである（もちろん当該写真について，別の観点から証拠能力が問題になることはありうる）。弁護人としては，そのような写真撮影だけに限らず，同様の性質を有する他の証拠に関しても，同判決が示した3要件との関係を念頭において当該証拠の証拠能力について検討し，主張を展開することになる。

例えば，写真撮影以外にも技術の進歩に伴い，それと類似ないし技術的にそれをさらに進めた新たな証拠が次々と登場している。例えば，映画フィルム，ビデオ，オービス（走行車両を対象とする固定自動測定装置のことで，走行車両の速度の測定とともにカメラで制限速度違反車両の正面を撮影して運転者の顔や車両ナンバーを撮影する装置），そして今やいたるところに設置されている防犯カメラ等がそれである。それらによって撮影された写真や映像等に関しても，その

証拠能力が問題となる。その際，上記最高裁判決の示した要件との関係が，常に問題とならざるを得ないであろう。

ところで，同判決の解釈ないし適用範囲に関し，広く写真撮影一般についてこれを適法とするための要件を示したものと解釈する見解と，当該具体的な事案に即して適法とされるための要件を示したにすぎないとする見解に分かれている。前者の見解にたてば，3要件が認められなければ犯罪捜査のための写真撮影は許されないことになるので，同様の性質を有するオービスや防犯カメラ等によって撮影された写真やビデオテープに関する証拠能力の存否の判断にも深く影響してくることになる。それに対し，後者の見解にたてば，一部の要件を欠いたとしても当該写真撮影は必ずしも許容されないということにはならないし，まして類似する性質を有する新しい証拠についての証拠能力の存否とは直接関係ないということになる。近時の判例の傾向は，後者の見解にたっているものが多い。これらの点については，後に個別に検討する。

(b) 写真は非供述証拠か供述証拠か

(イ) 非供述証拠か供述証拠かによる違い等　被告人を含む犯行状況やその現場を無断で撮影した写真の証拠能力を考える場合，そのような写真は非供述証拠か，それとも供述証拠か問題になる。仮に非供述証拠ということであれば，伝聞法則の適用がないから，刑訴法321条以下の規定を考慮する必要はなくなる。したがって当該事件との関連性が認められれば，証拠能力が肯定されることになる（しかもその場合，厳格な証明ではなく自由な証明でよいとされている）。

それに対し，供述証拠ということであれば，伝聞法則の適用があるから，刑訴法326条の同意がなければ，伝聞法則の例外を定める刑訴法321条以下の規定を類推適用し，それら条項が定める要件を満たしていると判断されたときに限り証拠能力が認められることになる。その場合，相手方の同意がなければ写真を刑訴法321条3項の「検証の結果を記載した書面」と類推し，単に事件との関連性の立証だけでなく，撮影者を証人として尋問し，その作成過程の真正が立証されたときに証拠能力が認められることになる。

なお，検察官からそのような写真について証拠調べ請求がなされ，弁護人

が同意しなかった場合，実務では，撮影者が証人として公判廷に呼ばれて尋問がなされるのがほとんどであろう。したがって写真が非供述証拠かそれとも供述証拠かということが現実の問題となるのは，撮影者が誰か不明であるとか，行方不明であるために証人として喚問できないような場合に限られる。前記のとおり，非供述証拠とすれば，何らかの方法で証明すべき事実との関連性が立証されれば写真を証拠とすることができることになる。それに対し供述証拠とすれば，撮影者がいない以上写真作成の真正についての立証はできないから証拠能力は認められないことになる。

　　(ロ)　上記両説のそれぞれの根拠　　非供述証拠説では，写真を作成する過程は光学的・科学的原理に基づく機械的・科学的過程であり，その意味で知覚，記憶，叙述から成り立つ人の供述の生成過程とは本質的に異なるから，刑事訴訟手続においては非供述証拠として取り扱うのが相当であると主張する。それに対し，供述証拠説では，現場写真は被写体の選択に始まり，時間・天候・場所・撮影位置それに撮影角度や距離といった撮影の諸条件を設定した上で撮影，現像，焼付等の過程を経て作成されるから，それらの過程に人が関与する以上，作為が施される可能性がないわけではない。またそのように作成された現場写真は，撮影者によって観察された事件の再現，報告という側面をもっているので，その意味で人が観察して記憶した事柄について言語や文字によって再現し，報告する場合と構造的に類似していると主張する。

　　ただし，非供述証拠説であっても，必ずしも上記のような供述証拠説の根拠を真っ向から否定せず，仮に危惧するような事情があれば，それは証明力の問題で処理すれば足り，証拠能力を否定する必要はないとの反論がなされる。

　　(ハ)　学説・判例　　現場写真の証拠能力については，学説だけでなく，判例においても両説が併存してきた。例えば，供述証拠とした判例として，京都地裁昭和51年3月1日判決（判時829号112頁）がある。

　　そうした中，現場写真に関する証拠能力について，最高裁第二小法廷は，「犯行の状況等を撮影したいわゆる現場写真は，非供述証拠に属し，当該写真自体又はその他の証拠により事件との関連性を認めうる限り証拠能力を具

備するものであって，これを証拠として採用するためには，必ずしも撮影者らに現場写真の作成過程ないし事件との関連性を証言させることを要するものではない」と判示し（最決昭59・12・21刑集38巻12号3071頁・判時1141号62頁），非供述証拠説を採用した。この最高裁の決定により，現場写真の証拠能力に関する裁判所の判断はほぼ固まったものと解される。ただし，同意がなければ，撮影者が不明等の場合はともかく，撮影者を証人として尋問することは可能であるし，その意味ではこの判決の影響はかなり限定的であると考えられる。また証拠能力の点はともかく，現場写真の証明力について争えることはもちろんである。

　　㈡　「デジタルカメラ」による現場写真　　ところで，警察官による写真撮影についてはともかく，最近の写真の大半はデジタルカメラ（デジカメ）によるものであろう。その場合，撮影後は「現像・焼付」という過程をたどることはなく，また作為を加えることがより容易である。したがって「現像・焼付」の過程をたどることを前提とする非供述証拠説の根拠は，デジカメによる写真にはそのまま当てはまるわけではない。

(2) オービスⅢによって撮影された写真の証拠能力

(a)　速度違反車両に対する検挙方法，オービスⅢについて

　速度違反車両の検挙方法としては，①追尾式測定方法，②定置式測定方法，③固定式自動測定装置の３つがある。①の追尾式測定方法は，違反車両を現認した白バイやパトカーが後方から追尾して違反車両の速度を測定し検挙するやり方で，違反車両の速度を記載した「速度測定カード」が作成される。②の定置式測定方法は，道路の然るべき場所に設置された車両速度測定装置によって走行中の車両の速度を測定する方法で，測定区間を設けてその間の通過走行時間をもとに速度を計測する定域式と，電波を用いて走行車両の速度を計測するレーダー式がある。この場合，前者では測定速度が記載された「速度測定テープ」を添付した書面が作成され，後者では速度記録紙が添付された「速度測定カード」が作成される。

　③の固定式自動測定装置は，道路の一定の場所に設置された測定装置によって自動的に走行車両の速度を測定するとともに，制限速度を一定以上超えた車両の場合に連動して作動するカメラによって同車の運転者と車両番号を

含む同車の前面が撮影され，そしてその写真上に測定された速度と日時等が記載される仕組みになっている。その場合，その写真が添付された「速度違反認知カード」が作成される。なお，この種の固定式自動測定装置の代表的な装置としては，「オービスⅢ」や同様の機能を有する「RVS」があるが，以下この固定式自動測定装置を便宜的に「オービスⅢ」と呼称して述べることとする。

　(b)　オービスⅢによる速度違反車両の取締りの適否，運転者等の容ぼうの撮影の問題点等

　前記のような仕組みのオービスⅢによる取締りに関しては，その適否が問題にされてきた。またこの方式によれば，無断で運転者や助手席に同乗している同乗者の容ぼうが写真撮影されることになるから，すでに述べた最高裁昭和44年12月24日大法廷判決との関係で，その合憲性が問題になる。

　ところで，オービスⅢによる速度違反の取締りに関しては，以下のような憲法上その他の問題が指摘され，それに基づいて作成された「速度違反認知カード」の証拠能力を否定する説が展開されてきた（庭山英雄「オービスⅢの研究(1), (2)」中京法学13巻4号32頁・14巻1号26頁）。

　これまで指摘されてきた問題点を例示すれば，次のとおりである。

　　(イ)　肖像権，プライバシーの権利に対する侵害であり，憲法13条に違反する　　すでに述べたように，最高裁昭和44年12月24日判決は，公共の福祉による制限を認めつつ，何人もその承諾なしにみだりにその容ぼう等を撮影されない自由を有し，警察官が正当な理由もないのに個人の容ぼう等を撮影することは憲法13条の趣旨に反し許されないと判示し，警察権力による個人の容ぼう等の写真撮影に一定の制限を加えた。

　ところで，速度違反に対する罰則は，6月以下の懲役または10万円以下の罰金とされており（道路交通法22条・118条），軽微である上，ほとんどが罰金刑で処理されている。果たして速度違反に対してオービスⅢによる捜査手法が許容されるか問題である。取締対象が重大な犯罪であればともかく，重大な犯罪とは到底いい難い速度違反の場合に，運転者の容ぼう等を自動的に撮影するやり方が「公共の福祉」の観点から許容されるか，はなはだ疑問といわざるを得ない。

(ロ) オービスⅢによる取締りは憲法14条に違反する　オービスⅢは，制限速度を一定以上超えた車両の運転者と車両番号が撮影される仕組みになっているが，その関係で，車両の後方に車両番号が取り付けられている自動二輪車や，車体が大きすぎてカメラに収まらない大型車両は，最初から取締対象から除外されている。これは同じ速度違反車両であるにもかかわらず，一部の車両のみを検挙対象とするもので，憲法14条が禁止する不合理な差別に該当する。大型車両による速度違反や「暴走族」による暴走をイメージさせる二輪車による速度違反は，いずれも重大事故に至る危険を含んでいる。それにもかかわらず，それら車両が取締対象から自動的に除外されるということは，納得は得られないであろう。

(ハ) 憲法31条・35条・37条に違反し，被疑者・被告人の防御権を侵害する　オービスⅢによる取締りのような捜査手段が許容されるとすれば，令状主義を定めた憲法35条や刑訴法220条，被告人の諸権利を定めた憲法37条，さらには適正手続の保障を定めた憲法31条が無意味となってしまい，その結果，これらの諸権利との関係で被疑者や被告人の防御権が侵害されることになる。

(ニ) オービスⅢによる取締りはおとり捜査に当たり，憲法31条・13条に違反する　オービスⅢによる取締りはおとり捜査と精神を同じくするもので，この点からも憲法31条・13条に違反するとの主張がなされている。なお，この主張に対し，オービスⅢが設置されている場所の直前に警告板が設置されているとの反論があるが，それに対しては，警告板は目につきにくく，事前警告の実効性は認め難く，おとり捜査との非難を免れないとの反論がなされている。

(ホ) 速度超過の数値の測定の正確性につき保証がない　違反車両の制限速度超過の数値の測定に関しては，その正確性が科学的に保証されているわけではなく，誤差があることが推測される。なお，このことはオービスⅢだけに限らず，他の科学的機械による測定等の場合も同様である。

(ヘ) オービスⅢによる速度違反取締りは，最高裁昭和44年12月24日判決が示した3要件を満たしていない　オービスⅢによる写真撮影は，そもそも人が犯行を現認していないから，同判決が判示した「現に犯行が行われた

か，行われて間がないこと」という第1の要件に最初から当てはまらない。また速度違反に対する取締方法としては，オービスⅢによる写真撮影以外にもいくつか方法があるから証拠保全の必要性と緊急性も認められず，したがって第2の要件も満たしていない。さらには，オービスⅢによる写真撮影は，憲法上多くの問題があり，したがって第3の要件である手段の相当性も欠いている。

　(c)　最高裁判決

　上記のとおり，オービスⅢに代表される固定式自動測定装置による速度違反車両の摘発は，その合憲・合法性について法廷で争われてきた。そうした中，この問題に関する最初の最高裁判決が出された（最判昭61・2・14刑集40巻1号48頁・判時1186号149頁）。同判決は，自動速度監視装置による運転者の容ぼうの写真撮影は，現に犯罪が行われもしくは行われた後間がないと認められること，犯罪の性質や態様からいって緊急に証拠保全をする必要があり，その方法も一般的に許容される限度を超えない相当なものであるから，そのような捜査方法は合憲，合法であると判示した。そして，写真撮影の際に同乗者の容ぼうを撮影することになっても憲法13条・21条に違反しない，本件装置による速度違反車両の取締りは不当な差別をもたらし，違反者の防御権を侵害しあるいはおとり捜査に類似する不合理な捜査方法とは認められないとした。

　(d)　オービスⅢに基づいて作成された「速度違反認知カード」の証拠能力について

　オービスⅢによって違反車両の速度が測定されると同時に，それと連動するカメラによって運転者や車両番号が写真撮影され，その写真に測定された速度や日時等が写し込まれるとともに，そのような写真が添付された「速度違反認知カード」が作成されることになる。そこに添付されている写真は，現場写真の一種と考えられる。そうであれば，本節Ⅱ(1)(b)で述べたように，最高裁昭和59年12月21日決定（刑集38巻12号3071頁）によれば非供述証拠と解されることになるから，他の証拠によって事件との関連性が認められれば証拠能力が肯定されることになる。またこの写真が添付されている「速度違反認知カード」には，取扱者や当該写真の作成過程等が記載されているが，同

カードについては，刑訴法321条3項の検証として作成者が証人として尋問を受け，それが真正に作成されたものであることを供述したときに伝聞証拠の例外として証拠能力が認められることになる（東京簡判昭55・1・14判時955号21頁）。

(3) **防犯カメラ，ビデオによる撮影**

(a) **防犯カメラ等による撮影の問題点**

被撮影者の承諾なしに撮影された写真の証拠能力については，本節Ⅱ(1)（「被撮影者の承諾を欠く写真の証拠能力」）で述べたが，これと類似するものとして，金融機関，スーパー，コンビニ，店舗，そして最近では個人宅にまで設置された防犯カメラやビデオによる映像がある。通常の写真が撮影者による時と場所，それに対象が意図的に選択されて撮影されるのに対し，防犯カメラの場合は通常一定の範囲内の状況が常時撮影されるという点で性質を異にしている。

これら防犯カメラの普及に伴い，犯行状況その他が映っているビデオテープや映像が刑事裁判で証拠調べ請求されることが多くなっている。映像等が直接視覚に訴えるもので，言葉よりもはるかにリアリティに富んでいることもあって，与える印象も強い。したがって否認事件においてそのような証拠が採用されれば，必ずしも決定的な映像ではなくても，静止の状態をとらえた写真と比較して裁判官の心証形成に及ぼす影響は大きいであろう。したがって争う事件であれば，その証拠能力の存否が重要な争点となるであろう。

実務上，防犯カメラで撮影されたビデオテープの映像は，非供述証拠として取り扱われるであろうから，それら映像と事件との関連性が証明されれば証拠能力が認められることになる（しかもその証明は自由な証明で足りるとされている）。このような事情もあって，ビデオテープの映像については，被撮影者の承諾なしに撮影されるのが通常であることから，証拠収集過程での違法性を理由にその証拠能力が争われることが多い。

なお，前述のとおり，防犯カメラによるビデオ撮影は，警察活動の一環としてなされる場合のほか，金融機関，スーパー，個人宅等といった私的に設置されたカメラによってなされる場合が多い。しかし以下では警察によって設置された防犯カメラの場合に限定し，私的に設置された防犯カメラの映像

等については，後述の(4)（「私人の撮影」）において述べる。
　(b)　防犯カメラによるビデオテープの証拠能力
　　(イ)　裁判例　警察活動の1つとしてなされた防犯カメラによって撮影されたビデオテープの証拠能力について判断した最高裁の判決や決定はないが，犯罪の発生が予測される現場に設置されたカメラによる撮影・録画が問題となった事案に関する東京高裁昭和63年4月1日判決（判時1278号152頁）がある。これは，都内の某地区で発生した警察車両に対する器物損壊事件であり，公判において，あらかじめ警察派出所に設置されていたカメラによって警察官が撮影・録画したビデオテープが証拠調べ請求されてその証拠能力が争われたケースである。
　ところで，この種の防犯カメラによる撮影は，一定の範囲内の対象を常時かつ無差別に撮影するものであるから，被撮影者の承諾なしに撮影された写真に関する前記昭和44年12月24日の最高裁判決が判示した第1の要件である「現に犯罪が行われ，若しくは行われた後間がないと認められること」という要件を欠いている（もっとも犯行が行われたときに初めて防犯カメラが作動するようになっていれば別であるが，実際には不可能である）。したがって，上記最高裁判決が判示した3要件を満たした場合に限り当該写真が許容されるとの見解にたてば（限定説），防犯カメラによる撮影も違法となる。それに対し，同最判は単に当該具体的事案における適法性の判断基準を示したにすぎないという見解にたてば（非限定説），直ちに違法ということにはならない。
　上記東京高裁昭和63年4月1日判決は，非限定説にたった上で，次のように判示し，ビデオテープの証拠能力を認めた。
　①　最高裁昭和44年12月24日判決は，具体的事案に即して警察の写真撮影が許容されるための要件を判示したものであって，この要件を具備しない限りいかなる場合も許容されないという趣旨ではない。
　②　当該現場において犯罪が発生する相当程度の蓋然性が認められる場合であり，あらかじめ証拠保全の手段，方法をとっておく必要性および緊急性があり，しかもその撮影・録画が社会通念に照らして相当と認められる方法でもって行われるときは，現に犯罪が行われる時点以前から犯罪の発生が予測される場所を継続的自動的に撮影・録画することも許される。

③　本件で問題となっているビデオテープの撮影・録画された際の具体的事実関係は，以上のような諸要件を具備している。

　なお，これとは別に，被告人宅付近の駐車場に駐車中の自動車が放火された事案で，警察官が隣家の承諾を得てその2階の屋根に設置したカメラで被告人宅の玄関付近を撮影したビデオテープの証拠能力が争われたケースがある（東京地判平17・6・2判時1930号174頁）。同判決も，上記東京高裁判決に依拠しつつ，次のように判示してビデオテープの証拠能力を認めた。

①　ビデオカメラによる撮影が許されるのは，被告人による犯罪の発生が相当高度の蓋然性をもって認められる場合に限らず，被告人が罪を犯したと考えられる合理的な理由の存在があれば足りる。

②　放火という重大な事案であること，ビデオ撮影をしていなければ犯人の特定に至らず，捜査の目的を達成することができないおそれが極めて高く，あらかじめ撮影をする必要が十分認められること，ビデオ撮影の緊急性も肯定できること，当該カメラは公道に面した被告人宅の玄関を撮影するもので，被告人が被るプライバシーの侵害の程度は最小限度にとどまっていること等の事情が認められ，それら諸事情に照らせば，本件ビデオ撮影は，現に犯行が行われ，あるいはそれに準じる場合ではないが，社会通念に照らして相当とされる範ちゅうを逸脱したとまではいえないからビデオテープは証拠能力を有する。

　　㈠　上記下級審判決の問題点等　　上記2つの下級審判決は，非限定説にたって犯罪が発生する前から，犯罪捜査の目的で常時かつ無差別に撮影することを許容した。最高裁昭和44年12月24日判決は，何人も承諾なしに容ぼう等を撮影されない自由を有し，警察官が正当な理由なしに容ぼう等を撮影することは許されないとの前提のもとに，それが許されるためには同判決が判示した3要件を満たすことが必要であると判示した。他方，上記防犯カメラは常時作動し，撮影対象も無制限である（その点で撮影対象を一定以上の速度違反車両に限定している前記オービスⅢとも異なる）。通常，ビデオに犯罪状況等が映っていたとしてもそれはたまたまである。犯罪発生前から，しかも多くの人たちが通常行き来する公の場所において，常時かつ無制限に撮影する行為は，個人のプライバシーに対する侵害である可能性は否定できない。そのよ

うな点からして，安易に証拠能力が認められるべきではない。上記最高裁判決に関して限定説にたてば，その要件を欠いていることは明らかであり，許容されない。また非限定説にたったとしても，前記最高裁判決の趣旨に加え，前述のような撮影の実態や実情を考えれば，直ちに許容されるという結論にはならないはずである。

　ところで，上記2つの判決中，後者の東京地裁判決は，「被告人が罪を犯したと考えられる合理的な理由の存在があれば」犯人と思われる人物を対象にわざわざビデオカメラを設置し，その行状等を撮影することを認めているが，問題である。そのようなことが許されるならば，警察の判断だけで特定の人物を常時撮影することができることになってしまう。極めて不当といわざるを得ない。

　(4)　**私人の撮影**
　(a)　私人が撮影したビデオテープや写真
　防犯カメラやビデオの普及に伴い，それらを設置する主体は捜査機関だけではなく，金融機関，スーパー，コンビニ，各種店舗，企業，最近では個人にも及んでいる。このように捜査機関が撮影したものではないビデオテープや写真が，検察官から証拠調べ請求されることがある。その場合，個人が撮影した写真やビデオテープと捜査機関以外の金融機関や店舗等で撮影されたビデオテープとの間で取扱いを異にする必要はないであろうが，ここでは個人が撮影したものに限定して述べる。なお，写真の存在自体が証拠になる写真（例えばわいせつ写真等）は，証拠物であり，ここでいっている写真特有の問題はないから対象外とする。

　ところで，弁護人が刑訴法326条により証拠とすることに同意しない場合，それら写真やビデオテープ等については，ここでも伝聞法則が適用される供述証拠とみるか，それともその適用がない非供述証拠とみるか問題となる。仮に供述証拠とすれば，刑訴法321条3項の準用により撮影者が証人としてその真正について供述すれば証拠能力が認められることになる。他方，非供述証拠とすれば，要証事実との関連性が証明されれば証拠能力が認められることになる。ただし，実務では，同意がない場合，原則として撮影者に対する尋問が行われることになるから，撮影者が所在不明等のために尋問できな

い場合に差異が生じるにすぎない。その場合，供述証拠と解すれば，撮影者を尋問できない以上証拠とすることはできなくなる。ただし，判例の多くは，写真やビデオについては機械的正確さが保証されていること等を理由に，非供述証拠と解している。

　(b)　個人が被撮影者の承諾なしに撮影した写真等の証拠能力

　　(イ)　被撮影者の承諾を問題にする必要がないケース　　個人が被撮影者の明示ないし黙示の承諾のもとに撮影したような場合は，その使用目的との関係で皆無ではないが，ほとんど問題はないであろう。ただし，この種の写真等については，通常そのような承諾はほとんど考えられない。したがって実際には被撮影者の承諾なしに撮影されることになるから，この点から写真等の証拠能力が問題になる。

　誰でも認知できるような形で「防犯カメラ作動中」といった表示がなされていたり，外観その他から設置されていることがわかり，しかも撮影の対象や範囲が出入口その他に限定されているような場合，さらには万引き防止用カメラで店舗にいる人物が撮影されていたような場合も，被撮影者は撮影されていることを黙示的承諾ないし覚悟をしていたものと推定されるから，ほとんど問題にはならないであろう。

　　(ロ)　いわゆる「隠し撮り」，秘密撮影等の問題　　個人による「隠し撮り」のような場合は，捜査機関ではない私人による違法収集証拠の証拠能力という問題が生じる。このことが直接争点となったケースは見当たらないが，この問題は写真やビデオ撮影だけでなく，個人による盗聴や秘密録音の場合にも生じる。

　この問題を直接扱ったわけではないが，被告人の前妻や友人らが覚せい剤を発見して警察官に提出したというケースで，弁護人が覚せい剤は前妻らによって違法に収集されたものであるから証拠能力がないと主張したのに対し，違法に収集されたものではないとした上で，「警察官は，本件覚せい剤の発見，収得には全く関与していない」ので違法は認められず，証拠能力を排斥すべき事由を見い出すことはできないとした判決がある（東京高判昭54・6・27判時961号133頁）。

　個人による「隠し撮り」や盗聴，秘密録音の場合，その目的の正当性の有

無，撮影方法（手段）の相当性が問題になる。その目的に正当性が認められず，また撮影等の方法が不法侵入等の不法な方法でなされたり，さらには何らかの捜査機関の関与がうかがえるような場合は，違法収集証拠として排除される場合もありうると考えるべきである。もっとも，他に証拠が全くなければともかく，検察官も民間人によって違法に撮影されたり，盗聴された証拠の取調べ請求は控えるであろうから，実際に問題となるケースは極めて稀であろう。

いずれにしても，特段の事情がない限り，撮影者（録音者）が証人として尋問されることになるから，撮影（録音）状況等を含めてその証拠能力，さらには証明力が仔細に検証されることになる。

　(ハ)　判断の視点　　最近，治安の悪化を口実にいたる所に防犯カメラやビデオが設置される傾向にある。設置主体は誰か，設置の目的が正当であるか，その設置目的と効果との関係で相当な手段といえるか，といった視点から許容されるかどうか判断されることになる。

(5) **員面調書，検面調書，それら調書で引用されている文書，他事件の公判調書の証拠能力**

(a) **員面調書の証拠能力**

　(イ)　供述者による分類と適用条項　　司法警察員に対する供述証拠（員面調書）については，供述者が被告人である場合と被告人以外の者である場合に分けて考えられる。供述者が被告人である場合は刑訴法322条1項により，また被告人以外の者である場合は同法321条1項3号によって当該調書の証拠能力が判断されることになる。なお，この同法321条1項3号の対象となる書面は同条1項1号・2号が規定する裁判官の面前調書と検察官の面前調書（検面調書）以外の供述録取書等であり，その中には弁護人が被害者や関係者の供述を録取した書面，被害届や告訴状，酒酔い鑑識カード等も含まれる。

　(ロ)　被告人の員面調書　　被告人が司法警察員に対してした供述を録取した員面調書については，その供述が被告人にとって不利益な事実の承認を内容とする場合は，自白に関する刑訴法319条1項の規定に準じて任意になされたことを要件として証拠能力が認められる（刑訴322条1項）。

その場合，被告人とは，現に被告人であれば足り，供述した当時被疑者や参考人であってもよい。他方，共同被告人や共犯は含まれず，これらの者の供述録取書については，同法221条の適用を受けることになる。

この「不利益な事実の承認」とは，公訴事実についての自白だけでなく，その一部はもとより，被告人にとって不利益な間接事実を認めることも含まれると解されている。このような要件が付されたのは，被告人にとって不利益な事実を自ら承認する供述は，そのこと自体によって供述内容に高度の真実性があると考えられたためである（現実にそのとおりであるかは大いに疑問である）。

なお，逆にその供述が被告人にとって「有利な内容」である場合は，刑訴法322条1項後段の「特に信用すべき情況の下にされたものであるとき」に限り，すなわち特信性が存在するときに限り証拠能力が付与されることになる。この特信性とは，伝聞法則の例外として反対尋問に代わる信用性の情況的保障のことで，当該供述に証拠能力が認められるための要件である。それは，「情況」ということであるから，供述内容の信用性とは関係のない外部的な事情を意味するとともに，同法321条1項2号後段のように他の供述と比較しての相対的な特信性ではない。具体的にどのような場合に，特信性が認められるかであるが，当該供述者の立場やその他客観的な事実を考慮し，同人が真実を供述していると認められるような客観的な情況が存在することを意味する。実務ではともかく，理屈の上ではかなりハードルの高い要件である。

　(ハ)　被告人以外の者の員面調書　　司法警察員に対する被告人以外の者の供述を録取した書面（員面調書）は，刑訴法326条により相手が同意しない限り，同法321条1項3号により，①供述者が死亡，精神もしくは身体の故障，所在不明または国外にいるために公判準備または公判期日において供述できないこと，②その供述が犯罪事実の存否の証明に欠くことができないものであること，③その供述が特に信用すべき情況の下になされたことの3要件すべてが満たされたときに証拠能力が認められることになる。上記①の喚問不能のうち，「死亡」を除く「精神もしくは身体の故障，所在不明，国外在住」については，いずれも継続的にそのような状態にあることが必要であ

る。この「供述できない」事情につき，同条項規定の事情は制限列挙ではないとして，証人が証言を拒否したときも供述不能に当たるとした判決がある（最〔大〕判昭27・4・9刑集6巻4号584頁）。このような場合の証言拒否の理由については，事案によっていろいろな事情や理由があるはずである。多くは被告人と何らかの利害対立があるためと予想されるから，死亡や国外にいる場合と同様に扱うのは疑問である。また「供述が特に信用すべき情況の下になされた」との特信性の意味は，すでに述べたとおりであるが，ここでの特信性も他の供述と比較した上での相対的な特信性はない。

以上のように，被告人以外の者の員面調書については，供述者の公判廷での証言が，供述調書で述べられている内容とくい違っていても，後述する検面調書の場合とは異なり，相手方の同意がない限り証拠能力が認められる余地はあまりないであろう。

(b) 検面調書の証拠能力

(イ) 供述者による分類と適用条項等　検察官に対する供述を録取した検面調書も，被告人の検面調書と被告人以外の者の検面調書がある。前者については刑訴法322条1項の規定に基づき証拠能力が認められる。

これに対し，被告人以外の者の検面調書については，刑訴法321条1項2号によって証拠能力の有無が決められることになる。すなわち，①供述者が死亡，精神もしくは身体の故障，所在不明もしくは国外にいるため公判準備もしくは公判期日に供述することができないとき，および②公判準備もしくは公判期日において前の供述と相反するか，もしくは実質的に異なった供述をしたときで，しかも公判準備もしくは公判期日における供述よりも前の供述を信用すべき特別の情況があるときは，その検面調書に証拠能力が認められることになる。

(ロ) 被告人の検面調書　被告人の検面調書に証拠能力が認められるための要件については，被告人の員面調書と同様，刑訴法322条1項に規定されている。すなわち供述の内容が被告人に不利益な場合で，しかも任意性が認められる場合，およびその内容が被告人に有利な場合で，特に信用すべき情況のもとでなされたことを条件に証拠能力が認められる（ただし，被告人に有利な検面調書は通常考えられない）。いずれも被告人の署名や押印があることが

前提となる。
　なお，その場合の被告人の範囲や，「被告人に不利益な事実の承認」等の意味については，前記被告人の員面調書で述べたとおりである（(5)(a)(ロ)参照）。
　(ハ)　被告人以外の者の検面調書
　(i)　刑訴法321条1項2号前段の検面調書　　いうまでもなく被告人以外の者の検面調書は，反対尋問の機会も与えられておらず，しかも証言の場合のような宣誓もなされずに作成される。特に刑訴法321条1項2号前段の検面調書については，供述者が死亡，精神もしくは身体の故障，所在不明もしくは国外にいるため公判準備もしくは公判期日に供述することができないときは，そのまま無条件で証拠能力が付与されることになる。判例は，これを違憲ではないとしているが，果たして合憲といえるか問題である。少なくとも同条に掲げられている供述者が公判準備ないし公判期日に供述できない事情については，厳格に判断される必要がある。
　すでに述べたように，精神もしくは身体の故障，所在不明，国外にいるといった事情については，一時的ではなく継続的にそのような状態にあることが必要である。仮にそのような状況が時間的経過によって解消される可能性があれば，それを待つべきである。なお，「国外にいるため供述することができない」場合であるが，検察官において法廷で証言を求めることができたにもかかわらず，供述者を国外退去させたりしたような場合は，その要件を欠くことになる。
　この関係で，最高裁平成7年6月20日判決（刑集49巻6号741頁・判時1544号128頁）が参考になる。同判決は，強制退去させられた者の検面調書の証拠能力に関して，おおよそ次のように判示した。
　①　刑訴法321条1項2号前段の規定が伝聞証拠禁止の例外を定めたもので，憲法37条2項が被告人の証人審問権を保障している趣旨からして，検面調書が作成され証拠請求されるに至った事情や供述者が国外にいることになった事由によっては，その検面調書を常に同規定により証拠能力が認められ，事実認定の証拠とすることができるとするには疑問がある。
　②　検察官が，供述者がいずれ国外に退去させられて供述することができなくなることを認識しながらそのような事態を利用しようとした場合，裁判

所等がその供述者について証人尋問の決定をしているにもかかわらず強制送還が行われた場合など，当該外国人の検面調書を請求することが手続的正義の観点から公正さを欠くと認められるときは，これを証拠とすることができない。

③　しかし本件では，1名について，弁護人の証拠保全請求に基づき裁判官が証人尋問の決定をして尋問が行われていること，他については証拠保全の請求がないまま強制送還されたということであるから，本件検面調書を証拠請求することが手続的正義の観点から公平さを欠くとは認められず，これを事実認定の証拠とすることが許容される。

この判決は，結論において，当該検面調書を刑訴法321条1項2号前段に該当する書面として証拠能力を認めたが，証拠調べ請求が「手続的正義の観点から公平さを欠くと認められるとき」は，検面調書の証拠能力が否定されることを認めたという点で注目される。

すでに述べたように，死亡や所在不明といった喚問不能の事由については制限列挙とまではいえないにしても，むやみに拡大したり拡大解釈すべきでない。犯罪被害者が激しく泣いて証言しなかったというケースで，「精神もしくは身体の故障」に当たるとして当該検面調書の証拠能力を認めた判決があるが（札幌高函館支判昭26・7・30高刑集4巻7号936頁），期日を改める等して尋問することも可能であったと思われるから，妥当ではない。なお，前述したように（(5)(a)(ハ)参照），供述者が証言を拒否した場合も，喚問不能の事由に当たると判示した判決があるが，疑問である。

　(ⅱ)　刑訴法321条1項2号後段の検面調書の証拠能力　　供述者が公判準備もしくは公判期日において前の供述と相反するかもしくは実質的に異なった供述をしたときで，公判準備もしくは公判期日における供述よりも前の供述のほうに信用すべき特別の情況があるときは，当該検面調書の証拠能力が認められることになる（刑訴321条1項2号後段）。この規定は，自己矛盾の供述についての規定であるが，同様の趣旨の裁判官の面前調書に関する同条1項1号後段の場合が「前の供述と異つた供述をしたとき」と規定しているのに対し，ここでは「前の供述と相反するか若しくは実質的に異つた供述をしたとき」と規定するとともに，前の供述のほうを信用すべき特別の情況が

あることが要件として加わっている。

ところでこの「相反する」とは，立証事項に関して反対の結論に至ることをいい，また「実質的に異なる」とは，供述自体としてではなく，他の証拠や間接事実とあいまって異なる結論に導くことになることをいう。したがって，証言と比較して前の検面調書での供述のほうがより詳細であるといったような場合は相反もしていないし，実質的に異なってもいないと解すべきである。

この「相反する」ないし「実質的に異なる」か否かは，公判準備ないし公判期日における供述の一部ではなく，供述内容全体を考察して判断されることになる。またこの相反ないし実質的に異なる供述は，もちろん当該供述の全部にわたっている必要はない。一部についてのみ相反ないし実質的に異なっている場合に，証拠能力が認められるのは検面調書全体か，それとも相反ないし実質的に異なる部分に限定されるかであるが，その点を論じる実益はほとんどない。公判期日等での供述と検面調書が重複する箇所については，どちらによって認定しても弊害は考えられない。ただし，供述者が公判期日等において尋問を受けていない事項については，そのことに言及している検面調書中の当該供述箇所を証拠とすることはできないと解すべきである。仮にそのようなことが許されるならば，被告人や弁護人に対する不意打ちとなるおそれがあるからである。

相反ないし実質的に異なる供述をした供述者の検面調書に証拠能力が認められるためには，公判準備ないし公判期日における供述よりも前の供述のほうを信用すべき特別の情況（特信性）が認められるときに限られる。この点は，伝聞法則の例外として当該供述に証拠能力が認められるための要件である。そして「情況」という表現からもわかるように，供述内容の信用性とは関係のない外部的な事情を意味する。ただし，ここでの特信性は，刑訴法321条1項3号のような絶対的なものである必要はなく，相対的により信用すべき情況が認められればよいと解されている。

この特信性の存否に関して，判例は緩やかに解している。そもそも証拠能力が付与されるための要件であるから，外部的にみてより信用すべき情況をいうはずであるが，判例は外部的な情況に限定していない。すなわち，証拠

能力が問題となっているにもかかわらず，外部的な情況に限定せず，理路整然としているとか，客観的な事情に合致しているとか，他の証拠と比較して信用性が高いといった，供述の内容それ自体によって肯定しているのが実情である。

ところで，現実として，弁護人の反対尋問が成功して供述者が検面調書で述べた被告人に不利益な供述を覆す証言をしたところ，検察官から刑訴法321条1項2号後段に基づき同人の検面調書が証拠調べ請求され，裁判所によって同調書に証拠能力が認められて，同調書が事実認定に供されてしまう，という事態が起こりうる。到底納得できることではないが，弁護人としては，供述者に対する反対尋問権を駆使し，あらゆる角度から公判廷での供述と比較して検面調書に信用できるような情況が認められないことを明らかにする以外にない。

　(ⅲ)　裁判員裁判と検面調書　　刑事裁判において検面調書は決定的な役割を果たしていることはいうまでもない。判決の帰趨を決するといっても過言ではない。特に無罪を主張しているような事件では，刑訴法321条1項2号後段の検面調書は決定的である。しかしながら，裁判員裁判での裁判員にとって，これは極めて理解が難しい構造，仕組みになっていると思われる。果たしてこれまでの実務でみられたような形で，維持できるか疑問である。裁判員裁判による審理は，これまでのような書面中心ではなく，公判中心とならざるを得ない。この公判中心主義と，法廷において証人が検面調書の内容と相反ないし実質的に異なった証言をした場合に，検察官から刑訴法321条1項2号後段の検面調書として証拠調べ請求がなされ，その後その要件をめぐってのやりとりがなされ，その要件が満たされれば証拠能力が認められて事実認定の証拠とすることができる，といったことが両立するか疑問である。

その意味で，これまで実務において重要な役割を果たしてきた検面調書の役割は，今後大きく変容することが予想される。

　(c)　員面調書や検面調書で引用されている書面の証拠能力

　　(イ)　問　題　点　　員面調書や検面調書に他の書面が引用されたり，引用された書面が末尾に添付される場合がある。そのような書面としては，手記

やメモ，上申書等の書面が想定される。刑訴法326条の合意がない場合に，それらの引用された書面の証拠能力が問題になる。

　　(ロ)　引用されている書面が供述録取書として一体となっている場合
　　取調べに際し，司法警察員や検察官からそれら引用書類の内容についても取調べを受け，供述者がそれについて具体的に供述するとともに，その内容が供述調書の中に記載されたり，そうでない場合でも調書の末尾に添付されたような場合は，引用された書面を含めその全体が1つの調書として取り扱われることになる。それが被告人以外の者の検面調書であれば，全体として刑訴法321条1項2号の書面として扱われる。またそれが員面調書であれば同3号の書面として扱われることになる。

　　(ハ)　引用された書面が上記(ロ)のように一体となっていない場合　　その場合は，引用された個々の書類ごとに証拠能力が問題となる。例えば，被告人以外の者が作成したメモや手記であれば刑訴法321条1項3号の書面として，またそれ以外の引用書面については同法323条3号の書面等として個々に証拠能力の存否が判断されることになる。

　(d)　他の事件における公判調書の証拠能力

　　(イ)　問題の所在　　公判調書には証人や被告人に対する尋問や供述を録取した部分が含まれている（刑訴規44条）。判決をする裁判所の公判廷での証人や被告人らの供述はそれ自体が証拠となるわけであるから，公判調書中の供述録取書の証拠能力が問題となるのは，公判手続が更新される前の公判調書や破棄差戻し前の公判調書，それに他の事件における公判調書である。それら公判調書が伝聞証拠であるからである。

　　(ロ)　公判調書中の被告人以外の者の供述部分　　刑訴法321条2項前段は，「被告人以外の者の公判準備若しくは公判期日における供述を録取した書面」については，前項の規定にかかわらず，これを証拠とすることができるとしている。これは，公判調書中の証人や鑑定人等の供述部分や公判準備でのこれらの者の尋問調書については，当事者の立会権と尋問権が保障された上で作成されているため，無条件で伝聞証拠の例外として扱われるという趣旨である。そうであれば，仮に何らかの事情で当事者の尋問の機会が十分に与えられていなければ，証拠能力は否定されることになるはずである。

したがって，それら証人等に対する尋問の機会が全く与えられていない他の事件の公判調書については，同意がない限り同条に基づいて証拠能力を認めることはできないと解すべきである。

(ハ) 公判調書中の被告人の供述部分　刑訴法322条2項は，被告人の公判準備または公判期日における供述を録取した書面は，その供述が任意になされたものであると認めるときに限り，これを証拠とすることができるとしている。これは前記刑訴法321条2項に対応する規定で，それと同様の理由で伝聞証拠の例外とされたものである。なお，この場合は，書面の性質上その信用性が認められることや被告人に対する反対尋問が問題とならないことから，当該事件だけでなく，他の事件における調書も含まれていると解されている。

(6) **写真と指示説明**

(a) 問題の所在

独立証拠としての写真の証拠能力については，本節Ⅱ(1)(「被撮影者の承諾を欠く写真の証拠能力」)で述べたとおりである。ところで写真だけでは要証事実との関係が明確でなく，その写真に付された指示説明部分と一体となってはじめてその意味が明らかになる場合がある。その場合の指示説明部分の証拠能力が問題となる。

(b) 写真に付された指示説明部分の証拠能力

(イ) 供述調書やその他の書面に添付されている写真の証拠能力　供述調書，検証調書，鑑定書，捜査報告書等の書面には，それら書面中で述べられている内容を補充したり，その内容をより具体的にするために図面や写真が添付されていることがある。その場合，それらは一体となって書面としての意味をなすことになるから，当該書面とそれに添付されている写真の証拠能力は，結局その書面の証拠能力に従うことになる。したがってそれら書面等に証拠能力が認められなければ，結局，写真も証拠能力が認められないことになる。

以上とは逆に，写真が中心で，その写真の内容や意味を説明するための指示説明とが一体となっていたとしても同様である。

いずれにしても，指示説明が「書面」としての意味を有するのであれば，

刑訴法326条の同意がない限り，同法321条以下に規定する伝聞法則の例外のいずれかに該当するかどうかによってその証拠能力の存否が決められることになる。

なお，仮にその写真が添付されている書面の証拠能力が認められない場合であっても，写真それ自体に独立した証拠としての価値があれば，当事者は必要に応じて別途証拠調べ請求をすることは可能である（その写真に証拠能力が認められるかどうかは別の問題である）。

　(ロ)　写真に付された「奥書き」　写真それ自体にか，またはその裏面ないし台紙に簡単な「奥書き」が付されていることがある。写真の奥書きとは，写真撮影の日時や撮影者，撮影場所等の記載のことである。奥書きによって写真が撮影された経緯等が推認されることになるが，そのような記載内容であれば，必ずしも写真についての指示説明と同一に扱う必要はないであろうから，写真自体の証拠能力を問題にすれば足りることになる。

なお，写真は供述証拠か，それとも非供述証拠かについては争いがあるが，すでに述べたように撮影者が不明であるといった特別な場合を除けば，実務上はどちらの見解にたっても取扱いに差異はない。

(7) 臭気鑑別書をはじめとする科学的証拠
(a) 臭気鑑別の意味
　(イ)　実験の方法，手順　犬の嗅覚が優れていることはよく知られている。そのような能力を利用して，犯行現場に遺留されていた犯人が使用した物や足跡に付着している臭気と，被疑者の体臭が一致するかどうかを明らかにするために行った実験の結果に基づいて作成されるものが「臭気鑑別書」「臭気選別書」等と呼ばれている書類である。

この臭気鑑別は，一般に次のような手順で行われているようである。

① 犯行現場に残されていた犯人の臭いが付着したと思われる物品（原臭物件），例えば手ぬぐいや手袋といった物品を収集し，それをビニール袋に入れて保存・保管する（それらに付着している臭いを「原臭」という）。

② 被疑者から同人の体臭が付着している物件（「対照物件」「選別物件」といい，それらに付着している臭いを「対照臭気」という）を入手する。

③ この対照物件，選別物件と第三者の体臭が付着した数点の物件を選別

台の上に並べておく（これら第三者の物件を「誘惑物件」といい，それらに付着している臭いを「誘惑臭」という）。

④　警察犬の指導手がその犬に犯人の原臭を嗅がせる。

⑤　指導手が犬を放し，そこから一定の距離の場所に置かれた選別台の上に並べられている物品の中から原臭と一致する臭いが付着した物品を選別させ，それを口にくわえて持って来させる。

(ロ)　上記実験に基づいて作成される書面　このようにしてなされた実験の結果に基づいて作成される書面としては，①実験に立ち会った司法警察員がその実験の経過と結果について見分したとおりに記載した書面と，②実験を直接担当した警察犬の指導手が，実験の経過や結果だけでなく，専門的な立場から当該警察犬の臭気選別能力やその犬の体調その他を評価した上で原臭が被疑者の体臭と同一であるとの結論を記載した書面がある。

上記①の書面は，捜査機関による検証（実況見分）の結果を記載したものとして刑訴法321条3項の書面と解される（最決昭62・3・3刑集41巻2号60頁・判時1232号153頁）。また②の書面については，鑑定受託者によって作成された同条4項の鑑定書と解される（石井一正『刑事実務証拠法〔第4版〕』（判例タイムズ社，2007年）185頁）。以下においては，原則として①と②の書面を「臭気鑑別書」と総称して述べる。

(b)　臭気鑑別の問題点等

(イ)　臭気鑑別の性格，実態　そもそも「臭気」一般についてその実態が科学的に解明されているわけではない。まして犬の嗅覚やその能力の実態，さらには臭いを嗅ぎ分けるメカニズムについても明らかになっているわけではない。また犬の嗅覚能力についても，犬によっても差があるはずであるし，同じ犬でもその時々の体調や気候，風向き等によって相当影響を受けることが予想される。しかも人の場合と違って，それらを確認する術がないし，後日検証することもできない。

このような臭気鑑別に関する実態を考えれば，果たして臭気鑑別書が証拠として要求される最小限度の証明力（自然的関連性）があるか疑問であり，取扱いについては慎重に対処する必要がある。

(ロ)　臭気鑑別書の証拠能力　ところで，犯人と被疑者との同一性の有

無を証明する手段としては，臭気鑑別以外にDNA，指紋，血痕，ポリグラフ，毛髪，声紋，繊維鑑定等がある。そのうち指紋や血痕等についてはともかく，多くは果たして有罪とするための証拠として証明力が認められるか問題であるが，臭気鑑別はそれらと比較しても問題があるといわざるを得ない。

　このような状況もあって，臭気鑑別書については証拠能力（さらには証明力）をめぐって活発に議論されてきた。そして判例も，証拠能力を否定するものと，一定の条件のもとにそれを肯定するものとに分かれている。前者の判例としては，大阪地裁昭和58年3月23日決定（判時1096号153頁）がある。同決定は，犬の臭気選別能力についての問題点をあげた後，当該警察犬の臭気選別能力に関する正解率についての実験データ等の資料に乏しいこと，実験当日の警察犬の体調等についての予備テストがなされなかったこと，現場における遺留品の保管について問題があったこと等を理由に，証拠能力を否定した。また同決定以外に，ほぼ同様の理由で証拠能力を否定したものとして，京都地裁昭和55年2月6日決定（判タ410号151頁）等がある。

　それに対して証拠能力を肯定したものとしては，東京高裁昭和59年4月16日判決（判時1140号152頁），同昭和60年6月26日判決（判時1180号141頁）等がある。後者の判決は，結果的に証拠能力を認めたものの，「犬の嗅覚や人の体臭などについての科学的解明は，なお不十分とされており，犬の嗅覚能力の高さがいまだ経験的，実験的に認知されるにとどまっている段階では，犬の臭気判別結果に余り大きな信頼性を寄せるのは抑制的であるべきであり，他の証拠による犯人識別の補強的証拠としてのみ用いられる程度のものと考える」と判示し，証拠としての価値に制限を加えた。

　　(ハ)　臭気鑑別に関する最高裁決定　　このように臭気鑑別の証拠能力について判例が分かれていたが，最高裁は，警察犬による臭気選別の結果を有罪認定の用に供することができるとし，一定の条件のもとに証拠能力を認めた（最決昭62・3・3刑集41巻2号60頁・判時1232号153頁）。すなわち「臭気選別は，右選別につき専門的な知識と経験を有する指導手が，臭気選別の能力が優れ，選別時において体調等も良好でその能力がよく保持されている警察犬を使用して実施されたものであるとともに，臭気の採取，保管の過程や臭気

選別の方法に不適切な点がないことが認められるから，本件各臭気選別の結果を有罪認定の用に供しうるとした原判断は正当である」とした。

　この最高裁の決定の内容からも明らかなように，最高裁も臭気鑑別一般について簡単に証拠能力を認めているわけではない。証拠能力が認められるための要件として，①専門的な知識と経験を有する指導手によってなされること，②臭気選別の能力が優れている警察犬であること，③選別時において犬の体調等が良好でしかもその能力がよく保持されていること，④臭気の採取と保管の過程で不適切な点がないこと，⑤臭気選別の方法に不適切な点がないこと等をあげている。それら要件は，低いハードルではないであろう。

　なお，上記決定で示された証拠能力が付与されるための要件は，事案の性質によって多少異なるものの，後述するように，他の「科学的証拠」の証拠能力の場合とほぼ共通している。

　(c)　臭気鑑別書に対する弁護人としての対応

　臭気鑑別書については，証明力については極めて問題があるが，証拠能力についても無条件に認められるわけではない。証拠能力が肯定されるためには，最高裁決定で示されたような前記①から⑤のような要件を満たす必要がある。検察官から臭気鑑別書の証拠調べ請求がなされた場合，弁護人が同意しなければ，刑訴法321条3項・4項に基づいてその作成の真正の立証のために作成者に対する尋問が行われることになる。その際，弁護人としては，当該鑑別書については，前記最高裁決定が示した証拠能力が認められるための要件を欠いているおそれがあることを尋問を通じて明らかにすべきである（もちろん，それら要件の存在については，基本的に検察官側に立証責任がある）。

　(8)　**その他の科学的証拠**（DNA，ポリグラフ，声紋，毛髪，繊維などの鑑定など）

　すでに述べたように，臭気鑑定に関しては，科学的にすべてが解明されているわけではなく，そもそも証拠としての証明力が認められるかも問題である。それは科学的証拠とされている他の証拠の多くについて，程度の差はあるものの共通していえることである。

　以下，それらのいくつかについて簡単に触れる。

　(a)　DNA鑑定

　DNA鑑定とは，個人の識別方法の1つで，人の遺伝子として細胞内に存

在するDNA（デオキシリボ核酸）の塩基配列に個体差のある部位が存在することに着目してこれを分析して個人の識別を行う技法である。DNA鑑定の結果に基づいて作成された鑑定書の証拠能力については，臭気鑑別と同様の問題が生じる。最近，再審で冤罪であることが確定した「足利事件」について，DNA鑑定に基づいて被告人を有罪とした再審前の控訴審判決に対し，最高裁は「（DNA鑑定は）その科学的原理が理論的正確性を有し，具体的な実施の方法も，その技術を習得した者により，科学的に信頼される方法で行われたと認められる。したがって，右鑑定の証拠価値については，その後の科学技術の発展により新たに解明された事項等も加味して慎重に検討されるべきであるが，なお，これを証拠として用いることが許されるとした原判決は相当である」と判示し，その証拠能力を認めている（最決平12・7・17刑集54巻6号550頁・判時1726号177頁）。

　上記最高裁決定も「慎重に検討されるべき」であるといっているが，科学的証拠については無批判的に受け入れるのではなく，実施にあたっては多面的配慮と検討が必要である。例えば，実施にあたっては十分な知識，経験，技術を有するとともに，中立・公平な者によって実施されるべきである。また鑑定資料の採取・保管についても，詳細な記録を残すとともに，適切な方法で保存されなければならない。特に留意すべきは，指紋のようにほぼ完璧な個人識別方法とは異なり，過大評価すべきでないということである。

　(b)　ポリグラフ検査

　ポリグラフ検査は，否認している被疑者に対して被疑事実に関する事項を含むいくつかの質問を発し，その応答に伴って生じる呼吸や血圧等の生理的変化を機械に記録させ，そしてこれらの内容を分析して被疑者の返答の真偽を判断するものである。この場合も，臭気鑑別やDNA鑑定の場合と同様，証拠能力についてはもちろん，そもそも証拠として必要とされる最小限度の証明力があるのか疑問である。なお，最高裁昭和43年2月8日決定（刑集22巻2号55頁・判時509号19頁）は，刑訴法326条1項の同意があった「ポリグラフ検査結果回答書」について，最高裁として初めてその証拠能力を認めた。すなわち「ポリグラフ検査結果を，被検査者の供述の信用性の有無の判断資料に供することは慎重な考慮を要する」とした上で，「（原審が刑訴法326条1項の

同意のあった書面について）その作成されたときの状況等を考慮したうえ，相当と認めて，証拠能力を認めたのは正当である」とした。

(c) 声 紋 鑑 定

声紋鑑定は，音声の個人差に着目して個人の識別を行うもので，一応「科学的」といわれているものの，その確実性，正確性についてはいまだ科学的に承認されているわけではない。この場合も必要最小限度の証明力を有するか疑問であり，その観点から証拠能力の有無が慎重に検討されるべきであろう。東京高裁昭和55年2月1日判決（判時960号8頁）は，「その結果の確実性については未だ科学的に承認されたとまではいえない」が，「各種機器の発達及び声紋識別技術の向上にともない，検定件数も成績も上昇していることにかんがみれば，一概に証拠能力を否定し去るのは相当でなく，その検査の実施者が必要な技術と経験を有する適格者であり，使用した機器の性能，作動も正確でその検定結果は信頼性あるものと認められるときは，……その証明力の程度は別として，証拠能力を認めることは妨げない」と判示した。

(d) 毛 髪 鑑 定

毛髪鑑定は，血液中の薬物が毛髪内に取り込まれることから，毛髪を試料としてその者の薬物使用を証明しようとするものである。毛髪鑑定が登場したのは，尿採取をめぐって種々な問題が生じたことから，毛髪鑑定を証拠として使用したためといわれている。その証拠能力に関しては，他の「科学的証拠」と同様で，鑑定の実施者が必要な知識と経験を有していること，鑑定に使用した機器についてその性能や作動の正確性が保証されていること，検査経過や結果が正確に報告されていること等が慎重に検討されるべきである。

(e) 繊 維 鑑 定

繊維鑑定は，被疑者の手に付着している繊維成分を分析し，その結果と強制わいせつ事件等の被害者の下着等の着衣の繊維との同一性について鑑定するものである。この場合も，他の科学的証拠と称されている証拠と同様の性格を有している。その前提として，鑑定実施者の知識や経験，試料の収集とその保管，検査の過程等を詳細に検討する必要がある。

(f) 言語学鑑定

言語学鑑定とは，話者の言葉の言語学上の特徴点であるアクセントや音韻，語法，語彙等の異同を比較することによって話者の出身地や話者の同一性を鑑定するものである。東京地裁平成2年7月26日判決（判時1358号151頁）は，「それが言語学の専門的知識及び技術を有する適格者が行なったもので，結果が信頼できるものと認められる場合，その鑑定の経過と結果の正確な報告には，証明力の程度はともかく，証拠能力を肯定することができる」と判示した。

(9) 鑑 定 資 料
(a) 鑑定資料の問題点
(イ) 鑑定資料の範囲等　刑訴規則130条2項は，鑑定に必要な物を鑑定人に交付することができるとしている。この場合の「物」とは鑑定資料のことで，裁判所が所持ないし占有する資料であり，鑑定に必要なあらゆるものをいう。また同規則134条1項・3項に基づいて鑑定人は裁判長の許可を得て書類や証拠物を閲覧，謄写できるし，被告人質問や証人尋問に立ち会ったり，直接ないし間接的に発問することも可能である。

鑑定資料は，上記のようなものに限定されない。裁判手続外において被告人やその他の人から話を聞くこともできるし，訴訟記録以外の書面等を用いることもできる。

このように鑑定人による鑑定資料の収集とその対象については，原則として鑑定人の判断に委ねられている。ただし，場合によっては鑑定資料を制限したほうがよい場合もないわけではない。例えば，訴訟記録中に明らかに信用性を欠いているものがあれば，裁判所は鑑定を命じる際にそれらを除外させることができる。また弁護人においても，除外すべき理由があれば，積極的に裁判所にその旨主張すべきである。

(ロ) 鑑定資料に伝聞や信用性に乏しい資料が含まれていること　以上のように，鑑定に用いられる資料については，原則として制限されない。被告人以外の関係者（参考人）や家族等に直接会って，事情を聞くこともできる。特に精神鑑定のような場合には，被告人の成育歴，病歴，さらには犯行前後の言動や行動等も問題になるため，鑑定人は被告人本人からだけでなく，それ以外の関係者から陳述を得ることが多い。そのため，伝聞や信用性

に乏しい資料が鑑定に用いられる可能性が常にある。

　それら関係者等の陳述について，伝聞法則の適用があるか，さらには弁護人として反対尋問できるかといった問題が生じる。それに加え，鑑定に用いた資料の中には，明らかに信用性に乏しいものや，弁護人にとって容認し難いものも含まれていることもある。そのような場合に，どのように対処すべきか問題である。

　(b)　鑑定書に伝聞証拠が含まれている場合

　　(イ)　鑑定に伝聞法則の適用があるか　　鑑定書中に伝聞証拠が含まれている場合でも，刑訴法326条の同意があれば，基本的に問題は生じない。そして同意がない場合は，同法321条4項に基づいて鑑定人に対する尋問によって鑑定書が真正に作成されたことが立証されれば証拠能力が認められることになる。しかし鑑定書中の伝聞の箇所はいわゆる再伝聞であるから，そのことによって直ちに証拠能力が認められるわけではない。

　鑑定の場合は，鑑定人が専門家であり，かつ公平な立場であること，裁判所の補助者としての役割を十分発揮させる必要性があること等を理由に鑑定には伝聞法則の適用はないとの説があるが（石井・前掲181頁），肯定し難い。そもそも同意がない場合に，刑訴法321条4項に基づいて当該鑑定書に証拠能力が付与されるということは，鑑定書が伝聞証拠であるからであって，再伝聞との関係で鑑定について伝聞法則の適用がないというのは合理的ではない。

　　(ロ)　鑑定書に伝聞や容認し難い資料が用いられている場合の対応　　鑑定書中の参考人の再伝聞についても伝聞法則の適用があり，刑訴法321条1項3号が準用されるとの前提にたてば，そこに規定されている要件，すなわち喚問不能，不可欠性，特信性の要件を満たしたときに証拠能力が認められることになる。しかしそれらの要件が満たされることは，あまり考えられないから，参考人に対する尋問を行うことになる。

　なお，鑑定に用いられた参考人の陳述やその他の鑑定資料について，被告人や弁護人はその証明力を争うために必要な証拠調べ請求ができるし，積極的に行うべきである（刑訴法308条は，裁判所は弁護人等に対し，証拠の証明力を争うために必要とする適当な機会を与えなければならないと規定している）。

⑽ **弁護人の同意は，反対尋問権の放棄か，証拠能力の付与か**
(a) 刑訴法326条の同意の意味

　検察官および被告人が証拠とすることに同意した書面または供述は，その書面が作成されたときの状況を考慮し，相当と認めるときに限り，刑訴法321条ないし325条の規定にかかわらず，これを証拠とすることができる（刑訴326条1項）。この規定は，伝聞証拠であっても，検察官や被告人が証拠とすることに同意したものについては，伝聞法則の例外を定めた同法321条ないし325条の規定により伝聞証拠に証拠能力が認められるための要件を満たしているか否かに関係なく，証拠とすることができる旨規定したものである。なお，同意者は「検察官及び被告人」となっているが，弁護人は包括的に被告人を代理する権限を有しているから，弁護人がこの同意をすることができることはいうまでもない。ただし，被告人の明示ないし黙示の意思に反して包括代理権を行使できないことも事実である。

　次にこの場合の「同意」の意味であるが，反対尋問権の放棄を意味すると解されている。事実，検察官からある書証について証拠調べ請求がなされたとき，弁護人は供述者の証人尋問を必要と考えればもちろん同意しない。その書証で供述されている事実を争わないか，尋問しても全く同じ供述しか期待できないような場合には，同意することになる。

　刑訴法326条の同意があれば，その伝聞証拠は，同法321条ないし325条に定められた要件を満たしているかどうかに関係なく証拠能力が付与されることになるが，その場合でも無条件ではなく，「相当と認めるとき」に限られる。この点からも，「同意」は，証拠能力を付与することを意味しない。付け加えれば，ここでいう「同意」は，違法収集証拠等の証拠についての同意とは，意味および性格を異にしていることはいうまでもない。

　裁判所は，このような同意があって，しかもそれを「相当と認めるとき」に限り証拠能力を認めることになるが，その証拠が任意性を欠いていたり，証明力が著しく低いような場合には，この相当性が否定されることになる。しかしそのような場合，弁護人が同意するとは考えられないから，実際には問題にならないであろう。

(b) 刑訴法326条の同意をしても反対尋問権を留保することができるか

刑訴法326条1項の同意が反対尋問権の放棄を意味するとすれば，同意した以上は反対尋問のために証人申請をして尋問をすることはできないと解するのが論理的である。しかしながら，被告人が公訴事実を争っている場合に，検察官申請の書証について同意した上で，その証明力を争うために供述者を証人として尋問を求めるということもあり得ないわけではない（仮にそれが許されないということであれば，最初から同意しないはずである）。またそのような場合に限らず，当該書証それ自体については同意した上で，そこに記載されている内容をより詳細に明らかにする目的や，そこに記載されていない事実，例えばそこでは述べられていない被告人に有利な事情等について明らかにする目的等で尋問を求めることも考えられる。

　以上のような点からして，弁護人が当該書証について同法326条の同意をする際に，上記のような理由で供述者を証人尋問することを留保するか，それを条件に同意をすることは可能と考えられる。仮に，そのような留保ないし条件が認められず，供述者に対する尋問ができないということであれば，そもそも同意しなければよいだけである。ただし，いったん同意した後に，尋問が必要になった場合は別である。その場合は，必要性や事情があるのであるから，認められるべきである。

　なお，検察官から証拠調べ請求された供述調書につき，分割が可能であれば，そのうちの争いのない部分について同意し，そうでない部分を不同意にするということはよくある。そのような場合，不同意部分に関して検察官から証人申請がなされて尋問が行われるのが通常で，そのような場合，尋問の範囲はともかく，弁護人はもちろん反対尋問できることになる。

　いずれにしても，弁護人としては，検察官申請の書証に対する同意・不同意に関しては，その意味の重要性に鑑み，それらの内容についてはもちろん，それ以外の事情や利害得失を慎重に検討して決すべきである。仮に諸般の事情からそれに同意するにしても，その時点で供述者に対する尋問が必要ということであれば，その理由等を含めそのことを裁判所に明示し，後日の無用な悶着を回避すべきであろう。

(11) **伝聞証言**

(a) 伝聞証言に対する異議の申立て

証人尋問の際に，証人が自ら体験した事項ではなく，明らかな伝聞，すなわち「公判期日外における他の者の供述を内容とする供述」をする場合があるが，そのような供述には証拠能力はない（刑訴320条1項）。

このように伝聞証言がなされた場合，弁護人としては刑訴法309条1項に基づいて直ちに証拠調べに関する異議の申立てをする必要がある。その場合の異議の申立ての理由は，同法320条1項違反であることはいうまでもない（刑訴規205条1項）。

この異議申立てに対し，裁判長は遅滞なく決定をしなければならないが（刑訴規205条の3），刑訴規則205条の4では「時機に遅れてなされた異議の申立」等の場合は決定で却下しなければならないとしている。そして同規則205条の2が，異議申立ては個々の行為，処分または決定ごとに直ちにしなければならないと規定している関係で，証人尋問が終わった後に，伝聞であるとの異議申立てが，「時機に遅れてなされた」ものとして却下されるかである。同条の但書で，時機に遅れたとしても「その申し立てた事項が重要であってこれに対する判断を示すことが相当である」と認めるときは却下してはならないとしていること，異議の対象が証拠能力のない証拠の取調べに関するという重要な事項であることから，時機に遅れたことを理由に却下することはできないと解すべきである。

(b)　伝聞証言と黙示の同意

(イ)　伝聞証言に対し異議の申立てをしなかった場合，瑕疵が治癒されるか　　伝聞証言に限らず，異議の理由があるにもかかわらず弁護人が異議の申立てをしなかった場合に，対象となった訴訟手続上の瑕疵が治癒されるかは問題である。確かにささいな事項を含めて一律にすべて治癒されないと考える必要はないし，実務でもそのような取扱いにはなっていない。審理に影響を及ぼすおそれのない軽微な手続違反のような場合は，治癒されると解してよいであろう。しかし，例えば刑訴法326条の同意がなければ証拠とすることができない書面や伝聞証言のような場合は，異議申立てをしなかったことを理由に治癒を認めることは，裁判の公正を害することになるから，治癒されないと解すべきである。

(ロ)　判　　例　　伝聞証言につき，弁護人が異議の申立てをしなかった

場合の当該証言の証拠能力に関する最高裁の判断としては，最高裁昭和28年5月12日判決（刑集7巻5号1023頁），同昭和59年2月29日決定（刑集38巻3号479頁・判時1112号31頁）等がある。後者（高輪グリーンマンション・ホステス殺人事件の上告審決定）の第1の争点は，被疑者を所轄警察署近くのホテル等に宿泊させて取調べを行って得られた自白の証拠能力や信用性であるが，それと同時に公判廷での証人の証言中になされた伝聞や再伝聞につき，弁護人や被告人から異議の申立てがなかった場合のその証拠能力の有無が争点となった。同決定は，「（伝聞ないし再伝聞の）証言の際，被告人及び弁護人らは，その機会がありながら異議の申立をすることなく，その証人に対する反対尋問をし，証人尋問を終えていることが認められる。このように伝聞ないし再伝聞証言について，異議の申立をすることなく当該証人尋問が終了した場合には，直ちに異議の申立をすることができないなどの特段の事情がない限り，黙示の同意があったものとしてその証拠能力を認めるのが相当である」と判示した。

　要するに，同決定は，異議の申立てをしないまま証人尋問が終了した場合は，特段の事情がない限り「黙示の同意」があったものとして証拠能力を認めると判断した。問題が証拠能力の問題であること，そして事案によっては判決を左右しかねないこと等を考えると，結論は極めて不当である。

　付け加えれば，同決定は，前記最判昭28・5・12等が，伝聞証言に対し単に異議の申立てがなかったというだけでは黙示の同意があったものとは認めず，その証人に尋ねることはない等と述べたこと等の事実とあいまって同意があったとみなして証拠能力を認める判断をしたことについて，それら事実の有無によって伝聞証言の証拠能力に特段の差異を来すものではないとし，そのような要件を不要とした。

　この上記最決昭59・2・29のいう「特段の事情」が具体的にどのような場合であるか不明であるが，通常は想定しにくい。したがっていかに不当であっても，弁護人としてはこのような最高裁の判断を無視するわけにはいかないし，また実務もほぼそのようになっている以上，証人尋問の際に伝聞証言が認められたときは直ちに異議を述べることが肝要である。

　(c)　幼児の伝聞証言

(イ)　幼児の証言の問題点等　　幼児が犯罪被害者であったり，重要な目撃者である場合には，幼児が証人となるケースがある。その場合，もちろん幼児に証言能力があることが前提となる。事件の複雑さ，単純さといった事案の性格やその他の諸事情によって証言能力が認められる年齢に差異が生じるので，一律に何歳以上であれば証言能力が認められるとはいえない。判例では3，4歳でも認めているケースがある。

　また幼児の場合，宣誓の趣旨を理解できないから宣誓をさせないで証言を求めることになる（刑訴155条1項）。また訴訟関係者の前では，その雰囲気等に動揺して全く供述できない場合もありうるであろう。そのような場合に「供述不能」を理由に，捜査段階で作成された幼児の供述調書に刑訴法321条1項に基づいて証拠能力が認められるかが問題となる。

　(ロ)　幼児の供述調書の証拠能力　　供述を録取した書面に供述者が署名，押印することは，供述者において書面の内容が正確であることを確認するもので，当該書面に証拠能力が付与されるための要件である。しかし幼児にあっては，書面が正確であることの確認を求めることも，また署名等の意味を理解することもできないから，供述者の署名，押印のない供述録取書ということになる。そのような書面であっても，刑訴法326条の同意があれば証拠とすることは可能であろうが，問題は同意がない場合である。

　まず書面に署名，押印がない点であるが，被告人以外の者の供述を録取した書面には，署名も押印も必要としないとするのが判例である（最決昭29・11・25刑集8巻11号1888頁）。そして同書面は，形式的には同法321条1項3号の書面に該当することになるから，同号で規定されている要件を満たせば証拠能力が肯定されることになるはずである。しかし上記ケースは幼児が供述できないことにつき「喚問不能」といえるか疑問である。一応「精神もしくは身体の故障によって供述することができない」といえるかが問題となるが，少なくともそのような状況が継続していることが必要である。被害者が法廷で激しく泣いたために供述できない場合を「身体の故障」に当たるとした判決があるが（札幌高判函館支判昭26・7・30高刑集4巻7号936頁），事案を異にしているので，参考にはならない。証拠能力が認められるためには，それ以外に，証拠として必要不可欠であること，および特に信用すべき情況のもと

に供述がなされたことが要件となっている。特別な事情がない限り証拠能力が認められる可能性は少ないであろう。

(12) 自白の証拠能力

(a) 自白の証拠能力

(イ) 刑訴法319条の趣旨　　刑訴法319条は，自白の証拠能力と証明力に対する制限を定めた規定である。同条１項は強制，拷問または脅迫による自白，不当に長く抑留，拘禁後の自白，その他任意になされたものでない疑いのある自白の証拠能力が否定される旨規定した。強制や拷問等は典型的なものであるが，単なる例示であり，任意性が否定されるのはそれらに限定されるわけではない。

同条２項は，被告人を有罪とするためには自白だけでは足りず，他にそれを補強する証拠が必要である旨規定したものである。同法318条の自由心証主義の例外として，自白の証明力に制限を加えたものである。その理由と目的は，自白偏重，ひいては人権侵害を招来させないこと，および誤判を防ぐこと等である。

(ロ) 自白について証拠能力が制限される根拠　　刑訴法319条１項が，任意になされたものでない疑いのある自白の証拠能力を否定した根拠については，周知のように虚偽排除説，人権擁護説，違法排除説の３つの説があるが，自白の任意性に関するこれまでの最高裁判決は，その根拠を明確にしていない。しかし判例の傾向は，基本的に虚偽排除説にたった上で，違法排除説と人権擁護説についても配慮した形になっている。

(b) 自白の任意性が問題となる具体的なケース，特に利益誘導等

(イ) 強制，拷問，脅迫による自白　　どのような場合に自白の任意性が否定されるかであるが，刑訴法319条１項は強制，拷問，脅迫による自白，不当に長く抑留，拘禁された後の自白，その他任意にされたものでない疑いのある自白をあげている。このうち，典型的でしかも古典的なものが強制，拷問，脅迫による自白であるが，さすがに現在では極端なケースは少なくなっている。しかし直接的な肉体的強制や拷問，脅迫ではないものの，ほとんどそれらと同視されるものとして，身柄拘束中の被疑者に対し精神的，心理的な圧迫を加えて自白を引き出すという取調べ方法が現在でも問題となって

いる。具体的にいえば，次のような取調べ方法である。もちろんそれらに限られるわけではないし，実際の取調べではそのうちの1つだけでなく，複数の手段が用いられることも多いであろう。

① 長時間にわたる執拗な追及的な取調べ
② 単に長時間であるだけでなく，徹夜にわたる取調べ
③ 抵抗力の乏しい者に対する執拗な誘導や理詰めによる取調べ
④ 身体的，精神的に取調べに耐えられない状態での取調べ（例えば病気中の取調べ等）
⑤ 脅迫とまではいえない威嚇的言動を伴う取調べ
⑥ 一対一の取調べではなく，多数の取調官による取調べ

　㈡　不当に長い抑留，拘禁後になされた自白　　抑留は一時的な身体の拘束のことであり，拘禁は継続的な身体の拘束のことであるが，起訴前の勾留期間が法的に限定されているため，現実に問題になるのは起訴後の勾留中の余罪や別件捜査である。「不当に長い」かどうかは，個々の事案や具体的諸事情によって判断されることになる。しかし問題は任意性の存否であるから，当然，被告人や被疑者側の事情，例えばそのときの心身の状態，性格，その他の事情に基づいて判断されることになる。

　㈢　その他，任意にされたものでない疑いのある自白　　上記以外に任意性に疑いのある自白としては，①利益誘導ないし約束による自白，②偽計による自白，③弁護権（弁護人選任権，弁護人との接見交通権）の侵害による自白，④黙秘権を告知しない等の黙秘権侵害による自白，⑤違法な逮捕勾留中の自白等が想定される。もちろんそれらに尽きるわけではない。それらの一部については，自白の任意性の観点からだけでなく，違法収集証拠の証拠能力の観点からも問題になる。

　以下，いくつかについて簡単に述べる。

　（i）利益誘導（ないし約束）による自白　　取調官が被疑者に対し「自白すれば起訴しない」「罰金で処理する」「他の事件については送検しない」「他の関係者等を起訴しない」といった利益誘導ないし約束をし，それらによって被疑者が自白するということがある。それらは利益誘導とも約束とも

いえるし，また具体的な事情によっては脅迫や偽計による自白に当たる場合もある。問題は，具体的にどのような場合に任意性に疑いを生じさせるかであるが，当該事件の性質，内容，提示された利益や約束の具体的な内容，それら利益や約束がどのような時期および状況のもとに誰から提示されたか，その時点での被疑者の置かれていた状況，さらには心身の状態等を総合的に考慮して判断されることになる。ただし，取調官からこのような利益誘導や約束がなされたとすれば，特段の事情が認められない限り，任意性に疑いが生じることになる。

なお，弁護人を介して「自白をすれば起訴猶予にする」との検察官の言葉を信じた被疑者が，それを期待して自白した事案について，最高裁昭和41年7月1日判決（刑集20巻6号537頁・判時457号63頁）は，自白の任意性に疑いがあるとして証拠能力を否定した。

　(ii)　弁護権侵害による自白　　被疑者の弁護人選任権や接見交通権は憲法上の権利であり，刑訴法上の権利である（憲37条3項，刑訴30条）。また刑訴法は，弁護人を選任できる旨の告知義務を司法警察員，検察官，裁判所に課している（刑訴77条・203条1項・204条1項・272条）。したがって被疑者が，弁護人選任権や弁護人との接見交通権を実質的に侵害されている状態のもとで自白したとしても，任意性に疑いがあるものとして証拠能力は否定されることになる。

　(iii)　黙秘権侵害による自白　　被疑者の黙秘権は憲法38条に基づく権利であり，また刑訴法198条2項は，取調べに際してあらかじめ被疑者に対し「自己の意思に反して供述をする必要がない旨」告知しなければならないとしている。したがって取調べの際に黙秘権の告知を怠った場合の自白は，原則として任意性がないものとして証拠能力は否定されるべきである。ただし，最高裁は，憲法38条は取調べにあたり事前に黙秘権があることを告知・理解させるべき手続上の義務を規定したものではないとして，取調べに際して事前に黙秘権の告知をしなかったとしても違憲ではなく，またその取調べに基づいて得られた自白に任意性を欠くと即断することはできないと判示したが（最判昭25・11・21刑集4巻11号2359頁），不当といわざるを得ない。ただし，この最高裁判決を前提としたとしても，供述する義務があると誤信している

被疑者に対して意図的に告知しなかったり，逆に供述する義務があるかのように誤信させたような場合は，任意性に疑いを生じさせるというのが一般的である（石井・前掲249頁，松尾浩也監修『条解刑事訴訟法〔第4版〕』（弘文堂，2009年）830頁，浦和地判平3・3・25判タ760号261頁）。

　(c)　自白の任意性を争う場合の留意点

　　(イ)　任意性のない自白がなされたことを知った弁護人の対応　　自白の任意性が問題になるのは，逮捕直後に弁護人が選任されている場合ではなく，すでに自白調書が作成された後であるのが普通である。弁護人が任意性に疑問を抱くのは，被疑者や被告人と接見して話を聞いた後である。そのような場合に弁護人としてなすべきことは，いまだ取調べが終了していなければ，被疑者らに取調べの際に取調官に対しそれまでになされた自白が事実でないことを述べるよう勧めることである。弁護人がおりながら，その後の取調べでも従前どおり自白を繰り返したのでは，法廷で争っても説得力に欠けることになる。そのような場合，検察官は，被告人に対する尋問で，自白した時点で被告人が弁護人と面談して助言を得ていた事実を引き出し，自白に任意性があることを印象づけようとするはずである。

　また被疑者が捜査機関からの影響を免れず，さらなる自白を強要されるおそれがあるといった事情があれば，留置施設から拘置所への移送を求めるなどすべきであろう。

　　(ロ)　取調べの経過・取調べ状況の聴取，証拠化，証拠収集　　次に，すでに捜査が終わって自白調書が作成されてしまった後のことであるが，自白に任意性がないことを明らかにするために，被疑者に対する取調べの経過や取調べ状況等について詳細に事情聴取し，その内容を工夫して証拠化する必要がある。その場合，弁護人としては，本人の話にいささかでも不明な点やあいまいな点がないよう，さらには弁護人として納得し難い点についてすべて解消されるまで，時間や労力を惜しまずに事情を聴き，意見交換をすべきである。そうした過程で，被疑者本人がほとんど気にしていなかったり，失念している事実の中から自白の任意性の判断にとって極めて重要な事実が見つかるということが往々にしてあるはずである。

　また接見の際に本人から聴取した内容について接見メモを作成したり，

「被疑者ノート」を利用したり，場合によっては刑訴法82条の勾留開示請求を行い，本人の意見等を調書に残しておくことも必要であろう。

さらには本人からの事情聴取だけでなく，弁護人自ら積極的にそれを裏付ける証拠収集にあたるべきである。例えば，本人が負傷している場合は，必要に応じて刑訴法179条1項の証拠保全をすべきであるし，弁護士法23条の2の照会請求を利用することも考えられる。それらに加えて，本人の家族や関係者と会って本人の性格や健康状態，その他の事情について詳しく情報を収集しておくべきである。

(ハ)　公判廷での争い，必要な証拠の収集　　公判において，弁護人が自白の任意性を争う場合，通常，裁判所は，弁護人に対して自白の任意性に関連する具体的な事実を主張するよう求め，その後に被告人質問によって任意性を疑わせる事実についての供述を求める。そもそも自白の任意性の存在の立証責任は検察官にあるから，このようなやり方は不当であり，納得し難いことであり，弁護人としては当然その旨主張すべきである。しかし，裁判所は，直ちに検察官に任意性の立証を促すことはせず，被告人質問の結果から一応任意性に問題があると判断した場合に，検察官に任意性の立証を促すというやり方をしているのが現実である。

弁護人が，やむなく被告人質問に入る選択をした場合は，必要に応じて検察官に対して取調べ状況を客観的に明らかにする資料としていわゆる簿冊類や証拠申請されていない調書等の提出を求め，それらを加味して適切な被告人質問を行う必要がある。

(ニ)　自白の任意性に関する被告人質問，取調官に対する尋問　　被告人質問に際しては，被告人が自白に至った経緯や理由，その間の取調べ状況等について詳細かつ具体的に，そして聞く者にとって説得的で首尾一貫した供述をさせるよう努力すべきである。ここで特に重要なことは，供述の内容が矛盾なく終始一貫していること，確信に満ちてあいまいな点を残さないことである。そうでなければ，被告人質問の段階ですでに裁判所を説得できないことがはっきりしてしまうことになる。

被告人質問の結果，自白の信用性に問題があるということになれば，当然，取調官が証人として証言することになる。その場合，違法な取調べを自

ら認めるはずはない。弁護人としては，万全な事前準備とともに，尋問技術を駆使して反対尋問を行う以外にない。その前提として，取調官作成の供述調書の中身の精査はもちろん，自ら収集した資料を含めたすべての証拠を用いる等して，違法な取調べであったことをうかがわせる事実を引き出すべきである。

またその際，違法な取調べの被害者である被告人からも積極的に尋問させるべく，準備する必要がある。

　㈱　意見書の作成　　自白の任意性に関する立証が終わった時点で，弁護人はその間の法廷での尋問やその他の証拠に基づいて「意見書」を作成し，被告人の自白に任意性がないことを詳細に主張することになる。

仮に裁判所が，弁護人の主張を斥けて自白に証拠能力を認めた場合は，刑訴法309条1項に基づき異議の申立てをして，控訴に備えることになる。

　(d)　自白の信用性を争う場合の留意点

　　㈲　被告人質問の重要性　　自白の信用性を争う場合，最も重要なことは被告人に対する詳細かつ具体的な適切な質問を行うことである。すなわち，任意性を争うときと同様，事件および取調べ状況等について最もよく知る立場にある被告人に対し，適切な質問をし，適切な供述を引き出すことが不可欠である。特に，被告人が事実に反する自白をするに至った詳しい経過や動機，その後の自白の変遷とその過程，その際の取調官との具体的なやり取り等について詳細に明らかにする必要がある。そのためには事前準備を万全に行い，事実について説得的でわかりやすい表現で供述させるよう工夫すべきである。

以下に述べることは，この被告人質問が適切に行われたことが前提となる。

　　㈹　その他留意すべき点

　(i)　自白の信用性を争う場合も，取調官の証人尋問が極めて重要であることはいうまでもない。弁護人としては，万全の準備のもとに尋問に臨むことは当然である。

　(ii)　自白の内容自体から被告人の自白が信用できないことを明らかにするか，それを推測させるようにするという方法が考えられる。その場合，自

白の内容それ自体に通常であれば信用し難い点，少なくとも不自然な点があるか検討すべきである。例えば，自白の変遷が認められる場合に，その過程で不自然な点がないか検討すべきである。自白に変遷が認められる場合は何らかの理由や事情があるはずである。もちろん自白調書中にもそれなりの変遷理由が供述されている例が多いが，事実に反する自白の場合は，いかに「完璧」を期そうとも不自然な点が残るはずである。

　また自白調書中には一見すると「秘密の暴露」と思われる事実が記載されていることがある。検察官はそのことによって自白は信用できると主張したり，裁判所がそのように判断することが多い。その中身について詳細に検討する必要がある。虚偽の自白であれば，何らかの事情で取調官が事前に知っていたはずであるから，事実を最もよく知る被告人からの詳細な事情聴取が重要である。

　(iii)　以上のほか，他の証拠と自白との間に矛盾する点がないか，他の証拠との関係で自白に不自然な点がないかを慎重に検討すべきである。自白との関係で他の証拠を精査する過程で，自白との矛盾や不自然な点が発見される場合がある。なお，自白以外の他の証拠とは，法廷で取り調べられた証拠だけではなく，自ら収集した証拠はいうに及ばず，弁護人が同意しなかったために撤回された書証についても検討すべきである。そして自白の信用性を揺るがすような事実を発見したならば，弁護人から証拠申請をすることも考えられる。もちろん，この時点でも検察官の手持ち証拠の開示を求める必要があるか検討すべきである。

(13)　違法収集証拠の証拠能力，同証拠の排除を求める際の留意点

(a)　違法収集証拠の証拠能力と最高裁判決——証拠排除の2要件

　(イ)　問題点　証拠収集の過程で手続に違法があった場合，その事実は当該証拠の証拠能力にどのような影響を与えるかという問題がある。その場合の証拠としては，正確にいえば証拠物のほかに自白も一応考えられるが，自白については上記(12)で述べたので，ここでは証拠物に限定する。

　周知のとおり，違法収集証拠を排除する理論的根拠としては，司法の廉潔性の確保，将来の違法捜査の抑制，適正手続の保障の3つとされている。しかし違法に収集された証拠の証拠能力が否定されて証拠排除されるかという

問題は，すでに過去の問題である。現在ではどのような場合に証拠能力が否定されるかということが問題になっている。

そのことを決定的にしたのが最高裁昭和53年9月7日判決（刑集32巻6号1672頁・判時901号125頁）である。同判決は，所持品検査後の現行犯逮捕に伴って押収された覚せい剤等について，それらが違法に収集されたものであることを認め，「事案の真相の究明も，個人の基本的人権の保障を全うしつつ適正な手続のもとでなされなければならない」とした上で，「証拠物の押収等の手続に，憲法35条及びこれを受けた刑訴法218条1項等の所期する令状主義の精神を没却するような重大な違法があり，これを証拠として許容することが，将来における違法な捜査の抑制の見地からして相当でないと認められる場合においては，その証拠能力は否定されるものと解すべきである」と判示した。ただし，結論としては，「令状主義に関する諸規定を潜脱しようとの意図があったものでない」こと等を理由に，「本件証拠物の押収手続の違法は必ずしも重大であるとはいいがたい」とし，証拠能力を認めた。

(ロ) 最高裁判決が判示した違法収集証拠排除の2要件　上記のとおり最高裁判決は「重大な違法」と「証拠として許容することが将来における違法な捜査の抑制の見地からして相当でないこと」の2つの要件のもとに，違法収集証拠の証拠能力を否定した。この2つの要件の関係をどのように理解すべきかについて説が分かれているが，実質的にはこの2要件の判断が別々になるということはほとんど考えられない。「重大な違法」であれば，原則として証拠の排除の相当性も認められるはずである。

また上記判決中の「令状主義に関する諸規定を潜脱しようとの意図」の存在についてであるが，もちろん上記の2要件とは別の要件ではなく，「重大な違法」といえるかどうかを判断する際の1つの要素と解すべきである。

問題は，具体的な事案につき，果たしてこれらの2要件に該当するかである。この2要件に該当するか否かを判断する際に考慮される事情であるが，判例等から推測すれば，①手続の違法の内容と程度，②令状主義等の手続を潜脱する意思の有無，③事件の重大性，④当該証拠の重要性，⑤違法な手続と当該証拠の収集との間の関連性の程度，⑥それに対する被告人の対応，等が考えられる。

(b) 違法収集証拠の排除を求める際の留意点

(イ) 当該証拠の収集過程に関する事情聴取等　弁護人が被告人と接見した際に，証拠が押収された経緯等を聞き，その証拠が違法に収集されたとの疑いを抱くことからこの問題が始まる。弁護人がすべきことは，いうまでもなく被告人から当該証拠が捜査当局によって収集された経過とそのときの事情を可能な限り詳細に聴取することである。その時点で検察官が証拠申請を予定している証拠（刑事記録）が開示されていれば，もちろんそれらを精査すべきである。また同時に，違法収集証拠であることを確認するとともに，可能な限りの事実調査をすべきである。当該証拠が捜査当局によって違法に押収された際の目撃者がいればその者からそのときの状況について聞き取り，場合によっては供述録取書を作成することも必要であろう。もちろん弁護人自身，現場に赴いて周囲の状況等を確認することも不可欠である。

ところで，検察官申請の証拠の証拠能力についての立証責任は当然検察官にある。しかしながら，証拠能力の証明は自由な証明で足りるとされているだけでなく，証拠収集が手続上違法であるゆえに証拠排除されるべきことは，事実上，弁護人において主張・立証するような形になっている。その当否はともかく，弁護人においてその主張と立証に全力を注ぐ以外にない。

(ロ) 弁護人の主張を根拠づけるための証拠収集，立証活動等　弁護人がなすべきことは，被告人や目撃者からの事情聴取や現場の確認等の調査だけではない。検察官は当該証拠の収集にあたった捜査官を証人として申請するはずで，この証人に対する弁護人の反対尋問は極めて重要である。弁護人としては，適切かつ効果的な反対尋問をする必要がある。そしてこの証人に対する反対尋問を効果的に行うためにも，慎重な事前準備が必要である。もちろん個々の事案によって異なるが，少なくとも当該証拠が発見され，押収された経緯や手続に関して検察官が持っていると思料される未申請の証拠を最大限開示させるとともに，弁護人自らも可能な手段を駆使して証拠収集をする必要がある（例えば弁護士法32条の2の照会請求や刑訴法179条の証拠保全の請求等考慮されるべきである）。

(ハ) 弁護人の主張と立証，その際に考慮すべき点

(i) 違法収集証拠の排除を申し立てる以上，弁護人としては，具体的な

事案に応じて捜査手続のどの点が違法であるのか，何が違法であるのか，なぜ違法となるのかを明確に主張し，立証する必要がある。その場合，その評価や適否はともかく，前記最高裁判決が示した証拠排除の2要件を常に念頭に置いておく必要がある。また2つの要件の関係については，前記のとおり重大な違法であれば特段の事情がなければ証拠排除の相当性も事実上肯定されることになると考えられる。

(ⅱ) 「重大な違法」の要件の有無の判断に関し，どのような点が考慮されるかであるが，その点については上記(a)(ロ)で指摘した①ないし⑥のような点であろう。もちろんそのいくつかは容認し難いが，弁護人としてはこれらの点も念頭に置いて対応する必要がある。

(ⅲ) ところで，違法に収集された証拠それ自体だけでなく，違法な証拠収集の手続に関連する書面，例えば捜索差押調書や領置調書等，さらにはその証拠が覚せい剤であれば，それに関する鑑定書等も検察官から証拠調べ請求されるはずである。それら証拠は，違法に収集された証拠に基づいてその後の適法な手続により収集・作成されたものであるが（いわゆる毒樹の果実），いずれも最初に違法に収集された証拠と一体のものと解すべきであるから，弁護人としてはそれらについても当然証拠排除を求める必要がある。

なお，違法収集証拠に関して，弁護人が証拠とすることに同意した場合，その同意によって違法収集証拠に証拠能力が認められることになるかという問題がある。以前の判例は，同意があったことを理由に証拠能力を認める傾向にあったが，最近では慎重になっているようである。しかしその場合でも，同意があったことが全く考慮されないわけではなく，違法収集証拠の証拠能力を判断する際の1つの要素とされているから，弁護人としては証拠の同意，不同意については，特に注意しなければならない。

〔第1節・第2節＝吉田　武男〕

第3節 証拠能力の判断各論(2)

I 通常書面と伝聞法則と同意の意味

　書面で提出される証拠は，それが非供述証拠として請求される場合を除き，伝聞法則の適用を受けることとなる。そこで，これらが証拠調べ請求された場合，必要性の有無を判断する前に，まずは当該書面の証拠能力の有無が判断されなければならない。
　もっとも，その場合であっても，相手方当事者の同意（刑訴326条）がある場合は，当該書面は同意書面として証拠能力を付与されるのが通常であるので（一応，条文上は，「その書面が作成され又は供述のされたときの情況を考慮し相当と認めるとき」の要件が必要とされている），特段の問題は生じない。しかしながら，相手方当事者の同意が得られない場合，当該書面は，いかなる法律上の根拠に基づいて証拠能力を付与されるのかが問題となる。
　以下，刑事裁判において証拠として用いられる機会が多い代表的な書面について各書面の性質ごとに検討する。
(1) 公判調書
　公判調書とは，公判期日における審理の経過や訴訟手続が記載された書面である。
　公判期日において被告人や証人が供述した場合，かかる供述は公判調書に録取される。公判調書が刑事裁判の証拠として使用されるのは，専ら公判調書中の被告人あるいは証人等第三者の供述が記載される部分（供述部分）であるので，公判調書の証拠能力として問題となるのもこの供述部分である。なお，公判調書には，供述部分だけでなく，公判期日において行われた訴訟手続が記載された部分もあるわけであるが，公判調書の証拠能力として問題となるのは，通常，供述部分のみであるといえる。したがって，ここでも，公判調書中の供述部分に限定し，その証拠能力について論じることとする。

ところで，判決裁判所の公判期日において被告人や証人等が供述した場合は，公判廷における供述そのものが証拠となるのであって，それらが録取された公判調書が証拠となるわけではない。

そうすると，公判調書の証拠能力が問題となる場合というのは，公判手続の更新が行われた場合の更新前の公判調書（刑訴315条・315条の2），破棄差戻しや破棄移送が行われた場合の破棄前の公判調書（刑訴398条ないし400条），簡易裁判所から地方裁判所へ事件が移送された場合の移送前の公判調書（刑訴332条）が証拠となる場合を指すことになる。

ここで，証拠能力の有無を検討するにあたっては，被告人の供述の場合と，被告人以外の者，すなわち，証人，鑑定人等の第三者の供述の場合とを区別しなければならない。

(a) 被告人の供述

被告人の供述を録取した公判調書は，刑訴法322条2項の要件を満たすことにより証拠能力が付与される。

すなわち，この場合は，「その供述が任意にされたものであると認めるときに限り」証拠とすることができるのである。もっとも，公判廷における供述で，任意性に問題がある場合というのは通常は考えにくいため，実質的には，無条件に証拠能力を付与したと同様の結果となっている。

そして，被告人の供述を録取した公判調書については，当該事件の公判調書の場合であると，他の事件の公判調書の場合であると扱いに差異はない。

つまり，当該事件の被告人自身の供述である限り，他の事件の公判において被告人として供述しても，あるいは証人として供述しても，さらには，民事事件における供述であっても，区別することなく刑訴法322条2項によると考えられている。

(b) 被告人以外の者の供述

被告人以外の者の供述を録取した当該事件の公判調書は，刑訴法321条2項により証拠能力が付与される。

すなわち，この場合は，無条件に証拠とすることができる。

更新前，破棄前あるいは移送前の公判調書が証拠となる場合，これらの書面は供述録取書面であり，判決裁判所からみれば伝聞証拠に該当するのであ

る。しかしながら，当該事件の公判期日であれば当事者が立ち会うことができ，供述者に対する反対尋問の機会が保障されていることから，無条件で証拠能力を付与することとしても問題がないとされているのである。

これに対し，当該事件とは別の，他の事件の公判調書の場合は，当事者による反対尋問の機会が保障されていないため，刑訴法321条2項によって無条件に証拠能力を付与することはできない。この場合は，刑訴法321条1項1号の要件を満たすことによって証拠能力が付与される。なお，刑訴法321条1項1号の要件は，検察官面前調書の証拠能力に関する刑訴法321条1項2号前段に定める要件と全く同じであることから，後に検察官面前調書に関する項で述べる。

また，共同被告人の公判調書（に記載された被告人以外の者の供述部分）であっても，併合後のものであれば，当事者による反対尋問の機会が保障されていることから刑訴法321条2項で無条件に証拠能力が付与される。しかしながら，併合前の公判調書（に記載された被告人以外の者の供述部分）は，当事者による反対尋問の機会が保障されていないことから刑訴法321条2項によることはできず，刑訴法321条1項1号によることとなる（名古屋高判昭25・1・12判特6号88頁）。なお，被告人以外の者の供述を録取した公判調書であるが，その公判においてはその者が被告人として供述したものであっても，「被告人以外の者が作成した供述書又はその者の供述を録取した書面」であり「裁判官の面前における供述を録取した書面」（刑訴321条1項1号）に該当するので，同公判調書は刑訴法321条1項1号により証拠能力が付与される（最決昭57・12・17刑集36巻12号1022頁・判時1065号194頁・判タ487号84頁）。

ところで，刑訴法321条には，手続的要件として「供述者の署名若しくは押印」が要求されているところ，公判調書には供述者の署名押印がないことから，刑訴法321条1項1号によって証拠能力の有無を判断する場合，この点が一応問題となる。しかしながら，公判調書という書面の性質上，供述者の署名押印はなくてもよいと考えられている。

(2) **証人尋問調書**

証人尋問調書は，公判期日や公判期日外において証人尋問が実施された場合にその結果を録取して作成される。

そのうち，公判期日において証人尋問が行われた場合は，当該証人尋問調書は公判調書と一体となるため，この場合の証拠能力の有無は前述の公判調書の証拠能力として述べたとおりである。そうすると，結局，公判調書の証拠能力とは別に，証人尋問調書の証拠能力として検討する必要があるのは，公判期日外で証人尋問が実施された場合に作成された証人尋問調書が証拠となる場合ということになる。

公判期日外で証人尋問が実施される場合の例としては，当該事件の公判準備において実施される証人尋問，証拠保全の手続としての証人尋問（刑訴179条），第1回公判期日前の証人尋問（刑訴226条・227条），準起訴手続における事実取調べとしての証人尋問（刑訴265条）や，他の事件の公判準備における証人尋問，民事事件における証人尋問等がある。

このうち，当該事件の公判準備において証人尋問を実施して作成された証人尋問調書は，刑訴法321条2項により証拠能力が付与される。

すなわち，この場合は，被告人以外の者の供述を録取した当該事件の公判調書と同様，無条件に証拠とすることができるのである。それは，当該事件の公判準備における証人尋問であれば，公判期日におけるのと同様に当事者が立ち会うことができ，供述者に対する反対尋問の機会が保障されていることから，無条件で証拠能力を付与することとしても問題がないと考えられているからである。

しかし，それ以外の証人尋問の場合は，当事者による反対尋問の機会が保障されていないことから，無条件に証拠能力を付与することはできない。

そこで，それ以外の証人尋問の調書は，刑訴法321条1項1号の要件を満たすことによって証拠能力が付与される。

(3) ビデオリンクによる証人尋問を記録した調書

ビデオリンクによる証人尋問を記録した調書については，刑訴法321条の例外として，無条件に証拠能力が認められる（刑訴321条の2第1項）。

ビデオリンク方式（刑訴157条の4第1項）により証人尋問を実施する場合において，裁判所は，その証人が後の刑事手続において同一の事実につき再び証人として供述を求められることがあると思料する場合であって，証人の同意があるときは，検察官および被告人または弁護人の意見を聴き，その証人

の尋問および供述ならびにその状況を記録媒体に記録することができ（刑訴157条の4第2項），かかる記録媒体は訴訟記録に添付して調書の一部とされる（刑訴157条の4第3項）。かかる場合における調書は，刑訴法321条の2第1項により，無条件に証拠能力が付与されることとされているのである。

　これは，ビデオリンク方式がとられるのは主に性犯罪における被害者の証人尋問が必要とされる場合であるが，共犯事件で各被告人の公判が分離されていて性犯罪の被害者がそれぞれの被告人の公判において被害状況を何度も繰り返し証言することが必要と考えられるような場合に，かかる事態を避けようとするものである。

　かかる目的のため，記録媒体が添付された調書については，後に証拠となる途を広く確保しておく必要があることから，無条件で証拠能力を有することとされたのである。

　ただし，裁判所は，その調書を取り調べた後，訴訟関係人に対し，その供述者を証人として尋問する機会を与えなければならない（刑訴321条の2第1項）とされている。

(4) 検察官面前調書

　検察官の面前における被告人や証人等の供述を録取した書面（供述調書）を検察官面前調書という。略称として，検察官調書，検事調書，検面調書等と呼ばれ，あるいはPSと呼ばれることもある。

　検察庁法によると，「検察官は，検事総長，次長検事，検事長，検事及び副検事とする」（検察庁法3条）とされているが，検察官面前調書にいう「検察官」には，これらに限られず，検察官事務取扱検察事務官（同36条）も含まれる（最判昭31・6・19刑集10巻6号853頁）。

　地方裁判所の管轄事件について区検察庁の検察官が作成した供述調書も，ここでいう検察官面前調書に該当する（東京高判昭25・3・27判特12号10頁）。また，検察官が外国において，その国の承認を受けて取り調べた外国人の供述調書もここでいう検察官面前調書に該当する（東京高判昭40・3・15高刑集18巻2号89頁）。

　ただし，検察官面前調書といえるためには，そこに録取された供述が検察官の面前でなされていることが必要なので，体裁上は検察官自身が取り調べ

て録取したようになっていても，かかる実態がない調書は検察官面前調書とはいえない。例えば，実際には検察事務官や司法修習生が取調べを行って調書を作成し，検察官は読み聞けに立ち会っただけ，というような場合，かかる供述調書は検察官面前調書とはいえない。

検察官面前調書の証拠能力については，被告人のそれと，被告人以外の者のそれとで根拠となる条文が異なるため，それぞれ分けて検討する。

(a)　被告人の検察官面前調書

被告人の検察官面前調書については，刑訴法322条1項の要件を満たすことにより証拠能力が付与される。

本条項により被告人の検察官面前調書に証拠能力が認められるための要件としては，実体的要件として，①「その供述が被告人に不利益な事実の承認を内容とするものであるとき」（刑訴322条1項本文前段）でかつ任意性が認められること（刑訴322条1項但書），②「特に信用すべき情況の下にされたものであるとき」（刑訴322条1項本文後段）のどちらかの要件を満たす必要がある。また，手続的要件としては，書面上に「被告人の署名若しくは押印」があることが必要である。

被告人の供述調書であれば，検察官面前調書であれ，後述の司法警察員面前調書であれ，証拠能力を付与する根拠条文はいずれも刑訴法322条1項であり，要件に全く差異はない。

「その供述が被告人に不利益な事実の承認を内容とするものであるとき」（刑訴322条1項）とは，典型的には犯罪事実の自白を内容とする場合であるが，それに限らず，客観的に被告人にとって不利益な直接事実や間接事実を承認することをいう。

「特に信用すべき情況の下にされたものであるとき」（刑訴322条1項本文後段）とは，供述がなされたときの外部的な事情に照らし，その供述が信用できる情況でなされたことをいう（特信性）。

要するに，刑訴法322条1項の定める要件とは，被告人が自己に不利益なことを供述した場合には，任意性が認められる限り証拠能力が付与されるが，他方，被告人がそれ以外のこと（典型的には自己に有利なこと）を供述した場合には，特信性が認められない限り証拠能力が付与されることはない，と

いうことである。
　かかる要件で被告人の検察官面前調書に証拠能力が認められる趣旨は，一般に，人はことさらに嘘をついてまで自分に不利益な事実を述べるとは考えにくいため，被告人が自らに不利益な事実を認めている場合にはそれが真実である蓋然性が高い，という経験則に基づいている。もっとも，被告人が捜査官によって無理矢理に供述させられているのであればその前提が崩れてしまうため，供述の任意性に疑いがある場合にはそれを証拠とすることができない（刑訴322条1項但書）と定められているのである。
　このことは，結局のところ，被告人が捜査段階において自己に不利益な内容の供述調書をとられてしまうと，公判でそれが証拠となることを阻止するには任意性を争う以外に方法がないことを意味する。供述調書の任意性が容易に認められやすい現在の刑事裁判実務からすれば，このことが抱える問題は決して小さくないと思われる。
　(b)　被告人以外の者の検察官面前調書
　被告人以外の者の検察官面前調書は，刑訴法321条1項2号の要件を満たすことによって証拠能力が付与される。
　すなわち，「その供述者が死亡，精神若しくは身体の故障，所在不明若しくは国外にいるため公判準備若しくは公判期日において供述することができないとき」（刑訴321条1項2号前段），あるいは，「公判準備若しくは公判期日において前の供述と相反するか若しくは実質的に異つた供述をしたとき」で，かつ「公判準備又は公判期日における供述よりも前の供述を信用すべき特別の情況の存するとき」（刑訴321条1項2号但書）に証拠能力が認められるのである。
　このうち，刑訴法321条1項2号前段に定める供述不能の要件は，刑訴法321条1項1号前段に定める裁判官面前調書の証拠能力に関する要件と全く同じであり，前に検察官の面前で供述した者が後に何らかの理由により公判廷で供述することができなかった場合，その者の検察官面前調書に無条件で証拠能力を付与するのである。
　(イ)　刑訴法321条1項2号前段　刑訴法321条1項2号前段は，供述不能の場合として「死亡」「精神若しくは身体の故障」「所在不明」「国外にい

るため」をあげているが，これらは例示であって，それ以外の理由による供述不能の場合であっても証拠能力が認められる。例えば，供述者が証人として召喚されたにもかかわらず出廷を拒否した場合，出廷したものの公判廷で宣誓を拒否した場合，宣誓したものの証言を拒否した場合等であっても，刑訴法321条1項2号前段によって証拠能力が付与されることもある。また，供述者が記憶喪失を理由に公判廷での供述を拒否した場合も，刑訴法321条1項2号前段によって証拠能力が付与されることもある。

　刑訴法321条1項2号前段に，供述不能の例としてあげられる「精神若しくは身体の故障」「所在不明」「国外にいるため」という要件は，本来であれば供述者を法廷に呼んで証言を求めなければならないところ，その代わりとして，従前の供述調書に例外的に証拠能力を付与するための要件であるので，ある程度厳格に解釈されなければならない。大雑把にいうと，一時的なものでは足りず，ある程度継続した状態として存続する必要がある。また，一般的に考えられる可能な手段を尽くしたにもかかわらず，なお，供述不能の状態が解消しないことが必要である。

　「精神若しくは身体の故障」による供述不能の場合としては，供述者が証人等として召喚されたときにたまたまこのような状態であったというだけでは足りず，ある程度継続してこのような状態である必要がある。「精神若しくは身体の故障」によって法廷に赴いて供述することはできないが，法廷の外での出張尋問には応じられる，というような場合であれば供述不能の要件は満たさない。

　「精神若しくは身体の故障」による供述不能の場合とは，かかる理由により公判準備または公判期日に出廷できない場合が典型的な場合であるが，それに限られず，出廷後，かかる理由により供述ができなくなった場合も含まれる。例えば，強姦事件の被害者が法廷に現れたものの激しく泣いて供述ができないような場合は，供述を可能ならしめるための様々な手段を講じてもなお供述が不能であるときは要件を満たすものと考えられる。

　「所在不明」とは，郵便物が不送達になったとか，訴訟関係人が転出先の住所を把握していないというような事情だけでは足りず，通常なしうる相当な手段を尽くしても供述者の所在が判明しないことが必要である。具体的な

手続としては，供述調書記載の住所地に証人召喚状を送達し，それが送達不能になると，証人の住所地に赴いて所在捜査を行い，その結果の報告書を裁判所に提出することによって所在不明の事実を立証することが一般的に行われている。

「国外にいるため」とは，旅行，移住等理由のいかんを問わず供述者が国外にいることを指す。ただし，これも一時的なものでは足りず，通常考えられる可能な手段を尽くしても，供述者を帰国させ，公判準備または公判期日に出廷させることができないことが必要である。例えば，近い将来に帰国が予定されていたり，あるいは，供述者が求めに応じて帰国する意思を表示していたりするようなときは，この要件を満たさない。

なお，「精神若しくは身体の故障」「所在不明」「国外にいるため」等の理由により供述不能であることが認められ，供述者の検察官面前調書に証拠能力が付与されて適法に取り調べられたが，その後になって供述者の所在が判明するなどして同人に対する証人尋問が実現したような場合であっても，いったん付与された証拠能力が消滅することはない。

　　㈡　刑訴法321条1項2号後段　　次に，刑訴法321条1項2号後段が定める要件は，検察官の前で供述した者が，後に公判期日等に検察官の前における供述と異なる供述をした場合（相反性），法廷における供述よりも検察官の前における供述のほうが信用できる情況においてなされた場合（特信性）には，検察官の前における供述（検察官面前調書）に証拠能力を付与するものである。

実務上，弁護人が法廷で重要証人の証言を弾劾することに成功した場合に，捜査段階に作成された同証人の検察官面前調書が証拠として取調べ請求されることはよくあることなので，刑訴法321条1項2号は非常に大きな意味を持つ条文である。

刑訴法321条1項2号前段の場合と後段の場合との一番の違いは，前段の場合は供述者の公判期日等における供述が存在しないのであるが，後段の場合は公判期日等における供述が必ず存在するという点である。そして，後段の場合は，供述者の公判期日等における供述とその者の検察官の面前での供述とを比較して，検察官面前調書の証拠能力の有無が検討されるのである。

ただし，ビデオリンク方式（刑訴157条の4）による証人尋問が行われ，その結果を記録した記録媒体が他の事件の証拠とされた場合には，同記録媒体に記録された証人の供述は当該事件の公判期日においてなされたものとみなされるため（刑訴321条の2第3項），この場合は供述者が改めて公判期日等に供述する必要はない。

また，刑訴法321条1項2号後段が公判期日等における供述と比較する対象としてあげているのは「前の供述」であるので，公判廷での証言後に作成された検察官面前調書は，同条によって証拠能力が付与されることはない。すなわち，公判期日等において証人として証言を終えた後に，検察官が同証人の取調べを行い，検察官面前調書を作成したとしても，その検察官面前調書は，刑訴法321条1項2号後段を根拠として証拠能力が付与されることはないのである（東京高判昭31・12・15高刑集9巻11号1242頁）。もっとも，このような場合であっても，検察官面前調書作成後，同証人について再度証人尋問を行い，その上で，相反性，特信性の要件を満たすならば，この検察官面前調書について，刑訴法321条1項2号後段によって証拠能力を付与することはできる（最決昭58・6・30刑集37巻5号592頁・判時1081号159頁・判タ500号132頁）。

（i）相反性　刑訴法321条1項2号後段の要件の第1は，「公判準備若しくは公判期日において前の供述と相反するか若しくは実質的に異つた供述をしたとき」である。これは，裁判官面前調書の証拠能力に関する刑訴法321条1項1号後段の要件と似ているが，その場合よりも，検察官面前調書の場合のほうが若干厳格になっている。

すなわち，裁判官面前調書の場合は，「前の供述と異つた供述」（刑訴321条1項1号後段）であれば足りるのに対し，検察官面前調書の場合は，「前の供述と相反する」か「実質的に異つた供述」（刑訴321条1項2号後段）でなければならず，自己矛盾の度合いが強いことが必要とされるのである。

「前の供述と相反する」とは，検察官の面前での供述と公判期日等における供述が反対の内容となっている供述をいう。例えば，検察官の前では，犯行現場で被告人の姿を見たといったにもかかわらず，公判廷では，犯行現場では被告人の姿は見ていないと供述するような場合である。「実質的に異つた供述」とは，相反するとまではいえないが，供述の重要部分において異な

っており，検察官の面前での供述と公判期日等における供述のどちらを採用するかで事実認定が大きく異なってくるような場合をいう。例えば，正当防衛の成否が問題となる事案において，犯行当時における被害者自身の行動について，検察官の面前では消極的防御的な内容になっているのに，公判廷では積極的攻撃的な内容となっているような場合をいう。

　実務上よく問題になる場合としては，検察官の面前では具体的かつ詳細に供述していた（旨の検察官面前調書が作成されている）が，公判廷では大雑把で簡略な供述にとどまっているような場合に，これを「実質的に異つた供述」に当たると判断していいのか，ということがある。このような場合，ただ単に一方は詳細で他方は簡略というだけでは「実質的に異つた供述」ということはできないが，他の証拠も総合して検討すると事実認定が大きく異なり，犯罪事実の認定において結論を異にするような場合は，「実質的に異つた供述」に当たると解することになる。

　また，検察官面前調書中，公判期日等における供述と相反するかまたは実質的に異なる部分が一部分である場合，刑訴法321条1項2号後段によって証拠能力が付与されるのはどの部分か，すなわち，相反部分に限るのか，それとも相反部分に限らず調書全体なのか，ということが問題となる。

　この点，刑事裁判実務上は，相反部分に限らず調書全体を証拠とする運用がなされることが少なくない。その理由は，相反部分に限るとするならば，検察官面前調書中，相反部分を特定して限定しなければならないという手間が生じることと，他方，相反部分以外についても，結局は公判供述と重複するだけであって実際上の不利益はほとんどないことにある。

　しかしながら，相反部分以外の供述についてはすでに公判廷に現れているのであり，刑訴法321条1項2号であえて伝聞法則の例外を認める必要性がないのであるから，かかる運用は問題である。

　そこで，検察官面前調書中，相反部分が可分であればその部分についてだけ証拠能力が認められ，それが不可分である場合に限って全体について証拠能力が認められると考えるべきである。

　(ii)　特信性　　刑訴法321条1項2号後段の要件の第2は，「公判準備又は公判期日における供述よりも前の供述を信用すべき特別の情況の存す

とき」であり，いわゆる特信性の要件とか特信情況と呼ばれるものである。このような要件が要求される理由は，反対尋問を経ずして検察官面前調書に証拠能力を付与するためには，それに代えることができる程度の情況的保障がなければならないというところにある。

　ところで，特信性の要件は，本条項だけでなく，刑訴法321条1項3号や刑訴法323条3号にも規定されているが，それらと比較して，検察官面前調書に関する刑訴法321条1項2号後段の特信性の要件のほうが緩やかな要件となっている。

　すなわち，刑訴法321条1項3号や刑訴法323条3号の場合は，条文上「特に信用すべき情況の下」と規定されているように，通常の情況では足りず，特別に信用性が認められるような情況であることが要件とされている（絶対的特信性）のに対し，検察官面前調書に関する刑訴法321条1項2号後段の場合は，前の供述と公判廷での供述を比較した上での相対的な特信性で足りる（相対的特信性）のである。

　相対的特信性と絶対的特信性の違いを具体的なイメージで説明すると次のようになる。

　例えば，通常の情況で作成された供述書等の書面は，「特に信用すべき情況の下」で作成されたものとはいえないため，当該書面について絶対的特信性を認めることはできない。他方，通常の情況で作成された検察官面前調書であれば，信用できない情況でなされた公判廷での供述と比べれば，比較の問題として検察官面前調書のほうが信用できる情況で作成されているのであるから，当該検察官面前調書について相対的特信性を認めることができるのである。

　特信性の判断は，供述がなされたときの外部的付随的事情を基準としてなされる。もっとも，判例は，必ずしも外部的な特別の事情でなくても，その供述の内容自体によってそれが信用性ある情況の特別の存在を推知せしめる事由となることを認めている（最判昭30・1・11刑集9巻1号14頁・判タ47号52頁）。

　供述がなされたときの外部的付随的事情を基準として特信性を判断するとはいっても，検察官の取調べは密室で行われるため，検察官の面前での供述状況を公判廷で具体的に判断することは，現実問題として困難を極める。こ

の点，取調べ状況（供述状況）がビデオテープやDVD等の媒体に録画されているならば，その映像を法廷で放映することによって，外部的付随的事情を公判廷に顕出させることは容易である。近年，取調べの可視化の問題がクローズアップされ，現在，取調べ状況の録画が一部導入されたが，供述がなされたときの外部的付随的事情の判断資料としても取調べ状況の録画の必要性は限りなく大きいといわなければならない。

　判例上，検察官面前調書の特信性を認めた例としては，時間的経過を理由とするものとして，①記憶が新鮮であること（札幌高判昭25・12・15判特15号188頁），②時間の経過につれて供述者が事実を否認する態度に変わっていること（札幌高判昭27・2・21判特18号75頁），③検察官の面前では新鮮な記憶に基づいてありのままに述べたと認められること（大阪高判昭40・11・8下刑集7巻11号1947頁）等が，人的関係を理由とするものとして，④被告人が供述者の父であること（大阪高判昭25・12・23判特15号106頁），⑤被告人が供述者の暴力団組織における親分であること（最決昭27・6・26刑集6巻6号824頁），⑥被告人が供述者の兄貴分であること（札幌高判昭27・2・27高刑集5巻2号278頁），⑦公判廷では，友人の父で犯行を否認している相被告人の面前で供述がなされていること（大阪高判昭25・10・21判特15号85頁），⑧公判廷では，被告人の面前でその素行，経歴から受ける強い恐怖のもとに供述がなされていること（広島高岡山支判昭28・10・29判特31号82頁），⑨公判廷では，恐喝の被告人その他の関係者の面前で供述がなされたこと（大阪高判昭25・6・17判特13号52頁）等がある。

　刑訴法321条1項2号後段に基づいて検察官面前調書の取調べ請求をする場合，検察官は，当該調書の相反性と特信性を具体的に主張し，立証しなければならない。実務上は，通常，検察官が相反性と特信性を書面で具体的に主張し，弁護人の意見を聴いた上で裁判所が決定するという運用がなされている。これらの立証は，証拠能力の有無という訴訟法上の事実に関するものなので，厳格な証明は必要なく自由な証明で足りる。

　(ハ)　その他の問題　　刑訴法321条1項2号前段は公判廷における供述不能を理由とする場合であるから，同条項によって検察官面前調書に証拠能力が付与される場合，そもそも公判廷における供述がない。したがって，この場合は，検察官面前調書だけが証拠となる。

他方，刑訴法321条１項２号後段によって検察官面前調書に証拠能力が認められる場合は，公判廷における供述と検察官面前調書との両方が証拠となることになる。つまり，この場合は，同一事項について，相反する複数の供述がいずれも証拠となるわけである。そのうち，いずれの供述に信用性を認めるかは，裁判官が自由な心証で判断することとなる。

　また，刑訴法は，「第321条第１項第２号後段の規定により証拠とすることができる書面については，検察官は，必ずその取調を請求しなければならない」（刑訴300条）と規定している。検察官は，公益の代表者であり，高度の実体的真実義務を負っていることから，被告人に有利不利を問わず，証拠能力を有する証拠を取調べ請求して，実体的真実を追究しなければならないと考えられているからである。

　もっとも，公判廷における供述よりも検察官面前調書のほうが検察官に有利な場合であれば，検察官は，刑訴法300条の規定にいわれるまでもなく，検察官面前調書の取調べを請求するはずである。したがって，刑訴法300条の意義は，公判廷における供述よりも検察官面前調書の内容のほうが被告人にとって有利な場合に，検察官にその調書の取調べ義務を課したことにある。

　しかしながら，刑訴法300条の規定にかかわらず，刑事実務上，検察官が同条に従って被告人に有利な検察官面前調書の取調べ請求をすることはまずない。

(5) 司法警察員面前調書

　司法警察員の面前における被告人や証人等の供述を録取した供述調書を司法警察員面前調書という。略称として，警察官調書，員面調書等と呼ばれ，あるいはKSと呼ばれることもある。

　ところで，司法警察職員には，捜査権限によって司法警察員と司法巡査の区別があるため，司法警察員が作成した供述調書を員面調書と呼ぶのに対比して，司法巡査が作成した供述調書のことを巡面調書と呼ぶことが稀にある。しかしながら，供述調書の作成者が司法警察員か司法巡査かによって供述調書の証拠能力に差異があるわけではないので，かかる区別は実益がない。したがって，一般には，司法警察員であるか司法巡査であるかを問わ

ず，司法警察職員が作成した供述調書のことを員面調書と呼ぶのが通常である。

員面調書の証拠能力については，検察官面前調書の場合と同様，被告人の調書と，被告人以外の者の調書とで根拠となる条文が異なる。

被告人の員面調書は，刑訴法322条1項の要件を満たすことにより証拠能力が付与される。同条項の要件等については，検察官面前調書について述べたことと同じである。

被告人以外の者の員面調書については，刑訴法321条1項3号の要件を満たすことによって証拠能力が付与される。

すなわち，「供述者が死亡，精神若しくは身体の故障，所在不明又は国外にいるため公判準備又は公判期日において供述することができず」（供述不能），かつ，「その供述が犯罪事実の存否の証明に欠くことができないものであるとき」（不可欠性）で，かつ，「その供述が特に信用すべき情況の下にされたものであるとき」（特信性）に限って，初めて証拠能力が認められるのである（刑訴321条1項3号）。この要件は，裁判官面前調書に関する刑訴法321条1項1号や検察官面前調書に関する刑訴法321条1項2号の要件と比較して，はるかにハードルが高いものとなっている。

このうち，供述不能の要件は，刑訴法321条1項1号前段に定める裁判官面前調書の証拠能力に関する要件や刑訴法321条1項2号前段に定める検察官面前調書の証拠能力に関する要件と全く同じであり，前に供述した者が後に何らかの理由により公判廷で供述することができなかった場合をいう。その具体的な意味，要件等は，前に検察官面前調書について述べたことと同じである。

次に，不可欠性の要件については，判例上，「その供述内容にして苟も犯罪事実の存否に関連ある事実に属する限り，その供述が，これが事実の証明につき実質的に必要と認められる場合のことをいう」としたものがある（東京高判昭29・7・24高刑集7巻7号1105頁）。

特信性の要件は，検察官面前調書に関する刑訴法321条1項2号後段の要件と表現は似ている。しかし，刑訴法321条1項2号後段の場合は供述調書と比較すべき公判廷での供述があるため，それとの比較において相対的な特

信性で足りるのに対し，刑訴法321条1項3号の場合は，対比すべき公判廷での供述が存在しないため，供述がなされた際の情況そのものに絶対的な特信性が必要とされている。

　判例上，特信性が認められた書面の例としては，①日本国政府からアメリカ合衆国政府に対する捜査共助の要請に基づいて作成された宣誓供述書であって，アメリカに在住する者が黙秘権の告知を受け，同国の捜査官および日本の検察官の質問に対して任意に供述し，公証人の面前において，偽証罪の制裁のもとで，記載された供述内容が真実であることを言明する旨を記載して署名したもの（最決平12・10・31刑集54巻8号735頁・判時1730号160頁・判タ1046号107頁），②韓国の裁判所における公判調書に記載された供述内容であって，自らの意思で任意に供述できるよう手続的保障がされている大韓民国の法令にのっとり，同国の裁判官，検察官および弁護人が在廷する公開の法廷において，質問に対し陳述を拒否できる旨告げられた上でされたもの（最決平15・11・26刑集57巻10号1057頁・判時1842号158頁・判タ1139号80頁），③中国の捜査官が，供述拒否権を告げた上で，日本の捜査官があらかじめ作成した質問事項に基づいて行ったもので，特に追及的な質問や誘導的な質問はなかったと認められ，供述調書がすべて一問一答形式の体裁で作成されている上，取調べ後，調書を閲読してその内容が間違いないことを確認した上で，「私が話したことと同じ内容です」と述べて各頁に署名および指印をしており，その取調べには日本の複数の検察官が立ち会い，取調べおよび調書の作成がいずれも適正かつ正確に行われたことを確認しているもの（福岡地判平17・5・19判時1903号3頁），④アメリカ軍の捜査官が米国軍人を取り調べて作成した供述調書（東京高判昭29・11・7東高時報4巻5号153頁，東京高判昭29・7・24高刑集7巻7号1105頁），⑤アメリカ合衆国連邦地方裁判所に設置された大陪審において，陪審員の面前において宣誓した上，虚偽の陳述をすれば偽証の制裁があることを知悉しつつ，また法廷外に自己の弁護人が待機していて，相談したいときはいつでもこれと相談できることを許された状況のもとで，連邦司法省刑事局検事の行った尋問に対し証言をした証言調書（東京高判昭58・10・28判時1107号42頁）等がある。

　このように，刑訴法321条1項3号によって員面調書に証拠能力が付与さ

れる要件は極めて厳しいものとなっている。とりわけ供述不能が1つの要件となっていることから，供述者がひとたび公判廷で供述する限り，その者について作成された供述調書は，不可欠性や特信性の要件を検討するまでもなく，刑訴法321条1項3号の要件を満たすことはない。そのため，被告人以外の者の員面調書は，被告人や弁護人が同意しない限り実質証拠とはならないのが通常である。

　もっとも，弾劾証拠（刑訴328条）として法廷に提出されることはある。
　(6) **被害届**
　被害届とは，犯罪の被害に遭った者が被害の状況等を捜査機関に届け出る書面をいう。

　何らかの犯罪が行われた場合，被害者がいる犯罪であれば，その犯罪の捜査について最も強く利害関係を持っているのは被害者であり，その犯罪が正しい裁きを受けることを最も強く求めるのも被害者であることが通常である。そのため，捜査の端緒として被害届は非常に重要である。

　しかしながら，刑事裁判における証拠という観点からすれば，被害届は，被告人以外の者が作成した供述書ないし供述録取書の1つにすぎないので，証拠能力が付与される根拠法条は刑訴法321条1項3号である。したがって，被害届は，刑訴法321条1項3号の要件を満たすことによって，証拠能力が与えられる。

　なお，文書の名称としては，被害届だけでなく，盗難届，被害状況報告書，上申書等様々なものがあるが，そのいずれであっても，被告人以外の者が作成した書面である点では違いがなく，証拠能力が付与される根拠条文は刑訴法321条1項3号である。
　(7) **捜査報告書**
　捜査報告書とは，司法警察職員や検察事務官，検察官等の捜査員が，犯罪捜査の過程で得た情報や調査の結果等を上司宛に報告することを目的として作成された文書をいう。

　捜査報告書は，犯罪捜査の過程で作成される文書であり，また，一般私人の供述ではなく捜査上の事項に関する捜査官の供述であるという点で，ある意味特殊な文書である。しかしながら，刑事裁判の証拠という観点からすれ

ば，結局のところ，被告人以外の第三者の供述であり，証拠能力という点では他の一般文書と何らの差異はない。したがって，捜査報告書に証拠能力が付与される根拠条文は刑訴法321条1項3号である。

　捜査報告書は，その内容は様々なものを含むことが多く，単に事実を伝えるだけのものもあれば，それにとどまるのではなく，それに伴い，捜査機関の意見や見解，見通し等が記載されることも少なくない。例えば，「以上より，本件事件当時，Aには殺意があったことが推測される。」とか「以上の結果より，Bが本件事件の犯人であることが強く疑われる。」等という記載が典型的である。このような記載は，事実を伝えるものではなく，捜査機関の単なる意見にすぎない。このような場合，前提事実をもとにして合理的に推測できる範囲内のものであれば，一応証拠能力は認められるが，経験則を逸脱した不合理な推測や意見は，証拠能力がない。

　捜査報告書は，その名が示すとおり，本来は，捜査機関内部で情報を伝達したり共有したりすることを目的として作成された内部文書であるが，実務上，これが刑事裁判で証拠として用いられることが少なくない。

　特に，近時導入された裁判員裁判対象事件においては，犯罪事実の立証に必要な範囲で証拠を厳選するという観点から，検察官が複数の証拠を統合してエッセンスを抽出し，それらが統合捜査報告書という形で証拠請求される傾向にある。

　裁判員裁判対象事件においては証拠として提出される書証の量はできる限り少なくされるべきだと考えられ，その点からは，統合捜査報告書の活用もその1つの方策として評価すべきものであると思われる。

　もっとも，上述のとおり，捜査報告書が証拠能力を付与される根拠法条は刑訴法321条1項3号であり，同条項が定める要件は極めてハードルが高いため，現実問題としては，捜査報告書が証拠能力を付与されて刑事裁判における証拠となりうる場合というのは，被告人，弁護人が同意（刑訴326条）した場合がほとんどである。逆にいうと，検察官としては，統合捜査報告書を作成しても被告人，弁護人がそれに同意しないと結局証拠として使用することができず，作成する意味がないことになってしまう。そこで，統合捜査報告書の作成過程において検察官と弁護人がこまめに連絡を取り合い，被告

人，弁護人が同意できる範囲内で統合捜査報告書が作成される運用となっている。この点からすると，検察庁としては，統合捜査報告書を合意書面（刑訴327条）の代替書面として位置づけているように思われる。

(8) 弁解録取書

司法警察員や検察官は，逮捕状により被疑者を逮捕した場合や逮捕状により逮捕された被疑者の身柄の送致を受けた場合，直ちに，被疑者に対して被疑事実の要旨および弁護人を選任できる旨を告げた上，弁解の機会を与えなければならないとされている（刑訴203条1項・204条1項・205条1項）。その際に被疑者の弁解内容を録取した書面が弁解録取書である。

弁解録取書は，身柄拘束後，被疑者の最初の供述内容が記載される書面であり，犯罪事実の立証に重要であることが少なくないが，他方で弁解録取の手続は被疑者の弁解を聴くことを目的とする手続であり，また，黙秘権の告知が行われていない（少なくとも，文書の体裁上，黙秘権の告知が行われたことは記載されていない）ことから，このような書面を犯罪事実の立証のための証拠として使用されることに疑問を呈する見解もある。

しかしながら，判例は，弁解録取書であっても通常の供述調書と同様に扱うことを認め，刑訴法322条1項の要件を満たすことによって証拠能力が付与されるとしている（最判昭27・3・27刑集6巻3号520頁）。

なお，弁解録取の手続の際に作成された供述録取書であっても，その表題として，必ずしも弁解録取書とつけられるとは限らず，供述調書という表題がつけられることもある。この場合は，文書上，黙秘権の告知が行われたことが明記されている。

いずれにしても，証拠能力上の扱いとしては，弁解録取書であれ供述調書であれ，何らの差異はない。

(9) 前科調書

前科調書とは，検察庁に保管されている記録に基づき，被告人の前科の有無およびその内容を明らかにするために検察事務官が作成した文書をいう。

犯罪の記録は検察庁が行う重要な職務の1つであるので，前科調書は，公務員である検察事務官がその職務上証明することができる事実について作成した書面ということができる。

したがって，前科調書は，刑訴法323条１号の規定によって証拠能力が付与される。
　刑訴法323条１号は，公務員が職責上作成する文書であり，特に信用性が高いと考えられているため，無条件で証拠能力を付与しても問題ないと考えられているものである。
　なお，前科調書以外にも，前科照会書，前科照会回答書等という名称の場合もあるが，扱いは全く同じである。

(10)　**身上照会書**
　身上照会書は，捜査機関が市町村役場に対し被告人の氏名，生年月日，本籍，住所等を照会し，回答を受けた書面をいう。
　身上照会書は，公務員である市町村長が職務上証明できる事実について作成した文書であるので，刑訴法323条１号の規定により，無条件で証拠能力が付与される。
　もっとも，刑事裁判において，身上照会書の内容について争いが生じることはほとんど考えられないと考えられるし，通常は，被告人の特定の資料として用いられるにすぎないため，身上照会書の証拠能力が問題となる場面はほとんどない。
　なお，名称として，身上照会書のほか，身上照会回答書，身上調査書，身上調査回答書等の名称があるが，内容に違いはない。
　また，最近では，身上照会書に代えて，被告人の戸籍謄本や戸籍抄本，戸籍附票が市町村役場から提出されるのが通常である。

(11)　**検証調書，実況見分調書**
　検証調書とは，検証者が五官（五感）の作用により物の存在および状態について認識した事実を記載した書面をいう。
　検証は，裁判所が行う場合と，捜査機関が行う場合とがあり，それぞれについて証拠能力を付与する根拠法条が異なるため分けて検討する。

(a)　裁判所の検証調書
　検証は，裁判所が公判期日あるいは公判期日外に行うことができ，また，受命裁判官，受託裁判官にこれをさせることができる（刑訴142条・125条）。受命裁判官あるいは受託裁判官にこれをさせた場合は裁判官の検証というこ

とになるが，裁判所の検証であっても裁判官の検証であっても検証調書の証拠能力上は全く差異がない。そこで，以下ではその区別をせず，両者をあわせて裁判所の検証調書ということとする。

　裁判所の検証調書は，刑訴法321条2項により無条件で証拠能力が付与される。

　その理由は，検証の主体が裁判所または裁判官であり，検証態度が公平かつ公正であることが期待できるため，検証結果に高度の信用性が認められることによる。

　もっとも，当該事件における検証の場合は，当事者の立会権もあるため，検証調書に無条件に証拠能力を付与しても問題は生じないが，他の事件で行われた検証の場合は，当事者の立会いが必ずしも認められていないため，その結果作成された検証調書について無条件に証拠能力が付与されてよいのか問題となる。

　この点，他事件の検証調書の場合は，刑訴法321条2項によることはできず，同条3項を準用すべきという見解もある。

　確かに，公判調書の証拠能力について，被告人以外の者の供述内容が記載された他事件の公判調書の証拠能力につき，当事者の反対尋問の機会が保障されていないことを理由に，これを当該事件の公判調書と区別して，刑訴法321条2項ではなく，同条1項1号によるという考え方とパラレルに考えるならば，刑訴法321条3項準用という考え方も理解できる。

　しかしながら，検証調書の場合は，公判調書の場合とは事情を異にするため，当事者の立会権がない他の事件の検証調書であっても，刑訴法321条2項によって無条件に証拠能力を付与しても差し支えないと考えられる。

　それは，公判調書の場合は，当事者がその場に立ち会って尋問を繰り出すことによって結果を作り出すものであるから，当事者の立会いの有無によって結果に差異が生じる蓋然性が高く，したがって当事者に反対尋問の機会を与えることが不可欠であるのに対し，検証調書の場合は，当事者の立会いの有無にかかわらず，裁判所が公平かつ公正に検証を行う限り，その結果に差異は生じないと考えられるからである。

(b) 捜査機関の検証調書，実況見分調書

　検証は，上記のとおり，裁判所あるいは裁判官が行うこともあるが，のみならず，検察官，検察事務官，司法警察職員等の捜査機関が行うこともある。実務上は，むしろ，検証というと捜査機関が捜査の過程で行うものである場合が一般的である。

　捜査機関の検証調書は，刑訴法321条3項によって証拠能力が付与される。

　すなわち，検証調書の作成者が公判期日において証人として尋問を受け，その調書が真正に作成されたものであることを供述したときに証拠能力が付与されるのである。

　ここで，「真正に作成されたものである」（刑訴321条3項）の意味は，作成者とされている者が真実その検証調書を作成したという作成名義の真正だけにとどまるものではなく，検証の結果を正確に調書に記載したという記載内容の真正をも含んでいる。したがって，作成者が公判で尋問を受ける際には，作成名義の点のみならず記載内容についても当然に反対尋問をすることができる。

　また，捜査機関が令状を請求することなく，任意処分として検証を行うことも少なくない。これを実況見分というが，その結果を記載した実況見分調書の証拠能力についても，検証調書と同様に扱い，刑訴法321条3項によって証拠能力が付与される（最判昭35・9・8刑集14巻11号1437頁）。実務上も，実況見分調書は検証調書と全く同様に扱われている。

　さらには，捜査機関でなく，被告人，弁護人あるいはその他の一般私人が作成した実況見分調書についても刑訴法321条3項の準用を認めて証拠能力を付与すべきという見解もあるが，妥当とは思われない。被告人，弁護人あるいはその他の一般私人が作成主体となる場合は，あまりに個人差が激しく，検証にあたって必要な知識，経験を有する度合いは様々であるので，これらの場合に一般に刑訴法321条3項を準用することは現実的ではないと思われる。そうすると，被告人，弁護人あるいはその他の一般私人が作成した実況見分調書が証拠能力を付与されるためには，刑訴法321条1項3号に定める厳格な要件を満たす必要があることになる。

　検証や実況見分に際しては，通常，現場において立会人の指示説明を求め

ることが行われており，検証調書や実況見分調書には，立会人の指示説明も記載されることになる。

検証調書や実況見分調書中に記載される立会人の指示は，見分すべき対象を特定するためになされる場合（現場指示）と，見分すべき対象の特定にとどまらず，事件に関する立会人自身の供述としてなされる場合（現場供述）とがあるとされている。

立会人の指示説明が「現場指示」であれば，立会人の指示内容の真実性とは別に，実況見分の現場において立会人からこのような指示がなされたという限度において証拠能力を認めることは可能である。例えば，被告人が立会人として「この地点で被害者にナイフを突きつけました。」と供述した場合についてみると，この供述内容が真実かどうかはともかく，立会人がそのように場所を指示したからこそ，その地点を特定して見分しているのであって，その限度で意味があるのである。そこで，このような「現場指示」については，刑訴法321条3項によって証拠能力が与えられる。逆にいうと，この場合の「現場指示」は，指示内容そのものの真実性を立証する証拠としては用いることはできない。

他方，立会人の指示説明が「現場供述」であれば，かかる指示内容の真実性とは別に，このような供述がなされたということ自体に何らかの証拠能力を認めることは無意味である。例えば，被告人が立会人として「私は，被害者を殺害してでも金品を奪い取るつもりでした。」と供述した場合についてみると，この供述は，実況見分の経過とは無関係であるため，供述内容そのものの真実性とは離れて意味を与えることはできないのである。結局，このような「現場供述」の場合には，供述内容の真実性を立証するためのものとしか見ることはできないので，その証拠能力については通常の供述録取書と同様に考えるべきである。つまり，立会人が被告人以外の者であれば，検証調書あるいは実況見分調書の作成者が検察官である場合は刑訴法321条1項2号，それ以外の場合は同条項3号の要件を満たす必要がある。そして，立会人が被告人自身であれば，刑訴法322条1項の要件を満たすことによって証拠能力が付与される。

(12) 酒酔い・酒気帯び鑑識カード

　酒酔い・酒気帯び鑑識カードとは，被検査者の酒気帯びの有無およびその程度を判定するため，呼気中のアルコール濃度を測定するなどして資料を収集し，その結果等を記載した書面である。もともとは交通取締り（酒気帯び運転の検挙）のために考案され，使用されていたのであるが，それに限らず，その他の犯罪行為が飲酒の上で行われた場合に，行為者の酩酊の程度を判定し記録するために用いられることもある。

　酒気帯び鑑識カードは，様々な異なる性質を有する文書が一体となったものであるので，それに証拠能力が付与される根拠についても，文書中の各欄ごとに検討する必要がある。

　まず，被検査者の呼気中のアルコール濃度は機械によって測定され，その結果が紙片に印字される。そして，司法警察職員等の検査実施者が，酒気帯び鑑識カードの「化学判定」欄にその紙片を貼付するとともに，その結果を記載する。かかる「化学判定」欄は，捜査機関による検証の結果を記載した書面と見ることができるので，刑訴法321条3項によって証拠能力が付与される。

　次に，検査実施者が被検査者との間で，被検査者の氏名，生年月日，住所，職業，飲酒量等について質疑応答を行い，その結果が「質問応答状況」欄に記載される。かかる「質問応答状況」欄は，捜査官が被検査者から聴取した内容を記載して報告するものであり，捜査報告書の性質を有するので，刑訴法321条1項3号によって証拠能力が付与される。

　また，検査実施者が，被検査者の言語状況，歩行能力，直立能力，酒臭，顔色，目の状況等について見分し，その結果が「見分状況」欄に記載される。かかる「見分状況」欄は，捜査官が五官（五感）の作用によって認識した結果を記載したものであるので，刑訴法321条3項によって証拠能力が付与される。

(13) 診断書，カルテ

　刑事裁判で，被害者が受けた傷害の程度，状況等を立証するため，医師の作成した診断書やカルテが証拠として提出されることが少なくない。

　診断書は，通常，患者の病名や怪我の程度等について結論だけが簡潔に記載されたものであり，鑑定書のように鑑定の方法や経過が記載されることは

ないので，事後的な検証が不可能である点で鑑定書と同一視することはできないと考えられる。

　しかしながら，作成者が医師という専門家であることや一般に診断書は信用性が高いと考えられることから，判例は，診断書を「鑑定の経過及び結果を記載した書面で鑑定人の作成したもの」に準じるものとして，刑訴法321条4項が準用されるとしている（最判昭32・7・25刑集11巻7号2025頁）。したがって，診断書は，作成者である医師が公判期日において証人として尋問を受け，診断書が真正に作成されたものであることを供述することによって証拠能力が付与される。

　診断書だけでは十分な立証ができないと考えられるときや，さらに詳細な立証が必要とされるときには，医師が作成したカルテ（診療録，診療簿）が証拠として提出されることもある。

　医師が作成したカルテは，医師が日常の診療業務を行う上で継続的に作成されるものであって，「業務の通常の過程において作成された書面」に該当すると考えられるため，刑訴法323条2号により無条件で証拠能力が付与される。

⑭　写　真

　近年，刑事裁判で証拠として写真が使用されることは非常に多いが，写真の証拠能力については刑訴法上明文の規定があるわけではない。そこで，写真は，刑訴法上いかなる根拠で証拠能力が付与されるのかが問題となる。もっとも，刑事裁判における写真の使用のされ方は様々であるので，場合ごとに検討する必要がある。

　まず，写真が証拠物として使用される場合がある。例えば，わいせつ物頒布罪を立証する証拠としてのわいせつ写真等である。このような写真は証拠物として無条件で証拠能力が認められる。この場合はそもそも伝聞法則の適用がない。

　また，証拠物を撮影した写真が証拠として提出されることがある。例えば，犯行に使用された自動車やけん銃の写真等である。この場合の写真は，物の存在や形状だけを立証するものである限り，証拠物自体と同一に見ることができる。

また，検証調書，実況見分調書，鑑定書等に写真が添付されている場合がある。これらの写真については，例えば犯行現場の地理的状況を示すために撮影された写真等，それが書面の記載内容を明確にするために使用されるものであれば，その写真は書面の一部をなすものであるので，各書面に証拠能力が付与される根拠と同様に扱うことができる。すなわち，検証調書，実況見分調書に添付された写真は刑訴法321条3項により，鑑定書に添付された写真は刑訴法321条4項により，証拠能力が付与される。

　次に，被告人や被害者，目撃証人等が，犯行現場や警察署内等において犯行状況を再現し，それを撮影した写真が証拠として提出される場合がある。この場合，写真だけが単独で提出されることはほとんどなく，ほぼ必ず書面に添付される形で提出される。この場合の書面の名称は，実況見分調書，犯行状況再現報告書，写真撮影報告書，捜査報告書等様々である。この場合は，犯行現場における位置関係等の客観的状況とあわせて被告人，被害者，目撃証人等の供述を写真の形式で伝えようとするものであるので，実況見分調書と供述調書の両者の性格をあわせ持つこととなる。そこで，このような場合は，刑訴法321条3項の要件を満たすとともに，再現者が被告人以外の者である場合には刑訴法321条1項2号ないし3号の要件を，再現者が被告人である場合には刑訴法322条1項の要件を満たす必要がある（最決平17・9・27刑集59巻7号753頁・判時1910号154頁・判タ1192号182頁）。もっとも，写真は，撮影，現像等の記録の過程が機械的操作によってなされることから前記各要件のうち再現者の署名押印は不要とされる（最決平17・9・27刑集59巻7号753頁・判時1910号154頁・判タ1192号182頁）。

　最後に，犯行現場においてまさに犯行が行われている状況等を撮影した写真，いわゆる現場写真が証拠として提出される場合がある。このような写真については，非供述証拠と扱うべきとする説と供述証拠と扱うべきとする説の対立がある。非供述証拠説は，写真は光学的機械的に撮影されるものであって撮影者の意思が介在する余地がない点を根拠とするものである。非供述証拠説によれば，かかる現場写真は証拠物に準じた扱いを受けることとなり，要証事実との関連性が認められる限り無条件に証拠能力を付与されることになる。他方，供述証拠説は，撮影者が現場の状況を写真という方法によ

って報告するものである点を根拠とするものである。供述証拠説によれば，現場写真は，検証調書に準じた扱いを受けることとなり，刑訴法321条3項の要件を満たすことによって証拠能力を付与されることになる。

確かに同じ場所で撮影した写真であっても，撮影した位置や角度，構図等によって異なる印象を与える写真となるため，撮影者による報告的要素がある点は否定できない。しかし，この点は，結局のところ現場写真の要証事実との関係における証明力の問題として解決すべき問題であって，やはり写真は機械的な方法で作り出されるものであることから，これを非供述証拠と見るべきであると思われる。

これについて，判例は，犯行の状況等を撮影したいわゆる現場写真は，非供述証拠に属し，当該写真自体またはその他の証拠により事件との関連性を認めうる限り証拠能力を具備すると判示し，非供述証拠説にたつことを明らかにした（最決昭59・12・21刑集38巻12号3071頁・判時1141号62頁・判タ546号107頁）。

もっとも，実際上の運用としては，非供述証拠説，供述証拠説いずれの見解によっても，現場写真が提出された場合には，採否に先立って撮影者の尋問が行われる点であまり違いはない（もっとも，尋問の目的は，非供述証拠説によれば，写真と要証事実との関連性の立証のためということになり，供述証拠説によれば，写真が真正に作成されたものであることの立証のためということになる）。結局，両者で違いが生じる場面というのは，写真の撮影者が不明な場合等，撮影者の尋問が行えないときだけである。この場合，非供述証拠説であれば，写真そのものから要証事実との関連性が立証できれば証拠能力が付与されるのに対し，供述証拠説であれば，撮影者を尋問できない以上，真正の立証ができないため証拠能力が付与されないのである。

(15) 録音テープ，ビデオテープ

録音テープやビデオテープの証拠能力についても，刑訴法上明文の規定はない。録音テープ，ビデオテープの証拠としての使用方法も様々な場合があるので，分けて論じる必要がある。

(a) 録音テープ

録音テープが被告人や第三者の供述を録音したものである場合は，供述調書とほぼ同じ性格を有するものであるので，供述調書の証拠能力の規定によ

る。すなわち，被告人の供述を録音したテープであれば刑訴法322条1項の要件を，被告人以外の者の供述を録音したテープであれば，刑訴法321条1項各号（検察官の面前での供述を録音したものであれば刑訴法321条1項2号，それ以外のものであれば同条項3号）の要件を満たすことによって証拠能力が付与される。

次に，犯行現場の状況等を録音した，いわゆる現場録音の場合は，現場写真の扱いと同じである。すなわち，非供述証拠説によれば，要証事実との関連性が認められる限り証拠能力が付与されることになるが，供述証拠説によれば刑訴法321条3項の要件を満たすことによって証拠能力が付与されることになる。

そして，実際上の運用においては，録音者の尋問が行われるので両者の差異はほとんどなく，録音者の尋問が不可能な場合に限って差異が生じるという点も現場写真の場合と同様である。

(b) ビデオテープ

ビデオテープの場合は，写真の扱いとほぼ同じと考えてよい。

まず，ビデオテープ自体が証拠物として使用される場合は，無条件で証拠能力が認められる。例えば，わいせつ物頒布罪におけるわいせつビデオ等である。

また，検証，実況見分，鑑定等を行った際にそれをビデオテープに録画する場合がある。この場合は，ビデオテープが検証，実況見分，鑑定等の経過を明確にし，あるいは補完するために使用されるものである限り，そのビデオテープは検証調書，実況見分調書，鑑定書等と同じ性格を有するものであるので，それらの各書面に証拠能力が付与される根拠と同様に扱うことができる。すなわち，検証，実況見分の経過が録画されたビデオテープは刑訴法321条3項により，鑑定の経過が録画されたビデオテープは刑訴法321条4項により，証拠能力が付与される。

次に，被告人が警察署内等において犯行状況を再現し，それを撮影したビデオテープ（犯行再現ビデオ）の場合は，批判はあるものの刑訴法322条1項の要件を満たすことによって証拠能力が付与されると考えられる。

そして，犯行現場においてまさに犯行が行われている状況等を撮影したビ

デオテープについては，現場写真について述べたことがそのまま当てはまる。

なお，ビデオテープの証拠能力に関しては，報道機関が撮影したフィルムを刑事裁判で証拠に用いることが，報道機関の報道の自由，取材の自由を侵害することにならないかという特有の問題があることに注意すべきである。

II　その他の問題

(1)　違法収集証拠の証拠能力

証拠物については，刑訴法上，証拠能力に関する規定がなく，要証事実との関連性が認められる限り証拠能力が認められるとされている。

では，違法に収集された証拠物であっても，要証事実と関連性があれば証拠能力が認められるのであろうか。なお，この問題は証拠物に限らず，他の証拠，例えば違法な手段で獲得された自白等についても同様の問題があるが，証拠物の場合が最も問題が端的に現れるため，証拠物に関して述べることとする。

この点，かつては，証拠物は違法に収集されたものであってもその形状，性質には何ら違いがないので証明力に変わりがなく，したがって真実発見のためにはこれを証拠とする必要性が高いこと，他方，収集手続の違法性については，証拠能力を否定するのではなく，損害賠償等別の手続で救済を図れば足りること等から，違法収集証拠の証拠能力を肯定する見解が有力であった。初期の判例も，押収手続に違法があった証拠物の証拠能力について，これを肯定した（最判昭24・12・12裁判集刑15号349頁）。

その後，学説では，アメリカの判例の影響を受けて，憲法が保障する適正手続（憲31条）の理念に基づき違法収集証拠の証拠能力を否定すべきとする見解が主流となり，現在では，収集手続に憲法違反その他重大な違法があった場合には証拠能力を否定すべきであるとするのがほぼ一致した見解である。

違法収集証拠の証拠能力否定説の理由とするところは，違法に収集された証拠を裁判所が採用して有罪判決をすることは司法の廉潔性を害する結果に

なること，収集手続の違法性について損害賠償等の手続によるのでは十分な救済にはならないこと，捜査機関の違法行為を防止するには，それによって取得された証拠の証拠能力を否定することが最も直接的かつ有効であること等である。

この問題について，最高裁は，覚せい剤取締法違反の容疑で被告人を職務質問中の警察官が，被告人の承諾なく，その着衣上衣の内ポケットに手を入れて在中品を取り出したところ，これが覚せい剤であることが判明したので，被告人を覚せい剤所持で現行犯逮捕して覚せい剤を押収し，その後の公判において，証拠物として覚せい剤が証拠調べ請求されたという事案において，「証拠物の押収等の手続に，憲法35条及びこれを受けた刑訴法218条1項等の所期する令状主義の精神を没却するような重大な違法があり，これを証拠として許容することが，将来における違法な捜査の抑制の見地からして相当でないと認められる場合においては，その証拠能力は否定されるものと解すべきである。」と判示した（最判昭53・9・7刑集32巻6号1672頁・判時901号15頁・判タ369号125頁）。ここに，最高裁としても，一般論として証拠能力が否定される場合があることを明言し，これがリーディングケースとなっている。

もっとも，同事件では，一般論として証拠能力が否定される場合があることを認めつつも，「被告人の承諾なくその上衣左側内ポケットから本件証拠物を取り出した巡査の行為は，職務質問の要件が存在し，かつ，所持品検査の必要性と緊急性が認められる状況のもとで，必ずしも諾否の態度が明白ではなかった被告人に対し，所持品検査として許容される限度をわずかに超えて行われたに過ぎないのであって，もとより同巡査において令状主義に関する諸規定を潜脱しようとの意図があったものではなく，また，他に右所持品検査に際し強制等のされた事跡も認められないので，本件証拠物の押収手続の違法は必ずしも重大であるとはいえないのであり，これを被告人の罪証に供することが，違法な捜査の抑制の見地に立ってみても相当でないとは認めがたいから，本件証拠物の証拠能力はこれを肯定すべきである。」と述べて，結論としては，違法に収集された証拠物の証拠能力を肯定している。

そうすると，次の問題は，判例がいうところの「証拠物の押収等の手続

に，憲法35条及びこれを受けた刑訴法218条1項等の所期する令状主義の精神を没却するような重大な違法があり，これを証拠として許容することが，将来における違法な捜査の抑制の見地からして相当でないと認められる場合」とは具体的にいかなる場合をいうのかを明らかにしていくことである。

そして，最高裁は，平成15年2月14日判決において，上記最高裁判例の一般論を前提としつつ，結論として違法収集証拠の証拠能力を否定するに至った。

この事件の事案の概要は，以下のとおりである。

被告人には窃盗の被疑事実による逮捕状が発付されていたところ，警察官は，本件逮捕状を携行しないで被告人方に赴き，被告人に任意同行を求めたが，被告人がこれに応じなかったため，被告人方付近の路上において被告人を逮捕した。その後，被告人は，警察署に連行され，警察署到着後，警察官から逮捕状を呈示された。本件逮捕状には，逮捕現場である被告人方付近路上において逮捕状を呈示して被告人を逮捕した旨の記載があり，さらに，警察官は，これと同旨の記載のある捜査報告書を作成した。被告人は，警察署内で尿の任意提出に応じ，鑑定の結果，尿から覚せい剤成分が検出された。その後，被告人に対する覚せい剤取締法違反被疑事件について被告人方を捜索場所とする捜索差押許可状が発付され，すでに発付されていた被告人に対する窃盗被疑事件についての捜索差押許可状とあわせて執行され，被告人方の捜索が行われた結果，被告人方から覚せい剤が発見されて差し押さえられた。

被告人は，覚せい剤取締法違反（使用および所持）と窃盗で起訴された。

公判において，本件逮捕状による逮捕手続の違法性が争われ，被告人側から，逮捕時に本件現場において逮捕状が呈示されなかった旨の主張がされたのに対し，警察官は，証人として，本件逮捕状を本件現場で被告人に示すとともに被疑事実の要旨を読み聞かせた旨の証言をした。原審は，この証言を信用せず，警察官は本件逮捕状を本件現場に携行していなかったし，逮捕時に本件逮捕状が呈示されなかったと認定しているが，この原判決の認定に，採証法則違反の違法は認められない。

このような事案について，最高裁は，「(1) 本件逮捕には，逮捕時に逮捕

状の呈示がなく，逮捕状の緊急執行もされていない（逮捕状の緊急執行の手続が執られていないことは，本件の経過から明らかである。）という手続的な違法があるが，それにとどまらず，警察官は，その手続的な違法を糊塗するため，前記のとおり，逮捕状へ虚偽事項を記入し，内容虚偽の捜査報告書を作成し，更には，公判廷において事実と反する証言をしているのであって，本件の経緯全体を通して表れたこのような警察官の態度を総合的に考慮すれば，本件逮捕手続の違法の程度は，令状主義の精神を潜脱し，没却するような重大なものであると評価されてもやむを得ないものといわざるを得ない。そして，このような違法な逮捕に密接に関連する証拠を許容することは，将来における違法捜査抑制の見地からも相当でないと認められるから，その証拠能力を否定すべきである（最高裁昭和51年（あ）第865号同53年9月7日第一小法廷判決・刑集32巻6号1672頁参照）。　(2)　前記のとおり，本件採尿は，本件逮捕の当日にされたものであり，その尿は，上記のとおり重大な違法があると評価される本件逮捕と密接な関連を有する証拠であるというべきである。また，その鑑定書も，同様な評価を与えられるべきものである。したがって，原判決の判断は，上記鑑定書の証拠能力を否定した点に関する限り，相当である。　(3)　次に，本件覚せい剤は，被告人の覚せい剤使用を被疑事実とし，被告人方を捜索すべき場所として発付された捜索差押許可状に基づいて行われた捜索により発見されて差し押さえられたものであるが，上記捜索差押許可状は上記(2)の鑑定書を疎明資料として発付されたものであるから，証拠能力のない証拠と関連性を有する証拠というべきである。しかし，本件覚せい剤の差押えは，司法審査を経て発付された捜索差押許可状によってされたものであること，逮捕前に適法に発付されていた被告人に対する窃盗事件についての捜索差押許可状の執行と併せて行われたものであることなど，本件の諸事情にかんがみると，本件覚せい剤の差押えと上記(2)の鑑定書との関連性は密接なものではないというべきである。したがって，本件覚せい剤及びこれに関する鑑定書については，その収集手続に重大な違法があるとまではいえず，その他，これらの証拠の重要性等諸般の事情を総合すると，その証拠能力を否定することはできない。」と判示し，結論として，覚せい剤の証拠能力は肯定したが，被告人の尿に関する鑑定書の証拠能力を否定した（最判平15・2・14

刑集57巻2号121頁・判時1819号19頁・判タ1118号94頁）。

このように，違法収集証拠の証拠能力を否定する一般論が最高裁によって採用され，これに基づき，現実に証拠能力が否定された実例が現れたことは，歓迎すべきことである。

しかしながら，最高裁の見解は，「令状主義の精神を没却するような重大な違法があり，これを証拠として許容することが，将来における違法な捜査の抑制の見地からして相当でないと認められる場合」において，初めてその証拠能力は否定されると述べている点であまりに制限的であると思われる。現に，前出の最高裁昭和53年9月7日判決では，無令状捜索として憲法35条に違反する事例についてまで，「押収手続の違法は必ずしも重大であるとはいいえない」と明言しているのである。このような場合にまで，その違法は必ずしも重大ではないとして証拠能力を否定しないのは，問題であろう。今後のさらなる判例の集積が待たれるところである。

なお，この問題に関する判例の整理と分析は，石井一正『刑事実務証拠法〔第4版〕』111頁以下が詳しいので，参照されたい。

(2) 「毒樹の果実」

次に，違法に収集された証拠に基づいてさらに他の証拠が発見された場合，これらの証拠のうち，一体どこまでの証拠について証拠能力が否定されるべきかという問題がある。

この問題は，いわゆる「毒樹の果実」の理論として議論されている問題である。違法に収集された第1次証拠が「毒樹」であり，それに基づいて発見された第2次証拠が「果実」であるが，その毒性が果実にまで及ぶのか，という問題である。

この問題については，かつては，証拠能力のない違法収集証拠から派生した証拠はすべて証拠能力がないとする見解が有力であったが，最近では，一律に証拠能力を否定するのではなく，派生証拠と違法手続との関連性，派生証拠の重要性等を総合的に考慮して証拠能力の有無を判断するという見解が有力となっている。

前出の最高裁平成15年2月14日判決は，毒樹の果実の理論に関するリーディングケースでもある。

事案の概要は前述のとおりであるが，結論として証拠能力が否定される範囲については，逮捕当日に採取された尿は重大な違法があると評価される本件逮捕と密接な関連を有する証拠であり，また，その鑑定書も同様な評価を与えられるべきものであるとして，被告人の尿に関する鑑定書の証拠能力は否定したが，他方で，尿に関する鑑定書を疎明資料として発付された捜索差押許可状に基づいて発見，押収された覚せい剤とその鑑定書については，司法審査を経て発付された令状によって押収されたものであること，本件の令状の執行が別件の窃盗事件についての令状の執行とあわせて行われたものであること等を考慮し，覚せい剤とその鑑定書の証拠能力を肯定した。

この判決は，違法な第1次証拠（尿の鑑定書）の証拠能力と派生証拠（覚せい剤とその鑑定書）の証拠能力を一体視せず，両者の関連性等の要素を総合的に考慮して判断したものであって，最近の有力説と同様の判断方法をとっているものと評価できる。

(3) 違法収集証拠排除法則から見るわが国の司法制度と世界観

以上のとおり，わが国においては，違法収集証拠であってもそれだけで直ちに証拠能力が否定されるものではなく，一定の重大な違法性が認められた場合に限って証拠能力が否定されるべきであると考えられている。

かかる基本的な考え方自体は概ね異論なく肯定されるべきものであると思われるが，問題は，最高裁が結論として証拠能力を否定する場合が極めて限定的であるという点にある。

どの程度の違法性が認められた場合に証拠能力が否定されるべきか，ということは，結局のところ，実体的真実発見の要請と憲法が定める適正手続保障の要請のどちらをより重視すべきか，という価値判断の結果である。そして，最高裁が極めて限定的にしか証拠能力を否定しないのは，実体的真実の発見をより重視しているからにほかならない。実体的真実の発見とは，平たくいえば，本当に悪い者は確実に罰せられなければならない，という素朴な正義感の現れであるが，この命題自体が重要であることはいうまでもない。しかし，これとて，至上命題として無限定に追求されるべきものではなく，適正手続の保障を定める憲法の枠内で求められなくてはならない。

にもかかわらず，実体的真実発見の要請をより重視する傾向にある根本的

な理由は，わが国においては，この世における裁きこそが最終的な裁きである（つまり，死後の裁きはない）と考えるという日本人の死生観にあるのではないかと思われる。

　死後の裁きを信じる者にとっては，死後の裁きこそが最終的な裁きである。しかも，それは，全知全能なる神様による裁きであるので，完全な正義が実現される裁きであることを信じている。このような世界観を持つ者にとっては，この世における裁きは人間による裁きであり，限界があって当然である，と，ある意味割り切ることができるのである。つまり，違法収集証拠を排除した結果，実体的に有罪である者が無罪になったとしても，それはあくまでこの世における人間の裁きの結果であって，認容できるのである。なぜなら，そのような者に対しても死後の完全な裁きがあるからである。

　それに対し，死後の裁きを信じない者にとっては，この世の裁きこそが最終的な裁きであるから，違法収集証拠を排除した結果，実体的に有罪な者が無罪になってしまうことに耐えられないのである。

　その結果，この世の裁きにおいて完全な結論を出すことを求めるあまり，いきおい実体的真実発見の要請に流れがちとなるのであろう。

　ちなみに，従来の裁判官裁判において，無罪推定の原則，「疑わしきは被告人の利益に」という刑事裁判の大原則が必ずしも貫徹されてこなかったように見えるのも，根底にある理由は同じ死生観，世界観にあると考えられる。

　平成21年から導入された裁判員制度が，刑事裁判において無罪推定の原則が再確認される契機となることが強く望まれるところである。

〔第3節＝藤田　充宏〕

第3部
証拠調べへの展開
——証拠調べの方式

■CONTENTS

第1章　書　　証

第2章　人　　証

第3章　物　　証

第4章　検　　証

第5章　鑑　　定

第6章　不同意への対応

第7章　不当な訴訟指揮に対する対応

第8章　共犯者の自白

第9章　違法収集証拠総論——違法収集証拠の排除法則

第1章

書　証

第1節　証拠書類

　刑訴法は，証拠書類の取調べ方法について，「検察官，被告人又は弁護人の請求により，証拠書類の取調をするについては，裁判長は，その取調を請求した者にこれを朗読させなければならない。但し，裁判長は，自らこれを朗読し，又は陪席の裁判官若しくは裁判所書記にこれを朗読させることができる。」「裁判所が職権で証拠書類の取調をするについては，裁判長は，自らその書類を朗読し，又は陪席の裁判官若しくは裁判所書記にこれを朗読させなければならない。」と規定している（刑訴305条1項・2項）。ここにいう証拠書類とは，書面の言語的内容が証拠となるものをいう。要するに，書面を作成した者の認識や判断が言語の形で現れているものについて，その言語的な内容を証拠とする場合に，その対象を証拠書類と呼んでいる。捜査機関が作成する供述証拠や捜査報告書などがその典型である。

　なお，「証拠物たる書面」といって，書面の言語的内容のみならず書面のそのものの存在や状態も証拠になるものがある。例えば，契約書，脅迫文書などがその例である。このような書面は，供述調書や捜査報告書のように専ら内容だけが問題となるものと異なり，言語的表現の内容だけでなく表現された書面の存在や状態も事実認定の資料になる。そこで，そのような書面については，その書面自体を「証拠物」として取り調べるとともに，言語的な

表現の内容を「証拠書類」として取り調べることになっている（刑訴307条）。

第2節　本来的な取調べ方法——朗　　読

I　朗読の意義

　証拠書類の取調べ方法について，刑訴法が本来予定している方法は，上記のとおり「朗読」である。朗読とはもちろん声を出して読み上げることである。公開の法廷で，裁判官，裁判員，検察官，被告人，弁護人等の複数の関係者に内容を了知させ，さらには，傍聴人にも了知しうる方法で証拠の内容を示すには，言語で表現された内容をそのまま朗読するのが最も簡明である。
　朗読するのは当該証拠書類の全部である。証拠書類の内容が本文と別紙に分かれていて，本文の中で別紙を引用しているような場合は，本文だけでなく別紙部分も朗読の対象になる。また，別紙が写真や図面などで本文でそれを見ながら説明しているような場合には，その写真や図面を示しながら朗読するのが本来である。

II　外国人事件と証拠書類の朗読

　(1)　事件の関係者の全員が日本語を用いる場合には，日本語で書かれた文字を日本語で読み上げればよいだけなので，朗読の方法について特段の問題は生じない。しかし，関係者の中に日本語に通じない者がいる場合には，朗読の方法について考察を要する。
　(2)　まず，証拠書類に現れた言語的表現の供述者が日本語と異なる言語で供述している場合でも，証拠書類の作成過程ですでに翻訳がなされ，日本語で書面が作られているときは，法廷ではその日本語の書面を朗読すれば足りる。被告人が日本語に通じていない場合は，被告人は日本語で朗読されただ

第2節　本来的な取調べ方法——朗　読

けでは書面の内容を知ることはできないが，公判廷に立ち会っている通訳人が被告人の母語に通訳することで，朗読された書面の内容を知ることができる。

なお，最初に日本語の書面が作成される過程で，元の供述者の言語的表現が正確に日本語に翻訳されているかどうかは，それ自体非常に大きな問題である。ただ，それは，当該証拠書類の証拠能力の有無（「供述『録取』書面ではない」「手続に違法がある」等）や証明力の評価の問題であり，ここで検討している証拠調べの方式の問題ではない。

(3)　次に，証拠書類自体が外国語で作成されていたり，または外国語で作成されるとともに訳文が添付されている場合，朗読の方法はどうなるであろうか。これについては，日本語を用いるべき日本の裁判所（裁74条）で証拠書類を「朗読」する意味を考えれば，言語的に表現された内容が日本語で表されることを要するのは当然である。それゆえ，日本語訳文が付いている場合はその訳文を朗読すべきであるし，訳文がない場合は通訳人によって日本語に通訳されるべきである。

しかし，この他に原文自体をも「朗読」（当然，日本語ではなく当該言語での朗読である）すべきかどうかが問題になる場合がある。これについては法令の規定は明確でなく，判例などで確立した扱いもないので，最終的には個別のケースごとに裁判所の訴訟指揮に委ねられていると解する以外にないが，意味がある限りはできるだけ原文も朗読すべきであろう。例えば，被告人が外国人であり，証拠書類に用いられている外国語が被告人の母語である場合には，その原文自体を朗読するほうが望ましい（もし日本語訳文を読むだけだと，作成段階でいったん日本語に訳され，朗読段階でそれをさらに元の言語に訳して内容を伝えることになるので，迂遠であるし，無用の混乱を招くだけである）。しかし，証拠書類に用いられている言語と被告人の母語が異なる場合は，日本語訳文に加えてあえて原文を朗読する意味は乏しいというべきである。

なお，法廷で朗読された訳文や通訳された内容の正確性の問題が証拠調べの方式の問題ではないことは，前述のとおりである。

第3節　簡易な取調べ方法——要旨の告知

I　要旨の告知の意義

　刑訴法は，証拠書類の取調べ方法を朗読と規定しているのみである。しかしながら，これを受けた刑訴規則では，朗読に代えて「要旨の告知」という方法を認めている。すなわち，裁判長は，訴訟関係人の意見を聴き，相当と認めるときは，朗読に代えて要旨を告げさせるという方法によることができると規定している（刑訴規203条の2第1項）。
　実務上は，全文の朗読が行われる場合はほとんどなく，ほぼ例外なくこの「要旨の告知」が行われているといっても過言ではない。すなわち，検察官が冒頭陳述を終えた後で証拠書類の取調べを請求し，弁護人がこれに対する同意・不同意の意見を述べ，裁判所が同意証書を採用して取り調べる，という手順の後で，検察官が「甲第1号証は現行犯人逮捕手続書で，被告人が覚せい剤を所持しているところを発見されて現行犯人逮捕されたときの状況が記載されています。甲第2号証は……」という調子で各書証の概要を説明する，という展開である。法廷での要旨の告知といえば，冒頭陳述の後で検察官が行っている場面が思い浮かぶが，法令の規定では「取調を請求した者」となっているので，弁護人が請求した証拠が取り調べられる場合は，弁護人が要旨の告知をするのはもちろんである。

II　要旨の告知の問題点

　(1)　「要旨の告知」は，「朗読」に代わる方法として証拠の内容を訴訟関係人全員に知らしめるために行われるものであるから，それぞれの証拠の内容が適切に伝わるようなものでなければならない。これまでは，「要旨の告知」のあり方について十分な議論がなされてきたとはいえず，事実上，事件ごと

に必ず要旨の告知を行うことになる検察官のスタイルに任せられてきたように思われる。

　例えば，公訴事実に争いのない自白事件で，書証に対して弁護人が全部同意しているような場合は，検察官は，証拠関係カードに即して順次内容を説明していき，被告人の自白調書については「事実関係を自白している」と言及する程度で簡単に済ませることが多いと思われる。しかし，中には，被害者の調書の特定の箇所だけを選んで朗読したり，被告人の調書について強調したい点を選んで朗読するという検察官も見受けられる。弁護人がそれを制止して「恣意的に場所を選んで朗読するのはおかしい。朗読するなら全部を朗読すべきである。」と異を唱えると，方法を改める検察官もいるが，裁判所が意識的に指揮をする場面はあまり見られないように思われる。

　(2)　いうまでもないことであるが，「要旨の告知」は証拠書類の内容を訴訟関係人に知らしめるための「朗読」に代わる方法であり，請求者が証拠の中の特定の箇所だけを選んで強調したり読み聞かせたりするための手続ではない。もしそのようなアピールをするのであれば，論告や弁論で「意見」として述べるべきであろう。にもかかわらず恣意的な選択による「要旨の告知」が行われ，他の訴訟関係人もそれに特段のクレームをつけないのは，裁判官は後で証拠書類の全文を読み直すのだから，法廷での告知をどのように行うかによって証拠評価に影響はない，という暗黙の前提があったからである。これまでの実務がそのように進められてきたのは紛れもない事実であり（その善し悪しは別問題である），法廷での要旨の告知の方法いかんで裁判官の心証形成に影響が生じることは考えにくかったことは否定できない。

　しかし，裁判員制度が始まって，裁判員の負担軽減という観点から訴訟の審理の大幅な簡略化が行われている現状では，裁判員は公開法廷でのやり取りだけで事件について基本的な心証を形成してしまうということを肝に銘じておかなければならない。すなわち，裁判員は，今までの裁判官と異なって，後で調書全文を読むことはない（と考えるべき）のである。そのため，要旨の告知が適切になされるかどうかの重要性は，これまでの実務とは比較にならないくらいに大きく，ここで「要旨」として「告知」された内容が，そのまま当該証拠書類の供述者の意思であるという印象を強く生じる可能性が

ある。実際に「要旨の告知」の最中に異議を申し立てて話を途中で遮断するのは，裁判官や裁判員の反発を買う可能性もあるので，難しい判断になるが，少なくとも要旨の告知によって法廷に生じた空気を意識しながらその後の訴訟活動を進めていく必要はあるだろう。

裁判員裁判では必ず公判前整理手続が行われるので，その中で裁判官に対して要旨の告知のあり方について要請しておく，などの工夫も有益であると思われる。

第4節　ビデオリンク方式の場合の特殊な取扱い
　　　　　――再　　生

I　ビデオリンク方式

犯罪被害者に関わる一連の立法措置が行われた平成12年の法改正で，性犯罪等の被害者に対する証人尋問を裁判所の別室で行い，法廷で映像と音声を受送信しながら尋問を行う，という方法が新設された（刑訴157条の4）。

そして，もしその証人が同じ事実について別の刑事手続でも証言を求められる可能性がある場合（例えば，当該性犯罪について共犯者とされる者の公判手続で証言を求められる可能性があるなど）には，ビデオリンク方式で行われた証人尋問の状況を記録媒体に記録し，それを調書の一部とする（刑訴157条の4第2項・3項）。

このようにして作成された調書を証拠書類として取り調べる場合について，やはり新しい規定が置かれたものである。

II　再　生

(1)　ビデオリンク方式による証人尋問調書を取り調べる場合の原則的な方法は，記録媒体に記録された部分を法廷で「再生」する方法である（刑訴305条4項本文）。その媒体には映像と音声が一緒に記録されているので，再生す

ることで，証人の供述内容や供述態度を知ることができる。

　これは，文字で記録されたものをすべて朗読するという証拠書類の本来の取調べ方法と実質的に同じことである。

　(2)　これに対して，裁判長は，相当と認めるときには，検察官および被告人または弁護人の意見を聴いた上で，「再生」をしないで「内容を告げる」という方法をとることもできる（刑訴305条4項但書）。

　「内容を告げる」というのはどのような意味であるのか，必ずしも明確でない。場合によっては「内容の要旨を告げる」ことで足りるという考え方もあるようだが，少なくとも刑訴法上は「朗読」か「再生」が原則であり，内容の一部を省略する方法を正面から認めた規定はない。よって，内容を告げるというのは，文字どおり内容を省かずに告げることが予定されていると解すべきであり，告知者の意図的な取捨選択は予定されていない，と解するのが正しいと考える。

　なお，この調書が伝聞法則の例外として刑訴法321条の2の規定に基づいて取り調べられる場合には，必ず「再生」することになっており，「内容を告げる」という方法は許容されていない（刑訴321条の2第2項）。

〔國部　徹〕

第2章

人　　証

第1節　証人尋問
　　　——交互尋問の意義，反対尋問の方法

I　人的証拠の取調べについての法の規定

　刑訴法は，人的証拠に対する取調べについて，「証人，鑑定人，通訳人又は翻訳人は，裁判長又は陪席の裁判官が，まず，これを尋問する。」「検察官，被告人又は弁護人は，前項の尋問が終つた後，裁判長に告げて，その証人，鑑定人，通訳人又は翻訳人を尋問することができる。この場合において，その証人，鑑定人，通訳人又は翻訳人の取調が，検察官，被告人又は弁護人の請求にかかるものであるときは，請求をした者が，先に尋問する。」と規定する（刑訴304条1項・2項）。

　証人尋問についての一般的な規定は刑訴法の総則の中にかなり詳しく規定されており，一般的な証人義務（刑訴143条），証人適格や証人拒否権・証言拒否権（同144条ないし149条），証人の出頭確保（同150条ないし153条の2），宣誓（同154条・155条）という規定が続く。その次に，証人には自己の実験した事実のみでなく，自己の実験した事実より推測した事項についても供述させることができる旨を定めている（同156条）。その後は，証人尋問への立会権（同157条），証人保護の諸規定（同157条の2ないし157条の4），裁判所外の証人尋問

（同158条・159条），その他手続的な諸規定（同160条ないし164条）と続く。そして，これらの規定はほとんどそのまま鑑定人や通訳人・翻訳人に準用されている（同171条・178条）。

ただ，これらの規定の多くは証人尋問を実施するまでの手続や実施する際の環境についての規定であり，尋問の方法について直接規定したものはない。証人に供述を求める事項について，自己の実験した事実から推測した事項でもよい，という規定は，証人尋問の内容に及ぶ規定であるが，証人尋問の方法そのものを規定したものではない。

証人尋問（特に断らない限り，鑑定人や通訳人・翻訳人の尋問も含む）の具体的な方法についての規定は，前述の刑訴法304条による。

II 交互尋問の確立

(1) 刑訴法304条によれば，証人等の人的証拠に対する取調べの方法は「尋問」である。尋問とは，質問者が口頭で質問してこれに対する口頭の答えを引き出すことをいう。尋問の際に写真や図面を示して尋ねることもできるし，答えを補充する意味で図面を書かせる場合もあるが，あくまで引き出された答えが事実認定の証拠になり，図面などは問答の内容を明確にするための補充手段にすぎない。

また，いうまでもないことであるが，尋問とは相手から答えを引き出してその答えを事実認定の証拠にするために行うものであり，尋問者が供述者を「追及」するものではない。ときどき検察官が，素直に反省の態度を示さない被告人に対して，質問ではなく怒って激しい言葉を投げつける場面を見かけるが，答えを求めないで感情をぶつけるのは尋問とはいわない。

(2) 刑訴法304条を読むと，条文の体裁は，まず裁判所が証人に質問し，その後に当事者が補充的に質問する，という規定になっている。しかし，今の刑事裁判の実務ではこのような順序で尋問が行われることはまずない。実際に行われているのは，まず当事者が尋問をして，その後で裁判所が補充的に尋問をするという方式である。そして，当事者の尋問は，まずその証人を請求した側が尋問を行い（主尋問），それが終わったら反対の当事者が尋問を

行い（反対尋問），その後再び請求した側が尋問を行い（再主尋問），以下必要があれば再反対尋問，再々主尋問，再々反対尋問と続いていく。そのような方式を交互尋問という。この交互尋問方式は，当事者が立証活動を主導的に行う，という考え方を前提としており，今の刑訴法の基本的な仕組みに適うものである。

第2節　交互尋問のルール

I　交互尋問の意義

　交互尋問方式では，当該証人によって自分に有利な事実を引き出したい当事者と，その証言の効力を少しでも減殺しようとする当事者とが，それぞれ証人にいろいろな質問をぶつけて答えを求める。裁判所は，その答えを聴いて，場合によっては自らも補充的な尋問を行って，証人の証言を事実認定の資料にするのである。
　交互尋問の場合の尋問の技術については，実務家作成の実務書に詳しく言及されているが，ここでは交互尋問のルールを検討することで，人的証拠の取調べ方法としての「尋問」のあり方を考えてみたい。

II　交互尋問の実施

(1)　当事者が尋問してよい事項

　主尋問（刑訴規199条の3）は，証人の取調べを申請した当事者が証人に対して行う尋問で，「立証すべき事項」「これに関連する事項」について行うものである。「立証すべき事項」，すなわちその証人によって何を立証しようとするのか（立証趣旨）については，すでに証拠調べ請求の際に示されているし，尋問事項書が提出されている場合には，その尋問事項に基づいて尋問が行われる。主尋問は請求者が自分に有利な事実を立証しようとして行うもの

であり，証人からその事実を引き出せるだけの見通しがあるからこそ取調べを請求するのであるから，誘導尋問（質問の中で尋問者の期待する答えを明示または暗示する尋問）は原則として禁止されている。

　反対尋問（刑訴規199条の4）は，証人の取調べを申請した当事者の反対当事者が行う尋問で，「主尋問に現われた事項」「これに関連する事項」について行うものである。証人は主尋問において反対当事者に不利な内容の証言をしていることが予想されるので，主尋問に対する証言の信用性を弱めるのが反対尋問である。反対尋問では主尋問の内容をあらゆる方向から検証する必要があり，また，主尋問ですでに答えの出ている事項を対象とするために誘導による弊害も少ないので，誘導尋問も適宜用いてよいことになっている。なお，反対尋問を行っている中で，主尋問に現れた事項を超えて，反対尋問者自身の主張に即した新たな事項について質問することとなった場合でも，裁判長の許可を得れば質問してよいことになっている（刑訴規199条の5）。ただし，これは新たな主尋問とみなされることになり，尋問方法などは主尋問のルールに従う。

　再主尋問（刑訴規199条の7）は，主尋問を行った当事者が，反対尋問の後で「反対尋問に現われた事項」「これに関連する事項」について行うものである。最初の主尋問で聞き落とした事項について尋問することは予定されていない（ただし，裁判長が許可すれば，新たな主尋問として扱われる前提で，尋問をすることが可能である）。尋問の方法としては主尋問のルールに従うが，直前の反対尋問の際に相手方から新たな事項の尋問がなされている場合には，その新たな事項との関係では反対尋問をする権利があるので，その限度では反対尋問のルールに従った尋問が許される。なお，この再主尋問までは当事者の権利として保障されている（刑訴規199条の2）。

　再反対尋問，再々主尋問，再々反対尋問等も，裁判長の許可があれば可能である（刑訴規199条の2第2項）。尋問のルールは主尋問と反対尋問のルールに従う。実務上は，裁判長は再反対尋問以下についても許可することがほとんどであるが，予定時間を大幅に超過していたり，事実上証人に対する繰り返しの質問になっているような場合は，裁判長が許可しないこともある。

　なお，主尋問でも反対尋問でも，「証人の供述の信用性を争うために必要

な事項」については質問できる（刑訴規199条の6）。逆にいえば，証人の供述の信用性を争うために必要な事項に入らなければ，当該尋問のテーマに関連しない事項についての尋問は許されないのである。

(2) **主尋問と反対尋問の違い**

以上のとおり，双方当事者は，尋問のテーマである事項について直前の相手の尋問の内容に即して交互に質問を繰り返していくのであるが，証人を申請した側は主尋問のルールに，その相手方は反対尋問のルールにそれぞれ従って質問することになっている。

主尋問と反対尋問の一番の違いは，誘導尋問が許されるかどうかである。主尋問では，もともと尋問者の期待する内容の答えをすることが予想される証人なので，誘導をする必要がないし，尋問者が誘導尋問で答えをコントロールしてしまうのは相当でなく誘導尋問による弊害も大きい。そのため，主尋問では原則として誘導尋問が許されないのである（刑訴規199条の3第3項本文）。

ただし，主尋問であっても一定の場合には誘導尋問をしてもよいことが規定されている（刑訴規199条の3第3項但書）。まず，証人の身分経歴等の事項については，誘導を認めたほうが時間を節約できるし，争いがないので誘導による弊害もない。当事者間で争いがない事項についても同様である。記憶が明らかでない事項については，証人にヒントを与えて記憶を喚起する必要があるので誘導が認められているが，答えそのものを示すような誘導尋問をする前に，質問のしかたを工夫して小さな暗示にとどめるような尋問を試みるべきであり，それでもなお記憶が戻らない場合でなければ誘導は相当とは認められないだろう。証人が尋問者に敵意を示す場合には，普通の質問の仕方では目的とする答えが得られないので誘導の必要が認められるし，尋問者が証人をコントロールできる状況にないので誘導による弊害も小さいから，特定の事項に限らず（あたかも反対尋問の場合のように）誘導尋問が許容される。証人が証言を避けようとする事項については，答えを得るために必要性が認められるし，尋問者がコントロールできない事項なので，弊害も小さい。証人が前の供述と「相反するか実質的に異なる供述をした場合」には，証言を明確にするために真意を確認する必要性が高いし，その点の確認にとどまる

限りでは弊害の心配も小さい。なお，本条項に基づいて誘導尋問が許される場合でも，書面を朗読するなど証人の供述に不当な影響を及ぼすおそれがある方法は避けるべきであるという規定がある（刑訴規199条の3第4項）。

反対尋問の場合は，「必要があるときは，誘導尋問をすることができる」とされていて（刑訴規199条の4第3項），特定の事項に限らず広く誘導尋問が許されている。反対尋問の場合は，証人は尋問者に警戒心を抱いて臨むのが普通であり，誘導尋問も含めたいろいろな方法で質問を試みないと有効な反対尋問ができないし，尋問者が証人をコントロールするという事態を心配する必要もないからである。ただし，誘導によって証言内容がゆがんでしまうと証言を事実認定の資料に用いることができなくなってしまうので，裁判長は，誘導尋問が相当でない場合にはそれを制限できる（刑訴規199条の4第4項）。

(3) **証明力を争うために必要な事項の尋問**

証人の供述の証明力を争うために必要な事項については，主尋問・反対尋問を問わず尋問してよいことになっている（刑訴規199条の6）。証人は自己の実験した事実について記憶に従って供述することを求められるが，人間の知覚・記憶・表現の過程で誤りが生じることは避けられないし，場合によっては証人が故意に偽りを述べる場合もあるので，いずれの当事者もその信用性を吟味する必要性があるからである。

刑訴規則の条文には，「証人の観察，記憶または表現等証言の信用性に関わる事項」と「証人の利害関係，偏見，予断等証人の信用性に関わる事項」という例があげられているが，これが例示であることは条文の体裁からも明らかであり，これらの事情に限定されるわけではない。

(4) **書面や図面の利用**

尋問に際して，一定の場合には書面や図面を示して尋問してもよいことになっている。

まず，書面や物の「成立，同一性その他これに準ずる事項」について尋問をする場合に必要があれば，その書面や物を示すことができる（刑訴規199条の10）。書面の作成時期や作成経過，あるいは物の同一性は，尋問者がまさに証人の答えを得たい事項そのものである場合が多い。そのために目的の書

面や物を示したほうがわかりやすいし，より正確な証言を得ることができる。この規定に基づいて書面や物を示す場合は，何を示しているのかを明確にすればよく，示すこと自体について裁判長の許可を求める必要はない。ただし，相手方に異議がない場合を除き，事前に相手方に閲覧の機会を与えたものでなければならない（刑訴規199条の10第2項）。示す書面や物はそれ自体がすでに証拠となっている場合が多いが，まだ証拠となっておらず請求予定段階のものでも構わないし，証拠とする予定のないものでも，事前に相手方に閲覧の機会を与えてさえあれば，制限はない。

　次に，証人の記憶を喚起するために必要があるときには，裁判長の許可を受けて，書面または物を示すことができる（刑訴規199条の11）。証人に供述を求めるのは過去に証人が実験した事実であり，適切な方法で，記憶を喚起することは必要かつ有用である。しかし，記憶喚起の名の下に尋問者が期待する答えを教えるような方法を用いるのは，証人の供述をゆがめるだけであり，相当でない。そこで，裁判長が相当かどうかを判断して許可することを前提に，書面や物を示すことを認めたのである。供述録取書面が除かれているのは，証人に不当な圧力を及ぼす危険が大きいからである。実務上，供述調書に添付された書面，図面，写真を示したり，場合によっては本文を示したりする場合があり，その可否は裁判長の判断に委ねられているが，証人に不当な影響が及ばないように十分注意することが不可欠である。なお，示す書面または物について，相手方当事者に事前に閲覧する機会を与えなければならないことは，刑訴規則199条の10の場合と同じである（刑訴規199条の11第2項）。

　また，証人の供述を明確にするために必要があるときは，裁判長の許可を受けて，証人の図面，写真，模型，装置等を利用して尋問することができる（刑訴規199条の12）。図面を使って説明を求めたほうが口で説明するよりもわかりやすい場合には，端的に図面を示して質問し，尋問調書に示した図面を添付する（刑訴48条，刑訴規49条）という方法が合理的である。図面や写真などは人の印象に残りやすく，利用方法いかんによっては証人に不当な暗示を与えて答えを誘導してしまう危険があるので，裁判長の許可を要することとしたのである。示す図面等について，相手方当事者に事前に閲覧する機会を

与えなければならないことは，刑訴規則199条の10の場合と同じである（刑訴規199条の12第2項）。ただし，図面等を調書に添付した場合でも，証拠になるのはあくまで証人の供述のみであり，図面自体が当然に証拠になるわけではないので注意を要する。

　なお，証人が証言の際に見取図を書いたり，絵を描いたりする場合があり，それをそのまま尋問調書に綴ることがある。これは，上記のように質問に際して図面を示すのとは異なり，証人が言葉とは異なる形態で自己の実験した事実を表示したものであって，実質的には証言そのものであるから，その図や絵が調書に添付されることで，当然の証言の一部として証拠になると扱われている。

(5) 尋問の方法

　ここまで述べてきた諸条件の下で，訴訟関係人は証人に対して尋問をして答えを求めるのであるが，刑訴規則は，その尋問の方法についても規定を置いている。すなわち，尋問は個別的かつ具体的で簡潔なものでなければならず（刑訴規199条の13第1項），威嚇的・侮辱的な尋問，重複する尋問，意見を求めたり議論にわたる尋問，および証人が直接経験しなかった事実についての尋問をしてはならない（同条2項）。

　証人尋問も人と人との対話であるから，話の流れ次第で柔軟に解する必要はあるが，証人尋問の目的は証人の証言を事実認定の資料にするためであり，証人の証言が何について述べているのかがわからなくなるような尋問は適切を欠く。個別的かつ具体的な質問を心がけるのは，問いと答えの対応を明確にするためであり，ここで特に「簡潔」が強調されているのは，問答の内容を後日調書で確認するという手順を念頭に置いていない裁判員裁判を意識してのことである。

　重複尋問，意見を求める尋問，直接経験しなかった事実についての尋問については，正当な理由がある場合は制限を受けない（刑訴規199条の13第2項但書）。例えば，証人が矛盾する供述をする等一貫しない態度を示した場合に，前の尋問に対する答えが維持されるのかどうかを確認する必要が生じることがあるが，その場合には正当な理由が認められるだろう。

第3節　被告人質問

I　被告人質問の意義

　自白事件でも否認事件でも，被告人に対して質問をしてその答えを求める「被告人質問」が行われることがほとんどである。被告人は訴訟の当事者であり，包括的な黙秘権（刑訴311条1項）も認められているので，宣誓の上で供述を義務づけられる証人となる適格はないと解されている。しかし，被告人が任意に供述するときは裁判長や訴訟関係人が供述を求めることができることになっており（刑訴311条2項・3項），訴訟関係人の質問とこれに対する被告人の答えのやり取りを行う「被告人質問」はほぼ例外なく実施される。
　被告人質問は被告人にとっては自分の言い分を裁判所に伝える場でもあり，単に事実関係の供述にとどまらず，意見の陳述に及ぶことも特に制限されない。この点で，自己の実験した事実について，しかも尋問者に求められた事項についてだけ供述する証人尋問とは，根本的に性質を異にする。しかしながら，被告人の供述は被告人に有利不利を問わず事実認定の証拠となるので（刑訴291条2項，刑訴規197条1項），被告人質問に対する被告人の供述は事実認定のための証拠方法の1つであることも事実である。そこで，被告人質問についても，事実認定がゆがまないように，証人尋問と同じような配慮が必要である。

II　被告人質問の実施方法

　被告人質問の実施方法については，特に規定はない。実務上は，多くの場合弁護人が弁護側立証の一環として被告人質問を実施したいと述べ，裁判所がこれを許可して，被告人質問が実施される。そして，まず弁護人が（あたかも主尋問のごとく）被告人に質問をして答えを引き出し，次に検察官が（あた

かも反対尋問のごとく）被告人に質問して答えを求め，弁護人と検察官の交互質問が一段落した時点で，裁判所が（あたかも補充尋問のごとく）質問をして答えを求める，という流れになる。これは，被告人質問が事実認定のための証拠調べという性質を有することから，交互尋問について確立された方法で事実認定を行うという，訴訟関係人の暗黙の合意によって支えられた慣行である。ただ，裁判所の扱いは，被告人質問の実施それ自体は弁護人の申請に基づく証拠調べではなく裁判所が職権で証拠調べをする，という位置づけのようで，手続上は職権証拠調べに分類されることが多い。

　被告人質問は証人尋問とは異なるが，実務上は交互尋問形式で行われるので，交互尋問のやり方についての諸規定の準用（ないし類推適用）が論じられてよいと思われる。証人尋問について前述したとおり，交互尋問のルールはそれなりの根拠と合理性を有しており（例えば，誘導尋問の必要性と弊害についての較量，あるいは，書面や物の提示についてのルールなどは，被告人質問にもそのまま該当すると思われる），裁判長はそれに従った方法で被告人質問を実施するように指揮をすべきであろう。

　ただし，立証趣旨に基づいて質問事項を限定するというルールについては，被告人質問にそのまま適用すると，被告人の当事者としての権利が損なわれる場合があるので，適用すべきでない。そもそも被告人は（第1審の場合に限るが）必ず在廷しているはずであるから，証人と異なり質問事項を限定して1回の期日で尋問を終える，という必要性がなく，被告人に十分な供述の機会を与えることが優先されるべきである。

〔國部　徹〕

第3章

物　　証

第1節　証拠物

　刑訴法は，物的証拠に対する取調べについて，「検察官，被告人又は弁護人の請求により，証拠物の取調をするについては，裁判長は，請求をした者をしてこれを示させなければならない。但し，裁判長は，自らこれを示し，又は陪席の裁判官若しくは裁判所書記にこれを示させることができる。」「裁判所が職権で証拠物の取調をするについては，裁判長は，自らこれを訴訟関係人に示し，又は陪席の裁判官若しくは裁判所書記にこれを示させなければならない。」と規定する（刑訴306条1項・2項）。

　物的証拠は，人の言語的な表現を内容としていないので，朗読や要旨の告知のような言語的な方法での取調べはできない（前述した「証拠物たる書面」は例外である）。その取調べの方法は「示す」こと，すなわち展示である。証拠物を展示することによって，裁判所をはじめとする訴訟関係人は，その物の存在や状態を認識することができるので，それを事実認定の資料として用いることが可能になるのである。

　なお，証拠物を展示しただけでは要証事実との関連性が十分に理解できない場合は，その証拠物の取調べを申請した者は，事件とその証拠物との関連性を他の方法で立証しなければならないが（例えば，証人あるいは被告人に物を示しながら尋問をして説明させる等），それは証拠物の展示とは異なり，物を示し

ながらの人証調べ（刑訴規199条の10）である。

第2節　展　　示

　証拠物が通常の大きさや重さで持ち運びのできる有体物であるときは，そのまま法廷に持ってきて展示をすればよいので，問題はない。しかし，大きさや重さ等何らかの理由で持ち運びができないときは，法廷で展示することは不可能であるから，他の方法を考えなければならない（写真を撮ってその写真を証拠にする，裁判所外での証拠調べを申請してその結果を記載した調書を証拠にする等）。

　人の身体の状態（傷跡等）を証拠とする場合も，対象物の存在や状態を認識する必要があるから，証拠調べの方法としては「物的証拠」として展示をすることになる。ただ，人の身体を公判廷で証拠物として取り調べることが適当でない場合には，身体検査（刑訴131条以下。次章に述べる「検証」の一種である）の方法によることが多い。

〔國部　徹〕

第4章

検　　証

第1節　検証とは

　検証とは，物の存在および状態を五官の作用により認識する処分である。公判期日において「証拠物」や「証拠物たる書面」を示す場合（刑訴306条・307条），それによって訴訟関係人は当該証拠物の存在および状態を五官（五感）の作用によって認識するのであるから，その性質は検証の一種である。ただ，証拠調べの方法としての「検証」という場合は，法廷で証拠物の取調べとして行われる物の展示のことを指すのではなく，例えば犯罪の現場のように性質上証拠物としてそのまま法廷に顕出できない対象物についての処分を指して用いられることが多い。

　捜査機関も裁判所の令状に基づいて，あるいは逮捕に際して検証を行うことができる（刑訴218条・220条）。ただし，これは公判廷における証拠調べとしてなされるのではなく，捜査機関の行う証拠収集活動であるから，その検証の結果を公判廷で証拠とするには，検証の内容を書面に記載して証拠書類として取調べを求めることになる（この検証調書あるいは任意捜査としてなされる実況見分調書の証拠能力については，非常に多くの問題点があるが，該当箇所に譲る）。

　検証に際して，関係人に必要な指示説明をさせて，その指示説明事項を検証調書に記載することがある。立会人の指示説明は検証の対象物の存在や状態を明確にするために行われるものであり，検証を補助する手段にすぎない

ので，指示説明者について証人尋問などの手続を経る必要はないとされている（説明者の署名押印も通常は求められない）。ただし，その指示説明部分を独立の証拠として用いたい場合には，正式な証人尋問の手続を経るべきである。

第2節　検証結果の証拠調べ方法

　検証が公判廷で行われた場合は，その検証自体が証拠調べであり，その結果は公判調書に記載される（刑訴規44条1項31号）。
　これに対して，検証が公判廷外で行われた場合には，検証の結果は検証調書に記載されるが（刑訴303条），それだけでは証拠にはならない。検証の結果を証拠とするためには，公判廷において当該検証調書を証拠書類として取り調べる必要がある（刑訴305条。ただし，検証調書には写真等が添付されていることが多く，その場合は刑訴法307条に基づく展示も必要になる）。
　検証調書は調書作成者に対する反対尋問を経ていない供述証拠であるから，伝聞法則（刑訴320条1項）が適用になるが，裁判所または裁判官による検証の調書については無条件に証拠能力が与えられる（刑訴321条2項後段）。この例外規定は当該被告事件と別事件の裁判所または裁判官が行った検証についても適用されるかどうかが問題になるが，刑訴法が検証調書に無条件の証拠能力を付与しているのは，裁判所が公判廷外で行う検証は弁護人の立会いの機会が与えられる等公判廷での検証と同視できることが根拠であるから，そのような機会のない別事件での検証については適用されないと解すべきである。
　なお，検証の指示説明部分は，あくまで検証物の存在や状態を認識するための補助的な手段として用いられるにとどまり，その指示説明部分を独立した指示説明者の供述として事実認定に用いることはできない。その場合には，証人尋問等別の方法で指示説明者の供述を得るべきである。

〔國部　徹〕

第5章

鑑　　　定

第1節　鑑定とは

　鑑定とは，特別の知識経験に属する法則またはその法則を具体的事実に適用して得た判断の報告を意味する。特別の知識経験に属する法則やその具体的適用についての判断であるから，必然的にそのような判断をなしうるだけの特別な知識経験を有する者（鑑定人）に委ねて行うことになる。
　鑑定は裁判所が自ら行うものではないので，裁判所としては，鑑定の結果を公判廷に報告させないと，裁判の証拠とすることができない。そうすると，鑑定を行う場合は，裁判所が鑑定を行うことを決定し，次いで鑑定人を選任して鑑定を命じ，鑑定結果が出るのを待って，公判廷に鑑定結果を報告させる，という一連の手順を経ることになる。この一連の手順を経ることで鑑定を行うことを決めた当初の目的が達成されるので，この全体を指して「鑑定」と呼ぶこともある。
　なお，裁判員裁判においては，裁判員選任前の公判前整理手続において鑑定を実施する旨を決定して（鑑定手続実施決定），鑑定の経過および結果の報告だけを残して鑑定作業を実施してしまうことになっている（裁50条）。裁判員裁判を採用した趣旨からすれば，本来は鑑定の要否の判断自体に裁判員が関与することが望ましいが，鑑定作業自体に長い時間を要することが多く，その間裁判員を手続に拘束することになるので妥当ではない，という判断に

基づくものである。ただし，この結果として鑑定の要否の判断は専ら職業裁判官に委ねられてしまうことになるので，裁判員の判断材料を不当に制限してしまうことがないように，十分な配慮が必要である。

第2節　鑑定結果の証拠調べ方法

　鑑定の結果は，通常は「鑑定書」という文書を提出して報告される。裁判所が鑑定を依頼しているので，「鑑定書」も裁判所が証拠調べを申請するという形式になると思われるが，この点は，当事者の一方が請求しても変わりはない。

　鑑定書は，作成者である鑑定人に対する反対尋問を経ていない供述証拠であるから，伝聞法則（刑訴320条1項）が適用になる。そのため，検察官と被告人・弁護人が両方とも証拠とすることに同意すれば別だが，いずれか一方でも同意しない場合は，鑑定人が公判期日において証人として尋問を受け，その真正に作成されたものであることを供述したときに証拠能力が付与される（刑訴321条4項・3項）。ここにいう「真正に作成された」とは，作成名義の真正だけでなく，その鑑定の内容（法則やその適用）が正確であること，およびその結果が正確に記載されていることを含むので，鑑定人がそれらの点のすべてについて証言しなければならない。

〔國部　徹〕

第6章

不同意への対応

第1節　弁護側立証における問題点

　刑事裁判では検察官が実質的挙証責任を負っているので，まず検察側の立証活動から始まる。そのため，被告・弁護側の活動も，検察官の立証活動に対してどう対抗するかが中心になる。

　しかし，弁護側も反証活動のために証拠調べを請求しなければならない場合がある。例えば，交通事故事件等で独自に現場検証を実施して証拠とする場合は，実況見分調書を作成して書証として提出することになる。また，情状立証のために被害者との間で示談が成立したことを立証する場合は，示談書を書証として提出することになる。

　これらの実況見分調書や示談書は，反対尋問を経ていない供述証拠であるから，伝聞法則（刑訴320条1項）が適用になることは，検察側が書証の取調べを請求する場合と基本的に変わらない。実務上も，裁判所は，伝聞証拠であることを前提として，検察官に対して同意・不同意の意見を求めている。ここで検察官が同意をすれば，それによって証拠能力を獲得するので，公判廷で取り調べることができ，書証の内容を裁判所に伝えることができる。しかし，検察官が同意しなければ，同意書面として証拠能力を獲得することができない。

　これは，弁護人にとっては，なかなか厄介な状況であることは否定し難

い。書証が不同意になれば，作成者を証人申請するのが本則であるが，示談書を不同意にされて被害者を証人申請するかといえば通常は躊躇するであろう。実況見分調書に至っては，見分者が証人として出廷し，写真等を活用しながら口頭で状況を説明するしかないが，弁護人自身が実況見分を実施した場合（よくあるケースである）には，いったんは辞任しないと証人になることもできず，最初から複数弁護人がいる場合を除けば，実現は困難である。

　しかし，このような状況が発生するのは以下に述べるような理由のあることであり，弁護人としてはそれを自覚して対策を準備しておく必要がある。

　理由の第1は，証拠能力に関する現行法の規定が検察官にのみ有利な内容になっていることである。例えば，裁判官以外の第三者が作成した供述録取書面の証拠能力について，検察官作成の調書については伝聞法則の例外要件が大幅に緩和されているが（刑訴321条1項2号），弁護人作成の調書についてはそのような緩和規定はなく（刑訴321条1項3号），事実上証拠能力を得ることができない。また，実況見分調書の証拠能力については，捜査官が実施した場合は，検証調書に準じた扱いがなされ（刑訴321条3項）作成者の尋問のみで容易に証拠能力を獲得することができるが，弁護人が実施した場合にはそのような緩和規定がなく，やはり事実上証拠能力を得る道が閉ざされてしまう。検察官の証拠請求に対して弁護人が不同意と答えても，検察官には書証を提出するチャンスが残されているが，弁護人の証拠請求に対して検察官が不同意と答えれば，弁護人にはチャンスがないのである。

　理由の第2は，検察官には弁護側の請求する書証を不同意にしても何の不利益もないことである。これは，逆に，弁護人が検察官の請求する書証を不同意にするとどのような不利益が生ずるかを考えてみればわかることである。身柄拘束を受けている被告人にとっては，書証を不同意にすれば証人尋問を実施する関係で結審までの時間が延びることは避けられないし，不同意にするだけで「証拠隠滅のおそれ」があるとされて検察側の立証が終わるまでは保釈も困難になってしまう。そのため，弁護人としては，不本意ながらも書証に同意（一部同意を含む）するかどうかを悩むのが常である。その点検察官には，不同意にしても失うものは何もないので，不同意を抑制的に考えるという動機付けがない。そのため，さしたる理由もないのに情状立証の書

証を不同意にしたり，または，被害者に電話をかけて一方的な悪感情を強調するだけの電話聴取書を作成し，それにも同意することを交換条件とするなど，ほとんど情状立証の妨害に近いような訴訟活動をすることもある。

第2節　不同意に対する弁護人の対応

弁護側の対策としては，以下のような方法が考えられる。

まず，情状立証の書証については，「犯罪事実の認定に供するものではないので厳格な証明は必要ない」という前提で，伝聞法則と関係なく証拠採用を求める方法が考えられる。犯罪事実の認定には「厳格な証明」（証拠能力があってかつ適式の証拠調べを経た証拠による証明）を要するが（刑訴317条），それ以外の事実については「自由な証明」で足りると解されているので，情状立証については自由な証明で足りる，という理由である。立証趣旨は限定されるが，ともかく示談書を裁判官に見せたいなどという場合は，利用を考えてもよい方法である。

次に，被告人質問の際に書面として被告人に示し（刑訴規199条の10），書面の内容について証言させて，被告人質問調書に添付させる方法である。調書に書面を添付してもそれによって添付された書面が証拠になるわけではなく，裁判所はその書面から心証を形成することはできないのであるが，被告人質問で詳細に尋ねて書面の内容を説明し，加えて書面を示して添付することでその説明が嘘ではないことを示せれば，ダイレクトに書証として提出した場合とほぼ同じ成果を得られる。

なお，弁論で言及して弁論要旨に添付する，という方法も考えられるが，弁論は証拠に基づくものでなければならないので，それまでに証拠として顕れていない資料を直接引用するのは問題がある（裁判所もよい印象は抱かないであろう）。この方法よりは，前述した被告人質問で示して調書に添付するという方法のほうが望ましい。

〔國部　徹〕

第7章

不当な訴訟指揮に対する対応

第1節 正式な「異議」

　証拠調べを実施する際には，証拠の採否や取調べの方法，さらには，尋問の際の発問に対する異議など，場面場面で裁判所の判断が示される場合が非常に多くなる。このような場面で裁判所が不当な訴訟指揮をして，弁護人の異議を理由を示さずに却下したりする場合，これに対してどのように対応するかを考えておく必要がある。

　裁判所が不当な訴訟指揮をした場合，これに異議を述べなければならない。証拠調べに対する異議については刑訴法309条1項に規定があるが（ただし，刑訴規則205条1項で異議理由に制限があることに注意），これに基づく正式な異議申立ての前に，裁判所に訴訟指揮の再考を促す意味で「異議」を述べるという扱いが通例である。すなわち，まず「異議」と発声して手続の流れを止めて，訴訟指揮が不当であることを指摘して裁判所に再考を促す。それでも裁判所が姿勢を改めない場合には，刑訴法309条1項に基づく正式な異議を述べることを明言し，法令違反等異議の理由をきちんと述べるのである。ここで正式な異議が容れられることは期待薄であるが，正式な異議ならば調書に残るので（刑訴規44条1項17号），裁判所に対する抑制的な効果は小さくない。

　ただし，正式な異議として調書に残すべきことを，書記官に対してきちん

と念押しをしておかなければならない。期日終了後に調書を作る場合，正式な異議を述べたにもかかわらず，書記官と裁判官が意を通じて正式な異議としての扱いをせずに調書に載せない，ということがあるからである。調書に残っているかどうかが心配な場合は，次回期日までに調書の内容を閲覧・謄写して，もし誤りがあれば，書面を出して訂正を求めなければならない。そこまでしないと，記録に残るかどうか安心できないのが実情である。

第2節　異議の述べ方

　不当な訴訟指揮に対して異議を述べる場合，頭に置くべきことがある。弁護人や検察官は，普段からお互いに異議を述べたり述べられたりすることに慣れているが，裁判官は，弁護人や検察官から質問を遮られたり行為を非難されることに免疫がない。そのため，訴訟指揮に対してクレームをつけられると，予想外の反感を示す裁判官があることは，知っておくべきである。そうすると，仮に訴訟指揮に問題があっても，やたらに異議を述べてけんかになることは避けるに越したことはなく（被告人の不安を招くという副作用もある），タイミングや内容を工夫して異議を述べるように心掛けるべきである。

　ただし，例外的に，必ず異議を述べなければならない場合がある。それは，伝聞供述を求める質問に対する場合である。伝聞供述とは，「被告人以外の者の公判準備又は公判期日における供述」で「被告人の供述をその内容とするもの」あるいは「被告人以外の者の供述をその内容とするもの」を意味し（刑訴324条），供述録取書面に準じて証拠能力が判断されることになるので，本来なら「同意」しない限りその供述には証拠能力がないはずであるが，伝聞証言であっても異議の申立てがないまま証人尋問が終了した場合は，直ちに異議の申立てができないなどの特段の事由がない限り黙示の同意があったものと扱う，というのが判例である（最決昭59・2・29刑集38巻3号479頁〔高輪グリーンマンション事件〕）。そのため，検察官であれ裁判官であれ，証人に伝聞供述を求めるような発問に対しては，まず異議を述べて質問を止めさせ，もし裁判官がそのまま質問を継続したり継続を許したりする訴訟指揮

をした場合は，躊躇なく正式な異議を述べなければならない。異議を述べずに証人尋問が終わってしまうと，証拠能力のレベルで争うことはできなくなるのである。

〔國部　徹〕

第8章

共犯者の自白

第1節　共犯者の自白の危険性

　いわゆる否認事件で,「共犯者」とされる者が「自白」している場合,検察官は,その者の自白に基づいて被告人の有罪を立証しようとする。「共犯者の自白」とは,このような状況に固有の問題点(証拠調べの方法や証拠評価についてのルール)を研究するものである。なお,ここでいう「共犯者」とは,刑法の総則で定める狭義の共犯に限らず,対向犯等のいわゆる必要的共犯や贓物犯等のいわゆる事後的共犯のように,役割分担が問題になるものをすべて含むことに留意されたい。

　「共犯者の自白」が特に項目立てて論じられるのは,真実と異なる事実認定を招く危険が非常に高いにもかかわらず,証拠法的な手当てが薄いからである。共犯者の自白は,それだけを読めば,共犯者が自分の罪を認めて事実経過を語っている話に他ならず,自身に不利益な事実をあえて供述していることから,いかにも真実であるかのような印象を生じることが多い。しかし,一見すると供述者に不利益な事実を認めているように見えても,実は自分の役割を小さく供述する一方で他人の役割を大きく供述したり,さらには事件と無関係の者を引っ張り込んで責任を押しつけたりすることがあるので,単純に信用することができないのである。

　捜査の進展過程を考えれば,このような危険が生じる現実的な理由が一層

よく理解できる。捜査官は，共犯者の中で最初に自白した者から詳しい供述を取り付けて，それを材料に他の者を追及したり，否認する関係者の有罪を立証しようとする。そうすると，最初に自白した者の供述内容を基軸にして事件全体の主従関係や役割分担を認定することになるのは自然な流れであり，捜査全体が自白した「共犯者」の供述にひきずられるのは避けがたいところである。

第2節　共犯者の自白の証拠調べの方法

　共犯者の自白が証拠となるのは，概ね以下の3つの類型が考えられる。
① 　共同被告人の地位を有したままで被告人質問に対して供述する場合
② 　共同被告人の地位がない状態で証人として尋問を受ける場合
③ 　供述調書が書証として提出される場合
　まず，①のように共同被告人の地位を有したまま供述する場合は，被告人の地位のままで証人となることはできないと解されているため，手続的には被告人質問として行われることになる。被告人質問でも，被告人が任意に供述する限りでは，一見すると共犯者に対する証人尋問に近い場面が生ずるが，被告人である以上黙秘権が保障されているので，いつでも供述を拒むことができるという根本的な限界がある。そのため，実務上は，共同被告人間で認否が分かれたり証拠関係について大きな認識の相違が生じた場合は，裁判所が手続を分離して，別々に進める場合がほとんどである。
　次に，②のように共同被告人の地位がない状態で証人として尋問を受ける場合は，手続的には証人尋問として行われることになる。証人尋問であるから宣誓して偽証罪の制裁を告知された上での供述であるし，「被告人」ではないから黙秘権もないので，その「証人」に対する反対尋問権は一応保障されている。しかし，証人には自分が罪に問われるという理由で証言を拒否する権利が認められているので（刑訴146条），主従関係や役割分担等の肝心の事項についての反対尋問の有効性には限界がある。
　また，③のように供述調書として出てくる場合は，弁護人がそれを不同意

にすれば，まず上記②の証人尋問が行われるのが通例である。そして，その後に供述調書が刑訴法321条1項各号に該当するか否かが焦点になる。実務上一番多く問題になる2号書面（検察官面前調書）の場合，調書の内容について反対尋問をする実質的な機会が与えられたことが条件になるが，「共犯者」証人への反対尋問には供述拒否権という大きな限界があるので，調書の内容に対する反対尋問の機会は必ずしも十分に保障されているとはいえない。

第3節　対処の必要性

　このように，現在の実務では，弁護人が共犯者の供述調書を不同意にすると，まず証人尋問が行われ，その内容如何で検察官から2号書面の取調べ請求がある，という順序で証拠調べが展開していくのが普通である。すでに述べたとおり「共犯者」に対する反対尋問を十分になし得ないという限界があるにもかかわらず，現行法では共犯者と純然たる第三者証人と同じに扱っており，共犯者の供述の危険性を前提にした手当てが全くない。

　そこで，現行法の下で何ができるかを考えてみると，まず，共同被告人として起訴された共犯者を証人尋問する前提で手続を分離する場合，分離後の双方の手続をいずれも同じ裁判官が担当する，という現在の実務を変える必要がある。現在の実務では，「分離」してもほぼ例外なく同じ裁判官が両方の事件を引き続き担当する。そのため，裁判官は，分離後の共犯者のほうの裁判ですでに共犯者の自白調書を（同意書面として）すべて読んでしまっているにもかかわらず，証人尋問には白紙の状態で臨んでいる，という建前になっている。これは，人間の自然な事実認識としていかにも不自然であり，本来ならば，到底公平な裁判所（憲37条1項）とはいえないであろう。これまで裁判所は，一貫してこのような手続も許されるとしてきたが，裁判員裁判が始まり，証拠調べについてのこれまでの実務慣行が見直しを迫られている中で，別件で調書を全部読んでいる裁判官に公平な審理ができるのかどうかを根本的に問い直すことが必要である。

　それから，共犯者が供述を拒否した箇所がある場合は，それによって反対

尋問の機会が損なわれたことを強調しなければならない。反対尋問を経ていない供述証拠には原則として証拠能力がない，というのが伝聞法則の核心であるから，その機会を与えられないままで共犯者の主尋問での供述内容や供述調書の記載内容（2号書面の場合）を証拠として採用することは伝聞法則の趣旨を損なうことを力説すべきであろう。

〔國部　徹〕

第9章
違法収集証拠総論
——違法収集証拠の排除法則

第1節　違法収集証拠の排除法則

　証拠の収集手続に違法性があるときは、たとえ証明力（証拠価値）がどれだけ高くても、その証拠の証拠能力が否定される場合がある。

　実務上は、証拠物の押収に関する最高裁判例（最判昭53・9・7刑集32巻6号1672頁）の「証拠物の押収等の手続に、憲法35条及びこれを受けた刑訴法218条1項等の所期する令状主義の精神を没却するような重大な違法があり、これを証拠として許容することが、将来における違法な捜査の抑止の見地からして相当でないと認められる場合においては、その証拠能力は否定される」が基準となっている。

　「令状主義の精神を没却するような重大な違法性」と「将来の違法捜査の抑止」という表現から読み取れることは、違法収集証拠として証拠能力を否定するには、単に証拠収集手続に違法性があるだけでは足りず、重大な違法性がある場合に限られること、そして、排除しなければ将来の違法捜査を助長することが懸念される程度に影響が大きい場合に限られることである。これだけ厳しい基準をクリアするのは非常に大変であるが、結局事案に即して違法の重大性を論じて行く以外にはない。

第2節　重大性の判断要素

　違法性が重大かどうかを論ずる場合，次のようなファクターを検討しなければならない。
　まず，捜査機関の違法行為の客観的側面としては，違法捜査によって侵害された権利・利益の程度，適法な手続からの逸脱の程度を検討する必要がある。また，捜査機関の違法行為の主観的側面としては，違法捜査の組織性や計画性等を検討する必要がある。また，それ以外に，違法性がその証拠の価値にどれだけ影響しているか（違法性が「稀釈」されることがないか）も検討する必要があろう。さらには，違法収集証拠の排除法則において，将来の違法捜査の抑止という政策的観点が強調されていることを考えれば，捜査機関が違法行為を隠蔽するためにどのような工作を行ったかという事後的な事情も重要になる。

〔國部　徹〕

第4部
証拠調べのコントロール（規制）

■CONTENTS

第1章　証拠調べのコントロール（規制）のあり方
第2章　異議の種類と機能
第3章　刑訴法309条の異議の対象と理由
第4章　交互尋問における異議

第1章
証拠調べのコントロール（規制）のあり方

第1節 総　　論

　当事者主義を基調とする刑事訴訟手続において，公判の審理は，当事者の活発な訴訟活動を中心に進められるべきは当然である。

　公判廷における手続の進行は裁判所の役割であり，いわゆる訴訟指揮権によってまずコントロールされるのはいうまでもない（訴訟指揮については，庭山英雄ほか編『刑事弁護の手続と技法〔改訂版〕』（青林書院，2006年）327頁以下を参照されたい）。しかし，刑事訴訟が，被告人の基本的人権の保障を損なうことなく事案の真相を明らかにし，刑罰法令を適正かつ迅速に適用実現することを目的として行われるものである（刑訴1条）から，訴訟関係人として検察官・弁護人らが，訴訟進行について適切な意見を述べ，あるいは異議申立てをなしてこの目的を実現する義務があることも明らかである。

　証拠調べのあり方について，一般的には，「証拠の提出は当事者に委ねられているという現行法の基本構造（当事者主義）からすれば，証拠調べの規整も第1次的には，当事者に委ねられてよい。当事者相互の指摘による自主的な規整や当事者一方からの異議の申立てを待ってはじめて裁判所が介入する方法がこれである。」と論じられ，訴訟指揮権の行使は当事者の規整に比べ第2次的であることが望ましいとされている（石井一正『刑事実務証拠法〔第4版〕』（判例タイムズ社，2007年）389頁）。確かに，「当事者相互の自主的な規整

により手続が進展し,「裁判所(長)の規整」が2次的であることが望ましいところではある。しかし,現実の訴訟進行過程においては,特に被告人・弁護人の側から見れば,証拠調べ請求に対する証拠採否判断をはじめとして,裁判所(長)の訴訟指揮に公平・公正さを欠くと思われることが多いのも事実である。その意味で,被告人・弁護人側としては,証拠調べの「規整」というよりは「規制」という感覚を強く持たざるを得ないのであり,本稿においてあえて「証拠調べのコントロール(規制)」と称する所以である。

以下には,「訴訟指揮権によるコントロール(規制)」と「当事者によるコントロール(規制)」と項を分けて述べる。

第2節 訴訟指揮権によるコントロール(規制)

I 訴訟指揮の主体

(1) 裁判所の権限

訴訟指揮は,訴訟を円滑に進めるための裁判所の行為であるから,本来,訴訟指揮権は裁判所に属する権限である。

したがって,訴訟進行に関する重要な事項,例えば,証拠調べの範囲,順序および方法の決定・変更(刑訴297条),証拠調べの決定(同298条,刑訴規190条),証人などの尋問の順序の変更(刑訴304条3項),被告人の退席・退廷措置(同281条の2・304条の2),公判期日外の証人尋問の決定(同281条),訴因変更の許可または命令(同312条1項・2項),弁論の分離・併合・再開(同313条),公判手続の停止(同312条4項・314条),被害者等の意見の陳述の許否(同292条の2第1項・7項)などの権限は,明文をもって裁判所の権限とされている。

平成16年改正刑訴法の規定においても,一定事由による国選弁護人の解任(刑訴38条の3),検察官・弁護人の公判準備期日等への出頭,在席・在廷命令(同278条の2第1項)や,連続開廷・継続審理の遂行(同281条の6)を裁判所の権限としているし,新設された「争点及び証拠の整理手続」に関する諸規定

の中に，公判前整理手続に付する決定（同316条の2），弁護人の陳述等について被告人の意思を確かめる必要がある場合の措置（同316条の10），証拠開示に関する裁定では，開示の時期・方法・条件の付与（同316条の25・316条の26の各1項），当該証拠の提示，標目一覧表の提示の命令（同316条の27第1項・2項），さらには，第1回公判期日後の期日間整理手続に付する権限（同316条の28第1項）などを裁判所の権限としている。

しかし，公判期日における個別・具体的な訴訟指揮は，迅速かつ臨機応変になされる必要があるから，刑訴法294条は，包括的に裁判長にその権限を委ねることとしている。

なお，平成16年に成立した裁判員の参加する刑事裁判に関する法律（以下「裁判員法」という）によれば，地方裁判所は，裁判員の参加する合議体が構成された後は，裁判所法26条の規定にかかわらず裁判員の参加する合議体で当該事件を取り扱う（裁判員2条）とされている。しかし，一方で，裁判員裁判における「証拠調べに関する決定」は，裁判員法6条2項2号の「訴訟手続に関する判断」に該当するから，裁判員には関与する権限はない（裁判員6条2項2号）。この場合の「裁判所」とは，裁判員を含まない裁判官のみで構成されることになる（松尾浩也監修『条解刑事訴訟法〔第4版〕』（弘文堂，2009年）672頁）（なお，本稿では，裁判員法に関する問題点については，特に論及しないことを了解願いたい）。

(2) **裁判長の権限**

公判期日における訴訟の指揮は，裁判長がこれを行う（刑訴294条）。

裁判長は，公判期日を定め（同273条），被告人の退廷許可・在廷させるための相当処分（同288条），弁論等の制限（同295条，刑訴規212条），証拠調べの方式（刑訴304条・305条など），証人尋問における具体的事項の許可・制限（刑訴規199条以下），釈明権の行使（同208条），また，弁護人がいない被告人について公判前整理手続を行う場合の職権による弁護人選任（刑訴316条の4第2項），公判前整理手続期日指定（同316条の6第1項），期日の変更（同条3項），即決裁判手続における職権による弁護人選任（同350条の4），公判期日指定（同350条の7）などの訴訟指揮を行うものとされている。

裁判所・裁判長の訴訟指揮については，刑訴法や刑訴規則に前述のような

明文規定があるが，必ずしも法規による明文の根拠がなければ行使しえないものではない。もちろん，法規に反する訴訟指揮は違法であり，そのような訴訟指揮は当事者の異議申立てにより取り消されることになる。

II　訴訟指揮権によるコントロール（規制）の内容

(1)　求釈明（刑訴規208条）

前述のように刑訴法は，公判期日における訴訟指揮権を裁判長の権限と規定したが，さらに，刑訴規則は，裁判長は，必要と認めるときは，訴訟関係人に対し，釈明を求め，または立証を促すことができ（刑訴規208条1項），陪席裁判官も，裁判長に告げて同様の処置をすることができるし（同条2項），訴訟関係人は，裁判長に対し，釈明のための発問を求めることができる（同条3項）と規定している。

裁判長（陪席裁判官）の求釈明は，当事者の訴訟活動の不明確・矛盾等を正し，争点の整理や証拠調べの適正かつ迅速な運営のために訴訟手続のすべての段階でも行われる。

弁護人が裁判長から釈明を求められたときは，誠実に釈明することは当然である。一方，相手方である検察官の訴訟活動に不明確・矛盾等がある場合には，裁判長に対し，求釈明を求めることができる（もっとも，矛盾がある場合に，その場で指摘するべきかあるいは最終弁論で指摘してその矛盾を明らかにすることがより有効であるかの判断をすることが重要であろう）。裁判長が，弁護人の求釈明要求に対して発問（求釈明）しない場合や求釈明が適切な内容でない場合には，その訴訟指揮に異議を申し立て求釈明権の適正な行使を求めなければならない。

(2)　尋問・陳述の制限（刑訴295条）

裁判長は，訴訟関係人のする尋問または陳述がすでにした尋問もしくは陳述と重複するとき，または事件に関係のない事項にわたるときその他相当でないときは，訴訟関係人の本質的な権利を害しない限り，これを制限することができる。訴訟関係人の被告人に対する供述を求める行為についても同様である（刑訴295条1項）。いわゆる「弁論の制限」と呼ばれるものである。

尋問・陳述の制限は，当該行為の差止めや変更を求める裁判長の処分であるから，それが証拠調べに関する処分である場合には刑訴法309条1項による異議の申立てをすることになり，それ以外の処分に当たる場合には，同条2項の異議を申し立てることになる。これらの異議申立てについては，裁判所が決定をしなければならないとされている（刑訴309条3項）。なお，平成16年の刑訴法改正により，当事者が裁判長の尋問・陳述の制限に従わない場合には，それが検察官であれば当該検察官を指揮監督する権限を有する者に，弁護士である弁護人については当該弁護士が所属する弁護士会または日弁連に通知し，適当な処置をとるべきことを請求することができ（刑訴295条4項），この請求を受けた者は，そのとった処置を裁判所に通知しなければならない（同条5項）とされたことに注意を要する。

(3) **尋問への介入**（刑訴規201条）
　裁判長は，必要と認めるときは，何時でも訴訟関係人の証人，鑑定人，通訳人または翻訳人に対する尋問を中止させ，自らその事項について尋問することができる（刑訴規201条1項）。
　当事者が行っている尋問を中止させて自らが尋問するというのであるから，正に「介入」である。それだけにこの介入権は，直截的で強力な訴訟指揮権であるから，その行使にあたっては，公正・公平を意識してより抑制的になされなければならない。訴訟関係人が刑訴法295条の制限の下において証人等を十分に尋問することができる権利を否定するものと解釈してはならない（同条2項）のは当然のことである。
　この介入は，証拠調べに関するものであるから，刑訴法309条1項の異議申立ての対象になることはいうまでもない。

第3節　当事者によるコントロール（規制）

　当事者によるコントロール（規制）が最も期待され，活用されなければならないのは証拠調べに関する場面である。前述のように，刑訴法および刑訴規則が訴訟指揮権を裁判所・裁判長の権限と定め，尋問への介入権まで規定

しているが，現行法の基本構造（当事者主義）からすれば，その権限の行使は第2次的であることが望ましく，証拠調べの規制も第1次的には当事者に委ねられてよい，と論じられている。しかし，実務の現実はそのようには運用されていない。「我が国の刑事裁判における異議の申立は，きわめて不活発であると指摘する実務家が多い。」といわれ，「異議の申立を不活発にしている最も大きな理由は，おそらく我が国の裁判所の証拠採否の実態，事実認定の在り方，さらに言えば証拠能力を判断する者が同時に事実認定もするという裁判制度そのものにあるのではないか。」さらに「しかし，それでもなお，異議申立の不活発の第一の責任は，弁護人自らが負わなければならない。それ程弁護人の異議の申立は不活発である。」と指摘されている（北山六郎監修『実務刑事弁護』（三省堂，1991年）137頁以下）。弁護人としては，肝に銘ずべき指摘であり，被告人の正当な権利を擁護するために一層の努力と研鑽をすべきところである。

　証拠調べに関する異議については，後に詳述する。

　なお，ここで留意すべきことは，当事者によるコントロール（規制）とはいっても，異議申立ては，裁判所，裁判長の行為に関するものはもちろん，相手方その他の訴訟関係人の行為に関するものであっても，すべて裁判所に対してなされるものであり，直接相手方らに対してなされるものではないということである。裁判所に対してはもちろん，相手方に対しても，いたずらにエキセントリックな対応をしてはならないであろう。

〔平賀　睦夫〕

第2章

異議の種類と機能

第1節 総　　論

　刑訴法上,「異議」ないし「異議の申立て」といわれるものにはいくつかの種類があり, その性質や申立ての理由等が異なるから, 異議の種類と機能を意識しておくことが必要である。異議の種類としては,「意見としての異議」,「手続省略を肯認しない旨の異議」,「証拠調べに関する異議」などがある。

第2節　意見としての異議

　「意見としての異議」とは, 例えば, 当事者は証拠調べを請求することができるが（刑訴298条）, この証拠調べの請求に対して相手方が,「異議なし（然るべく）」あるいは「異議あり」と述べた場合の「異議」などである。
　この異議の性質は, いわゆる「異議意見」であり, 当該事項について訴訟関係人の述べた意見にすぎないから, 裁判所は, 異議そのものに対して判断を示す必要はない。これに拘束されることなくこの意見を参考にして証拠決定をすれば足りるとされている。裁判所が職権で証拠調べの決定をする場合に, 当事者の意見を聴かなければならないが（刑訴299条2項）, この場合の当

事者の「異議」も同様である。もっとも、裁判所の証拠調べの決定に法令違反があるときは、刑訴規則205条1項但書による異議の申立てができることになる。

第3節　手続省略を肯認しない旨の異議

「手続の省略を肯認しない旨の異議」とは、例えば、証人等の尋問あるいは証拠書類等の取調べを請求した当事者は、あらかじめ、相手方に対し、その氏名および住所を知る機会あるいは証拠書類等を閲覧する機会を与えなければならない（刑訴299条1項）が、この機会を与えられなかった相手方が、あらかじめ知る機会あるいは閲覧の機会を与えられていない旨の異議を述べた場合の「異議」などである。証人尋問において、書面または物に関しその成立・同一性等について証人にその書類・物を示して尋問する必要のあるとき、あらかじめ相手方に閲覧の機会を与えること（刑訴規199条の10第2項）に関する相手方の「異議」も同様である。

　これらの異議は、手続の省略を肯認せず法定手続を厳格に履践することを求める意思表示であり、その手続を履践しなければ証拠調べ請求が不適法であるから、裁判所がその許否を判断するまでもなく請求を却下するか、あらかじめの機会を与えた上で許否を判断することになる。簡易公判手続の決定（刑訴291条の2）が取り消されたときは、公判手続を更新しなければならないが、当事者に異議がないときはこの限りではない（同315条の2但書）とされる場合の「異議」も同趣旨である。

　このような規定の趣旨は、当事者の意思により当該厳格手続を省略することができる余地を残したものである。弁護人としては、異議を述べるか否かについては、被告人の権利擁護にどのような影響があるか意識するのは当然であり、漫然と「異議なし」と見られることがあってはならない。

第4節　証拠調べに関する異議

　最も重要な「異議」が，刑訴法309条1項に規定する「証拠調べに関する異議」の申立てである。
　「証拠調に関し」とは，裁判所・裁判長・裁判官，検察官，被告人または弁護人の証拠調べに関するすべての訴訟行為を指すものであり，冒頭陳述から，証拠調べ請求の方法，証拠調べの範囲・順序等を定める手続，裁判所の証拠調べの決定，証人尋問における相手方の尋問等，証拠調べに関するすべての訴訟行為について異議の申立てをすることができる。証拠調べに関する「裁判所の決定」も含む。裁判員裁判においては，裁判員の訴訟行為についても，当然，対象になる。
　この異議は，証拠調べに関し不適法ないし不相当な訴訟関係人の行為（作為，不作為）があった場合，裁判所の決定という正式な形でその是正を求め，あるいは不適法・不相当な尋問による証言等を証拠から排除することを求める意思表示である。証拠調べの実施中例えば証人尋問中に，尋問に対し相手方が異議を述べる場合がこの異議申立ての典型である。もっとも，尋問に対し「異議」を述べても，尋問者がこの異議の意図をくみ取って尋問の仕方を変えるなどして異議の目的を達成する場合（この場合は，単に相手方に対する注意喚起の意思表示で終わることになる）もあるが，その本質は，裁判長の職権発動（刑訴法295条に基づく尋問の差止め，変更命令など）を求める意思表示である。

〔平賀　睦夫〕

第3章

刑訴法309条の異議の対象と理由

第1節 総論

　刑訴法309条1項の異議の対象は，証拠調べに関するすべての訴訟行為であるからから極めて広いものである。「証拠調べに関するもの」であれば，それが裁判所・裁判長・裁判官の行為であっても，訴訟関係人の行為であっても，また行為の作為・不作為を問わず対象になる。裁判員裁判においては，裁判員の行為も異議申立ての対象となる。刑訴法309条1項の異議の理由は，原則として，法令の違反があることまたは相当でないことである（刑訴規205条1項）。例外は，申立理由を，法令違反のみに限定する後記「証拠調べに関する決定に対する異議」(同条項但書)である。

　刑訴法309条2項の異議の対象は，1項に規定する場合のほか，すなわち，証拠調べに関しない事項についての「裁判長の処分」に対するものである。刑訴法309条2項の異議の理由は，法令の違反がある場合に限られる（刑訴規205条2項）。

　異議申立ては，即時に行うことが求められるので，日頃から研究し，当該訴訟の展開を見極めて，必ず，即時に理由もつけるようにしたい。

第2節　裁判所・裁判長の処分に対する異議
（刑訴309条1項）

I　証拠調べに関する決定に対する異議

(1)　証拠調べに関する手順
(a)　刑事裁判における証拠調べに関する作業は，冒頭手続（刑訴291条）の後，証拠により証明すべき事実を明らかにする検察官の冒頭陳述（同296条）から始まり，証拠調べ請求へと展開する。裁判所は，まずこの証拠調べ請求に対する許否の判断をしなければならず，証拠調べの具体的な順序・方法などを定め，全証拠の取調べが終了するまでの過程を刑訴法の理念に従い秩序ある手続として進行させる責務がある。裁判所には，さらに，証拠調べが済んだ後でも当該証拠が証拠とすることができないものであるときは職権で排除することができることも規定されている（刑訴規207条）。したがって，当事者には，これらの諸手続に関連する裁判所の処分について，法令違反または相当でないと思ったら異議申立てをすることができる。

(b)　平成16年制定の裁判員法は，裁判員の参加する裁判の対象事件については，第1回公判期日前に必ず公判前整理手続に付さなければならない（裁判員49条）ものとし，また，同年の刑訴法改正においては，通常事件についても公判前整理手続に関する規定が新設（刑訴316条の2以下）され，裁判所が充実した公判の審理を継続的・計画的かつ迅速に行うため必要があると認めるときは，第1回公判期日前に，事件の争点および証拠を整理するための公判準備として，事件を公判前整理手続に付することができるようになった（同316条の2）。公判前整理手続においては，訴因または罰条を明確にさせることや事件の争点を整理すること，証拠調べの請求をさせて証拠決定（あるいは却下決定）までもすることができると規定している（同316条の5）。したがって，裁判員裁判対象事件はもちろん通常事件でも公判前整理手続に付された事件は，第1回公判前に証拠決定や証拠調べの具体的な順序・方法などが

決定されることになるのであり，公判期日前の手続ではあるが，これらについても異議申立てができるのは当然である。刑訴法316条の5は，公判前整理手続の具体的事項として「証拠調べに関する異議の申立てに対して決定をすること」(同条9号)を定めている。

(c) 証拠調べの前提として，証拠開示の問題も重要である。現行刑訴法は，当事者主義を採用し，証拠の発見・収集・提出について当事者である検察官および被告人・弁護人の責任としている。しかし，警察・検察の強力な組織力・強制力を背景に捜査し証拠収集する検察官と，組織も強制力も持たない被告人・弁護人の証拠収集能力が対等でないことは明らかである。そして，検察官の収集・所持している証拠の中に，被告人に有利な証拠，当該事案の真実を示す証拠が含まれていることがあるのは厳然たる事実である。

証拠開示請求は，実質的な当事者対等を実現する手段として活用されなければならない。前述のように，裁判所・裁判長の訴訟指揮については，必ずしも法規による明文の根拠がなければ行使しえないものではない。証拠開示命令に関し最高裁は，「裁判所は，その訴訟上の地位にかんがみ，法規の明文ないし訴訟の基本構造に違背しないかぎり，適切な裁量により公正な訴訟指揮を行い，訴訟の合目的的進行をはかるべき権限と職責を有するものである」とし，「その訴訟指揮権に基づき，検察官に対し，その所持する証拠を弁護人に閲覧させるよう命ずることができるものと解すべきである。」(最決昭44・4・25刑集23巻4号248頁)と判示している。

新設された公判前整理手続において，刑訴法316条の15(類型証拠開示義務)，同316条の20(主張関連証拠開示義務)等の証拠開示手続規定は，被告人の防御の準備活動にとって重要な役割を果たすものであることはいうまでもない。弁護人としては，類型証拠の開示請求や主張関連(争点関連)証拠の開示請求について遺漏のないように十分な研究・検討をしておかなければならない。

検察官が開示請求に応じない場合や開示に条件等を付した場合は，弁護人としては，裁判所に適切な証拠開示命令を発動するよう求め，裁判所がなおそれに対応しないときは，刑訴法309条1項による異議を申し立てることになろう。さらに，裁判所に証拠開示に関する裁定を求めることができる(刑

訴316条の25・316条の26の各1項)。そして，これらの請求に対する裁判所の裁定が不当である場合には，即時抗告をすることになる(同316条の25・316条の26の各3項)。

(d) 近時，最高裁は，証拠開示命令に関して貴重な判断を示している。すなわち，証拠開示命令の対象となる証拠について，「必ずしも検察官が現に保管している証拠に限られず，当該事件の捜査の過程で作成され，または入手した書面等であって，公務員が職務上現に保管し，かつ，検察官において入手が容易なものを含む。取調警察官が，犯罪捜査規範13条に基づき作成した備忘録であって，取調の経過その他参考となるべき事項が記録され，捜査機関において保管されている書面は，当該事件の公判審理において，当該取調状況に関する証拠調べが行われる場合には，316条の26第1項の証拠開示命令の対象となり得る。」(最決平19・12・25刑集61巻9号895頁)と判示し，また，開示すべき証拠に該当するか否かの判断者については，「警察官が捜査の過程で作成し保管するメモが証拠開示命令の対象となるものか否かの判断は，裁判所が行うべきものであり，裁判所は，その判断のために必要があるときは，検察官に対し，同メモの提示を命ずることができる。」(最決平20・6・25刑集62巻6号1886頁)，さらに，「警察官が私費で購入したノートに記載し，一時期自宅に持ち帰っていた本件取調メモは，捜査の過程で作成され，公務員が職務上現に保管し，かつ，検察官において入手が容易な証拠であり，弁護人の主張と同メモの記載の間には一定の関連性が認められ，開示の必要性も肯認できないではなく，開示により特段の弊害が生じるおそれも認められず，その証拠開示を命じた判断は結論において是認できる。」(最決平20・9・30刑集62巻8号2753頁)と判示したのである。弁護人としては，これら最高裁の判断を力にしながら，実質的な当事者主義を目指す活動を進めなければならないであろう。

(2) **証拠調べに関する決定**

「証拠調べに関する決定」には，証拠調べの決定または証拠調べの請求を却下する決定(刑訴規190条)，証拠調べの範囲・順序・方法を定めまたは変更する決定(刑訴297条)，取調べ済みの証拠を職権により排除する決定(刑訴規207条)等がある。期日外の証拠調べ，例えば，公判期日外の証人尋問(刑訴

281条）に関する行為についても，証拠調べに関する異議の対象になる。これらの決定は，抗告をすることができないとされる刑訴法420条の「訴訟手続に関し判決前にした決定」に該当するが，刑訴法309条1項は，この「証拠調べに関する決定」に対しても異議の申立てができるとしたのである。

(3) 異議申立ての理由

「証拠調べに関する決定」に対する異議申立ての理由は，法令違反があることであり，相当でないことを理由とすることはできない（刑訴規205条1項但書）。証拠決定するに際して，証拠能力がない証拠を誤って採用決定した場合，例えば，検察官面前調書について特信情況を誤って証拠決定した場合には刑訴法321条1項2号後段の規定に反するものとして異議を申し立てることになる。一方，例えば，「証人の取調請求を却下する決定については，通常裁量の当不当はあっても法令違反はないから異議の申立ての理由は存しないことになる。」（石井・前掲395頁）との見解もあるが，あまりにも不合理・不相当な採否の決定に対しては「裁量権を著しく逸脱した違法」があるとして異議申立てができるというべきである。

異議の申立ては，個々の行為，処分または決定ごとに簡潔にその理由を示して，直ちにしなければならず（刑訴規205条の2），裁判所は異議の申立てについて，遅滞なく決定をしなければならない（同205条の3）。そして，異議の申立てに対して決定があったときは，その決定で判断された事項については，重ねて異議を申し立てることはできない（同206条）。

(4) 異議権不行使の効果

当事者が異議の申立てをしなかった場合に，訴訟手続の瑕疵が治癒されるかという問題がある。

最高裁は，公判期日外の証人尋問に際し，あらかじめ被告人に尋問事項を告知しなかったとしても，被告人・弁護人が何らの異議なく尋問に立ち会い，その供述調書の証拠調べにあたっても異議を述べなかったときには，これを理由として上訴できない（最判昭29・9・24刑集8巻9号1534頁）と判示し，また，伝聞証言であっても，異議申立てがないままに証人尋問が終了した場合には，直ちに異議申立てができないなどの特段の事情がない限り，黙示の同意があったものとして証拠能力を認めるのが相当である（最決昭59・2・29

刑集38巻3号479頁）と判断している。

弁護人としては，時機を失うことなく，適切な理由で異議申立ての権利を活用できるように十分注意し，研究しておく必要があろう。

Ⅱ 証拠調べに関する処分以外の裁判長の処分に対する異議
（刑訴309条2項）

(1) 証拠調べに関しない裁判長の訴訟指揮権に基づく処分

刑訴法309条2項の「裁判長の処分」には，証拠調べに関する裁判長の処分は除外される。したがって，本項の異議の対象は，証拠調べに関しない裁判長の訴訟指揮権に基づく処分，例えば，冒頭手続における起訴状の求釈明に関する処分，冒頭手続における弁論等の制限（刑訴295条），証拠調べに関する事項以外の求釈明権の行使（刑訴規208条），当事者が証拠調べの後にする意見陳述の時間制限（同212条）等に対する異議申立てである。

(2) 法廷警察権に基づく処分

刑訴法288条の法廷警察権に基づく処分（発言禁止，尋問・陳述の禁止，退廷命令等）に対する異議である。

(3) 異議申立ての理由

刑訴法309条2項の「裁判長の処分」に対する異議申立理由は，法令違反に限られる（刑訴規205条2項）。

第3節 検察官らの行為に対する異議

Ⅰ 冒頭陳述に対する異議

検察官が冒頭陳述に際し，証拠とすることができず，またはその取調べを請求する意思のない資料に基づいて，裁判所に偏見または予断を生ぜしめるおそれのある事項を述べることはできない（刑訴296条但書。この理は，被告人・

弁護人が冒頭陳述を行うときも同様である。刑訴規198条2項)。弁護人としては、少なくとも被告人が公訴事実を争っている事案においては、検察官が冒頭陳述で、前科その他情状に関する事実を含め、予断・偏見を生ぜしめるおそれのある事項が述べられたときは、直ちに異議を申し立てるべきである。通常の場合、冒頭陳述に先立ち検察官から書面が交付されるから、直ちにそれを検討し、検察官が当該部分を朗読する直前に異議を述べ、朗読させないことがより望ましいであろう。この異議申立ては、刑訴法309条1項に基づくものである。

II 証拠調べ請求に関する異議

(1) 刑訴法321条1項2号書面の請求義務

証人尋問において当該証人が、検察官面前調書と相反もしくは実質的に異なる供述をしたときは、刑訴法321条1項2号後段の規定により証拠とすることができる検察官面前調書については、検察官は必ずその書面の取調べを請求しなければならない(刑訴300条)。しかし、検察官がそれを行わないこともある。このようなときは、被告人に有利な調書である場合が多いはずであるから、検察官の対応の不当性を印象づける意味からも異議を申し立てるべきである。もちろん、弁護人から当該調書の取調べを請求してもよい。

他方、検察官から刑訴法321条1項2号後段の規定により証拠とすることができる検察官面前調書について、時機に遅れて取調べ請求された場合には、時機に遅れた証拠調べ請求そのものが違法かつ著しく不相当であるとして異議を申し立てるべきである。

(2) 自白調書の取調べ請求時期

被告人の供述(供述書・供述録取書)が自白である場合には、犯罪事実に関する他の証拠が取り調べられた後でなければ、その取調べを請求することはできない(刑訴301条)。

本条の法文は、犯罪事実に関する他の証拠が取り調べられた後でなければ、「取調をすることができない。」のではなく、明らかに、「取調を請求できない。」のである。特に、犯罪事実に争いがある否認事件においては、犯

罪事実に関する他の証拠が取り調べられる前に自白調書の存在を知らしめることは，裁判所に被告人が自白していることを意識させることであり，「有罪の心証」「偏見」を与えるものといわなければならない。実務上，検察官の証拠調べ請求は，「甲号証（犯罪事実の存否に関わる証拠で被告人の供述調書以外の証拠）」と「乙号証（自白や不利益事実の承認などを含む供述調書や身上関係書類・前科関係書類等）」が一括して行われることが多いが，少なくとも「甲号証」の取調べが終了した後でなければ，「乙号証」の取調べを請求することは許されないというべきである。

最高裁は，「他の証拠と同時に自白調書の取調請求がなされていても，自白調書よりも前に他の証拠が取り調べられた以上，本条に反しない。」（最決昭26・5・31刑集5巻6号1211頁）と判示し，実務もそのように運用されているが，これは古い判例であり，改善されなければなるまい。

弁護人としては，このような請求がなされた時点でまず異議を述べるべきである。そして，異議が却下された場合には，却下決定に対して刑訴法301条違反として異議を申し立てることになろう。

Ⅲ　異議申立てと公判調書

異議申立ておよびその理由，異議申立てに対する決定は，公判調書の必要的記載事項である（刑訴規44条1項14号・45号）。

訴訟手続に法令の違反があってその違反が判決に影響を及ぼすことが明らかである場合には，これを理由として控訴の申立てをすることができるが（刑訴379条），そのためには異議申立ての対象となった訴訟行為を公判調書上明確にしておく必要があるからである。

前述のとおり，異議の申立ては，簡潔にその理由を示して，直ちにしなければならない（刑訴規205条の2）が，詳しい理由を付する場合は，その旨を明らかにし，書面を速やかに追完すべきである。

弁護人としては，常に，上訴審をも視野に入れた訴訟活動を心がけなければならない。

〔平賀　睦夫〕

第4章

交互尋問における異議

第1節 証人等の尋問について

I 証人等の尋問の方式

　刑訴法は，まず，裁判長または陪席の裁判官が尋問を行い，当事者はその後で裁判長に告げて尋問をすることができると規定している（刑訴304条1項・2項）。しかし，実務においては，当事者主義が建前であるので，当事者が裁判所より先に尋問するほうが妥当であるとして，この順序を変更して（同条3項），交互尋問の方法で行われている。交互尋問については刑訴規則199条の2以下に詳細な規定がある。

　この交互尋問によるか否かは，裁判長の訴訟指揮によるものである。交互尋問の方法による場合でも，裁判長は，必要と認めるときはいつでも介入して自ら尋問することができ（刑訴規201条1項），尋問が相当でないときは（訴訟関係人の本質的な権利を害しない限り）これを制限することができる（刑訴295条）。上記の裁判長による介入や制限が法令に違反する場合や相当でない場合には刑訴法309条1項による異議の申立てを行うべきであるし，それが当事者主義を全うすることになる。

II　交互尋問における尋問と問題点

　交互尋問による場合は，最初に証人尋問を請求した者が「主尋問」を行う。次いで相手方が「反対尋問」を行い，その後証人尋問を請求した者が「再主尋問」を行うことになる（刑訴規199条の2第1項）。再主尋問までは権利として行うことができる。当事者は，裁判長の許可を受けてさらに尋問することができる（同条2項）。

　検察官，弁護人の双方が証人申請をした場合に，尋問の順序を定めるのも裁判長の訴訟指揮である。

　当事者の行う尋問については，尋問の方法や証人に対して書面または物の提示の仕方など具体的なルールを定めている（刑訴規199条の2ないし199条の14）。相手方がそのルールに違反する尋問を行った場合には，直ちに「証拠調べに関する異議」（刑訴309条1項）を申し立てなければならない。弁護人としては，前記規定の趣旨を十分に理解した上，異議申立権の行使に遺漏のないように留意すべきであろう。

　以下には，実務上特に問題となるポイントを列記する。

(1)　主　尋　問

　主尋問は，立証すべき事項およびこれに関連する事項（刑訴規199の3第1項），供述の証明力を争うために必要な事項（同条2項）について行う。主尋問においては，誘導尋問をしてはならない（同条3項）。誘導尋問とは，尋問者が期待する答えを質問の中に明示または暗示するような尋問である。ただし，誘導尋問が許される場合もある（同条項但書）。問題となることが多いのは，「記憶喚起のため」（同条項3号）や「相反供述をした場合のその供述した事項」（同条項6号）に関する場合である。誘導尋問については，書面の朗読など不当な影響を及ぼすおそれのある方法を避けなければならない（同条4項）。裁判長は，相当でない誘導尋問を制限できる（同条5項）。

(2)　反　対　尋　問

　反対尋問は，主尋問に現れた事項およびこれに関連する事項，供述の証明力を争うために必要な事項について行う（刑訴規199条の4第1項）。反対尋問

では，原則として，誘導尋問をすることができる（同条3項）。反対尋問者は，反対尋問の機会に，裁判長の許可を得て，自己の主張を支持する新たな事項について「主尋問」をすることができる（同199条の5）。

(3) 相当でない尋問

相当でない尋問は，裁判長の訴訟指揮によって制限される（刑訴295条）ことは前述した。相当でない尋問は，主尋問，反対尋問の双方ともに許されない。

重複尋問（刑訴295条，刑訴規199条の13第2項2号），関連性のない尋問（刑訴295条），個別・具体的でない尋問（刑訴規199条の13第1項），誤導尋問（誘導尋問の一種である），威嚇的・侮辱的尋問（同条2項1号），意見を求める尋問または議論にわたる尋問（同条項3号），証人が直接経験しなかった事実についての尋問（同条項4号）などが，相当でない尋問とされる。

(4) 書面等を示す尋問

証人尋問は，口頭で行うのが原則であるが，必要がある場合には，書面または物を提示し，図面等を利用することができる（刑訴規199条の10ないし199条の12）。

書面または物の成立，同一性等について尋問するとき（刑訴規199条の10）は，裁判長の許可なしにこれを示すことができる。その書面等が証拠調べを終わったものでないときは，相手方に異議がないときを除き，相手方に閲覧させる機会を与えなければならない。記憶喚起のために書面（供述録取書を除く）または物を示して尋問するとき（刑訴規199条の11）は，裁判長の許可を受けてその書面等を示して尋問することができる。この場合には，書面の内容が証人の供述に不当な影響を及ぼすことのないように注意しなければならない。通常は，記憶喚起のため誘導尋問をし，それでもなお証人の記憶を喚起できない場合に書面等を示すのが実務の取扱いである。証人の供述を明確にするために図面・写真等を利用して尋問する場合も，裁判長の許可を受けることや相手方に閲覧の機会を与えるべきことは同様である。

Ⅲ 具体的な異議の申立て方と対応

　交互尋問において，相手方に違法・不当な尋問があった場合には，直ちに異義の申立てをしなければならない。交互尋問に慣れていないと異議の理由を考えるあまり，申立てのタイミングを失することがあるが，被告人の権利擁護のために憶せず異議の申立てをしなければならない。相手方の尋問におかしいと感じたら，取りあえず「異議」と述べて，ゆっくり起立しながら「関連性がない。」「(不相当な) 誘導尋問である。」など簡潔にその理由を考えるくらいの余裕を持ちたいものである。要は慣れることである。異議が却下されたり棄却されたりすることを恐れてはならない。結果的に異議がとおらなくても尋問の流れが変わることはよくあることであるし，相手方も尋問の仕方を意識することになる。

　一方，自らの尋問に際しては，簡潔な一問一答式の尋問に心がけ，相手方からの異議が述べられないように工夫することも必要である。これも慣れることが第1であるが，尋問にあたっての準備を十分に行い，自信を持って尋問に当たることが大事であろう。異議に対する裁判長の求意見にも落ちついて，即時に尋問の適法・相当性を明らかにできるように日頃から心がけておく必要がある。

　異議申立てに関して相手方と論争することは意味のないことである。自分が尋問者の場合には適宜，尋問を撤回して，質問の仕方を変えたり，あるいは新たに別の質問に移ったりすることが適切な場合も多い。

　なお，異議申立ても「戦略的に行うべし」とはよくいわれることである。要は交互尋問の経験を積み，センスを磨くことが大切である。

第2節　被告人質問について

　被告人は，憲法38条1項の精神に基づき，当事者として尊重される。したがって，被告人は供述にあたり証人と同様に尋問されるのではなく，終始沈

黙し、または個々の質問に対し、供述を拒むことができる（刑訴311条1項）。そして、被告人が任意に供述するときに限って、裁判長は何時でも必要な事項について供述を求めることができるし（同条2項），陪席裁判官，検察官，弁護人，共同被告人またはその弁護人および裁判員裁判においては裁判員も，裁判長に告げて，同様に供述を求めることができる（同条3項，裁判員につき裁判員59条）。証拠調べ手続に入った段階で，事実に関して上記関係者の求めに応じて被告人が供述することを，一般に被告人質問と呼ぶのである。

　本来，このような被告人の地位からすれば，被告人質問は狭義の証拠調べではないから，これに関する異議は，刑訴法309条1項の異議に含まれないとする見解もある。しかし，証拠調べ手続中に行われる被告人質問も，実務上は，証人と同様に交互尋問の形式で行われ，被告人の任意の供述は，被告人に有利・不利を問わず事実認定の証拠となるから証拠調べの性質を持つ手続であり，刑訴法309条1項の異議の対象となるとされている。証人尋問の場合と同様に，後で尋問すべき証人が在廷するときは退廷を命じなければならない（刑訴規123条2項）し，傍聴人の退廷処分（同202条）等は適正な証言の確保を目的とした証拠調べに密着した裁判長の処分であるから，証拠調べに関する異議の対象となる。被告人質問に際しても，適切な異議申立てをしなければならない。

〔平賀　睦夫〕

第5部
証拠の評価

■CONTENTS

第1章　第5部「証拠の評価」の構成と目的

第2章　証拠評価の原則，総説

第3章　自由心証の歴史と人権

第4章　自由心証抑制の理論

第5章　自白の証明力の評価に関する問題

第6章　被告人供述（自白）と補強法則

第7章　共犯者の自白と補強証拠その1——類型別考察

第8章　共犯者の自白と補強証拠その2——証明力の見地から

第9章　目撃証言の評価その1——学問分野別検討

第10章　目撃証言の評価その2——証拠評価の原則を求めて

第11章　鑑定の評価その1——刑事鑑定の流れと問題点

第12章　鑑定の評価その2——精神障害事件無罪判決例

第13章　裁判官の心証形成

第14章　証明の程度

第15章　挙証責任と推定

第16章　裁判員制度と事実認定

第1章

第5部「証拠の評価」の構成と目的

第1節　裁判員裁判評価の視点

　裁判員裁判の評価については，短期的と長期的との2つの視点を持つ必要がある。短期的に見ると，法曹一元は実現しておらず，誤判の温床とされる代用刑事施設（代用監獄）制度も残されたままである。したがって，従前の制度の下での誤判原因は払拭されていない。同じような誤判・冤罪が発生するおそれがある。

　しかし，長期的に見ると，中央集権的官僚裁判官制度の中に裁判員という市民がくさびのように打ち込まれている。これまで閉鎖的とされた裁判所に風穴があけられたのである。官僚裁判官の行動は一般市民の耳目にさらされる。裁判官個人，ひいては裁判所全体が有形無形の影響を受けないはずがない。

　私は，今回の司法制度改革を長期的視野で見ている。国民の司法参加は，民主自由国家においては国際的潮流であり，結局は国民の自由と人権の擁護に資するであろう。だが当面いろいろな困難に遭遇するであろう。第5部「証拠の評価」の目的を策定する前に，予想される困難を一瞥しておこう。

第2節　証拠開示の問題

　捜査段階において，捜査機関は被疑者を逮捕勾留し，ほぼ自由に取調べを行う。のみならず捜索，差押え等によってほとんどあらゆる関係資料を手中に収める。こうして被疑者の取調べと裏付け証拠との十分な吟味の上で起訴する。これに対し，被告弁護側は通常，弁護人の接見交通権の行使によって，被疑者・被告人に助言を行うことぐらいしかできない。訴追側と被告弁護側との力の格差は歴然である。このような構造的な格差の中で，裁判員裁判においては公判前整理手続が行われる。

　それゆえ，検察官の主張にきちんと噛み合った形での公判前整理手続が行われるためには，どうしても被告弁護側に対する全面的証拠開示が必要である。私は，今回の刑事司法改革にあたって，「全面証拠開示を求める会」を組織し，有志とともに何度も政府の事務局を訪ね，要請を繰り返した。この全面証拠開示に加えて，被告弁護側には証拠を十分に吟味するための十分な準備期間が与えられなければならないことは，改めて指摘するまでもあるまい。

　確かに裁判員法の成立によって，証拠開示にも若干の進展が見られた。類型証拠開示（刑訴316条の15）の新設によって，証拠開示の範囲はかなり広がった。しかし，弁護人が望めばそのまま開示されるという仕組みにはなっていない。開示するか否かの相当性の判断は第1次的には検察官，最終的には裁判官にゆだねられている。裁判官に人を得なければ，被告弁護側はひどい目に遭わされる。

　類型証拠開示と並んで導入された争点関連証拠開示（刑訴316条の20）においても，問題性は前者と似たり寄ったりである。後者においては，被告弁護側があらかじめ主張明示義務を果たさなければ，開示に結びつかない。この主張開示には次に示すようにデメリットがある。争点関連開示証拠のメリットと比較してみる必要が大いにあろう。

第3節　主張明示義務の問題点

　検察官から証明予定事実が提示され，検察官請求証拠と類型証拠との開示を受けると，被告弁護側は自らの証明予定事実や，公判で予定しているその他の主張を示し，併せて裏付け証拠を請求しなければならない（刑訴316条の17）。これをやっておかないと，公判に入ってからの新たな証拠請求が制限される可能性がある（刑訴316条の32）。

　このような主張明示義務は被告人が持つ自己帰罪拒否特権や無罪推定の権利を侵害するおそれなしとしない。とりわけ裁判員裁判においてそのおそれは大きい。すなわち，公判前整理手続において被告弁護側に主張や証拠調べ請求を義務づけると，被告弁護側は公判段階において，「増強された検察官の主張，立証を破るだけの強力な主張，立証」を行わなければならなくなる。弁護人は公判前整理手続に参加していて，検察官の主張，立証の成立過程を知っているからまだよいが，その過程を見聞していない裁判員の心証形成に悪影響を及ぼす可能性は十分にある。

　一方，裁判員裁判の対象事件は重大事件であるので，センセーショナルな犯罪報道によって裁判員が予断・偏見を抱くおそれがないとはいえない。その点，職業裁判官も同じだとの意見もないではないが，やはり一般人のほうが動かされやすいように思われる。確かに公判前整理手続の結果は，公判に提出されることになっている（刑訴316条の31）が，争点決定の過程で直接に弾劾過程を経験している法曹三者と裁判員との間には，やはり心証においてかなりの差があると考えざるを得ない。

第4節　予断排除の原則との関係

　公判前整理手続において裁判官は，証拠の取調べの決定や証拠能力の判断，証拠開示の裁定などを行う。その際必然的に証拠の内容に触れることに

なる。これについて立法者側は，証拠の採否を判断するために裁判官は証拠を見ているので，予断排除の原則には抵触しないと解している。しかし，そのように截然と分けることができるのかどうか，疑問なしとしない。このおそれをなくすためには，公判前整理手続の担当者と公判の裁判官とを分離しなければならないが，そのような制度設計はなされていない。

さらに立法者側は，公判前整理手続には双方当事者が対等の立場で参加しているのであるから，一方当事者から相手方が一方的に説得を受けるという意味での予断・偏見は生じないというが，証拠開示が不徹底の場合とか，捜査段階における取調べに見るべき改善がないなど，公判前整理手続において被告弁護側が対等に主張できるような条件は整えられていないと評せざるを得ない。

第5節　被害者参加制度の問題点

現在，裁判員裁判においても被害者参加が認められている。被害者と目される人は，証人として証言することもあるし，被害者意見陳述（刑訴292条の2）によって意見陳述することもある。いわゆる論告の中で，量刑についての希望を述べることもある。それらの発言の中には，事実認定の証拠にしてはならないものも混じるが，裁判員のみならず裁判官においてもこれらを明確に区別して心証形成できるのであろうか。人間の心の中は外部からはうかがい知れないものであり，否定的に解せざるを得ない。

第6節　市民参加自体の問題点

本稿執筆時点では裁判員裁判発足以来まだ十分期間を経過していないので，確言は避けたいが，公判前整理手続の実態を見るところでは，裁判員の都合を優先させ過ぎているように思われる。裁判員の人権も尊重しなければならないが，被告人の人権もおろそかにはできない。裁判所は，もう少し被

告弁護側の立場にも配慮して欲しい。

　そのほか検察官のプレゼンテーションは裁判員の立場を考えてか，過度に視覚化されているように感じられるが，自由心証主義ではなくて，自由印象主義に陥る可能性はないか。これらの点を考えると，裁判員裁判における弁護人の責務は従前に比較してはるかに重い。

　弁護士会が躍起になって弁護強化策に取り組んでいるのも故なしとしない。

　以上が私が意識している裁判員裁判の問題点であるが，裁判員裁判が刑事裁判のすべてではない。裁判員裁判は，すでに知られているごとく，死刑，無期懲役を定められている事件のほか，裁判所法26条2項2号に掲げられている事件であって，故意で死亡結果をもたらしたものにかぎられる。ごく最近，私は重大な昏酔強盗（昏睡強盗ではない）の共犯事件を担当したが，通常事件扱いであったので，いささか驚いた。

　このように事件のほとんどが通常事件扱いであるので，以下では，上記の問題点を意識しつつ，証拠評価の原則，各種の証拠の証明力，証明の程度，挙証責任について論じ，最後に本書にふさわしく，弁護人の責務という課題を取り上げたいと思う。

〔庭山　英雄〕

第2章

証拠評価の原則，総説

第1節　自由心証主義の意義

　証拠の評価とは，ある証拠を信用するかしないか（信用性）の判断，およびその証拠からどの程度の事実が認定できるか（証明力）の判断のことをいう。これらの判断は，証拠能力の判断とは異なって，実質的な証拠価値の判断であるから，極めて個別的なものであり，また相対的なものである。したがって，ある事件の有罪無罪を認定するためには，収集可能なすべての証拠を総合評価しなければならない。

　刑訴法318条は，「証拠の証明力は，裁判官の自由な判断に委ねる」と定めている。［自由］だからといって，恣意的であってよいということを意味しない。裁判官の証拠の価値判断は，経験法則や論理法則の制約を受ける。経験法則には，科学上の経験法則と一般生活上の経験法則との区別がある。科学上の経験法則は，あとから検証可能であるが，一般生活上の経験法則は，そのほとんどがあとからの検証が不可能であるので，個々の裁判官（職業裁判官，素人裁判官の別を問わない）によって微妙に異なる。しかし，多くの人々が，人類一般に普遍の原則と認めているものにかぎられている。

　このように一般生活上の経験法則は，抽象的には普遍の原則とはいわれるが，具体的には個々人によって微妙に異なるので，裁判官に人を得ないと，司法制度は崩壊の危機に瀕する。これに対し科学上の経験法則は，簡単なと

ころでは，水は100度になると沸騰するとか，水は低きにつくとか，何人も異論を唱えることはできないので，裁判上もその価値は高い。論理法則は，これまた簡単にいえば1足す2は3とか，人間は同時に離れた2地点をしめることはできない（ここからアリバイ証明が出てくる）とか，一見簡明なものであるが，つきつめると人間生活から生まれたものであるので，経験法則の一種ではある。

　この自由心証主義は，刑訴法317条の証拠裁判主義を前提とするので，自由心証の対象は証拠能力ある証拠にかぎられる。その判断の合理性が保たれるよう，間接的保障として判決理由の明示が定められている（刑訴335条1項）。その判断が合理性を持たないと考えられるときは，当事者双方は上訴して，これを是正することができる（刑訴378条4号・382条・397条・411条3号ほか）。裁判員裁判も例外ではない（刑訴法に特別の定めはない）。

　自由心証主義の例外については，これまで多くの議論があった。論者によって広狭がある。だが自由心証主義は裁判上の原則であるから，あまり例外を広く認めるべきではない。憲法に定められた例外（憲38条3項）にかぎられるべきであろう。

　ここで自由心証主義に関連する判例を見ておこう。まず証拠の取捨選択についても，裁判所の専権に属し，経験法則に反し得ない点については，最高裁昭和23年11月16日判決（刑集2巻12号1549頁）（旧法事件）がある。次に，不可分の供述の一部を分離して，その供述全体の趣旨に反する方向で証拠として用いることができない点については，最高裁昭和23年12月23日判決（刑集2巻14号1856頁）（旧法事件）がある。また，弁論の全趣旨といっても何が証拠となったものか判明しないし，訴訟関係人の意見は証拠とならないのであるから，弁論の趣旨が直ちに証拠となるものではないとする点については，札幌高裁函館支部昭和29年3月16日判決（判特32号95頁）がある。

　そのほか精神鑑定については，ごく最近，見逃せない判例が最高裁から出されているが，次節で紹介する。それにしても，自由心証主義に関する判例が少ないのは，自由心証が直感をベースとしており，「曰く言いがたし」の部分が多いためであろうか。それとも判決のほとんどすべてが経験法則（論理法則を含む）に合致しているためであろうか。

第2節　自由心証の判例

(1)　まず，自由心証の限界については次のような判例がある。

証拠の取捨選択及び事実の認定は，事実審裁判所の専権に属するが，それは経験則に反してはならない（旧法事件）（前掲最判昭23・11・16）。

罪となるべき事実の認定の基礎となったものと見られる推断が，ある部分は証拠を飛躍し，またある部分は証拠と相反し，間接にも，総合しても推論によって導くことのできない結論である場合は，右推断に基づく事実認定は違法である（最判昭31・1・31刑集10巻1号119頁）。

被告人と実行行為とを結び付ける証拠が自白のほかになく，その自白が明らかに事実に反し，又は不合理不自然な幾多のものを含み，その信用性に疑いがあるときは，これをもって有罪の証拠とすることは許されない（松川事件第2次上告審）（最判昭38・9・12刑集17巻7号661頁）。

(2)　次に，自由心証の内容を説明したものに以下の2つの著名な判例がある。いずれも大陸法の影響を受けているものと見られる。

訴訟上の証明は，いわゆる歴史的証明であって，「真実の高度な蓋然性」を持って満足する。いいかえれば，通常人なら誰でもうたがいを指し狭まない程度に真実らしいとの確信を得ることで証明ありとするものである（旧法事件）（最判昭23・8・5刑集2巻9号1123頁）。

刑事裁判において「犯罪の証明がある」とは「高度の蓋然性」が認められる場合をいい，それは，反対事実の存在の可能性を許さないほどの確実性を志向したうえでの「犯罪の証明は十分」であるとの確信的な判断に基づくものでなければならない（最判昭48・12・13判時725号104頁）。

(3)　さらに，必要な証明の程度にまで言及した珍しい判例がある。これは明らかに英米法の影響を受けているものと思われる。

刑事裁判において有罪を認定するためには，合理的な疑いを差し挟む余地のない程度の立証が必要である。ここに合理的な疑いを差し挟む余地がないというのは，反対事実が存在する疑いを全く残さないことをいうのではな

く，抽象的な可能性としては反対事実が存在するとの疑いを容れる余地があっても，健全な社会常識に照らしてその疑いに合理性がないと一般的に判断される場合には，有罪認定が可能である。このことは，直接証拠によって事実認定をすべき場合でも，情況証拠によって事実認定をすべき場合でも，異ならない（最決平19・10・16刑集61巻7号677頁）。

(4) これに続いて，情況証拠による有罪認定の条件について触れたものに次の判例がある。反対意見が裁判員裁判にわざわざ言及している点に注目したい。

直接証拠がなく，情況証拠によって被告人が犯人であると認定するためには，認定できる間接事実中に，被告人が犯人でないとしたら合理的に説明することができないか，少なくとも説明が極めて困難である事実が含まれていることが必要である（反対意見＝多数意見がいうような概念を有罪認定の条件とすることは，とくに裁判員裁判が行われる現在では，適切ではない）（最判平22・4・27裁判所時報1507号1頁）。

(5) とくに精神鑑定の評価について触れたものに次の判例がある。重要なので重複をいとわず，ここにも掲げる。以下の3例中，最初の2例と第3例とは全く意見が異なることに注目されたい。なぜこのような変化が生じたのであろうか。

被告人の精神状態が刑法39条にいう心神喪失又は心神耗弱に当たるかどうかの判断は，専ら裁判所に委ねられるべき法律判断であることはもとより，その前提となる生物学的，心理学的要素についても，右法律判断との関係で，究極的には裁判所の評価に委ねられるべき問題である。本件の原裁判所が，鑑定の結果と異なり，被告人の刑事責任を肯定したことは，正当である（最決昭58・9・13判時1100号156頁）。

裁判所は，証拠となる精神鑑定の意見の一部を採用した場合においても，被告人の責任能力の有無・程度について，当該意見の他の部分に事実上拘束されることなく，被告人の犯行当時の病状，犯行前の生活状態，犯行の動機・態様等を総合して判定することができる（最決平21・12・8判時2070号156頁）。

生物学的要素である精神障害の有無及び程度並びにこれが心理学的要素に

与えた影響の有無及び程度については，その診断が臨床精神医学の本分であることにかんがみれば，専門家たる精神医学者の意見が鑑定等として証拠になっている場合には，鑑定人の公正さや能力に疑いが生じたり，鑑定の前提条件に問題があったりするなど，これを採用できない合理的な事情がない限り，その意見を十分に尊重して認定すべきである（最判平20・4・25刑集62巻5号1559頁）。

(6) 最後に特殊審判所に関する判例を掲げる。

海難審判所のなした裁決における過失の有無に関する判断は，同一事件について刑事裁判を行う司法裁判所を拘束しない（最決昭31・6・28刑集10巻6号939頁）。

〔庭山　英雄〕

第3章

自由心証の歴史と人権

第1節　歴史研究の必要性

　実務的な証拠法と称しながら，「歴史と人権」の問題など，本書の目的からそれるのではないかとの懸念を抱く読者がいるかもしれないが，自由心証主義の存在意義については，その歴史的背景を抜きにしては語れない。しばらく辛抱してお付き合いいただきたい。読んでくだされば歴史研究の必要性をご理解いただけるであろう。

第2節　ドイツにおける近代的自由心証主義の成立

　ヨーロッパ中世以来の厳しい法定証拠主義時代にあって，近代的自由心証主義の萌芽と目されるものは，1740年のプロイセンにおける拷問の廃止である。フリードリッヒ大王はその即位の3日後に，勅令をもって糾問手続の一環をなす拷問の廃止を指令した。啓蒙君主の面目躍如たるものがある。しかし，積極的法定証拠主義（重要な証拠の証拠価値を積極的に法定する）を廃止してはいない。そこに啓蒙思想の限界も特質もあった。

　すでに前王フリードリッヒ1世は，1714年に改革立法を指示して，その基本原則を明らかにしている。その第1は，ローマ法，ラント（ドイツ諸邦）慣

習法，自然法三者の融合であり，その第2は，法典の明確性と一般的了解可能性との確立であった。ここにいう自然法とは，普遍的な人間理性の法を意味していた。

　1714年といえば，啓蒙思想の偉大な先駆者と目されるモンテスキューの名著『法の精神』はまだ出ていないから，プロイセン王室の合理主義尊重の伝統は，かなり独自的なものであったといえよう。事実，近代刑事司法への移行の火付け役を果たした，ベッカリーアの名著（『犯罪と刑罰』，邦訳五十嵐二葉ほか）が世に出たのは，その後半世紀もあと（1764年）であり，刑事司法改革ではドイツの模範となったフランスが拷問を廃止したのは1780年であった。

　フリードリッヒ大王は，自ら従来の官房司法を廃止し，法治主義と司法権の独立とを確立した。だが裁判所が権力から離れることは望まなかった。裁判官の事実認定を法によって拘束しておく必要があった。ここに，拷問を廃止しながら，依然として法定証拠主義を手放さなかった理由があった。

　拷問を廃止しながら，拷問とともに歩み続けてきた法定証拠主義を廃止しなかったのは印象的である。権力者であっても，人道的であろうとすれば拷問を廃止することはできる。しかし，いくら人道的であっても，裁判官の判断能力に対する不信が存在するかぎり，法定証拠主義はなくならない。法定証拠主義が権力体制の維持にプラスと考えられていたからである。啓蒙専制君主とそれを取り巻く立法者群とは，国民大衆の勢力が大きくなることを恐れていた。基本的に彼らを抑えていこうとする姿勢に変わりはなかった。したがって，拷問廃止という現象は，政治的見地からするならば，啓蒙専制権力の国民大衆への妥協策の1つにすぎなかったといえる。そうしなければ権力維持ができなかったのである。

　当時の法政策は，裁判官が法規に従属することを望んでいた。このことは，法理論的には，裁判官の心証形成は包摂にすぎないとする，いわゆる包摂理論を積極的に推すことを意味する。裁判官が法規から離れて，独立の価値判断をするような人であっては，立法者側にとっては，甚だ迷惑というほかなかったのである。

　19世紀中葉の法定証拠主義廃止のキャンペーンにおいて，決定的な役割を果たしたのは，歴史法学の巨頭ザビニーであった。彼は論点を慎重に検討し

たのち,「特別の証明理論は作るべきではない。裁判官の確信にゆだねるのが本質的に妥当である」と結論し，1846年，プロイセン刑事訴訟法への裁判官による自由心証主義の導入を支持した。

ザビニーのとどめの一撃によって，さしもの法定証拠主義の権威も遂に落ち，プロイセン立法者は1846年7月17日，彼の提案を容れることとなった。間もなく2年後には陪審による自由心証主義に取って代わられるのであるが，ここに史上初めての職業裁判官による近代的自由心証主義が成立したのである。歴史的に見ると，ローマ時代やカノン法時代にも自由心証主義が現れているが，これを古典的自由心証主義と名付ける。

第3節　日本における自由心証主義の成立

日本では，8世紀の初めに中国系の訴訟制度が継承され，大宝律令（701年），養老律令（718年）が作られた。これは一見，弾劾主義的ではあるが，その実質は職権主義，自白尊重，拷問是認の糾問手続であった。鎌倉時代，徳川時代の手続も，ともに侍所もしくは奉行が捜査，公訴，公判，判決のすべてを司る典型的な糾問手続であった。

日本で近代的な刑事手続が整備されたのは，ようやく明治維新になってからであった。維新後も，最初は新律綱領（1870年），改定律令（1873年）によっており，これらはいずれも旧態依然たるものであって，自白を唯一の有罪証拠とする自白優越主義を採っていた。1876年（明治9年）に至り，太政官布告によって「オヨソ罪ヲ断スルハ証ニ依ル」と改められ，ついで1879年（明治12年）の太政官布告によって拷問が否定された。

わが国の近代的な刑事訴訟手続の最初のものは，フランス法系の治罪法（1882年施行）である。これは公開主義，弁論主義，証拠裁判主義，自由心証主義など，近代的な証拠法原則のほとんどを備えたものであった。1889年（明治22年）の大日本帝国憲法の制定に伴い，旧旧刑事訴訟法（明治23年）が制定されたが，その内容は一部にドイツ刑事訴訟法の影響が見られるものの，治罪法と大差はなかった。

やがてドイツ法への接近とともに改正事業が進み，旧刑事訴訟法（1924年施行）が生まれるに至った。これは全体として職権主義的な色彩が濃く，被告人の人権保障，証拠法の面で多くの欠陥を蔵していた。これに対し，画期的な変革をもたらしたのが現行刑事訴訟法（昭和24年施行）であった。これによって大陸法系の訴訟制度に英米法系の制度が大幅に採り入れられ，証拠法規範も格段に強化されて，伝聞法則，自白法則も採用されるに至った。

第4節　まとめに代えて

I　成立の背景は民主自由社会

　古典的な自由心証主義は，すでに前1世紀頃ローマの共和政時代に現れ，やがて3世紀以降帝政時代に入って，法定証拠主義に取って代わられた。古典的自由心証主義は，糾問手続の初期にカノン法に（私の研究ではドイツ法にも）現れ，13世紀以降イタリア法継受によって糾問手続が整備されるにつれて，再び法定証拠主義に取って代わられた。16世紀，ローマ法継受の最盛期にカロリナ法典によって消極的法定証拠主義（法定証拠の充足と裁判官の有罪確信との双方を必要とする）が作られ，部分的に自由心証が許されていたが，糾問手続の強化によって，たちまち失われ，17世紀以降三たび法定証拠主義に取って代わられる結果となった。

　一方イギリスでは，17世紀末にすでに法定証拠主義を克服して自由心証主義になっていたが，国民の司法参加の雄たる陪審制度の上に乗ったこの自由心証主義は，フランスを経由して修正を受けながら，19世紀半ばにドイツに継受された。以上の歴史的経緯をふりかえると，自由心証主義は強度の権力構造のもとでは容れられないことがわかる。逆にいえば，自由心証主義が存在する社会は，基本的に民主自由社会だといえよう。

Ⅱ　自由心証主義の廃止の問題

　すでに見たごとく，わが国で自由心証主義が確立を見たのは，1880年の治罪法においてであった。それが旧旧刑事訴訟法，旧刑事訴訟法を経て現行刑事訴訟法（昭和23年法律第131号）に受け継がれている。だがそれらを支えている法思想史的な背景は大いに異なっている。旧刑事訴訟法までの自由心証主義は，大陸法の伝統であったが，現行刑事訴訟法のそれは英米法の伝統であるということができる。これは単なる言葉の綾の問題ではない。自由心証のようなデリケートなファクターを内包する原則においては，歴史的背景は大きな意味を持ってくる。経験法則という判断基準1つをとってもそうである。

　もう1つの問題は，法律改正を行って自由心証主義を廃止できるかである。廃止のあとにくるものは法定証拠主義しかない。法定証拠主義が権力と結びついたとき，どういう結果を生み出すかはすでに見たとおりである。想像に難くないといってもよい。自由心証主義は廃止すべきではない。のみならずそれは廃止できない。その根拠は憲法37条2項・38条3項である。そこに見る証人審問権の保障と自白に関する補強法則とは，評価者の自由なる心証形成を予定しているといえる。このことは自由心証主義の成立過程からも裏付けられる。自由心証主義の全面的廃止は違憲と解すべきであろう。

　このような問題設定は荒唐無稽と考える人がいるかもしれないが，私は実際に問題提起を経験している。誤判・冤罪をなかなか是正できない現状に業を煮やした有力な人権派弁護士が真剣な顔つきで私に法定証拠主義を提案してきたのである。その気持ちはわからないでもないが，私には賛成できない。

〔庭山　英雄〕

第4章

自由心証抑制の理論

第1節　はじめに

　自由心証抑制の理論とは，自由心証には本質的に濫用の危険性が潜むことを前提として，この危険性を抑制するにはどうしたらよいかという体系を総合的に考える理論である。刑訴法全体を対象とするので，自由心証主義における合理性の保障体系と言い換えてもよい。この心証形成の抑制ないし合理性の担保の体系には，①直接抑制と間接抑制，②事前抑制・事際抑制・事後抑制，との2種がある。ここに事際抑制とは，心証形成の中心に位置する判決理由の説明，判決書の作成のことである。その作成にあたっては，裁判官は証拠をよく吟味し，繰り返し反省を重ねなければならない。この心理過程を，言葉は熟さないが，事際抑制とよぶ。
　以上は従来の裁判官裁判について述べたものであるが，裁判員裁判においては心証形成の時点が異なってこよう。すなわち裁判員裁判においては，心証形成は評議の終了で完結し，裁判官はこの結果を紙に書き表すにすぎない。従来の裁判のように，裁判官が時に資料を自宅に持ち帰って熟慮しながら結論を出すのとは異なる。
　ところで前記の①は，証拠の証明力を法律で直接に規制するか否かの区別であり，わが国においては，直接抑制は自白の補強法則しかない。他はすべて間接抑制である。この間接抑制の体系について，証明政策の見地から見て

みることとする。

第2節　事前抑制の体系

I　当事者主義による抑制

　強度の職権主義の下では，裁判所は自分の望む証拠を集めて，自由に心証形成してよいこととなる。すぐれた裁判官は事実認定の技術も優秀で，非合理な心証形成はしないと考えられたからである。訴訟指揮にも事実認定にも卓越した人間を前提にして，初めて職権主義と自由心証主義とが分かちがたく結びつく。これに対し当事者主義は，訴訟追行の主導権を当事者双方にとらせる主義であるが，それは，当事者双方が互いに偏見をぶつけ合わせるところに真実も浮かびだす，との訴訟哲学に支えられている。そこでは裁判官は，「全知全能の神」ではない。職業裁判官は法律技術の駆使には習熟しているが，事実認定においては一般人（裁判員）とあまり変わらない。しかしこのような当事者主義的訴訟構造こそ，真実発見，人権保障双方によりよく奉仕すると信じられている。

　公判前整理手続の導入によって，当事者主義に必然的に伴う予断排除の原則は，実質的にかなりくずされているが，なお形式的には残されている。すなわち，第1回公判期日以前の勾留関係処分を審理裁判官には行わせない（刑訴280条，刑訴規187条）。また，逮捕状，勾留状その他関係書類を第1回公判期日前に裁判所に送付することを禁じている（刑訴規167条3項）。

II　証拠能力制限による抑制

　証拠能力とは，証拠が公判廷に顕出されうる資格のことをいう。この証拠能力には憲法や法律に定められた制約がある。これらの制約はすべてが証明政策から認められたものではない（例えば証拠禁止）が，自然的関連性の要求

や虚偽排除説に立つ自白排除は，明らかに判断者に証拠の価値判断を誤らせないようにとの目的を持つ。

ほかに超法規的証拠能力ともいうべきものがある。悪性格証拠排斥の原則ならびに類似事実証拠排斥の原則がそれである。いずれも証明政策の見地から理論的に認められたものであり，この原則に違反する場合には，証拠決定で排除される。なお，自然的関連性も超法規的証拠能力の一種ではあるが，立証のテーマとの関連で必要最小限の証明力もない場合に排除を認めたものであり，厳密には証明政策に基づくものとはいい難いとの異論がないでもない。

Ⅲ 証明力を争う権利による抑制

検察側・被告弁護側双方に対し，裁判所は証拠の証明力を争う機会を与える義務を有する（刑訴308条）。刑訴規則は，そのために反証の取調べその他を請求できるとしている（刑訴規204条）。この場合，刑訴法328条により伝聞法則の制限が解除されるとの見解もあるが，解除されるとすると，証明力を争うことを理由にして，実質証拠が公判廷に顕出されるおそれがあるので，制限的に考えたほうがよいであろう。

私はかつて自動車による轢き逃げ事件（最高裁において無罪とされた）において，裁判所は前記刑訴法308条の義務を果たしていないと争ったが，無視された。裁判官は，この条文の存在意義についてはあまり理解がないようである。

ところで刑訴法328条の解釈において，英米法では自己矛盾供述（刑訴321条1項1号・2号参照）にかぎられるとする。自己矛盾供述ならその性格は非供述証拠であるから，伝聞法則の問題は起こらない。とにかく自己矛盾にかぎらないと，折角の証明力担保のシステムが逆の機能を果たしかねないであろう。

そのほか鑑定制度も証明政策上重要な役割を果たすが，後述第11章・第12章で取り上げるので，ここでは制度の名称を挙げるにとどめる。

第3節　事後抑制の体系

I　控訴審の理由不備による抑制

　判決は事実認定，法令の適用，刑の量定の3つからなる。控訴審ではそれら3つのそれぞれに救済手段が定められている（刑訴377条・378条）が，ここでは第1の事実認定の救済方法に焦点を当てる。まず目につくのは，刑訴法378条4号である。同条文によれば，判決に理由をつけなかったり，理由に食い違いがあったりしたときには，判決への影響を問わず原判決は破棄される（刑訴397条1項）。証明政策上，絶対的控訴理由に匹敵する重要な規定である。

II　控訴審の事実誤認による抑制

　次に挙げなければならないのは，事実誤認（刑訴382条）である。その事実誤認が救済手段として十全に機能するか否かは，事実調べの範囲，方法いかんにかかわる。事実調べの範囲については種々の学説があるが，基本的に事後審説に立ち，被告人に利益な方向で修正する学説を妥当としよう。同学説によれば，職権による事実の取調べ（同393条1項）は，被告人に利益な方向においては，原審の弁論終結後原判決時までに現れた証拠を援用できる。被告人の救済を第一義に考えるかぎり，本学説を支持せざるを得ないであろう。

III　上告審による抑制

　上告理由は憲法違反と判例違反とにかぎられている（刑訴405条）。ドイツのように経験法則違反を上告理由とする考えに立てば，日本でも経験則違反

（自由心証主義違反）を憲法37条1項違反，同31条違反と解せられないでもないが，日本では判例・学説上まだ容認されていない。

したがって証明政策上重要なのは，刑訴法411条3号である。しかし同条項は職権破棄事由であるので，被告人は権利として事実誤認を請求できない。弁護人の請求も職権発動を促す効果しかない。にもかかわらず，世上，「まだ最高裁がある」といわれているせいか，多くの被告人が事実誤認を理由として上告する。裁判所も条文解釈を知ってか知らずか，これに応じている。非合理とは思われるが，万一の誤判（大分以前に山口県の仁保事件で実体験したことがある）を考えると，弁護士としては軽々に改正を唱えることはできない。

さて，事実審の自由心証の結果に対して，事後的な記録審査でどの程度干渉できるかについては3つの考え方がある。

第1は，経験法則違反の限度でしか干渉できないとする（制限説）。この説では，経験法則という枠の内部での心証には干渉できない。

第2は，経験法則の枠内の合理性の判断にまで立ち入ることができるとする（無制限説）。これは上級審の自由心証が優先するとの考え方である。

第3は，場合を分けて，無罪の自由心証に対しては経験法則の限度でしか干渉できないが，有罪のそれに対しては全面的に干渉できるとする（折衷説）。無罪の事実認定を事実調べもしないでくつがえすことは，厳格証明の無視となることを主理由とする。

以上の3説のうち，消極的実体的真実主義，当事者主義の立場からは，第3の折衷説を妥当とし得よう。

Ⅳ 再審による抑制

かつて再審による事実誤認の救済は「開かずの扉」ないし「開かずの門」とされてきたが，近時，富山の氷見事件（2007年），茨城の布川事件（2009年），栃木の足利事件（2009年）といった再審開始決定事件が相次いで（2009年12月，狭山再審事件でも検察官に対する証拠開示勧告が東京高裁によって出され翌年3月，22年ぶりに36点が開示されている），再審による救済が実効性をおびてきた。このよ

うな状況の下では，裁判官（裁判員）は，事実認定においてより慎重にならざるを得ないであろう。その意味で間接的ではあるが，再審制度を事後抑制システムの一環として位置づけてもよいであろう。

第4節　有罪判決の証拠説明による抑制

　有罪判決には，罪となるべき事実（事実理由），証拠の標目（証拠理由），法令の適用（法律理由）の3つを示さなければならない（刑訴335条）。これらの中で，事実認定の合理性の担保という視点からして特に重要なのは，証拠理由である。この点につき判例・通説は証拠の標目（例えば甲1号証，乙3号証）のみを掲げれば足り，証拠説明（証拠内容の説明）は必要ではないとする。旧刑訴法においては証拠内容の判示が必要とされていた（旧刑訴360条）が，現行刑訴法に移行するときに，その要件は取り払われてしまった。その理由はほぼ以下のとおりである。

第1　証拠のいかなる部分内容が心証形成に用いられたかを示されなければならないとすると，判決書の作成に多大の労力を要し，ひいては訴訟遅延のもととなる。

第2　職権主義的訴訟構造の下では，裁判所の心証形成は外部からよくわからないため，証拠説明に大きな意味があったが，当事者主義的訴訟構造の下ではあまり意味がない。

第3　判決書の証拠説明に憂き身をやつすよりも公判審理に力をそそぐことのほうが，第1審中心主義の現行刑訴法においては重要である。詳しい証拠説明を要求すると，つい公判審理がおろそかになり，真実発見にとってマイナスになる。

第4　詳細な証拠説明がなされると，揚げ足取り的な上訴が多くなり，実質的にあまり重要でない表現上の誤りなどが判決破棄の理由となるおそれがある。

第5　自由心証による証拠評価は総合直観的判断であるから，本来，論理的な説明には親しみにくい。

以上の弁明は，旧刑訴法時代のものであるから，同日の談ではないが，権威主義的な裁判所の立場をよく表している。しかし，時代は変わった。現在の裁判員裁判の下では，評議において裁判官と裁判員とが納得できるまで議論しているはずであるから，裁判官は心証形成の事実関係，論理過程を素直に記せばよい。自由心証は総合直観的であるから，説明は困難であるというのは詭弁である。また，評議は秘密であるから，裁判の公開原則の下，国民が判決の成り立ちを知るのに，判決理由は必須といえよう。
　それゆえ現在行われている証拠標目主義は不完全であり，証拠理由説明主義に戻るべきである。旧刑事訴訟には，いろいろな欠陥があるが，証拠理由説明主義は裁判の合理性担保の面からしてすぐれており，刑事裁判の改善に資するところも大であろう。

〔庭山　英雄〕

第5章

自白の証明力の評価に関する問題

第1節　事実認定のむずかしさ

　石井一正『刑事実務証拠法〔第4版〕』（判例タイムズ社，2007年）は力作である。忙しい実務のかたわら，これだけの著作をものした著者の才能と努力とに対しては敬服のほかない。私も本書を繰り返し読んでいるが，少し気にかかることがあるので，ここに記させていただく。著者は，同書419頁以下で，最高裁昭和52年8月9日決定（刑集31巻5号821頁・判時864号22頁・判タ352号138頁）（狭山事件）を引用して次のように述べている。

① 　被告人の自白に基づいて犯人が持ち去った被害者の所持品が発見された場合，文字どおりの「秘密の暴露」であり，その証明力はほとんど絶対的とさえいえよう。

② 　殺害の方法・時刻，強姦の態様，死体の損傷ならびに死体の処置等について自白内容と物的証拠との間に重要な齟齬がない場合，自白の証明力を高める事由となる。

③ 　一貫した自白でその内容にもさしたる変遷がなければ，自白の証明力は高い。特に公判段階たとえば第1審判決宣告まで維持されている自白は，証明力が高いといえよう。

④ 　自白の動機・原因を正確に把握することはむずかしい。しかし，被害者への罪の告白と謝罪とが存在する場合などは，自白が自発的，道徳的

であると認めやすい。狭山事件では，被告人は留置場の壁に被害者の遺族に対する謝罪文を書き，判決言渡後裁判長への上申書でも犯行を認めており，これらは被告人の自白の真実性を知る重要な手がかりとなる。

　以上の4点については，最高裁判所の決定に基づいて，自白の証明力判断の基準を述べているのであるから，いずれも正しい。しかし，前提とされている最高裁判所の事実認定が誤っているとすると，問題が生ずる。本書の影響力の大きさを考えると，狭山事件の再審を求めている弁護士の1人としては，黙認できない。ここで取り上げるべき事柄ではないかもしれないが，あえていわせていただく。

　まず①について述べる。被告人が持ち去ったとされる万年筆は，被告人の自宅の勝手口の鴨居から出てきたが，警察はその前に2度にわたり大掛かりな家宅捜索を行っている。捜索した警察官が後に「鴨居も調べたが，そこには万年筆はなかった」と証言している。そのほか偽装工作を疑わせるいくつもの事実があるが，ここでは省略する。

　次いで②について述べる。殺害の方法に関しては，法医学鑑定が対立し，いまだに決着がついていない。また死体の損傷については，事件直後の解剖所見で，被害者の頭に傷があり，出血が推定されるが，検察官は事件現場でのルミノール検査の記録はないと弁護団に回答している。また死体は事件直後，農道の芋穴に頭を下につるされていたが，芋穴からはルミノール検査への反応は一切なかった。その他にも疑問点はあるが，紙面の都合上ここでも省略する。

　次に③について付言する。石川一雄さんの説明によれば，第1審捜査段階の取調べにおいて，幹部警察官から自白すれば10年で出してやる，男の約束だと言われたので，それを信じて嘘の自白をした。当時，知識がなくて弁護人のいうことは信じなかった。死刑の判決が出て，幹部警察官の約束が嘘だとわかり，控訴審になって自白を撤回した。このことは，事前に弁護人にも相談しなかったという。

　最後に④について述べる。同じく石川さんの説明によれば，取調べの過程で警察官から全く反省がないとなじられ，便所の壁にお詫びを書いたと答えたら，書いてないと責められ，房に帰ってから爪でお詫びの文言を書いた。

また裁判所への上申書については，担当の検事と親しい警察官とにすすめられて，やむを得ず書いて提出したとのことである。

以上の弁明に関しては，再審請求書の中で請求人によってより詳細に述べられている。ここに記すに際しては，請求人（現在仮釈放中）の自宅に直接電話して本人に確かめた。このような事実をわざわざ記すのは，最高裁に至るまで繰り返し確認されている事実であっても，真実とは限らないとの実際を理解して欲しかったからである。狭山事件の再審に関しては，さきにも触れたが，2009年12月16日，東京高裁刑事第4部（門野博裁判長）によって検察官に対する証拠開示勧告が出された。犯行現場の血痕検査記録がないというのであれば，その理由を説明せよと付言されたという。狭山事件の真実は，いずれ明らかになるであろう。

第2節　自白の証明力の判断基準のむなしさ

2009年12月14日，最高裁第二小法廷（竹内行夫裁判長）によって検察側の特別抗告が棄却され，布川（ふかわ）事件の再審開始が決定された。これまで再審開始決定が出されて，再審無罪とならなかった例を私は知らないので，布川事件は程なく無罪となるであろう（2011年3月24日記す）。

ところで前掲の『刑事実務証拠法〔第4版〕』420頁以下において著者は，最高裁昭和53年7月3日決定（判時897号114頁・判タ364号190頁）（布川事件）を引用して，要旨次のように記している。

① 犯行現場の状況，犯行態様，殺害状況，殺害後の犯跡隠蔽の状況に関する自白内容が，検証調書，実況見分調書，鑑定書によって認められる現場の客観的状況，死体の状況に一致しており，それらの間に矛盾がないと認められるので自白の証明力は十分信用できる。
② 自白の時期についていえば，本件では取調べの初期の段階で自白がなされているので，その証明力は高い。
③ 自白の一貫性ないし供述内容の変遷という基準について考えてみても，自白内容に変遷があるからといって，必ずしも自白が信用できない

わけでもない。つまり，真犯人であっても，「犯行態様の細部についてまでいちいち正確に記憶していないということもあり，また故意に虚偽の供述を交えることもありうるところでもあり，その自白の一部に移り変わりがあったとしても，必ずしもそれが不自然であるとはいえ（ない）」。要は，合理的に説明できない著しい供述の変遷があるといえるかどうかである。

以上のうち①は，判断基準「自白が客観的証拠と符合するか」，②はすでに記されているが，着眼点「自白の時期」のところで述べられたものであり，さらに③は着眼点「自白の動機・原因および取調べ状況」の箇所で述べられたものであり，いずれも最高裁判所の考え方から引き出された注意則である。

これらの注意則を守っていれば，正しい判決に到達できると最高裁も著者も考えているものと思われる。しかし今回，布川事件の事実認定にはかなりの確度で誤りの可能性があると，最高裁自らによって指摘された。一体，これはどう考えたらよいのであろうか。

私の見るところ，誤った判断を積み重ねた裁判所は，検察・警察における取調べの実態についてほとんど何も知らないのではなかろうか。それとも，知っていても知らないふりをしているのであろうか。やや好意的に考えれば，わが国の刑事訴訟の構造が生み出している必要悪と考えられないでもない。だが，裁判される側（国民）はたまったものではない。

この弊害を防ぐためには，検察・警察の取調べの全面録画（録音はもちろん）しかないと思われるが，周知のごとく検察庁・警察庁はこれをかたくなに拒否し，一部録画しか認めない。ところがごく最近，一部録画の証明力を否定する画期的な裁判例が出た。すなわち，佐賀地裁平成20年7月8日判決は，唐津市で起きた強盗殺人事件（佐賀事件）において，検察官取調べの一部を撮影したDVDにつき，撮影以前の取調べの状況を明らかにしていないことを理由に，自白の信用性を裏付ける証拠にはならないと判示した。控訴審（福岡高裁平成21年3月25日判決）は証拠になるとしたが，最高裁はこれを認めなかった（1審判決を支持した）と側聞する。

第3節　自白の証明力評価の着眼点

　多くの刑事証拠法関係の著書や論文を読んでみると，必ず自白の証明力判断の基準ないし着眼点が示されている。私の短かからぬ経験と私なりの論理とによって整理してみると以下のようになる。
　① 　自白が客観的事実ないし証拠と合致するか。
　② 　自白の動機・原因はなにか。また取調べ状況はどうか。
　③ 　自白の時期はいつか。また自白に一貫性があるか。
　④ 　自白が詳細で具体性，迫真性を持つか。またいわゆる「秘密の暴露」があるか。
　⑤ 　自白の内容が経験法則，論理法則に反していないか。
　以上の着眼点に従って事案を慎重に検討し，不自然・不合理な点があれば証明力なし無罪との結論になり，不自然・不合理な点がなければ証明力あり有罪との結論になろう。前者の最高裁判例としては，私の記憶に新しいものに次のものがある。
　ホステス強姦殺人事件（最判昭55・7・1判時971号124頁）。事案は，被告人2名が深夜ホステスを畑のそばに連れて行き強姦しようとしたが，同女が失神したので崖際まで運搬して谷底に投げ込んで殺害したというものであり，1審は自白の信用性を否定して無罪，控訴審は自白の信用性を肯定して破棄有罪としたが，最高裁は自白の信用性に疑問ありとして破棄差戻しとした。
　鹿児島夫婦殺し事件（最判昭57・1・28刑集36巻1号67頁）。事案は，主婦と情交関係を持とうとしたところをその夫に見とがめられ，その主婦と共謀の上で夫を殺害し，その後その主婦をも殺害したというものであり，1審は自白の信用性を肯定して有罪，控訴審も同じく自白の信用性を肯定して控訴棄却としたが，最高裁は自白の信用性に疑問ありとして破棄差戻しとした。
　大森勧銀事件（最決昭57・3・16判時1038号34頁・判タ467号62頁）。日本勧業銀行大森支店で現金を強取するため宿直の行員を絞殺したという，住居侵入・強盗殺人の事案。1審は自白の信用性を肯定して有罪，控訴審は自白の信用

性を否定して破棄無罪とした。最高裁も自白の信用性に疑問あり（犯行方法は物理的に困難）として控訴審を支持した。

鳴海殺害事件（最判昭63・1・29刑集42巻1号38頁）。事案は，被告人3人が，山口組組長を狙撃した犯人を組の事務所等に匿っていた（犯人蔵匿）が，もてあまして六甲山中で殺害したというもの。1審は自白の信用性を一部否定して有罪，控訴審は自白の信用性を全部肯定して控訴棄却（検察官控訴の被告人については破棄有罪）としたが，最高裁は自白の信用性に疑問ありとして破棄差戻しとした。

第4節　石井・木谷論争をめぐって

四国の地方国立大学に勤めていた頃，広島の中堅の裁判官が私の研究室を訪ねてきたことがあった。近くイギリスに留学するので，なにか研究のための助言をということであったので，一通り助言めいたことを述べた。型どおりの質疑応答が終わって雑談をしていたとき，その裁判官が，検察の起訴はよく調べられているので，文句をつける余地がほとんどない，といった趣旨のことを述べた。たいていの裁判官が，そのように考えているのかと，少なからず驚いた。

やがて東京の私立大学に移ってほどなく，裁判官懇話会の世話人を名乗る中堅の裁判官から電話がかかってきた。関西の裁判官有志を集めておくから，大阪の某ホテルで「陪審裁判を考える会」（庭山はその会の共同代表の1人）について話して欲しいとのことであった。報告の後の質疑応答の際に，話が自白の任意性の判断方法に及んだとき，参加していた若い裁判官の1人が「もし真犯人だったらどうするかといった不安を拭い去ることができない」と述べた。その若手裁判官の苦渋の表情を忘れることができない。

これらの体験をしていたので，いわゆる石井・木谷論争が起きたとき，そのなりゆきを重大な関心を持って見守った。ことの起こりは，木谷さんの著作（『刑事裁判の心―事実認定適正化の方策』（法律文化社，2004年））の書評の中で，石井さんが木谷さんの事実認定の基本姿勢を批判したことであった。木谷明

『事実認定の適正化―続・刑事裁判の心』（同，2005年）7頁以下によれば，石井一正さんの批判の要旨は次のとおりである。

　(i)　事実認定の最終局面において，証拠上有罪であることに「合理的な疑い」が残れば躊躇なく無罪判決をすべきことに異論はないけれども，実体的真実主義が刑訴法の目的である以上，事実認定者は，「無辜の不処罰」と「真犯人処罰」との間の「狭い道」を苦悩しながら歩んでいるのが実情であり，その分け目にあるのが「疑いの合理性」の有無にほかならない。そして，「合理」と「不合理」との峻別はたやすくないから，事実認定者の素質・能力，歩んできた歴史・経験等によって結論が異なりうるが，本来広狭はないはずである。「疑わしきは被告人の利益に」の鉄則を重視するあまり，「不合理な疑い」を「合理的な疑い」に取り込むことは，逆の場合と同様正義に反する。

　(ii)　木谷さんは，捜査の可視化の問題が一向に解決されず，いつまでも水掛け論に類する自白の任意性の立証が続けられている状況は情けないというほかないので，「水掛け論に終われば，取調官側の負けと割り切る」こともあってもいいのではないかと提案した。これに対し石井さんは，「任意性を巡る実務の複雑な実相に照らして，その割り切りのよさに躊躇を覚える向きも少なくないであろう」と反論した。

　(iii)　木谷さんは，従来の判例の流れを分析して，①「自白内容自体の具体性，詳細性，迫真性等からする直感的な印象を重視し，その変転の状況，細部における食い違いなどは，重要性がないものとして切り捨てようとする立場」と，②「自白の変遷の有無・程度や物的・客観的証拠による裏づけの有無などを検討し，より分析的・客観的に判断しようとする立場」との2つの立場があるが，後者を正しいとする基本的コンセンサスがあるのではないかと主張した。すると石井さんは，もともと2つの判断方法はいずれかの一方が正しいというほどの絶対的なものではないと批判した。

　以上のような石井さんの批判に対し，木谷さんは要旨次のように反論した。

　(i)　自白の任意性の判断手法について　裁判官が取調べ状況に関する真相を法廷の証拠調べを通じて把握できると考えることは，明らかに現実的

ではない。裁判官の努力にも限界がある。裁判官に真相を発見せよと迫ることは「無理難題」を突きつけることである。これを解決するには「取調べの可視化」しかない。しかしこれが実現できないとなると，水掛け論となったときには検察側の負けと割り切るほかない。

　　(ii)　自白の信用性の判断方法について　　わが国の捜査実務で作成される供述調書は，1人称で語られる要領調書であるから，供述内容が詳細で迫真力に満ちたものであったとしても，果たして被疑者の供述自体がそうであったかどうかわからない。このような状況の下で供述調書の詳細性・迫真性などに目を奪われるととんでもない間違いをおかすことになる。前記の判例上の2つの流れは，本質的に相容れない手法であることは明らかであり，「いずれかの一方が正しいというほど絶対的なものではない」という言い方は，事柄の本質をあいまいにするおそれがある。

　　(iii)　「疑いの合理性」の範囲について　　最終的に無罪で決着した事件について，その途中で有罪判断をした裁判官も，記録に現れた証拠上の疑問と対面していたはずである。しかし，その裁判官は，被告人・弁護人より提起された疑問について自分なりの解答を用意して，その疑問はまだ「合理的な疑い」の域に達しないと判断したものと考えられる。彼らは，結果的にではあるが，社会秩序維持の観点を重視するあまり，合理的な疑いを過小評価した結果，合理的な疑いのある者を一時的にもせよ，処罰の淵に追い込んでしまったのではないであろうか。

　以上が私の理解した石井・木谷論争の要旨であるが，これらに関連して私の考えを述べる。事実認定の過程では，誰しも黒か白か決着をつけかねる問題点にぶつかることがある。その場合，白に軍配を上げるのが「疑わしきは被告人の利益に」の趣旨である。いうまでもなく，有罪の立証責任は検察官にある。被告弁護側に無罪の立証責任はない。したがって，「合理的な疑い」があるかないか判断に迷う場合には，「合理的な疑い」があるとの方向で決断すべきである。それが仮にあやまりであったとしても，不正義の度合いは逆の場合の比ではない。この世に誤判・冤罪ほど悲惨なものはない。

　この私の所見は，従来型の裁判，つまり職業裁判官による裁判を前提とし

たものであるが新しい裁判形式，つまり裁判員裁判ではどうなるであろうか。裁判員裁判では口頭・直接主義を基本とするので，従前ほどには捜査段階の書面は法廷に出てこない。そのかぎりで「合理的疑い」についての判断は，被告弁護側に有利な方向に動くであろう。しかし捜査段階の取調べの実態が変わらないとすれば，口頭・直接主義によってもその真実に迫ることは至難のわざというほかない。

裁判員裁判の導入以降，検察・警察が取調べの改善に力を注いでいることは承知している。だが検察側と弁護側との力の格差を目前にするとき，どれだけの前進が見られるかについては思い半ばに過ぎるものがある。

第5節　足利事件における取調べ録音テープの再生

1990年に栃木県足利市で発生したいわゆる足利事件の再審公判第4回，第5回が2010年1月21，22の両日宇都宮地方裁判所（佐藤正信裁判長）で行われ，請求人，菅家利和（すがやとしかず）さんの捜査段階における取調べ録音テープ（検察官作成）が法廷で再生された。また1月22日午後には，森川大司（もりかわだいじ）元検事の証人尋問が行われた。これら異例の手続の結果と菅家さんの自白の証明力との関係について考えてみたい。

I　12月7日の否認供述

朝日新聞2010年1月22日付の報道によれば，1992年12月7日に行われた取調べの要旨は，次のとおりである。

　　検事「ちょっと結論から聞くけどね，君がどの事件にかかわっていて，どの事件にかかわっていないかい？」
　　菅家さん「話していいですか？」
　　検事「ああ」
　　菅家さん「全然かかわっていません」
　　検事「全然かかわっていないの？」

菅家さん「はい，絶対いえます」
検事「ああそう」
菅家さん「はい」
検事「……じゃあね，（起訴された足利）事件については，今裁判になっているわけだけど，君，裁判ではね，この事件は間違いないと認めたでしょ」
菅家さん「はい」
検事「それはなぜなの？」
菅家さん「やはり警察ですか，警察行って調べ（られ）まして（中略）その日は自分がやっていないといったんですよ」
検事「うん，うん，うん」
菅家さん「だけど」
検事「それは分かっている」
菅家さん「全然認めてくれないんですよ」
　（中略）
菅家さん「本当にやってなかったんですよ。それで全然もう認めてくれなくて。（中略）これ以上10日も20日もやっていない，やっていないというと，殴るけるとかされるんじゃないかと自分は恐怖の……」
検事「わかった」
　（中略）
菅家さん「警察の人が裁判のときはちゃんと話すんだぞというから，そのまま自分はいったんです」
　（中略）
検事「君，また裁判が始まったらどうするつもり？（中略）今ここでいったとおりいう？　まだ決めてない？」
菅家さん「……」
検事「どうする？　はっきり決めてない？　弁護士さんには今ここで話したような話はするつもり？」

II　弁護人と検事とのやりとり

弁護人と森川元検事との質疑応答の要旨は，次のとおりである。
（1992年12月8日に菅家さんを「再自白」させた取調べについて）
　弁護人「12月7日の否認供述は虚偽だと判断したのか」
　検事「虚偽と判断して8日の取調べを行った」
　弁護人「12月8日の段階で自白がなくても有罪にできると考えていたか」
　検事「否認しても有罪という心証を持っていました」
　弁護人「8日に自白させたのは，（検事として）なすべきことだったのか」
　検事「当時の証拠関係からして，否認供述が自分の罪を免れるための虚偽と判断しました」
　弁護人「どうして足利事件で（菅家さんは）虚偽の自白をしたのか」
　検事「自白しろと強要したことはありません」
（反省について）
　弁護人「無実の人の否認供述に耳を傾けず，今反省しないのか」
　検事「当時誤っていたか証拠関係が私にはわかりませんし，意見といわれてもお答えできない」
　弁護人「こうしておけば今回の事態を招かなかった，ということは」
　検事「現在最高検で検証作業をしていると聞いている。私がかかわったのは1審判決までで，現段階で個人的な感想をいうのは適切ではない。考えていないわけじゃないが，当時は事件に埋没していて，私から適切な意見が聞けると思わない。」

III　私の若干の所見

すでに記したごとく，菅家さんは1992年12月7日，森川検事による取調べにさいして，検事の理解ありそうな発言に接して，本当のことを話した。それまで「嘘の犯人」を演じてきたが，演技をやめたのである。しかし，理解

ありそうな検事も，実は警察と同じであった。検事は菅家さんの否認供述を「保身のための虚偽」と断じ，翌日の12月8日，真綿で首を絞めるがごとく追い込んで「再度の自白」を引き出した。

　菅家さんは，なぜ法廷で認めるような発言をしたかについて，「警察官にそうするように」との趣旨のことをいわれたからと答えている。また，「否認を続けたら逆送されて，警察で再び殴ったり蹴ったりされるとの恐怖を抱いていた」（要旨）とも答えている。有名な布川事件の例に見るごとく，検察官が逆送すると警察は「俺に恥をかかせた」などといって，場合によっては暴行を働くのである。このような条件のもとでなされた「再自白」に任意性があるはずがない。実務の実際でよくやるごとく，任意性ありとされたとしても，肝心の証明力があるはずがない。検察官は法律家として，警察の違法・不当な捜査をチェックする立場にあるとされるが，森川検事にはそのような自覚は全くないようである。今後どうしたらよいのか。どうやったら自白の証明力を適正なものに保つことができるか。私たち弁護士の責任は重大である。

〔庭山　英雄〕

第6章

被告人の供述（自白）と補強法則

第1節　供述と補強証拠

　証拠は大きく供述証拠と非供述証拠とに分かれる。誰しも考えるように，非供述証拠は物証（例えば財物罪における財物，殺人罪における死体）や犯行現場（被害者の血痕が認められる）のように，客観的証拠であるから，その証明力の判断を誤ることはほとんどない。しかし，供述証拠は，伝聞法則の適用があることでわかるように，評価の対象が言語であるだけに証明力の判断は，非常にむずかしい。

　それに，物証は関係者の供述証拠によって初めて犯行との結びつきを知ることができる。のみならず，物証は供述証拠に比べて圧倒的に少ない。そこで実際の裁判においては，供述の証明力が争われることが多い。そしてここでの勝敗が裁判の動向を決定するのが，ほとんどである。補強法則が重視される所以である。

　いうまでもなく自白の証明力に関しては補強法則が設けられている（憲38条3項，刑訴319条2項・3項）。しかし，実際の裁判で最も争われる場合が多い，犯人と被告人との同一性に関しては，補強証拠は必要ないと解されている（判例・通説）。なぜ必要ないと解されるのであろうか。それは，犯人と被告人との結びつきを証明する証拠（例えば指紋とか足跡）はない場合が多く，それらを常に要求することは実際的に無理だからとされる。同様にして犯罪事

実のうち主観的要件についても補強証拠は不要だとされる。その他の場合については，以下に要・不要を区別して考えてみる。

第2節　自白と補強証拠

I　補強証拠を必要とする場合

　犯罪を構成する事実のうち，客観的要件事実（罪体，すなわち行為もしくは結果）については補強証拠を必要とする。裁判の対象である公訴事実や訴因は基本的に客観的事実によって構成されているからこれは当然であろう。補強証拠を必要とするもともとの趣旨は，架空の犯罪のでっち上げ防止にあった（最判昭24・4・7刑集3巻4号489頁参照）から，行為もしくは結果の存在が確認されれば十分と考えられたのであろう。
　ところで，補強を必要とする範囲については2説がある。通説は，罪体の全部または重要部分について，補強証拠を必要とすると解している（「形式説」といわれる）が，判例は自白と補強証拠と相まって自白にかかる事実の真実性を担保できれば足りる（いわゆる「実質説」）とする（最判昭23・10・30刑集2巻11号1427頁）。私は形式説のほうが誤判や冤罪の防止に役立つと考えている。実質説の場合，補強証拠がお飾り的になる危険性がないではない。以下に判例若干を紹介する。
　窃盗罪については，被害届の存在で十分だとする（最判昭26・3・9刑集5巻4号509頁）。
　殺人罪についても，被害者死亡の事実の補強で十分だとする（広島高松江支判昭26・3・12高刑集4巻4号315頁）。
　放火罪については，家屋消失に関する補強証拠のみならず，火災発見者の放火に関する供述による補強を必要とする（最判昭32・10・4刑集11巻10号2456頁）。
　以上の例からだけでも，判例が前記の実質説に基づいて，補強証拠が必要

とされる範囲を画していることがわかるであろう。

II 補強証拠を必要としない場合

　必要としない場合を，ほぼ犯罪論体系の順で見てみよう。犯罪事実のうち，被告人と犯人との同一性，ならびに主観的要件についてはすでに触れたが，その他の場合に次のようなものがある。
　犯罪の成立を阻却する事由の不存在については，補強証拠は必要でない。例えば，覚せい剤取締法違反事件においては，いわゆる法定除外事由の不存在についての補強は不要である。この法定除外事由は犯罪成立阻却事由であって，構成要件要素ではないから理論的に当然であろう。たとえ必要だとしてもいろいろな間接事実（例えば覚せい剤の入手経緯）から容易に補強されるであろう。
　犯罪事実以外の事実については，補強を必要としない。例えば累犯前科，没収，追徴を基礎づける事実については補強証拠を必要としない。いわゆる余罪を量刑にあたって考慮する場合も，情状の一資料として用いるにすぎないから，これまた補強証拠を必要としない。

III その他の場合

　不作為犯の場合，真正不作為犯，不真正不作為犯のいずれであっても，犯罪の成立に「義務」が必要であるから，その点について補強が必要である。例えば，いわゆる轢き逃げ事件において判例は，事故の不申告と被害者の不救助との双方の事実について補強証拠が必要だとする（大阪高判平2・10・24高刑集43巻3号180頁）。
　犯罪の個数との関係では，併合罪についてはそれぞれの罪に補強証拠が必要とする点については異論がないが，科刑上の一罪および包括一罪については説が分かれる。しかし，前者については重い罪，後者については行為の相当部分に補強証拠があれば補強の趣旨に反することはないであろう。

第3節　補強証拠の種類とその証明力

　原則的にいえば，証拠能力のある証拠であれば，いかなる証拠でも補強証拠になりうる。
　人証，物証，書証の別を問わない。直接証拠，間接証拠の別も問わない。
　しかし，自白から実質的に独立した証拠でなければならないから，自白は同一被告人の自白の補強証拠にはなり得ない。したがって，第三者の供述であっても，実質的に被告人の自白の繰り返しにすぎないときは，補強証拠になり得ない。
　補強証拠の証明力の程度は，自白の証明力との相関で決定される。自白の証明力が高ければ補強証拠の証明力は低くて足りる。これが判例の立場（仙台高判昭60・4・22判時1154号40頁）であるが，これでは補強の意味がないのではなかろうか。

第4節　被告人と犯人との同一性の問題

　さきに，判例・通説によれば，被告人と犯人との同一性にまで補強証拠は必要ないとされている点について触れた。その理由は極めて実務的であって，弁護人としてはこれを容認できない。これまで誤判・冤罪とわかったほとんどの例は，誰かが犯行を犯したことは確かであるが，その犯人が被告人かどうかわからない，というものであった。この事態の発生を未然に防ぐためには，あらゆる手段を可能なかぎり講じなければならない。その意味で被告人と犯人との同一性についても補強証拠が必要だと解すべきである。
　「同一性」は概念であって，痕跡を残さない。だが殺人罪1つをとっても，誰かが殺人を犯したことが事実であるかぎり，何らかの痕跡を残す。その痕跡が指紋とか足跡であれば，かなりの確度で真犯人を追跡できる。それらが一致しなければ同一性を否定できる。精液や血痕の鑑定であれば，その確度

はさらに増すであろう。被告人と犯人との同一性については補強証拠は必要でないとした学説・判例が悲惨な冤罪・誤判を生み出している一因であることは，誰しも否定できないであろう。

〔庭山　英雄〕

第7章
共犯者の自白と補強証拠その1
──類型別考察

第1節　はじめに

　1996年に下村幸雄『共犯者の自白─誤判防止のための準則』（日本評論社）が公刊された。同年に法律時報（68巻13号）で書評を担当したので，内容についてはかなりよく知っているつもりである。これまでに刊行された共犯者の自白に関する研究の中では，最高のものといってよいであろう。今回，再読してますます，その感を深くした。先に引用した石井一正『刑事実務証拠法〔第4版〕』（判例タイムズ社，2007年）の主張に対抗するには，私の力量ではどうにもならないので，下村さんの権威に頼ることとした。本書の趣旨からは異例かもしれないが，以下に下村著の紹介をさせていただく。

　同書は大きく二部からなる。第一部は「共犯者の自白に関する事実認定上の準則と留意点」であり，第二部は「共犯者の自白に関する法律上の準則」である。私の知るかぎり，「法律上の準則」についても触れた著作は初めてなので，学問的な意味でも注目に値するといってよいであろう。

第2節　第一部の共犯者の自白に関する事実認定上の準則と留意点

　第一部は第一章総説，第二章共犯者の自白の信用性判定のための準則と留

意点，第三章必要的共犯等の共犯者の自白の信用性判定のための準則と留意点，第四章まとめ，からなる。第一章は，共犯者の自白の類型とそれぞれの誤判の危険性とについて述べたものであり，本章の序論に位置づけられよう。圧巻は第二章である。巻き込み型についての裁判事例19件，でっち上げ型についての事例11件，誇張型についての事例３件に関し，元裁判官らしく詳細に分析紹介している。続いて必要的共犯についても，８例を挙げて同様の分析を遂げている。徹底した分析力には敬服のほかない。以上を前提しての「まとめ」（信用性判定のための準則と留意点）の要旨は次のとおりである。

I　巻き込み型

① 被告人と犯行との結びつきがない
② 共犯者の自白の内容と客観的事実・状況とが矛盾している
③ 共犯者が自白を取り消している（虚偽自白をした共犯者はしばしば取り消す）
④ 共犯者の自白の内容が変遷・変転・動揺している
⑤ 共犯者の自白の一部が虚偽である（被告人または共犯者のアリバイ成立の可能性がある）
⑥ 共犯者の自白の内容が不自然・不合理である
⑦ 共犯者の自白と被告人その他の共犯者の自白との間に矛盾がある
⑧ 被告人を共犯者と名指すに至った経緯が不自然である
⑨ 引っ張り込みないし巻き込みの動機・原因がある
⑩ 共犯者に，被告人を引っ張り込んだり，巻き込んだりしやすい特性（虚言癖，精神障害，人的関係，年少者であること等）が認められる

II　でっち上げ型

① 被告人および共犯者らとの犯行の結びつきがない
② 秘密の暴露がない
③ 共犯者が自白を取り消している（経験的に見ると虚偽の自白をした共犯者は

しばしば自白を取り消す）
④　見込み捜査である
⑤　証拠上明らかな事実について説明がない
⑥　共犯者の自白の内容と客観的事実・状況とが合わない
⑦　共犯者の自白の一部が虚偽である（被告人または共犯者のアリバイ成立の可能性がある）
⑧　共犯者の自白の内容が変遷・変転・動揺している
⑨　共犯者の自白と被告人その他の共犯者の自白との間に矛盾がある
⑩　共犯者の自白内容が不自然・不合理である
⑪　被告人を巻き添えにし，または引っ張り込む動機・原因がある
⑫　共犯者に，被告人を巻き添えにしたり，引っ張り込んだりしやすい特性（精神障害，人的関係，年少者であること等）が認められる

Ⅲ　誇張型

①　共犯者の自白の内容が変遷・変転・動揺している
②　共犯者の自白の内容が不自然・不合理である
③　裏付け証拠がない
④　客観的証拠と矛盾している
⑤　関係者の供述と矛盾している
⑥　共犯者に，供述を誇張する特性（誇張癖等）が認められる

　共犯者の自白の内容が以上のいくつかの特徴を併せ持つとき，その自白の信用性は否定されるべきである。

第3節　第二部の共犯者の自白に関する法律上の準則

　かつて刑法学会の有力な学者から，自由心証主義における制約原理たる経験法則を法定できないかとの相談を受けたことがあった。法定証拠主義を示

唆するような内容であったので言下にことわった。下村さんのいう法律上の準則は，自由心証を制約する経験法則を法律上の準則にまで高めようとの提言であって，法定証拠主義を主張しているわけではないから，当然のことながら許容できよう。

下村さんが提唱するいくつかの法律上の準則が容認されれば，上訴審における上訴理由たる法令違反として破棄事由となるであろう。その意味では刑事裁判における誤判の防止に大いに役立つであろう。もっとも事実認定上の準則も法令違反に援用できないわけではない。西ドイツ（当時）では経験法則違反は準法律違反として上告理由になるとされている。ところで下村さんの主張する自白の証明力判断の上での準則は，以下の4点である。

① 共犯者の自白には補強証拠が必要である

共犯者の自白に補強証拠が必要か否かについては，周知のように判例は否定説の立場に立つ（有名な練馬事件，最〔大〕判昭53・5・28刑集12巻8号1718頁）。学説は，団藤重光博士を代表とする積極説と平野龍一博士を代表とする消極説とに分かれる。消極説は形式論に傾きすぎ，刑事裁判の実態を見ていない。実質論に立つ積極説を是としよう。

② 補強証拠は被告人と犯罪との結びつきについても必要である

英米法では，被告人と犯罪との結びつきについても補強証拠を必要とする原則は確立している（小早川義則『共犯者の自白』（成文堂，1990年）52頁）。被告人本人の自白の補強法則については，補強を要する範囲は「犯罪事実の客観的部分」で足りる（通説）。しかし，共犯者の自白の場合には，その危険性は他人を引き込む点にあるから，被告人本人と犯罪との結びつきについて補強がなければ意味がない（光藤景皎『口述刑事訴訟法㊥』（成文堂，1992年）264頁等）。

③ 2名以上の共犯者の自白は相互に補強しない

相互に補強するか否かについては，有力な積極説がある。しかし，共犯者の自白は決して別個独立のものではない。複数犯人による巻き込みや，共犯者が自白したといって自白が強要され，伝播していく事例が多い。英米法では消極説が確立している（小早川・前掲52頁）。共犯者の自白の危険性に着目すれば，2人以上の共犯者の自白は互いに補強し得ない（光藤・前掲265頁等）。

④ 共犯者の自白は被告人本人の自白の補強証拠になるか

共犯者の自白に補強証拠はいらない（共犯者の自白は信用できる）という立場からは，当然に積極に解される（最〔大〕判昭23・7・19刑集2巻8号952頁）。しかし，共犯者の自白は，およそ信用しがたいものであり，犯人と被告人との結びつきにまで補強証拠が必要とする立場からは，消極に解せざるを得ない。本人の自白と共犯者の自白とがそろったから誤りがないと考えることは，わが国の捜査や自白獲得の実態から考えて極めて危険である（小田中聰樹『ゼミナール刑事訴訟法(上)争点編』（有斐閣，1987年）202頁）。

〔庭山　英雄〕

第8章
共犯者の自白と補強証拠その2
——証明力の見地から

第1節 はじめに

　昭和24年に発生した松川事件（汽車転覆致死等事件）においては，1審の福島地方裁判所は昭和25年，共犯者の1人とされるAの自白を主たる証拠として，死刑5名を含む判決を言い渡した（最高裁判所判例解説刑事篇昭和38年度28事件）。最終的には無罪が確定（昭和38年）したが，共犯者の自白によって死刑判決がなされるという刑事司法のあり方について深い疑問を抱く学徒を少なからず生み出した。いうまでもなく，私もその1人であった。したがってこれまでの研究生活で，共犯者の自白には特別の関心をもって接してきた。

　被告人と犯行とを結びつける主たる証拠が共犯者の供述である場合，共犯者の供述の証明力の評価には，極めて慎重でなければならない。例えばいわゆる八海（やかい）事件（松川事件のような政治的背景はない）においては，共犯者と目されるYの供述の評価をめぐって裁判所の判断が変遷したため，上級審，下級審あわせて7回の裁判を繰り返し，ようやく第3次上告審（最判昭43・10・25刑集22巻11号961頁・判時533号14頁）による無罪で決着をみた。

　被告人と一緒に犯行を行ったとか，被告人に教唆されてやむを得ず犯行に至ったとか，いわゆる共犯者の供述ないし自白には，警戒すべきいくつかの点がある。

① 共犯者は，自分の刑事責任を免れようとしたり，軽減されることを願って時に仲間を引きずりこむ。
② 同様の理由で責任を他に転嫁するなど，虚偽の供述をする。
③ 共犯者自身，犯行を体験している場合が多いから，巧妙に虚実がおりこまれており，弁護人の反対尋問によってもくずせない。

　私には以上のような見方が正しいと思われるが，有力な元裁判官や研究者の中には，共犯者でも通常は信用できる供述をする，と主張する人もいる。その人の生まれ，育ち，置かれた地位などによって考え方はそれぞれ異なるから，一概に否定できないが，実務上，共犯者の供述の証明力の評価にあたっては，常にその特有の危険性に留意しなければならない，ということだけはお互いに承認できるであろう。

第2節　共犯者の供述の証明力の判断基準

I　共犯者の供述が客観的事実と符合するか

　共犯者の供述のうち自分の犯行部分については，客観的事実と符合するが，他の被告人の行為については確実な裏付け証拠がないような場合（前掲八海事件第3次上告審判決）は，むろん怪しい。私たちは若いとき，友達を誘って実験を行ってみた。十分に単独犯行が可能であった。

　山中事件では裁判所は，犯行態様に関する共犯者の供述が，被害者の頭蓋骨折の状況や着衣の損傷状況等の客観的事実と符合しないとした（最判平元・6・22刑集43巻6号427頁・判時1314号43頁）。

　またある裁判例は，被告人が当時定職がなく金に困っていたから強盗の実行を誘ったところ賛成したとの共犯者の供述について，被告人が当時比較的まじめに勤務し，小金をためていた点を指摘して，共犯者の自白の証明力を否定した（大阪地判昭41・8・2下刑集8巻8号111頁）。

Ⅱ 共犯者の供述は一貫しているか、それとも変転しているか

前掲の八海事件では、逮捕から上告審の段階に至るまで、共犯者の有無、人数、顔ぶれにつき10回以上、共犯者の自白は変遷した。これでは信用性があるとはいえない。しかし、取調官が誘導したり、強要したりする場合もあるので、客観的事実とのすり合わせは慎重にされなければならない。

波谷（はたに）事件では、警察官調書と検察官調書との間の重要な食い違いが問題にされた（最判昭59・4・24刑集38巻6号2196頁・判時1126号133頁）。ほかにも不審な点があって、結局、共犯者の供述の証明力は否定された。単なる食い違いだけでは、決定的な判断は無理であろう。なお前掲山中事件でも、被告人との共謀の日時・内容についての食い違いが問題とされた。

Ⅲ 共犯者の供述が詳細で明確性、具体性、迫真性を持つか

電車内の痴漢事件判決で示された有名な「有罪のための6要件」というのがある。①詳細で具体的、②臨場感があり迫真性がある、③被告人を陥れるための虚偽告訴をする動機がない、④供述内容が不合理・不自然でない、⑤経験則に背反してない、⑥主観的確信に満ちている、がそれである。しかし、嘘であってもこれら要件を満たすことができる。実際、いくつもの事件が上級審で破られている。

共犯者の供述の場合は、これとは少し条件が異なる。一緒にやったとされる被告人が存在する。この被告人の供述との比較が重要である。嘘は必ずばれる。どこかに食い違いが生じてくる。ここに目をつける必要がある。

Ⅳ 共犯者の供述の動機・原因および取調べ状況に注目する

共犯者が真実に反して被告人を引きずりこむ場合、何らかの動機が考えられるので、共犯者と被告人との間の人間関係に着目して動機を解明する必要

がある。前掲の波谷事件のように，真実の共犯者を隠蔽するために被告人を共犯者に仕立て上げることがある。

　被告人の犯行関与についての証拠が，共犯者の捜査段階の供述証拠である場合，共犯者の取調べ状況にも配慮しなければならない。これは研究者の誰もが指摘するところであるが，決して忘れてはならない論点である。

V　共犯者の供述内容が経験法則に反していないか

　これまで挙げてきた判断基準はすべて，この基準に帰結するといっても過言ではない。経験法則を合理性と置き換えてもよい。前掲の八海事件においては，被害者を殴打する順序をあらかじめ決めておいて，共犯者が順次殴打したとする共犯者の供述は不自然・不合理だとされた（第1次上告審判決）。

　私は仕事柄，東京は新宿の暴力団事務所をたずねたことがあったが，弁護士の名詞を差し出しても，若い組員は玄関の戸を半開きにしか開けなかった。ましてや奥の間に控えている組長の部屋にづかづかと入りこむことはできない。これに反した共犯者の供述はまやかしであろう（前掲波谷事件）。

第3節　共犯者の自白と補強証拠

　すでに記したごとく共犯者の自白には特有の危険性があるから，共犯者の自白も本人の自白と同様に補強証拠を必要とするとの考え方が有力に主張されている。だが繰り返し触れてきたように，判例の立場は補強証拠不要説である（最〔大〕判昭33・5・28刑集12巻8号1718頁・判時150号6頁）。

　憲法38条3項の規定は，自由心証主義に対する例外規定として，厳格に解釈すべきであって共犯者の自白を本人の自白と同一視することはできない，という。どこかおかしい。例外だとどうして厳格に解釈しなければならないのか。その理由が何ら示されていない。法が例外としたのは，裁判官ないし判断者の文字どおり自由に任せておくと，時に自白を「証拠の女王」として扱う人も出てくるのではないか。そのことをおそれて，憲法は忘れてはいけ

ないよと，わざわざ注意的に規定したのである。

　憲法38条3項は確かに自由心証主義の例外規定ではあるけれども，自白偏重は許されないとの経験法則を明示したものである。したがって，本人の自白より危険性の高い共犯者の自白に憲法38条3項が適用されて一向に差し支えない。

　また，判例は，共犯者は被告人以外の者であって，被害者その他の純然たる証人と本質を異にするものでないことを理由に，共犯者の供述は自由心証に任されるべき，独立，完全な証明力を有する，という。しかし，これもどこかおかしい。共犯者は物理的に被告人以外の人間ではあるけれども，法的には被害者とは異なる。純然たる証人とも本質を異にする。これを同一視することは，ためにする政策的な思考であると評せざるを得ない。共犯者の自白も本人（被告人）にとっては第三者の供述にすぎないから，反対尋問によってその信用性を十分に争うことができ，加えて自由心証によりその評価を慎重に行うことができるので，判例のいうように不要説で足りる，とする見解は，政策的な見解といわざるを得ない。

第4節　派生的問題

　共犯者2名以上の自白がある場合，それらは相互に補強し合えるかという問題がある。2名以上の共犯者は相互に補強し合うものであって，否認している本人をこれによって有罪としても憲法38条3項に反しないと解されている（最判昭51・10・28刑集30巻9号1859頁）。しかし，これら自白は同根であるので，互いの欠点を補うことはできない。共犯者の自白は共犯者の自白を補強できない，と解すべきである。

〔庭山　英雄〕

第9章
目撃証言の評価その1
——学問分野別検討

第1節 はじめに

　2001年に渡部保夫監修・一瀬敬一郎他編著『目撃証言の研究—法と心理学の架け橋を求めて』（北大路書房）が刊行された。本文578頁の大著であった。同書は大きく2編に分かれる。第1編は心理学からのアプローチであり，第2編は法律学からのアプローチである。この本が成るについては，日本弁護士連合会刑事弁護センターの支援による継続研究会「目撃証言研究会」の存在が大きい。同研究会は現在でも存続しており，私もその末席をけがしている。

　本論に先立って，渡部保夫博士の手による序論「目撃者取り調べのルール」がある。第1節「犯人の容貌等の特徴の描写」，第2節「写真面割」，第3節「単独面通しの問題」，第4節「複数面接方式」の4節から成るが，さすがにこの領域の第一人者であるだけに，短い文章の中で本書を支える4本柱を的確にいい当てている。

第2節 第1編心理学からのアプローチ

　第1編は大きく3部に分かれる。第1部は「目撃証言の信頼性に関わる要

因」であり，第2部は「目撃証言の心理学的基礎」であり，そして第3部は「証言過程の分析」である。第1編だけでも364頁に及ぶので，そのすべてを紹介する余裕はない。ここでは各部冒頭に付されている各部の編者の序説（紹介）にゆだねることをお許しいただきたい。

I　第1部目撃証言の信頼性に関わる要因

　第1部の編者，厳島行雄は大要，次のように述べる。
　第1章では，目撃証言に影響を与える種々の要因の心理学的研究がレビューされる。この章では，目撃証言に影響する要因の分類法が2つ紹介され，続いて記憶の3段階（符号化，貯蔵，検索）に対応した形でそれぞれの段階に影響を及ぼす要因を検証した研究が紹介される。記憶が歪んだり，誤ったりするのは，それらの記憶と呼ばれる各段階での情報処理の失敗に基づくことが理解されよう。同時に読者は，目撃証言の心理学的研究の鳥瞰図を理解できるであろう。
　第2章では，すでに得られた知識が目撃証言に及ぼす影響についての詳細な研究が紹介される。われわれの記憶は純粋に新しい経験をそのまま記憶するわけではない。出来事は過去の経験によって解釈される。そのような過去の経験も記憶されるのであるが，その中でも繰り返し経験される出来事の一般的展開についての既有知識はスキーマと呼ばれる。本章では，記憶の構成が決して自動的に記録される仕組みではなく，個人の知識に大きく影響を受けて形成される，再構成過程であることが指摘される。
　第3章では，情動的覚醒と記憶との関係が検討される。目撃者が目撃する出来事は，凄惨な事象を伴うことが多い。そのような出来事の記憶は信頼性が高いか。この問題は長い間，心理学の重要なテーマであった。本章の箱田・大沼論文は，過去の重要な研究を検討し，情動的覚醒の種類（直接か間接か）と出来事のタイプ（中心的か周辺的か）との区分を整理して，情動的覚醒が記憶に及ぼす影響を精査している。
　第4章では，システム変数としての目撃要因についての研究成果を踏まえて，Wells（1988）が提案した識別手続のガイドラインが紹介される。すなわ

ち本章の富田論文では，人物描写の聴取の方法，合成写真，マグショット，フォトスプレッド，ラインナップなどの構成法や実施法について提案がなされているが，司法関係者すべてに有益な知識を提供するであろう。

II 第2部 目撃証言の心理学的基礎

第2部の編者，仲真紀子は要旨，次のように述べる。

第5章の戸沢論文は，「見る」というごく普通の活動でさえ，複雑な過程をたどることを示している。例えば私たちは網膜に映った2次元の対象を3次元のそれとして見る。また，事物の大きさから，遠近を知覚することができる。このようなことは，意識下の特別の推論で可能なのか，それとも主体が環境から特別の情報を取り出しているのか。戸沢論文は，両者が含まれていることを示唆する。

第6章の向後論文は，記憶という目に見えない過程を，保持期間や内容など，様々な角度から検討している。特に短期の記憶と長期の記憶とについては，覚える段階（符号化），保持の段階（貯蔵），思い出す段階（検索）に区分し，わかりやすく説明している。一口に「記憶」といっても，様々な内容と性質との記憶があることがわかるであろう。

第7章の吉川論文は，「顔」の知覚過程や認知過程を扱う。私たちは顔を見る際，どこに注目するのか。部分と全体との関係や方向は，顔の知覚にどのような影響を及ぼすのか。また，どのような要因が顔の記憶を抑制したり，促進したりするのか。人種や加齢の効果はどうか。私たちは日常，瞬時に知人でないかどうかを判断している。しかし，正確なところはまだよくわかっていない。

第8章の仲論文は，日常的な文脈で生じる記憶，特に空間や時間にまつわる記憶を問題にしている。空間や時間はどのように保持され，想起されるのか。仲（編者）によれば，これらの記憶は，現実をありのままに反映しているのではなく，主要な情報が選択的に銘記（符号化）され，想起においてはこれらの情報が補完され，復元（解読）されているのである。

第9章のギャリー等論文は，事後情報効果を扱っている。事後情報効果と

は，出来事の記憶が，事後に与えられた情報によって容易に置き換えられる現象を指す。アメリカの認知心理学者E・ロフタスは，1970年代からこの効果を精力的に研究してきた。この論文は，事後情報効果のメカニズムに関する仮説や促進要因を整理し，まとめている。

　第10章の椎名論文は，意思決定の論理を扱っている。「見えた」とか「覚えている」といった意見の表明も意思決定の過程を包含する。そこでは知識や観測に基づく推論が行われている可能性がある。また判断そのものが確率的なものでもある。私たちはしばしば直感的に意思決定を行うが，それは必ずしも合理的ではない。推論の前提や過程を明示せずに行う決断は危険である。

　以上を前提にして第2部の編者の仲はほぼ次のように結ぶ。日常生活においては，認知過程を意識しなくても，またその知識がなくてもあまり困ることはない。しかし，供述や証言が大きな意味を持つ裁判においては，知覚や記憶のメカニズムや正確性に関わる要因を知ることは重要である。国民の司法参加が議論されている今日，国民が裁判に関わる認知過程に関心を持ち，専門家がそれに応えていくことが肝要である（庭山注：本書の出版は2001年3月である）。

III　第3部証言過程の分析

　第3部の編者，浜田寿美男は，第3部のまえがきで要旨，次のように述べる。

　最初に考えられなければならないのは，供述が供述者の言葉だということである。供述者は，問題となる目撃体験以前のところで，すでに長い生活史を生き，その中で独自の人格を形成し，種々の人間観，世界観を培ってきている。目撃者の供述は，供述者の人格と決して無関係ではない。加えて供述は供述者の独り言ではない。供述はすべて，話し手と聞き手との共同の所産である。とりわけ取調べという場での捜査官の果たす役割は大きい。このあたりの問題を第11章の田中論文は扱う。

　それにしても，ここでいう現象の問題点（歪み）を正確に把握することは

むずかしい。目撃供述の正確性を実験的に調べるときには，実験者が元の目撃場面についての正確な記録を持っていて，それと事後の供述とを付き合わせることが必要である。しかし現実の事件においては，なされた供述がどこまで正確かについては測る基準がない。目撃者あるいは被害者，被疑者当人と捜査官との間で種々のやりとりがあって，やがて1つの物語が浮かび上がる。しかし，それがどこまで元の出来事と合致しているか，直接に判定するすべはない。具体的な事例を踏まえながら，このあたりの問題を扱ったのが，第12章の森論文である。

供述分析は，語られてしまったところから始まる。そこには現実の事件を目撃したこと自体は確かであるが，そもそも目撃として語られた出来事を供述者が本当に体験したのかどうか疑われるケースさえある。1960年代から1970年代にかけてドイツなどで組織化された手法は，早くからわが国にも知られていたが，ご都合主義的に利用されてきたきらいがないではない。供述分析が方法として確立されるまでには，なお幾多の学問的努力が重ねられなければならない。第13章の浜田論文は，実際の鑑定例に基づいてこのあたりの問題を扱う。併せて今後の展望にも言及する。

第3節　第2編法律学からのアプローチ

I　全体の構成

第2編は次の6つの章から成る。
　　第1章　日本における犯人識別手続きの問題点（一瀬敬一郎）
　　第2章　アメリカにおける犯人識別手続き（野々村宜博）
　　第3章　アメリカにおける専門家証言の許容性（小早川義則）
　　第4章　アメリカ刑事訴訟における心理学鑑定の許容性（庭山英雄）
　　第5章　イギリスにおける犯人識別手続き（稲田隆司）
　　第6章　ドイツにおける目撃証人の取り扱い（平田元）

第1章の一瀬論文は，自ら収集した16件の無罪事例をもとにして，日本における目撃供述取扱いの実態とその問題点とを克明に検証する。全文77頁の大作であり，第2編全体の約4割を占める。実務的な見地から見れば，本書の中心といえなくもない。
　第2章から第4章は，アメリカでの研究を扱う。そのうち第2章の野々村論文では，目撃者の人物識別手続における被疑者・被告人の防御権を念頭に置きながら，弁護人依頼権や適正手続条項の形成が考察される。次いで第3章の小早川論文では，アメリカにおいて心理学者が専門家として法廷に登場する経緯が考察される。著者一流の詳細な分析といえよう。そして第3章の庭山論文では，真実発見と人権保障との種々の安全装置の中で，心理学鑑定がいかに有用かが検証される。
　一方，第5章の稲田論文では，刑事証拠法について現在，世界で最も明確な法令を持つと考えられるイギリスにおける，犯人識別手続とそれに違反した場合の取扱いとが検討される。さらに第6章の平田論文では，ドイツにおける供述心理学の進展の情況と目撃者に対する具体的取扱いとが検討されている。
　以上に示したそれぞれの論文には，理論的かつ実践的意義が認められるが，ここでは本書出版の趣旨に鑑み，第1章の一瀬論文に焦点を当てる。

Ⅱ　第1章日本における犯人識別手続きの問題点

　本章の構成は次のようである（「はじめに」と「おわりに」とを除く）。
　　第1節　日本型人物識別の概観
　　第2節　ケース研究・ある放火事件の目撃証人
　　第3節　類型別に見た16事例の目撃証人の識別手続き
　　第4節　日本型人物識別の批判的検討
　上記の第1節では，まず目撃供述の証拠価値の限界性について論じられる。目撃供述は自白とともに供述証拠の中軸をなす。特に捜査手続の初期の段階においては，被疑者を特定できるか否かを左右する重要な証拠価値を持

つ。一方，自白も捜査の帰趨に決定的な影響を及ぼす重要な証拠である。しかし，供述証拠はともすれば過度に信用されるので，捜査機関はそれらを裏付ける客観的証拠を収集しなければならない。

次いで人物識別方法について考察がなされる。1999年12月に「法と心理学会設立準備会」で発表された「目撃供述ガイドライン案」（後に，法と心理学会・目撃ガイドライン作成委員会編『目撃供述・識別手続に関するガイドライン』（現代人文社，2005年）によって確定され，公表された。庭山注）によれば，その概要は以下のようである。

① 人物識別を行うまでに被疑者が特定されている場合には，ラインナップを行う。ただし例外的に，被疑者以外の複数の人物の確保が困難なときには，ビデオないし写真を用いてもよい。

② 人物識別を行うまでに被疑者が特定されていない場合で，目撃者が1人のときには，まず写真面割を行い，被疑者が特定されれば，ラインナップを行う。また，目撃者が複数のときには，一部の目撃者に写真面割を行い，被疑者が特定されれば，残りの目撃者にラインナップを行う。

③ 目撃者が被疑者を特定して捜査機関に通報したような場合には，ラインナップは行わない。ただし例外的に，その被疑者特定が目撃から，場所的・時間的にかなり離れて行われた場合には，ラインナップを行う。

④ 目撃した対象の人物が，既知の間柄の場合にはラインナップは行わない。ただし例外的に，その既知の程度が浅い場合には，ラインナップを行う。

ところで，著者（一瀬）が研究に用いた16事例（いずれも最終的には無罪確定）は次のとおりである。

① 札幌ホテル内窃盗事件（窃盗）札幌簡判昭57・10・20札幌弁護士会編『無罪事例集』1986年3頁。

② 守口市内ゲバ事件（凶器準備集合，殺人，殺人未遂）大阪高判昭60・3・20判タ556号204頁。

③ 目黒区住居侵入のぞき事件（住居侵入）東京高判昭60・4・30判タ555号330頁。

④　下田缶ビール事件（詐欺）再審請求審決定は静岡地沼津支決昭61・2・24判時1184号165頁，再審判決は日弁連人権擁護委員会編『誤判原因の実証的研究』（現代人文社，1988年）52頁。
⑤　名古屋タクシー運転手暴行事件（傷害）名古屋地判昭62・12・18判時1262号143頁。
⑥　板橋強制わいせつ事件（強制わいせつ）最判平元・10・26判時1331号145頁，渡部保夫「板橋区強制わいせつ事件上告審判決の評釈」判時1355号231頁。
⑦　横浜西区強制わいせつ事件（わいせつ誘拐，強制わいせつ）横浜地判平元・12・21判時1356号156頁。
⑧　岩槻窃盗事件（窃盗）浦和地判平2・3・28判時1359号153頁。
⑨　三郷市外国人アパート放火事件（現住建造物等放火，出入国管理及び難民認定法違反）浦和地判平2・10・12判時1376号24頁。
⑩　梅田駅構内スリ事件（窃盗）大阪高判平3・2・15判時1377号138頁，裁判の経過は日弁連刑事弁護センター編『無罪事例集第1集』（日本評論社，1992年）79頁。
⑪　大阪・住居侵入強姦事件（住居侵入，強姦）大阪地判平3・7・4判時1262号143頁，大阪高判平4・2・28判時1470号154頁。
⑫　橿原市住居侵入窃盗事件（住居侵入，窃盗）葛城簡判平5・11・19判タ860号300頁。
⑬　熊本市内常習累犯窃盗事件（常習累犯窃盗）熊本地判平6・3・9判タ873号292頁。
⑭　自民党本部放火事件（現住建造物等放火，道路運送車両法違反）東京地判平3・6・27判時1430号3頁，東京高判平6・12・2判時1533号25頁。
⑮　半蔵門線電車内窃盗未遂脅迫事件（窃盗未遂，脅迫）東京高判平7・3・30判時1535号138頁。
⑯　皇居迫撃弾事件（爆発物取締罰則違反，火炎びんの使用等の処罰に関する法律違反，建造物等以外放火）東京地判平6・3・15判時1498号130頁，東京高判平8・1・17判時1558号145頁。

以上の16事例を基にして「日本型人物識別の５類型」が明らかにされる。その５類型の概要はほぼ次のようである。

A類型は，人物識別までに，捜査機関が被疑者を特定している場合であり，写真面割と単独面通しとが行われる。

B類型は，目撃者の通報で緊急配備についた警察が，職務質問で被疑者を特定した場合であり，単独面通しのみが行われる。

C類型は，人物識別までに捜査機関が被疑者を特定していない場合であり，写真面割と単独面通しとが行われる。

D類型は，目撃者が犯人を特定して捜査機関に引き渡したり，通報したような場合であり，原則として人物識別手続を必要としない。見間違いがないか，見えにくい情況がなかったかなどを検討する。例外的に，被疑者の特定が目撃から場所的・時間的にかなり離れて行われた場合には，単独面通し（または写真面割と単独面通し）を行うことはある。

E類型は，目撃者が既知の間柄（家族や近い親戚，職場の親しい同僚，親しい隣人など）の人物を特定した場合であり，原則として人物識別手続を必要としない。見間違いがないか，他の場面との取り違え等がないか。また，既知についての供述がどの段階から出ているかなどを検討する。例外的に，その既知の程度が浅い場合には，単独面通し（または写真面割と単独面通し）を行う。

第１章第２節では，さきに挙げたC類型の典型とも思われる自民党本部放火事件についてケース研究が行われる。著者（一瀬）は本件の弁護人であっただけに叙述は痒いところに手が届くほどであるが，詳細は，さきに挙げた事例14に引用された判例に譲る。また，第１章第３節は16事例の分析であり，これまた第２節に劣らぬ周到な分析であるが，紙面の都合で一挙に第４節の批判的検討の部分に入る。

Ⅲ　第１章第４節日本型人物識別の批判的検討

本節では，２つの視点，つまり第１の視点（目撃者の記憶に関する科学的なアプローチに留意すること），第２の視点（刑事手続上の被疑者・被告人の人権保障に留意すること）を大前提として，各類型ごとに批判的検討がなされる。これま

た精緻な分析であるが，次に紹介する「おわりに」でほぼ著者（一瀬）の意図を知ることができるであろう。

「人物識別手続きにおいては，被疑者に，その識別手続きに応じるか否かを自由に決することができる権利が保障されていなければならない。日本型人物識別手続きを改革していく道筋の1つは，現実に行われている単独面通しに対し，被疑者・弁護人が，これを徹底的に争うことである。法律的には，現行の単独面通し手続きは，憲法31条の適正手続きの保障の趣旨に反し，違法なものと言わざるを得ない。したがって，実践的には，単独面通しを拒否する権利を被疑者・弁護人が行使することが，重要な意義をもっていると考える」(440頁以下)。

〔庭山　英雄〕

第10章
目撃証言の評価その2
——証拠評価の原則を求めて

第1節　はじめに——先行研究に学ぶ

　第三者の供述ないし証言というと弁護士ないし学者の脳裏にまず浮かぶのは，刑訴法223条の条文（第三者に対する出頭要求・取調べ・鑑定等の嘱託）である。同条2項に198条1項但書および3項ないし5項（被疑者の出頭拒否・調書作成）が準用されると書いてあるから，一般市民からすると，ある事件の目撃者として警察に呼ばれても，いやならすぐ帰れる，または取調べを拒否できると考えがちであるが，現実はそうはいかない。したがって，作られた供述調書もその後の公判廷供述も，必ずしも真実とはかぎらない。
　その欠陥を是正するために，心理学者と法律学者とが共同研究を行って，『目撃供述・識別手続に関するガイドライン』（前掲）を作成した。それによれば，わが国で行われている供述聴取手続，人物識別手続の全般にわたって可視化（録音・録画）が必要である。記録を残しておけば，後から検証できる。また人物識別方式としてのラインナップの導入を提唱している。私としては，そのいずれにももちろん賛成である。
　ここで裁判例のいくつかを検証してみよう。平成年代に入っての無罪事例若干に限定されることをお許しいただきたい。
　① ホテル内傷害事件（大阪地判平16・4・9判夕1153号296頁）
　本件は，いわゆるテレクラで知り合った女性から，ホテル内で殴打されて

傷害を負わされたという事件で，被害者である男性の犯人識別供述の信用性が争われた。判決によれば，ホテル内の事件であったので，観察の客観的条件は比較的良好であったが，観察者の視力，飲酒状況などにかなりの弱点があった。単独面通しが行われたのは，事件発生から約4ヵ月後であり，しかもこれに先立ち，警察官は対象者が犯人であるとの暗示・誘導を与えていた。犯人の具体的特徴についての初期供述が記録されておらず，面通し後に犯人の容ぼうに関する具体的特徴が述べられている。また，犯人識別供述の信用性については，供述者の確信度がそれを高めることはない。

　以上の条件を前提として無罪判決が下された。本判決は心理学が示している問題点をよく認識して判断しており，評価に値しよう。

　②　ホテトル嬢殺人事件（福岡地判平12・3・27判タ1152号301頁）

　本件は，ホテル客室内で相手女性に暴行を加えて死亡させたという事件で，ホテルから退去しようとした犯人を目撃したフロント係の人物識別供述の信用性が争われた。判決によれば，この供述は観察の意識性からして信用性が高いとも考えられるが，犯人はエレベーターから後ろ向きに降りてきており，しかも犯人の顔を見た時間もほんの1，2秒にしかすぎない。また目撃者の供述内容にも変遷がある。

　以上を前提として目撃供述の信用性は否定された。これも心理学の提言をよく守っており，評価し得よう（ただし，自白の信用性は肯定されて，結果的に有罪）。

　③　タイヤ放火事件（仙台高判平14・11・12判タ1156号286頁）

　本件は，駐車中の自動車のタイヤに放火したという器物損壊事件である。犯行を目撃した者の人物識別供述の信用性が争われた。判決によれば，1審の判断と同様，この供述は目撃した日にちについて不自然な変遷がある。犯人が被告人だとわかった時点や火をつけた方法などについても他の目撃者の供述と食い違っている。故意にゆがめられたか，虚偽の供述をしたか，いずれかの疑いすら否定できない。

　以上を前提として，その供述の信用性は否定された。自白の信用性も否定されて，無罪の原判決が維持された。

　④　三郷市外国人アパート放火事件（浦和地判平2・10・12判時1376号24頁）

本件は，三郷市の外国人アパート放火事件である。出火直後に現場で犯人と思われる人物を目撃した近所の人の犯人識別供述の信用性が争われた。判決によれば，目撃情況や面割過程に種々問題がある。また識別の対象が外国人であり，日本人には外国人の識別はかなり困難である。

以上を理由として，上記供述の信用性は否定された。事実認定上の種々の問題点をクリアーした評価すべき判断だと思われる。

⑤　皇居迫撃弾事件（東京地判平6・3・15判時1498号130頁）

本件は，いわゆる中核派が保冷車の荷台から皇居に向けて爆弾を発射したという爆発物取締罰則違反等の事件である。目撃者3名の犯人識別供述の信用性が争われた。判決によれば，視認の時間，距離，明暗などの観察条件が非常に悪く，人物の特徴を確認できるような情況ではなかった。また，犯人と思われる2人の男を目撃した証人の供述の信用性に関しては，被告人でないほうの人物（目撃者は同一性の判断により自信があるとする）のアリバイを検討し，この同一性の判断が誤りであれば，被告人に対する識別供述の信用性は一層減殺されるという。

以上を前提として，1審は2名の男に対する犯人識別供述の信用性を否定した。控訴審もこの判断を支持した（東京高判平8・1・17判時1558号145頁）。

若干の所見を述べる。第1と第2との事件はいずれも人身犯罪であり，目撃者の発見に困難はなかったと思われる。こうして前者では被害者の目撃供述の信用性，後者では目撃者の識別供述の信用性が争われた。主として観察の条件が問題とされたが，特に第2事件では心理学上の知見（供述者の確信度の問題）が生かされている。

第3と第4との事件は，対象は異なるが放火事件であり，捜査機関は目撃者の発見に苦労したであろう。したがって，裁判所も目撃証言の信用性判断について慎重にならざるを得なかったと推測される。ここでも第4の事件では，心理学上の知見（異なる人種間の識別の問題）が生かされている。

第5の事件はいわゆる公安事件であり，捜査機関の過度の責任感が真相を誤らせないかと懸念される。それだけに心理学者の協力がなかったら，裁判所も到底正しい判断には到達できなかったであろう。

事実認定は裁判所の専権とする従来の考え方では，心理学上の知見に頼らなくても正しい判断に到達できると断定されがちであったが，近時，心理学上の成果を評価する動きが看取される。

第2節　証拠評価の際の注意点

I　イギリスのタンブル判決

　私は1981年に訳書『イギリス刑事裁判の研究』（学陽書房）を出版した。出版に先立って原著者，グランヴィル・ウイリアムズ教授に日本語版序文をお願いすると，折り返し懇切丁寧な文章が送られてきた。序文としては異例かもしれないが，そのほとんどがいわゆるタンブル判決の紹介であった。その後，渡部保夫教授（当時）の手になる詳細な研究「犯人識別供述の信用性に関する英国控訴裁判所刑事部の一判決について——Reg. v. Turnbull [1977] Q.B. 224」判タ559号31頁が出て，一躍わが国でも有名になった。イギリスのブリストル大学への留学から戻った渡部さんに，研究会でお会いしたとき，「いやあ勉強になりました」と嬉しそうに述べていた温顔が忘れられない。

　先に記した日本語版序文（iii頁以下）によれば，タンブル判決の要点は次のようである。
① 　同判決は，人的同一性確認証拠（人定証拠）のいわゆる「質」が良いか悪いかにつき判断を下すよう裁判官に要求した。その質が悪いときには，人定証拠の正確性を補強する他の証拠がないかぎり，裁判官は事件を陪審から引き上げなければならない。例えば人定証拠がただちらっと見たに過ぎないものであるとき，または，じっと見たにしても難しい条件下で見たにすぎないものであるようなとき，その人定証拠は「質が悪い」と考えられる。
② 　人定証拠が良質である（例えば証人が犯人を注意深く観察していたとか，証

人が犯人を以前から知っていたとかする）とき，裁判官は事件を陪審にゆだねることができる。しかし，裁判官は陪審に対して特に慎重にふるまうよう警告しなければならない。裁判官は人定証拠の質に関する種々の要点（どれくらいの距離から被疑者・被告人を見たか，どんな明るさだったかなど）について陪審に説示するべきである。証人が自分の知っている人の同一性を確認しようとしているときでも，陪審は，親類や友達の同定においてさえ時に誤りを犯すのだから，十分に気をつけるようにと告げられるべきである。

イギリスは判例法の国であり，しかも控訴裁判所判決は絶大な権威を持っているので，以上の判決は準則としての効力を有しているが，日本では自由心証主義が事実認定の原則であるので，同判決の示す準則も自由心証を抑制する経験法則の一種としかみなされないであろう。それゆえ日本でも同種の経験法則を準則に格上げするべきであるとの提言を行う学者・弁護士は多い。

II　わが国の場合

わが国では当事者主義が採られているので，目撃証言の評価にさいしても当事者双方の主張に影響される。通常考えられないが，検察官が無罪の弁論（札幌高判昭58・3・28判タ496号172頁）をしているような場合，裁判官が同一性の承認供述の信用性を否定する方向に傾くのは当然であろう。

他方，被告弁護側の防御の姿勢はより強く影響しよう。同一性を承認する証言に反対尋問をしないとか，犯行とは無関係としか主張しないような場合，明らかに不自然，不合理な弁解をしている場合には，不利な方向に判断されてもやむを得ないであろう。これに対し一貫して否認し，熱心な反証活動を行い，またはアリバイを主張立証する場合には，裁判所も動かされる可能性は大きい。

もう少し細かく見てみよう。目撃供述の評価の過程は，大きく分ければ観察と識別手続との2段階に分かれる。まず観察段階では，目撃者が対象につ

いて面識があるか否か，または対象がはっきりとした特異性を持っているかどうかが問題となる。対象に特徴があり，しかも面識があるといった場合も区別する必要があるように思われる。

観察の持続時間と対象との距離的間隔も問題となる。さらに観察者の心理的情況も無視できない要素である。

次に人物識別段階では，まず観察時と識別手続（写真による選別を経て単独面通し）との時間的間隔が問題となる。観察時以降の体験による記憶の変容や転移にも注意しなければならない。識別手続時の手続実施者の暗示や誘導の影響はもっと大きい。したがって，写真面割には写真の数量や配列に注意する必要があるし，面通しでは選択的面通しのほうがベターである。ラインナップを強く推奨する論者もいるが，弁護人の立会いといった助力がないと，誤認の危険性なしとしない。ラインナップには自白と同様な落とし穴があると考えるべきである。

〔庭山　英雄〕

第11章
鑑定の評価その1
——刑事鑑定の流れと問題点

第1節 刑事鑑定の歴史

「歴史を知らずして学問は成立しない」という言葉がある。私もそう信じている1人である。そこで真実発見と人権保障との双方に貢献する鑑定制度が，いつどのようにして成立したかについてあらかじめ考察しておきたい。

正確な語義で鑑定なる言葉が法典上で最初に見出されたのは，カロリナ刑事法典（1532年）であった。同法典中には，全219条のうち40ヵ条にわたって「鑑定」の語が見られる。重大，複雑，困難と思われる事柄のほとんどすべてについて，不知を尋ねるため，または軽率に刑罰を科さないようにするために，必ず鑑定が行われた。また第219条は，裁判所が刑事訴訟手続，判決，裁判の実行にさいし疑問が生ずるときは，母法都市裁判所，司直，法科大学，都市，コンミューンその他の法律に精通する人々に，裁定を求めなければならないと規定していた。

さらに，医師が医術によって殺害行為に及んだ場合には鑑定を求めるべきこと（134条），傷害致死の因果関係の認定にさいしては，外科医が証人として喚問され，かつ鑑定に付されるべきこと（134条），若年・幼年もしくはその他の欠陥のために明らかに事理を弁別する能力のない者によって犯罪が行われたときは，鑑定に基づいて審理されるべきこと（179条）などの規定も存在した。

15, 16世紀におけるドイツ諸邦のローマ法継受の目的は，正義と社会的利益擁護との双方の実現にあった。そこにはわずかながら，人権保障の思想が見出される。カロリナ法典はイタリアの前例にならい，拷問実施の条件と有罪認定の条件とを区別した。後者を充足するためには，被告人の自白，もしくは2人の証人の一致した証言が必要であった。基本的には法定証拠主義に依拠しながら，証拠評価の誤りを取り除くために細心の工夫をこらしていた（例えば裁判官の心証形成のための指針提示）。

　法定証拠主義によれば，裁判官は形式論理の操作のみによって判決することができた。それは裁判官にとっては便宜で，権力者にとっても有利な方式であった。言い換えれば，誤判の問題で権力が悩まされるおそれがなかった。しかし，カロリナ法典は，これに変改を加えた。同法典は裁判官（素人裁判官を含む）の有する論理駆使能力のみならず，評価能力にも期待する方式を採用した。有罪認定の基礎づけは，カロリナ法典の立法者にとっては，論理的な法適用の問題のみでなく，専門・素人両裁判官および参審員の全人格的判断の問題でもあったのである。

　カロリナ法典以降，ドイツ普通法の証拠法は急速に法定証拠主義強化の方向に向かって行った。その頂点に立つ時代にもなお鑑定は残っていたが，裁判官の確信を前提にしないかぎり，証明政策の見地からはナンセンスというほかなかった。この方向は基本的には18世紀後半のイギリス法継受の時代まで続いた。

　一方，英米法では大陸法と異なり，専門家の知識経験は，証人という形で法廷に提供された。これは専門証拠の一種として許容性を与えられた。ところで，このような専門証人がいつ発生したか。ロンドン大学のノークス教授の調べによれば，すでに14世紀に外科医が刑事事件で裁判所から意見を求められた例があり，16世紀の半ばには，自然科学など法律学以外の専門事項につき，その分野の専門家の意見をきくのはあたりまえのこととなっていたという。この伝統は陪審を基盤とする直接主義，口頭主義の裁判に生かされ，やがて第2次外国法継受（19世紀）によって，フランスを通じ，ドイツに引き継がれることとなったのである。

　ひるがえって，わが国は明治の初期に以上のような伝統を持つ大陸法の鑑

定制度を輸入した。すなわち，わが国で近代的鑑定制度が正式に採用されたのは，治罪法（明治13年）が最初であった。同法の予審の章には正式鑑定の条文があった（191条）。鑑定補充についても，予審判事は鑑定人の請求もしくは職権をもって鑑定人を増加し，または別人に鑑定させることができた（195条）。

程なく明治23年2月，ドイツ法を母法とする裁判所構成法が制定公布され，それとのバランス上，刑事訴訟法改正の必要性が生じ，同年3月，明治刑事訴訟法が制定公布された。同法にも治罪法と同様の鑑定の規定があった。ところが天皇制絶対主義が強化されるとともに，次第にドイツ法に傾斜して行き，やがて全面的にドイツ法に取って代わられることとなった。大正刑事訴訟法（大正11年）がそれである。

同法では鑑定に関する規定もがらりと変わった。鑑定命令が裁判所の裁量によるとする点では従前と異ならなかったが，簡単な鑑定については口頭報告も可とされた（221条1項）。検察官・弁護人の鑑定への立会権も認められた（227条）。しかし当時，伝聞法則は存在しなかったから，鑑定書の証拠能力制限規定はなかった。弁護士会から鑑定人に対する直接尋問権が強く要求されたが，結局裁判長の許可の下に許されたにとどまった（338条4項）。

以上のような過程を経て現行刑事訴訟法の鑑定制度は生まれた。そこでは証拠法全体が英米法化されたにもかかわらず，鑑定制度は基本的に従来のままとされた。ここからいろいろな問題が生じてくるのであるが，別稿に譲らざるを得ない。

第2節　刑事裁判と鑑定

近時，世間の耳目を聳動した事件に2つがある。1つは富山の氷見事件であり，もう1つは栃木の足利事件である。鑑定との関係では後者のほうが著名であるが，ここでは注目された順序で2つの事件を検討し，そこから「裁判と鑑定」の問題点を探ることとする。

まず氷見事件について。平成14年1月，富山県氷見市の民家において，男

が不法に侵入し，18歳の女性を強姦するという事件が起きた（第1事件）。その2ヵ月後の同年3月，同市内の別の民家に男が侵入し，16歳の少女を強姦しようとして果たさなかった（第2事件）。これら2つの事件の犯人と目されたYさんは，逮捕・勾留後自白を強要され，取調べの恐怖と絶望とから自らは覚えのない犯行を自白した。

　Yさんは公判において自白を維持し，被害者に慰謝料を支払ったこともあってか，富山地方裁判所高岡支部は，懲役3年の実刑判決を下した。Yさんは観念して服役した（2年1ヵ月）。ところが平成18年8月，真犯人のO（オー）が出現した。そこで平成19年2月，富山地方検察庁はOを起訴するとともに，Yさんに対する再審を請求した。富山地方裁判所高岡支部は，再審開始決定後，4回の公判を経て無罪判決を下した。Yさんは国家賠償請求訴訟を起こし，目下訴訟継続中である（平成22年3月18日現在）。国家賠償請求の訴状によれば，警察官による証拠の隠匿行為はほぼ次のようである。

　本件では，被害者の膣内容物その他を資料としてDNA型鑑定が実施され，その証拠が存在するはずであるが，これら証拠は，検察官から証拠請求されていない。DNA型鑑定は現代の刑事捜査において，最も重要な捜査手法の1つであり，本件のような強姦事件においては，同鑑定が実施されなかったなどとは，到底考えられない。

　富山県警察は，同鑑定を実施したものの，Yさんと犯人とを結びつけることができなかったため，Yさんが無実であることを示す重要な証拠を，あえて無視あるいは隠匿したと見るほかない。

　そのほかYさんの無実を裏付けると思われる証拠が何点かあるが，ここでは省略する。

　次に足利事件について。笹森学「足利事件」（日弁連人権擁護委員会，再審通信99号，2009年11月1日）によれば，同事件の概要は次のようである。

　足利事件とは，1990（平成2）年5月，当時4歳の女児が足利市内のパチンコ店から行方不明となり，翌日，渡良瀬川の河川敷で遺体となって発見されたという事件である。幼稚園の送迎バスの運転手をしていた菅家さん（当時45歳）は，翌年12月1日早朝，女児の半袖下着に付着していた精液のDNA型が一致していたとして呼び出され，夜半に自白して翌日逮捕，わいせつ目

的誘拐，殺人，死体遺棄の犯人とされ，起訴された。菅家さんは第1審の途中から否認に転じるなどしたが，2000（平成12）年7月17日上告も棄却され，無期懲役の刑が確定，千葉刑務所に下獄した。

菅家さんは日弁連の支援を受け，2002（平成14）年12月25日に再審請求がなされ，2008（平成20）年2月13日に請求を棄却された。しかし弁護団はこれにめげず，当事者双方の請求する再鑑定を実現した。その結果，検察官は刑の執行停止を決め，菅家さんを釈放した。その後，即時抗告審において2009（平成21）年6月23日，東京高裁は原決定取消し（再審開始）の判断を下した。こうして，足利事件の再審公判に向けた三者協議が2009年8月7日に宇都宮地方裁判所で行われることとなった。

三者協議において，菅家さんと弁護団とは誤判原因を究明するための充実審理を求めた。検察官は，菅家さんの早期名誉回復と称して審理を事実上不要とする「早期幕引き無罪判決」を主張した。弁護団がこれに納得しなかったので，裁判所は結局，条件付で証拠調べに入ることを承認した。録音テープについても開示して取り調べることを了承した。

かくして，再審公判では前代未聞の菅家さんの取調べ録音テープの法廷での再生が行われ，あまつさえ取調べ検察官の尋問（弁護人による）さえ行われた。誤判原因の究明に多大の貢献をしたこともちろんである。弁護団の努力を多としたい。

富山県の氷見事件では訴追側が，実施されたDNA鑑定を隠したことがほぼ確実である。また栃木県の足利事件では，あやふやなDNA鑑定をてこに警察・検察が自白強制し，地方裁判所，高等裁判所，最高裁判所がそろってこれを見破れなかった事実が確実である。このように科学的鑑定の「魔力」は，刑事司法の根幹を揺るがせる危険性を持つ。これを防ぐにはどうしたらよいか。以下に法医学鑑定を基盤にして，弁護人として留意すべき点を考えてみよう。

I　鑑定資料の性格（質）の問題

法医学鑑定人の不満の第1は，「鑑定資料の性格」に注目して欲しいとい

う点である。鑑定は資料の「真正性」ないし「適格性」を前提として初めて意味を持つ。元となる資料が適正でなければ，その資料についての鑑定は，なんの意味もない。意味がないどころか大きな害悪をもたらす。

弘前事件においては，被告人那須隆の白シャツに98.5％の確率で被害者の血痕が付着しているという古畑鑑定が有罪判決の重要な証拠となっていた。ところがこの血痕は，警察が押収した後に付着したものであったにもかかわらず，犯行時の血痕とされたものであった。すなわち，この白シャツの血液型鑑定を当初依頼された引田一雄弘前医大教授が見たときは，本件白シャツには灰色がかった色の班痕を認めたにすぎなかった。それは本件犯行現場付近の路上から採取された血痕とは色調が著しく異なるものであった。後の再審無罪判決では，この白シャツ血痕は，押収後になにびとかの作為によって付着されたものと推認されている。

私が香川大学在職中にいろいろな形で関わりを持った財田川事件においても，古畑第1鑑定と第2鑑定との間の20年間に，被告人が犯行当時着用していたとされる国防色ズボンの血痕が増加しているとの疑惑が発生した。すなわち，原確定判決においては国防色ズボンの付着血痕が決定的な役割を果たしたのであるが，この点について最高裁差戻決定は「国防色ズボンの押収手続きがずさん」と指摘した。これを受けて再審開始決定は，本件ズボンの血痕について鑑定した古畑第1鑑定においてさえ，微小な4個の血痕を集めてようやく鑑定がなされたというのに，第2鑑定にさいしては同じズボンから大きな血痕が発見されたというのは「不自然不合理」だと認定している。

松山事件でも請求人斉藤幸夫の掛け布団の襟当てに多数の血痕が付着しており，その血液型が被害者の血液型と一致することが，請求人と事件とを結びつける重要な証拠であった。原確定判決によれば，犯行の2時間半後に付着したとされる80数群もの血痕があった。ところが押収直後に襟当てを撮影した捜索差押調書添付の写真には，班痕らしきものは1ヵ所しか写っていなかった。襟当て押収当時の写真撮影と同じ条件を設定して，千葉大学写真工学科石原俊講師に撮影してもらったところ，もし80個の血痕があれば，血痕が1ヵ所しか写らないというようなことはあり得ないとの結論であった。本件においては，再審開始決定以前に著名法医学者と何度も厳しいやり取りを

した。その報道を見ていたゆえか，再審無罪確定後，斉藤幸夫さんは実兄を伴って香川高松までお礼に来た。酌み交わす地酒のなんとうまかったことか。

II　党派性および鑑定人の姿勢

　私が法医学会総会での講演で問題提起し，会員の一部から激しい反発を受けたものに「党派性」の問題がある。ここにいう党派性とは，無論，政党政派に関係することではなく，鑑定人が当事者の「どちらか一方に偏すること」を意味する。大陸法の伝統では，正式鑑定人は裁判所の命ずるところとなっているので，あまり問題にされないが，英米法の伝統では，当事者双方が自ら選ぶことになっているので，時に大きく問題となる。日本法では鑑定に関する条文は大陸法的であるが，証拠法は英米法的になっているので，問題がより複雑化している。

　日本では正式鑑定人は裁判所の命ずるところであるが，当事者の申請した専門家が任命される例が多い。また嘱託鑑定（刑訴223条1項）においては，訴追側が自ら専門家に委嘱できる。したがって，日本でも党派性の問題は軽視できないと思われる。

　このような見解に対しては，現代においては党派性などということはもはや1個の迷信にしかすぎないとの法医学者からの反論がある。鑑定人の選任がその具体的専門性に基づく正当なものであれば，もはや党派性などのつけいる余地はないというのである。確かにかなりな程度でそのようにいえるであろう。しかし現実はそう甘くない。具体的専門性という点で真にぴったりの人はそうざらにはいない。いたとしても人間関係や学閥関係から辞退する人もいる。そこで「看板的専門性」に頼らざるを得ず，時には承知の上で押し付けざるを得ない。そこに微妙ながら党派性が忍び込んでくる余地があると思われる。

　党派性に対しては次のような反論もある。すなわち，法医学には他の医学領域と同じように，異論をさしはさむ余地がないほどに学説が定着している分野がある一方，教科書には決定的であるかのごとく書いてありながら，実

際には反対論文がいくつも学会に発表されているような問題もある。だから鑑定結果が割れてくる場合もあるのである。決して依頼者に迎合して結論を出しているわけではない。

　この反論には合理性がある。かつて私は，法医学というのは自然科学に近いからもう少し一義的な答え（誰がやっても同じ結果）が出てくるものと考えていたが，法医学鑑定にもかなり価値判断の要素が加わっていることがわかり，少なからず驚かされた。要するに「人」の問題だといっても過言ではないほどなのである。そこで鑑定の「主体」をめぐる問題事例を考えてみる。

　かつて東大の古畑種基教授は，わが国の法医学の最高権威といわれ，その鑑定に疑問があってもそれを覆すことは事実上不可能であった。島田事件において，裁判所は被害者の胸の傷は死後のものであるとの解剖医の鑑定を採用せず，生前の傷だとする古畑鑑定を採用して赤堀被告人に死刑を言い渡した（ほぼ同様なことが弘前事件でも財田川事件でも発生した）。

　しかし島田事件の古畑鑑定は，その後の鑑定により鑑定方法の誤りが厳しく批判された。すなわち疑問に思った１審の静岡地裁は，結審後わざわざ公判を再開して再鑑定を求めたところ，古畑氏は本件凶器によって胸の傷はできるとし，犯行の順序も赤堀自白のとおりだと断定した。だがその後太田伸一郎東京医科歯科大学，上田政雄京都大学の両教授は，実験等十分な調査をし，古畑鑑定にはごく初歩的な誤りがあることを指摘した。

　古畑氏は法医学を捜査の一方法と位置づけ，法医学を「公安医学」と定義した（『法医学』（南山堂，1948年））。これに対し上野正吉博士は，「鑑定においては己れの学識経験が教える真実をそのまま表明すべきである」と法医学者を諭した。また木村康千葉大学教授も弘前事件の再審請求審理にさいし「冤罪を作らないということのために法医学が存在すると考え，それを日常的に使命と考えて仕事をしている」と証言している。

　私がある機会に，法医学は国家医学（捜査に協力する学問）たることをやめなければならないと述べたのに対し，ある著名な法医学者は，もっと捜査官憲と緊密な連絡をとり，正しい鑑定ができるよう条件を整えなければならないと答えた。この反論には一理あるが，捜査の実態を知らない発言のように思われる。

III　鑑定能力および鑑定方法

　私自身かつて十分な理解がなく，法医学者との共同研究会などによって啓蒙された問題に「鑑定能力」の問題がある。法医学鑑定というものは，自然科学の一種であるのでもっと一義的な解答を用意できえるものと考えていた。テーマにもよるが，なぜあれだけ対立するのか，疑問に思っていた。法医学者による次の弁明（要旨）は，法律学者として耳を傾けるに足ると考える。

　毒物検査や血痕検査は，関連機器の開発や検査方法の改良などにより飛躍的な進歩を遂げているが，損傷の鑑定に役立つ知見としては，交通外傷，墜落外傷についての知識が加わったくらいで，それ以外は，昔のままの段階にとどまっており，したがって損傷の解釈ないし判断において異なった見解が示されるのはむしろ当然のことである。鑑定能力は，同じ法医学者の間でも対象の種類によって差のあるものであり，鑑定人の努力と研鑽とによって向上していくものなのである（上山滋太郎「法医学鑑定の限界と問題点」法律時報1979年10月号）。

　この弁明に接してすぐに思い出すのは，1963年に発生した狭山事件である。同事件は学校帰りの女子高校生が何者かによって殺された事件であるが，死体の首に絞められた傷が残されていた。1974年に確定以来再審請求は3次に及んでおり，法医学鑑定もいくつも出されているが，いまだに絞殺か扼殺かで争われており，決着はついていない。私は「狭山事件の再審を求める市民の会」の代表として，その他の証拠で十分請求人の無実は証明されていると考えている。

　ごく最近東京高裁刑事4部（門野博裁判長）は，事件発生以来47年目にして初めて証拠開示を勧告して世間の注目を浴びた（2009年12月16日）。特に被害者の頭部には傷があり，犯行現場に血痕が残されルミノール検査を行ったと見られるが，検察側は頑として証拠開示に応じない。裁判長は業を煮やして，証拠が存在しないのなら存在しない理由を明らかにせよと検察側に迫ったという。

Ⅳ　鑑定人の選任の問題

　すでに言及したごとく，テーマにふさわしい鑑定人が見つかれば，鑑定の課題のほとんどが解決されたようなものである。しかし，これがなかなかの難問なのである。

　訴追側は鑑識センター，科学捜査研究所，科学警察研究所などを持ち，鑑定人選任にあまり苦労しない。近時，科学捜査の発展に対応して，DNA鑑定や繊維鑑定の設備が急速に整備されていると聞く。困難な法医学鑑定についても，法医学会とのつながりが強く，中には「かかりつけの医者」のような法医学者もいて，その選任にはあまり苦労しない。

　裁判所も過去に鑑定人となった人の専門別リストをそなえており，大学の法医学教室ともつながりを持ち，当事者双方が申請した専門家を正式鑑定人として発令する例も多く（足利事件の再鑑定人を想起せよ），それほど苦労しているとの話は聞かない。これに対し被告弁護側の鑑定人選任は困難を極める。

　私は名古屋に在住していたので，名張毒ぶどう酒事件の昭和50年代前半の情況を承知している。当時の主任弁護人吉田清氏（故人）から聞いたところでは，まず日本中の大学の法医学教室にアンケートを送って簡単な所見を求め，これだと思う学者に直接お会いして鑑定を依頼し，何人にも断られてようやく東京歯科大学の鈴木和男教授（法医学）に引き受けてもらったという。昭和50年代後半，四国高松に住んでいたときには袴田事件関係で醸造関係の研究者を求めて走り回ったこともある。

　その後，日本弁護士連合会の人権擁護委員会が自ら調査して鑑定人リストを作成した。各地の警察の鑑識センターはともかく，中央の科学警察研究所は誰でも利用できて当然と思われるが，被告弁護側には利用が許されていない。それどころか弁護士会の委員会による見学さえも体よく断られる。私は学者時代に鑑定研究会として1度だけ見学させてもらったことがある。先方はブラックリストを持っているらしく，そのときに庭山を許可するかどうかが話題になったという。

優秀な人材と機材とをそなえ，税金で運用されている科学警察研究所が訴追側にしか利用できないのはおかしい。訴追側の需要に応えるだけで手一杯ということであれば，国庫の支援で中立的な裁判科学研究所が設立されてしかるべきである。イギリスではその種の研究所がかなり以前に設立され，被告弁護側にも利用が許されている（庭山英雄「科学鑑定の動向―イギリスの場合」季刊刑事弁護16号，1998年）。

ここで鑑定人選任不能の問題を取り上げる。これには2種がある。その1は当該問題を鑑定できる専門家がいない場合である。遠からずそういう事態が発生すると懸念する者がいないではないが，まだ差し迫った問題にはなっていない。そのような問題が起きた場合には「疑わしきは被告人の利益に」の原則に従って処理するほかないであろう。

その2は鑑定能力のある者がいることはいるが，政治的配慮とか人間関係・学閥関係とか何らかの理由で鑑定の引き受け手がいない場合である。著名な再審請求事件で，人間関係を理由に意見表明を謝絶した法医学者の例を私は知っている。同事件の場合にはほかに人を得て問題とはならなかったが，このような場合にそなえて共同鑑定とか専門委員会とかが必要ではあるまいか。しかし法医学者の多くは消極的だと私は聞いている。

V 鑑定補助者の問題

4大死刑再審無罪事件の1つ，財田川事件で当時の法医学会の最高権威，古畑種基氏（前出）は裁判所に血痕鑑定を命じられてO型と判定した。しかしその鑑定は，当時の大学院生が見よう見まねでやったものであることが後に判明した。古畑氏は鑑定の前提となる検査には全く立ち会わず，すでにでき上がっていた文章に手を入れただけであることがわかった。当時古畑研究室では，訓練のため若い研究生に順番に鑑定させ，助手や特別研究生が検討・起案をし，教授はその鑑定書に目を通して署名し，古畑鑑定書として裁判所に提出していたという。

再審請求審理の過程でこの事実を知った担当弁護人は，激しく怒り，見よう見まねでやった大学院生を「学識経験のある者」（刑訴165条）とはいえず，

原稿に手を入れただけというのも，到底「誠実に鑑定」（刑訴規128条）したとはいえないとして，古畑鑑定の無効を主張した。

学会で最初にこの問題にメスをいれたのは，浅田和茂教授（現在立命館大学）であった。浅田氏はこの問題がドイツでは鑑定人の「自己答責性」の問題として取り上げられている点を指摘し，名義だけを自分のものとして内容を一切他人に任せるようなことは，許されるべきではないが，さりとてすべてを鑑定人自身が行わなければならないものでもないとし，次のような解決を提示した。つまり，認定にさいし価値判断を要する事柄については，必ず鑑定人自身がやらなければならないが，純技術的な事項（例えば鑑定の前提となる検査）は習熟した助手などにゆだねても差し支えない（庭山英雄他編著『刑事鑑定の理論と実務』（成文堂，1977年）19頁・95頁〔浅田和茂〕）。

実務の実際ではほぼこのように行われており，法医学解剖などでもその後問題は起きていないように思われる。

鑑定補助者の問題については，私はつとに関心を有し，1970年代にイギリスに留学したとき同国の情況を調べてみた。案の定，法律家と科学者とが対立していた。法律家は反対尋問の必要性から，研究所を1個の証人とみる「組織体証人」という考え方に否定的であったが，科学者は組織体証人理論を肯定し，今どき1つのケースをすべて処理できるような専門家はいないと説いていた。フランスでもパリの研究所の鑑定結果報告書は，所長によって署名がなされているという。

組織体証人理論の実益は，助力者すべてが反対尋問にさらされる必要がないという点にある。しかし，そう扱われるためには，判断を必要とする部分についての検査は鑑定人自身で行われなければならない。さきに示した古畑鑑定のようなやり方には，なお問題が残っているように思われる。

Ⅵ　鑑定と裁判との関係

4大死刑再審無罪事件のもう1つ，松山事件の再審開始決定が出た直後，読売新聞宮城版昭和54年12月8日付朝刊で，簡単ながら「紙上討論会」が催された。私が誤判の一原因として「偏見に基づいた誤った鑑定」「法医学を

国家医学と考える姿勢」の双方があったと指摘したことに対し，赤石英・東北大教授（当時）は要旨，以下のような所見を述べた。

　過去に法医学的所見は，犯人を断定する根拠になるかのごとく宣伝していた有名な法医学者がいた。しかし，刑事，民事（親子鑑定など）を問わず，鑑定は二者の関係を否定する立証はできても，関係を結びつける断定資料にはなり得ないし，法医学的所見だけで犯人と断定することもできないはずである。他の多くの証拠とともに裁判に利用されているにすぎない。にもかかわらず再審事件などが起きると，法医学者だけがマスコミに非難され，死ぬ思いをさせられるのはどういうことなのか。

　この反論には，法律学者として傾聴すべきものを含む。私のように自由心証論に関心を持つ者にとって，「鑑定は二者の関係を否定する立証はできても，関係を結びつける断定資料にはなり得ない」との指摘は鋭い。しかし鑑定人すべてにつき，誤判について責任がないといおうとしているなら疑問なしとしない。これまで再審請求が行われた重大事件では，たいてい被告人の自白とそれを裏付ける証拠とによって有罪認定されているが，その場合裏付け証拠として法医学鑑定が決定的役割を果たした例が少なからず見られるからである。もっともそのような場合であっても，鑑定人が有罪を認定したものではなく，裁判所が鑑定を利用したにすぎないことは確かである。

　ある研究会で冤罪・誤判問題が討論されたとき，「裁判所はもっと鑑定を尊重せよ」との見解と「裁判所は鑑定に頼りすぎる」との見解とが対立したことがあった。再審請求などで新証拠として法医学鑑定を提出している弁護士は前者を主張し，捜査段階で法医学鑑定をてこにして自白をとられている事件の弁護人は，後者を支持した。どちらも間違っていない。問題の根幹は，虚偽自白がとられやすい取調べ制度にある。これを防ぐために取調べの全面可視化が主張されている。それが実現すれば，間違いなく冤罪・誤判は少なくなるであろう。だがすべてを解決できるわけではない。このことを当事者双方が承知して議論すべきであろう。

〔庭山　英雄〕

第12章
鑑定の評価その2
——精神障害事件無罪判決例

第1節　無罪判決を目指して

　前章では冤罪・誤判を防ぐとの見地から鑑定（専門家の供述）をめぐる諸問題を考えてみたが，本章では無罪判決を獲得するとの目的的見地から鑑定をめぐる諸問題を考えてみることとする。専門家の供述は，鑑定書や鑑定人尋問の結果，鑑定証人の証言などの形で法廷に顕出されるが，それらが刑事訴訟において果たす役割は大きい。すでに見たごとく時には決定的な役割を果たす。社会の発展とともに科学捜査の必要性は増大する。また「人から物へ」といった捜査目的の変化に伴って物証の重要性は増す。しかし，物自体が犯罪の立証に直接に役立つ例はそれほど多くない。物証は鑑定を介して初めて有力な証拠となる。近時多発する交通事故1つを考えても明らかである。

　ところで，鑑定は証拠資料の1つであるので，当然のことながら裁判官の自由心証の対象となる。自由心証といっても全くの自由ではなく，経験法則や論理法則の制約に服することについては先に述べたとおりである。したがって，鑑定結果がそれら法則と衝突しないかぎり，裁判官は専門家の意見を尊重しなければならない。尊重しなくてもよい場合としては，次のような場合が考えられる。

　① 鑑定の主体である鑑定人の鑑定能力や公正さに疑問があるとき。自動

車事故鑑定では何の資格も能力もない者が専門家と称していることがある。
② 鑑定の客体たる鑑定対象物件の真正性に疑問があるとき。鹿児島夫婦殺し事件では対象である陰毛がすりかえられた疑いが持たれた。
③ 主体と客体とをつなげる前提条件が裁判所の認定した事実と異なるとき。精神鑑定では犯行時の幻聴や幻覚の有無について医者同士で争うことがしばしばである。後に実例を紹介する。
④ 鑑定結果が客観的事実と食い違っているとき。こんな例は稀であろう。
⑤ 結果としての鑑定内容に問題があるとき。その多くは反対尋問で解消されよう。

第2節　精神鑑定の実際

　刑事裁判において，法医学鑑定に並んで重要な位置を占める鑑定に精神鑑定がある。ここでは日本弁護士連合会人権擁護委員会の誤判原因調査研究委員会が収集した無罪判決7例（日弁連刑事弁護センター編『無罪事例集第1集―第9集』〈1992年―2004年〉からの6件，弁護士会員提供のもの1件）を検討して，どうしたら無罪判決が得られるかについて考えてみたいと思う。

I　雇用促進住宅事件（無罪事例集No.554）

　被告人は，平成7年2月20日，自宅において被害者（当時64歳）に対し，殺意を持ってカッターナイフで数回切りつけたが，殺害の目的を遂げなかった。検察官は，本件犯行当時被告人は，責任能力を有していたと主張したが，弁護人は精神分裂病（資料との関係でこの用語を用いる。以下，統合失調症と読み替えていただきたい）による妄想に支配され，心神喪失状態にあったと主張した。
　被告人は，本件で逮捕されたあと，医療刑務所に鑑定留置され，M医師

の診断を受けた。被告人は非協力的であり，結局，本件犯行当時，幻覚，被害関係妄想が出現していたとの診断を受けた。被告人は本件起訴後，県立病院に鑑定留置され，S，O両医師の診断を受け，被害者に対する被害妄想については，訂正不能と判断された。

　私の見るところ，上記の２つの鑑定ともしっかりしたものであり，私にはどうして鑑定が分かれるのか，わからなかった。あえていえば，起訴前の鑑定と起訴後の鑑定との違いかもしれない。２つの鑑定の間にあって，裁判所は責任能力なしで無罪判決を下した。おそらく「疑わしきは被告人の利益に」の原則に従ったものであろう。被告人が無罪判決を得られた最大の原因は，弁護人が正式鑑定に持ち込んだことにあると思われる。裁判所はそう容易に正式鑑定を認めない。弁護人の努力を多としたい。

II　公園殺人未遂事件（無罪事例集No.613）

　被告人は，平成10年10月，福岡市内の公園において，被害者（当時63歳）に公園から退去するよう求められたことに腹を立て，同人が死ぬかもしれないと認識しながら，ナイフで同人の胸や腹を刺したが傷害を加えたにとどまり，殺害の目的を達しなかった。

　１審裁判所は，犯行時に被告人は心神耗弱の状態にあったとして懲役３年に処した。２審の弁護人は，責任能力ありとの判断に疑問を抱き，友人の医師に相談して心神喪失による無罪を主張した。すでに捜査段階においてM嘱託鑑定があったが，裁判所はO医師に正式鑑定を命じた。両者の鑑定は，妄想型の精神分裂病という点では一致していた。

　２審裁判所は軽いと重いとの２つの鑑定を参照しつつ他の証拠を合わせて検討し，被告人の本件犯行は，心神喪失者の行為として罪とならないと判断した。被告人には平素から被害者意識に基づく妄想が顕著であり，精神分裂病により11年間入院したこともあるなどの証拠を総合判断したものであった。

　２審の弁護人は全国的にも名の知られた刑事弁護士であった。医師の友人にも恵まれていた。それにしても弁護人が積極的な行動に出なければ，２審

で正式鑑定が行われるはずがない。正式鑑定を命じた裁判官の総合認定の力量に敬意を表したい。合理的な疑いが残るかぎり，責任能力ありとは認めない裁判官の姿勢にも学びたい。

Ⅲ 奈留町事件（無罪事例集No.730）

被告人は，日ごろから実父（74歳）に精神病患者扱いされていることに不満を抱いていたが，平成13年7月12日，自宅において「また病気が出た」などと言われたことに激高し，殺意を持って台所から持ち出した包丁で同人の胸部を数回刺し，失血死させた。

裁判所は，犯行当時被告人は精神分裂病の再発時にあり，心神喪失状態にあったので責任能力なしとして無罪とした。

捜査段階のH鑑定によれば，本件犯行当時，被告人は精神分裂病の急性の増悪期にあり，同人には強い衝動性，攻撃性が見られ，実父に対する被害妄想と幻聴とから犯行に及んだ。なお被告人にはかねてから精神発達遅滞も見られ，本件犯行当時被告人の是非善悪の弁別能力，行動制御能力は著しく減退しており，ほとんどない状態であった。

また公判段階のM鑑定によれば，被告人は本件犯行前，軽度の精神発達遅滞，精神分裂病の残遺状態にあったが，犯行直前に分裂病の急性悪化，再燃を来たしており，衝動性，攻撃性が高まっていた。しかし凶器を用いていることや，犯行直後に悔悟して助けを求めたりしていることからして，全くの滅裂状態ではなかった。動機においても被害妄想に影響されてはいたが，妄想のすべてが分裂性のものともいえない。したがって本件では，分裂病の直接的影響下にあって，被告人の弁別能力，行動制御能力は著しく障害されていたが，全く失われていたわけではない。

以上2つの鑑定とも弁別能力，行動制御能力が完全に失われていたとは判断していない。この条件下で裁判所が責任能力なしとして無罪とするのには，かなりの勇気が必要だったと思われる。現在ならば間違いなく医療観察法が適用されるケースであろう。

本件の無罪判決は1審で確定したので，弁護人は刑事補償を請求してい

る。心神喪失による無罪の場合，弁護人は刑事補償の請求を忘れがちであるが，本件弁護人の周到な配慮に敬意を表したい。

Ⅳ　2回刺突事件（無罪事例集No.673）

　本事例は，本件犯行当時被告人は心神耗弱であったと認定した1審判決を破棄し，被告人は重症の破瓜型精神分裂病で，同人の第1刺突行為は精神運動興奮を伴う妄想様反応下での行為であり，また第2刺突行為も命令幻聴を伴う作為行為であって，犯行当時の行動制御能力は完全に失われていたとして，心神喪失を認定し逆転無罪を言い渡した2審判決の事例である。
　2審弁護人の控訴趣意によれば，被告人は原審判示当日，自宅の台所等で実母T（被害者）と口論した。被害者が包丁を持ち出して先に外に出，これを追って外に出た被告人と対峙した。その際被害者が包丁の刃先を被告人に向けてきたため，被告人は殺されるかもしれないと考えて，被害者ににじり寄り，両手を被害者の両肩に乗せ，足をかけて被害者を押し倒した。被害者の落とした包丁を拾い上げ，これを被害者の喉もとで上下させて威嚇したところ，被害者がこれを掴んできたので被告人が包丁から手を離すと，被害者が自分の喉もとを突き刺した（第1刺突行為）。その直後に「殺してしまえ」との声を聞いた被告人が包丁を持った被害者の手を上から右手で押して被害者の喉もとを刺した（第2刺突行為）。
　2審弁護人はさらに次のように述べて，原判決には理由不備ならびに事実誤認の違法があるとした。すなわち第1刺突行為は被害者自身の故意もしくは過失によるとの疑いが強く，第2刺突行為も被告人の違法行為とはいえ，幻聴に支配されて心神喪失の状態でなされたものである。
　U鑑定人は，その鑑定書において，被告人は本件犯行当時，重度の欠陥症状を伴った破瓜型精神分裂病の状態にあり，自己の行動の是非善悪を判断し，それに従って行動する能力は有していたが，その程度は著しく障害されていたと判断した。
　W鑑定人は，その鑑定書において，被告人は本件犯行当時，重症の破瓜病で入院すべき場合に準ずる程度の社会適応不良であり，人格欠陥も著しい

ものであって、犯行当時の行動制御能力は完全に失われていたと判断した。

なおS医師も警察官に対する供述調書において、本件犯行直前まで診察してきた精神科医師として、被告人が本件犯行当時、是非善悪の区別がつかない状態であった可能性があると述べている。

結局裁判所は、次のような理由を述べてW鑑定を採用した。鑑定人は原審および当時の記録等を検討し、17回にわたって被告人に面接し、身体的諸検査および心理学的諸検査を実施した上のものであって、鑑定の資料や手法において問題とすべき点はない。また被告人の変更後の供述も踏まえて判断がなされており、その判断に不合理な点は認められない。

裁判所が第2刺突行為のみならず第1刺突行為まで、被告人に責任能力なしとして無罪判決を下した決断に敬意を表したい。しかしこれを生み出したのは、2審弁護人の努力にあることを忘れてはなるまい。

V 江戸川事件（無罪事例集No.257）

被告人は、平成2年2月6日江戸川区の自宅において、殺意を持って長女のM（9歳）の頸部を両手で締め付け、同人を窒息死に至らしめた。引き続き自宅において長男のK（12歳）の頸部や胸部等を文化包丁（刃渡り18センチメートル）で数回突き刺し、同人を失血死に至らしめた。

本件弁護人の弁論要旨は次のようであった。すなわち被告人は、本件犯行当時、内因性うつ病に基づく強度の希死念慮により、自己の行為の是非善悪を弁識する能力、その認識に基づいて自己の行為を制御する能力をともに完全に喪失しており、責任能力を欠いていたので、前記殺人についてはいずれも無罪。

本件では3つの鑑定がなされた。そのうち捜査段階のK鑑定は、被告人が内因性うつ病にかかっていたことは認めるが、是非善悪を弁識する能力や、それに基づいて行動する能力を欠いていたとまではいえないとした。

これに対し公判段階のM鑑定は、本件犯行時の被告人の精神状態は、内因性うつ病に基づく顕著なうつ状態にあり、自己の行為の是非善悪を正しく認識し、その認識に基づいて自己の行為を制御する能力をともに完全に喪失

していたとした。

　2つの鑑定が対立したので，検察官は裁判所に第3の鑑定を請求した。これを担当したのが有名なI精神医学者であった。同博士は，「希死念慮が認められれば，その事実のみをもって刑事責任は否定される」とのM鑑定は不適当と結論した。

　検察官の輿望をになってI鑑定人が登場したが，裁判所は「責任能力なし」とする認定を覆さなかった。私はM鑑定を仔細に検討したが，極めて説得力のあるものであり，不適切とは感じなかった。裁判所の見識をたたえてしかるべきであろう。

VI　赤羽台事件（無罪事例集不登載，弁護人申告による）

　被告人は，昭和62年10月12日，北区赤羽台の自宅において，父親（89歳）および母親（87歳）を殺害して自殺しようと決意し，文化包丁で父親の頸部を突き刺すなどし，同じく母親をも突き刺すなどして，両人を失血死させた。

　裁判所は，被告人のこれまでの精神病歴，本件殺害行為の異常性，事案の重大性などに鑑み，公判段階で2回にわたり精神鑑定を行うなど慎重な審理を尽くした。その結果，被告人は犯行当時，内因性そううつ病のうつ病相期にあり，その精神障害の程度も重く，行為の是非善悪を判断し，それに従って行動する能力を欠いていたとして無罪判決を下した。

　検察官は，主として捜査段階の自白ならびに簡易鑑定に依拠して責任能力あり（心神耗弱）を主張したが，裁判所はこれを容れなかった。本件の弁護人は刑法学会でも名を知られた研究者でもあった。その弁護人が2回にわたって精神鑑定を実現したことが，最大の勝因であろう。ちなみに同弁護人は，元被告人のために刑事補償をも獲得している。弁護士の鑑というべきか。

Ⅶ 沖縄パラノイア事件（無罪事例集No.534）

被告人は，平成8年2月2日，自宅マンションの一室において，いずれも殺意を持って就寝中の次男（1歳）に対し，その胸部を出刃包丁（刃渡り13.5センチメートル）で5回突き刺し，失血死させた。また長男（4歳）に対し，同出刃包丁で2回突き刺したが，傷害を負わせたにとどまった。

弁護人は被告人について，本件犯行当時，妄想性の精神障害が高じて心神喪失状態にあったと主張した。これに対し検察官は被告人について，心神耗弱の状態にあり，限定的とはいえ責任能力はあると主張した。裁判所は主として，N鑑定（弁護人請求）およびY鑑定（検察官請求）を詳細に比較検討し，心神喪失を認定して被告人を無罪とした。

裁判所の判断は次のようであった。すなわちN鑑定は，パラノイアの一種である敏感関係妄想であるとし，Y鑑定は妄想性障害であるとしている。被告人の妄想は万引き妄想（万引き親子とうわさされている）から離婚妄想（そんな自分は夫にふさわしくない）に発展拡大し，その特徴は妄想追想とする点において一致している。その他種々の情況を合わせ検討したところによれば，被告人の妄想は本件犯行自体を支配していた可能性がある。

上記の裁判所の判断の特徴は，「責任能力が存在したとすることには，合理的な疑いが残ると言わざるをえない」としているところにある。本件でこれを引き出すには，弁護人による多大の努力が必要だったことであろう。どこにも立派な刑事弁護士がいるものである。

第3節 まとめに代えて

以上で精神鑑定例の検討を終わる。続いてその他の鑑定に移る。かつて鑑定が大きく問題とされたケースに次のものがある。下山事件における死後轢断の有無，八海（やかい）事件における凶器痕の鑑定，仁保（にほ）事件における足跡鑑定，白鳥事件における弾丸鑑定，大須事件における写真鑑定，大

阪ガス爆発事故における発火原因鑑定，チャタレー事件におけるわいせつ性鑑定，ビラ貼り事件における美観の鑑定。

　古すぎると思う方のために，比較的新しいケース（今なお問題未解決のものを含む）を示せば次のようなものがある。狭山事件における脅迫状の筆跡鑑定（その他多数の鑑定あり），袴田事件におけるくぐり戸の工学鑑定（同前），布川事件における目撃証言鑑定（同前），東電OL殺し事件における精液鑑定，佐々木哲也事件における血液型鑑定，足利事件におけるDNA型鑑定。

　これらは私の思い出すままに並べてみたものであり，もし組織的に調べて並べていったら，この本1冊をも埋めるであろう。今や鑑定なしには刑事裁判が成り立たない時代になっている。

　裁判所が通常有しない知識経験を裁判に利用しようとするときには，鑑定手続を経る必要があるから鑑定の領域は極めて広い。自然科学による場合が多いが，文学，社会学，法律学による場合もないではない。心理学を自然科学とするか，社会科学とするか，採られる方法論によって違いが出てくるであろう。話はそれるが，私はオービスⅢ事件において，諸外国の状況説明のために何度も法廷に出たことがある。弁護人が鑑定として扱うよう要求したが，裁判所は頑として応じなかった。

　従来は鑑定といえば，そのほとんどが法医学鑑定，精神医学鑑定，理工学鑑定，心理学鑑定であったが，これからは鑑定の領域は飛躍的に増大するであろう。国際紛争が頻発している現在，特殊法律学鑑定（その実例をいくつも知っている）の必要も出てくるであろう。

　鑑定の種類を専門別に分けるとほぼ次のようになる。繰り返しをいとわず挙げれば，精神医学鑑定，法医学鑑定，心理学鑑定，化学鑑定，薬学鑑定，農芸化学鑑定，工業化学鑑定，応用化学鑑定，工学鑑定，物理学鑑定，電気学鑑定，機械工学鑑定，文学鑑定，社会学鑑定，特殊法律学鑑定，その他特殊経験による鑑定。その他の部門をあえて具体的に示せば，土木・建築関係，鉱山関係，動産・不動産の評価関係，銃砲刀剣美術・貴金属関係，文書・筆跡・印鑑関係，火災原因関係，爆発物関係，油脂関係，食品衛生関係，航空機関係，船舶関係，電車・汽車関係，自動車関係，気象関係，登記関係。

一方，証明の対象別に分けると，構成要件的事実に関する鑑定，違法性に関する鑑定（わいせつ性鑑定は前者にもまたがる），責任に関する鑑定，量刑・処遇に関する鑑定（情状鑑定）ともなろう。

ところで刑事司法においては，「鑑識」に対しても注目しなければならない。鑑識とは，捜査機関の行う鑑定識別のことをいう。裁判所が命ずる正式鑑定とは種々の点で異なる。当事者の一方が任意に行う鑑定に嘱託鑑定というのがあるが，これは正式鑑定ではない。法的性格としては，むしろ鑑識に近い。犯罪鑑識についてもう少し詳しく述べよう。

犯罪鑑識とは，自然科学，精神科学などの知識および技術を応用し，また組織的な資料および施設を活用して，犯人を発見したり，犯罪を立証したりする捜査機関の活動をいう。鑑定制度は裁判所が主体であるのに対し，犯罪鑑識は捜査機関が主体である点がまず異なる。しかし，いずれも判断主体の認識能力の不足を補う機能を持つ点で共通性を持つ。

すでに触れたように，犯罪鑑識には，技術による鑑識と組織資料による鑑識との2種がある。技術による鑑識の「技術」の幅は広い。犯罪の展開に対応して，警視庁のDNA鑑定部門が拡張され，繊維鑑定部門が新設されたと聞く。警視庁でさえそうだから，科学捜査機関の大元締めたる科学警察研究所（警察庁所管）などはもっと充実されているであろう（それにしては足利事件の失態はいったいどうしたことか）。

組織資料による鑑識には現在，指紋，掌紋，犯罪手口，被疑者写真，銃器弾丸類，偽造通貨に関するもの等（もちろんDNA型も揃っている）があり，それら資料の収集はそれぞれの取扱規則によってコントロールされている。

鑑識資料には，現場資料と基礎資料とがある。現場資料には匂い，手口のような無形のものもあるが，大部分が有形資料であり，それには現場指紋，現場足痕跡，血痕，唾液，精液，毛髪類，糞尿，薬物，凶器，衣類などがある。次に基礎資料には，指紋関係，容疑者写真関係，足痕跡関係，犯罪手口関係，法医学・理化学関係があり，一番問題となる法医学等関係資料には，銃器弾丸類，偽造通貨，鑑識用車両塗装紙（変装のためか），鑑識用麻薬，比較対照用大麻，日本銀行券などが備えられている。

〔庭山　英雄〕

第13章

裁判官の心証形成

第1節　心証形成理論の原点

　私は田中嘉之氏との共訳で2006年に『G・ボーネ著・裁判官の心証形成の心理学——ドイツにおける心証形成理論の原点』（北大路書房）を公刊した。同書の内容を簡単に振り返っておこう。
　第1章（問題の提起）は，疑問の克服は，主として情緒（Emotion）によって条件付けられているとする。次いで第2章（帝国裁判所の実務とそれへの批判）は，高度の蓋然性が存在するとの認識主体の意識が真実の心証であるとしている点は正当であるが，遺憾ながら情緒による影響を認めていないと批判する。
　第3章（より古い文献について）は，多くの学者によって情緒による影響が指摘されているが，影響の内容は十分に解明されていないとする。しかし，第4章（哲学問題としての心証形成——明証の問題）では，確信とは「判断付加物」であり，「判断者自身との調和感」がその本体であるとされる。
　そして最後の第5章（心証形成の心理学的分析）は，情緒的要素に配慮しつつ確信形成に至る心的過程を分析し，裁判上の確信形成は，解決行為，解決意識，解決検証の3段階から成るものであり，心理学上の問題解決過程と同様であるとし，確信形成とは，感情により規制を受ける，精神上の快楽体験であると結ぶ。

同書が出版されたドイツの帝国裁判所時代には，主観的確信と高度の蓋然性との2つの主張が対立していた。戦後，連邦裁判所は主観的構成を採用し，有罪判決には「合理的疑いを超える証明」が必要だとした。だがこの合理的疑いの程度については，連邦裁判所は下級裁判所に向かって，過大な要求をしないようにと忠告した。主観的構成が採用されたと述べたが，これは有罪判決には確信を必要とすると述べているだけであって，確信の必要によって高度の蓋然性といった概念が捨て去られたわけではない。高度の蓋然性は「確実性に接着した蓋然性」として裁判官の有罪確信の基盤を形成している。ただし，ボーネのいうような情緒や感情に影響されるとは考えられていない。いかにもドイツ人らしい理論構成である。これらの考え方は日本法にも大きな影響を及ぼしている。

第2節　日本の理論をめぐって

　証明の程度についてのわが国の指導的判決は，有名な甲府放火事件判決（最判昭48・12・13判時725号104頁）であり，次のように判示している。「刑事裁判において『犯罪の証明がある』とは，『高度の蓋然性』が認められる場合をいい，それは，反対事実の存在の可能性を許さないほどの確実性を志向した上での『犯罪の証明は十分』であるという確信的な判断に基づくものである。」

　言葉はまことに美しい。論理的でもある。しかしこれが実務の実際で生かされているかというと，答えはなかなかむずかしい。この点をめぐっては，学者をも巻き込んだ論争がある。それが有名な「木谷・石井論争」である（詳しくは，木谷明『事実認定の適正化』（法律文化社，2005年）3頁以下）。木谷教授が「合理的な疑い」の判断にさいしては，疑わしきは被告人の利益にの鉄則に従うべきだとの主張をしたところ，石井教授はあまりにこの鉄則を重視すると，有罪を無罪の領域に押しやるおそれがあるとの趣旨の批判を行った。私の見るところ，これは証明の程度についての論争というより，刑事裁判の目的は何かという姿勢の違いのように思われる。事実認定における自由心証

の問題は全人格的判断の問題であるから，判断者の生まれ，育ち，受けた教育，属している階層，現在の地位，交友関係など，それぞれの人間を取り巻くあらゆる条件から影響を受ける。ボーネが「情緒」と表現したのは，私にはこのことのように思われる。

　ここで「合理的な疑いを超える証明」の歴史について考える（庭山英雄・融祐子訳，バーバラ・シャピロ著『「合理的な疑いを超える」証明とはなにか――英米証明理論の史的展開』（日本評論社，2003年）参照）。同書の教えるところによれば，証明理論を生み出す原点となったのは，ジョン・ロックの『人間悟性論』（1690年）であった。彼は蓋然性，高度の蓋然性，確実性の3段階を区別した。ほぼ同じ頃，陪審評決のための基準として「納得した良心」という観念が生まれた。この観念は次第に理性的確信，すなわち合理的疑いを超える確信と同義となっていった。

　目をアメリカに転ずると，1770年のボストン大虐殺事件において，裁判官は伝統的な「納得した確信」という公式を採用した。検察官も「証拠が合理的な疑いを超えて確信を抱かせないならば，陪審は無罪と判断すべきだ」と述べた。これらの裁判は，当時の有名な裁判官兼学者であるジェフリー・ギルバートの学説の影響を受けていたと考えられる。ギルバートは1756年に，この種の最初の著作ともいうべき『証拠法』を書いた。この流れをアメリカにおいて継承したのがジョン・ウイグモアであった。彼には不朽の名著『法律学的，心理学的，及び一般経験からの所与としての裁判上の証明に関する原理』（1931年）がある。

　最後に心理学との関係を取り上げる。現在の心理学では，アメリカ流の心理学が主流を占めており，経験科学的なものがほとんどである。経験科学的な結果は，客観的事実に根ざしているので，裁判官を説得しやすい。近時ようやく心理学的鑑定を裁判所が受け入れるようになってきた。この傾向は，被疑者・被告人の供述（自白）分析にまで及んでいる。刑事裁判の健全な発展という見地からはまことに喜ばしい現象である。

〔庭山　英雄〕

第14章

証明の程度

第1節 総　論

　証明の程度には，確信，証拠の優越，そして疎明の3種の区別がある。確信とは，真実の高度の蓋然性，すなわち通常人なら誰でも疑いをさしはさまない程度に真実らしいとの心証を得ることをいう（最判昭23・8・5刑集2巻9号1123頁）。次に証拠の優越とは，肯定的証拠が否定的証拠を上回る程度の証明があったとの心証を得ることをいう。さらに疎明とは，一応確からしいという心証を得ることで足りる。

　証明の程度を下から順に積み上げていくと，疎明，証拠の優越，確信となり，確信では可能なかぎり最高度の証明を要求される。証拠の優越については，疎明でもなく確信でもない消極的な表現しかできないが，民事訴訟における証明の程度を想像すれば，容易に理解できるであろう。ただし刑事訴訟においては，検察官に挙証責任があることを忘れてはなるまい。

　まず疎明とは訴訟手続上の事項に限られた証明方法で，心証の程度はさきに述べたとおりである。この証明方法は無論証拠能力ならびに証拠調べの方式による規制がないので，自由な証明の一種と考えてよいであろう。

　刑訴法が疎明で足りると明示している事実には，19条3項・206条1項・227条2項・376条2項・382条の2第3項・383条のそれがある。刑訴規則が疎明で足りると明言している事項には，9条3項・138条3項・179条の4第

1項・217条の30・226条がある。なお明示がなくても同種の事項，例えば刑訴法278条（不出頭と診断書の提出）などについては，疎明で足りると解されよう。

次に証拠の優越についていえば，訴訟法上の事実（訴訟手続上の事項ではない）の証明については，証拠の優越で足りる。例えば被告人以外の者の検察官面前調書の証拠能力要件についての証明は証拠の優越で足りる。しかし自白の任意性については，自白の持つ証明力に鑑み確信を必要としよう。刑訴法319条1項も，任意性に疑いのある自白は証拠とすることはできないとしている。

最後に確信関係について述べれば，犯罪の成立要件の証明に確信が必要であることはもちろんである。犯罪成立要件と同価値を持つ違法阻却事由の不存在，責任阻却事由の不存在についても同様である。学説によっては，構成要件該当性阻却事由もここに含まれよう。裁判例によれば，名誉毀損罪における真実証明についても確信が要求される（東京高判昭59・7・18高刑集37巻2号360頁・判時1128号32頁）。

そのほか訴訟上の重要性に鑑み，次の事項については確信が必要とされよう。公訴棄却や免訴の基礎となる事実，略式命令や交通事件即決裁判の基礎となる事実，量刑の資料となる事実（情状）。

なお量刑の資料となる事実については，いわゆる適正証明（当事者の反対があった場合にかぎり厳格証明に移行する）の採用の余地もあろう。

第2節　判例の動き

証明の程度の問題は，自由心証の内容の問題と重なるが，ここでは必要な証明の程度という見地から判例の流れを見てみよう。

戦後間もなくから最近に至るまで長い間，必要な証明の程度は，ドイツ法的な「高度の蓋然性理論」で支配されていた。

前掲最判昭23・8・5（旧法事件）は次のように判示した。「訴訟上の証明は，いわゆる歴史的証明であって，『真実の高度な蓋然性』をもって満足す

る。いいかえれば，通常人なら誰でも疑いをさしはさまない程度に真実らしいとの確信を得ることで証明ありとするものである。」

　最高裁昭和48年12月13日判決（判時725号104頁）も基本的に上記判決を踏襲し，次のように判示している。「刑事裁判において『犯罪の証明がある』とは『高度の蓋然性』が認められる場合をいい，それは，反対事実の存在の可能性を許さないほどの確実性を志向したうえでの『犯罪の証明は十分』であるという確信的な判断に基づくものでなければならない。」

　ところが最高裁平成19年10月16日決定（刑集61巻7号677頁）は，以下のように表現を変更した。「刑事裁判において有罪を認定するためには，合理的な疑いを差し挟む余地のない程度の立証が必要である。ここに合理的な疑いを差し挟む余地がないというのは，反対事実が存在する疑いを全く残さないことをいうのではなく，抽象的な可能性としては反対事実が存在するとの疑いを容れる余地があっても，健全な社会常識に照らしてその疑いに合理性がないと一般的に判断される場合には，有罪認定が可能である。このことは，直接証拠によって事実認定をすべき場合でも，情況証拠によって事実認定すべき場合でも，異ならない。」

　これは明らかに英米法的な「合理的疑い理論」の採用である。このほうがわかりやすいといえるであろう。

〔庭山　英雄〕

第15章

挙証責任と推定

第1節 総　論

　刑事訴訟における挙証責任には，実質的挙証責任と形式的挙証責任との2種がある。まず実質的挙証責任とは，当事者双方が立証を尽くしても裁判所がいずれとも判断できない場合にどちらが不利益を負担するかという問題である。そして実質的挙証責任の分配は，当事者主義，職権主義といった訴訟構造の違いに左右されない。なぜならいずれの訴訟構造においても，当事者双方が立証を尽くしても，裁判所にとって真偽不明といった事態は起きるからである。

　次に形式的挙証責任とは，検察官，被告人側のいずれが実際に証拠を提出しなければならないかという問題であるから，これは訴訟の具体的情況に応じて双方当事者間を移動する。しかし原則として，実質的挙証責任を負っている当事者が第1次の形式的挙証責任を負う。職権主義の下では，裁判所が証拠収集の責任を負うから形式的挙証責任の問題は意味を持たないが，当事者主義の下ではどちらが立証するべきかは重要な問題であるから，裁判所の訴訟指揮権発動の問題として極めて重要である。

　犯罪事実について検察官が挙証責任を負っていることはいうまでもないが，ここで重要なのは「疑わしきは被告人の利益に」や「無罪の推定」といった不文の原則の適用があるという点である。ここにいう犯罪事実とは，構

成要件に該当する事実の存在や被告人の犯人性だけでなく，違法性阻却事由や責任阻却事由の不存在をも含む。

そのほか処罰条件事実や処罰阻却事由の不存在，法律上刑の加重理由となる事実の存在，法律上刑の減免理由の不存在についても検察官が挙証責任を負う。判例によれば，訴訟条件の存否についても，その存否が不明のときは検察官の不利益に判定される（最判昭32・12・10刑集11巻13号3197頁）。

これに対し，以下の各場合については，被告人側に挙証責任がある。名誉毀損罪における真実証明（刑230条の2），同時傷害（同207条），児童の年齢を知らなかったことについて過失のなかったこと（児童福祉法60条4項），事業主が違反防止に必要な措置をとったこと（労働基準法121条1項但書），爆発物取締罰則6条において被告人に犯罪目的がなかったこと。

最後に挙証責任と推定との関係について述べる。まず推定とは，一定の事実（前提事実）が証明されたときには，証拠を用いることなく一定の事実（推定事実）を推定できることをいう。この推定には，可動推定と不可動推定との2種類があり，可動推定には法律上の推定と事実上の推定との別がある。不可動推定はみなし規定ともいわれ，反対事実の立証が許されないので，ここでは扱わない。

法律上の推定とは，推定規定が法律に設けられており，反対事実が立証されないかぎり推定事実が認定される証明方式である。各種の両罰規定における業務主の責任の認定につき，過失推定説（最〔大〕判昭32・11・27刑集11巻12号3113頁）をとれば，これも推定規定の一種と解されよう。

これに対し事実上の推定とは，裁判官が論理法則，経験法則に基づいて行う推定である。この推定はむろん自由心証の一種であるので，実務上大きく問題となる例が極めて多い。法定証拠主義に戻せないかといった批判があることについては，すでに触れた。

ここでようやく挙証責任と推定との関係に移る。推定事実について実質的挙証責任を負っている者が前提事実を立証すれば，推定事実について形式的挙証責任を負わず，相手方が推定事実の不存在について形式的挙証責任を負う。例えば，検察官は構成要件該当の事実の存在を立証すれば，違法性や責任が推定される。この推定を破るためには，被告弁護側は違法性阻却事由や

責任阻却事由の不存在を立証しなければならない。これらの手続については実務家は日常茶飯事として実践していることであるが，あえて理屈をつければ，以上のようになろう（刑訴335条2項参照）。

第2節　証拠提出責任

　形式的挙証責任に似て非なるものに証拠提出責任という概念がある。通常，論じられる挙証責任論はドイツ法に由来するが，これは英米法に由来する。英米法でも挙証責任は，説得責任と証拠提出責任とに分類される。説得責任はほぼわが国の実質的挙証責任に相当するが，証拠提出責任は陪審制度に由来する特殊概念である。

　説得責任を負う検察官が陪審の審理を受けるためには，裁判所に「一応の証拠」（反対証拠がなければ有罪認定できる程度の証拠）を提出しなければならない。もしそれがなければ，被告人は無罪判決を受けることができる。陪審による審理を受けるまでもない。

　証拠提出責任の概念を日本に紹介したのは，若き日の平野龍一博士だとされる。また，この概念を鑑定請求理論に応用したのは，これまた若き日の井上正治博士だとされる。私はこれらの理論を活用して，「責任能力と鑑定」『佐伯千仭博士還暦祝賀・犯罪と刑罰(下)』（有斐閣，1968年）を書いた。これは，被告弁護側が「一応の証拠」（通常人なら合理的と考えられる程度の証拠）を提出すれば，裁判所は鑑定命令を出さなければならないと主張するものであった。

　同様の帰結は，わが国の刑訴法335条2項の解釈からも導き出せる。同項は，犯罪成立阻却事由については，被告人側の主張がない限り判断を示す必要はないとする。これは逆にいえば，阻却事由について被告人側からの主張があれば，裁判所はそれについての判断を有罪判決書に示さなければならないということとなる。判断を示すためには裁判所は証拠調べをしなければならない。

　同項は単に判決書の書き方のみを示したものではない。そうだとすると，

被告人側が「一応の証拠」を提出して鑑定請求をするならば，裁判所はとにかく鑑定命令を下さなければならないことになる。鑑定の結果，裁判官に合理的な疑いが生じれば，検察官は合理的疑いを超える程度に阻却事由の不存在について立証することが必要となろう。

〔庭山　英雄〕

第*16*章

裁判員制度と事実認定

第1節　はじめに

　私には，これまでに事実認定に関連する次のような著作がある（主要なものに限る）。すでに引用したものと重複するが，論述の都合上ご容赦いただきたい。

　庭山英雄著『自由心証主義——その歴史と理論』（学陽書房，1978年）

　グランヴィル・ウィリアムズ著，庭山英雄訳『イギリス刑事裁判の研究』（同，1981年）

　ギスリー・グッドジョンソン著，庭山英雄他訳『取調べ・自白・証言の心理学』（酒井書店，1994年）

　バーバラ・J・シャピロ著，庭山英雄他訳『「合理的疑いを超える」証明とは何か』（日本評論社，2003年）

　H・フクライ他著，庭山英雄他訳『マクマーチン裁判の深層』（北大路書房，2004年）

　G・ボーネ著，庭山英雄他訳『裁判官の心証形成の心理学』（同，2006年）

　以上に見たように私は長い間，事実認定に関心を持ち続けてきたので，平成21年5月に導入された裁判員制度の下で，事実認定がどう変わるかについて強い関心を抱いた。

　いろいろと関係文献に当たってみたが，裁判員の事実認定と自由心証主義

との関係について触れていたのは，私の知る限り2点のみであった。まず五十嵐二葉『説示なしでは裁判員制度は成功しない』(現代人文社，2007年) 98頁は以下のように述べる。「ある証拠が事実をどの程度正確に証明しているか，ということを『証拠の証明力』と言います。それぞれの証拠の『証明力』をどう判断するのかは，みなさん個人の自由な考え方に任されています。法律の言葉では『自由心証主義』と言い，刑事裁判の大切な原則です。」

次に池田修『解説裁判員法〔第2版〕』(弘文堂，2007年) 119頁は，裁判員法62条（自由心証主義）に関し以下のように述べる。「裁判員は，裁判官と同様，独立してその職権を行使し（法8，第2章Ⅴ解説（Ⅴ）参照），証拠の評価に際しても，その自由な判断に委ねられる（法62）。裁判員も事実の認定に関与するため，裁判員の関与する判断については，裁判官のみによる場合（刑訴法318）と同様，自由心証主義によることを明確にしたものである。」

とりあえずこれで必要かつ十分とも思われるが，折角の機会であるので，もう少し考えてみたい。とにかく裁判員制度というのは陪審でも参審でもない「世界初の制度」であるので，国民の司法参加の方式として，すでに知られている陪審や参審での人類（市民）の経験を適宜参照するほかない。その種の苦心の文献は相当数見られる。

第2節　裁判員制度とは何か

本章を書くにあたっては，後藤昭ほか『実務家のための裁判員法入門』(現代人文社，2004年)，日弁連裁判員制度実施本部編『公判前整理手続を活かす』(同，2005年)，作成・監修日弁連，挿絵原作・毛利甚八，同作画・幡地英明『2009年スタート・裁判員制度』(2007年) その他多数の著作を参照したが，ここでは最もわかりやすい，上記の3番目の著作（9頁以下）に依拠して解説する。ほぼ次のようである。

第 2 節　裁判員制度とは何か　323

I　裁判員制度とは

　裁判員制度とは，刑事裁判に，国民のみなさんから選ばれた裁判員が参加する制度である。裁判員は，刑事裁判の審理に出席して証拠を見聞きし，（職業）裁判官と対等に議論して，被告人が有罪か無罪か，つまり検察官が「合理的な疑問を残さない程度の証明」をしたか否かについて判断する。有罪の場合には，さらに，法律に定められた範囲内で，どのような刑罰を宣告するかを決める。裁判員制度の対象となるのは，殺人罪，強盗致死傷罪，傷害致死罪，現住建造物等放火罪，身代金目的誘拐罪などの重大な犯罪の疑いで起訴された事件である。原則として裁判員 6 名と裁判官 3 人とが，1 つの事件を担当する。

II　裁判所からの呼出状

　裁判員に選ばれたら裁判所から呼出状が届く。裁判員は，衆議院議員選挙の有権者から選ばれる。まず選挙人名簿から，向こう 1 年間の裁判員候補者を無作為に選び，裁判員候補者名簿が作成される。そして事件の審理が始まる前に，その名簿の中から，さらに無作為抽出により，同事件の裁判員候補者が選ばれる。裁判員候補者は，指定された日時に裁判所に出頭する。呼出状には質問表がついていることがあり，質問表に回答を記入し，事前に返送するか，裁判所に持参するかする。

III　裁判員選任手続

　裁判員は事件ごとに，裁判所で裁判員候補者の中から選ばれる。選任手続においては，質問表への回答や，裁判所での質問への回答をもとに，裁判員になることのできない事由（欠格事由，就職禁止事由，不適格事由）がないかどうか，裁判官が判断する。裁判員候補者が理由があって辞退したいと考えている場合には，裁判官に申告し，裁判官が辞退を認めるか否かを判断する。

また，検察官と被告人とは一定数の候補者について，理由を示さずに選任しないよう請求できる。

この選任手続は裁判員候補者のプライバシーなどに配慮して行われる。なお裁判員には日当が支給される。裁判員の仕事をするために休暇をとったことなどを理由に，使用者が不利益な扱いをすることは禁止されている。さらに裁判員の安全を確保するために，様々な定めが設けられている。

Ⅳ 公判審理

裁判員は公判期日に出頭して，刑事裁判の審理に出席する。公判期間はできるだけ連日開かれる（集中審理）。これに対応するために，裁判官，検察官，弁護人は公判前整理手続を行い，訴追側は証拠を開示した上で，争点を整理し，審理の予定を立てる。

公判期日の初めに検察官は起訴状を朗読する。起訴状には，その裁判で検察官が証明しようとする事実などが書かれている。その後，検察官と弁護人とが事件の概要を説明し（冒頭陳述），証拠の取調べが行われる。彼らの説明や証拠調べは，裁判員にわかりやすい方法で行われる。証拠調べは証人から直接話を聴くことが中心となる。証拠調べが終了したら，検察官の意見陳述（論告），弁護人の意見陳述（弁論）が行われて審理は終了する。

Ⅴ 評議，評決，判決宣告

有罪・無罪の判断や刑罰の選択については，裁判員は裁判官と対等の権利を持っているが，訴訟手続や法解釈については，裁判官のみが判断する。評議にさいしては，「合理的な疑問を残さない程度の証明」がなされないかぎり被告人は無罪という刑事裁判の大原則が守られなくてはならない。評議は全員一致を目標とするが，全員一致に至らない場合には，多数決による評決によって決められる。判決の宣告は，裁判員が立ち会い，裁判長が行う。裁判員の任務は判決の宣告をもって終了し，その後，裁判官は宣告した判決内容を判決書にまとめる。

Ⅵ　最高裁判所のアンケート調査

　以上が裁判員制度の概要であるが，最高裁判所は，平成22年4月16日，ほぼ1年間の実施状況をアンケート調査して，その概要を発表した。それに対するマスコミの論調はほぼ次のようであった。
　① 裁判所が事件ごとに無作為に選んだ裁判員候補者の総数は4万1047人だったが，実際に裁判員を選ぶ手続に出席を求められた候補者は2万38人。仕事や家庭の事情など社会生活上の負担に配慮し，半数以上の辞退を幅広く認めた。
　② 呼出しに応じて裁判所に足を運んだ候補者は1万6600人で，出席率は82.8％。スタート直後に比べると，やや低下傾向にある。
　③ 出席者のうち面接でのやりとりを経て「不公平な裁判をするおそれがある」などの理由で裁判所によって外された候補者は86人。弁護人や検察官の意向で外された候補者は1997人。面接での態度や外見から「なんとなく不公平そうだ」と見える人や年代や性別などから自分たちの主張に都合が悪いと考える人を，主として弁護人が除外している実態が窺える。
　④ 判決を受けた被告人を罪名別に見ると，強盗致傷が115人と最も多く，殺人・殺人未遂が100人，覚せい剤取締法違反（営利目的の密輸）が47人，傷害致死が33人と続いた。
　⑤ 444人の判決の中で無罪は1件もなく，死刑判決もなく，無期懲役が7人であった。執行猶予がつけられた80人のうち，半数を超える44人に保護観察（保護観察所や保護司が釈放後の生活を見守る）がつけられた。法廷で被告人と向き合った裁判員が被告人の「判決後」に強い関心を持っていることが窺われた。
　⑥ 起訴の数に比べて判決の数が少なく，公判前整理手続に時間がかかって，事件が滞留している実態も窺われた。

　以上がマスコミの所見であるが，評議の秘密の制約もあってか，証拠評価

についての言及はなかった。やむを得ないといえようか。

第3節　事実認定の指導原理と市民参加の意義

　前記の解説は手続を中心としているので，刑事裁判上の原則については，「合理的な疑いを超える証明」にしか触れられていないが，前掲の『2009年スタート・裁判員制度』（2頁以下）には，裁判員に向けての「事実認定上の指導原理」が懇切に説かれている。「裁判員と自由心証主義との関係」がわからないとの質問をよく耳にするが，そういった人たちは，この日弁連刊行の力作を読んでいないためであろう。劇画が中心になっているが，理論水準は決して低くない。以下に要点を紹介する。

I　無罪の推定

　「無罪の推定」とは，犯罪を行ったと疑われて捜査の対象となった人（被疑者）や刑事裁判を受ける人（被告人）について，有罪が確定するまでは「罪を犯していない人」として扱われなければならないとする原則である。この原則は，世界人権宣言，国際人権規約，日本国憲法などによって保障されている。
　すべての被告人は無罪と推定されていることから，検察官が被告人の犯罪を証明しなければ，有罪とすることはできない。被告人のほうで無実を証明する必要はない。1つ1つの事実についても，証拠によって犯罪があったともなかったとも確信できないときは，被告人に有利な方向で決定しなければならない。これを「疑わしきは被告人の利益に」の原則という（個々の事実判断に同原則の適用はないという学者がいないでもないが，それは間違いだと思われるので。庭山注）。
　刑事裁判では，検察や警察は捜索，差押え，取調べなどの強制力を用いて証拠を集めることができるが，被告人は自分に有利な証拠を集めるための強制力も組織も持っていない。両者には大きな力の差がある。にもかかわら

ず，被告人が無実を証明できないからといって有罪としてしまったら，多くの無実の市民が有罪とされてしまう。この世に冤罪ほど悲惨なものはない。

Ⅱ 合理的な疑問を残さない程度の証明

　ここにいう「合理的な疑問」とは，一般市民の良識に基づく疑問のことである。法廷で見聞した証拠に基づいて，裁判員の良識に照らして少しでも疑問が残るときには，有罪とすることはできない。言い換えれば，通常の人なら誰でも疑問を抱かない程度の確信が得られてはじめて，犯罪の証明があったということができるのである。

　裁判というと，「人を裁く」という印象があるかもしれないが，刑事裁判で判断の対象となるのは，実は，検察官が「合理的な疑問を残さない程度の証拠を提出したかどうか」なのである。証拠に基づき，良識に照らして考えたとき，検察官の言い分になんの疑問もなく確信できたか否か，が判断の基準なのである。

Ⅲ 市民が参加することの意義

　様々な生活上の経験や知識を持った市民が刑事裁判に参加することによって，証拠を様々な角度から検討できるようになる。同じ証拠であっても，それをどのように評価するかは，人によって異なる。ある証人の証言について，ある人は信用できると思い，他の人は信用できないと思ったりする。またある人が「非合理な弁解」と受け取った被告人の言葉が，他の人によっては「納得できる」とされることもある。

　大事なことなので繰り返すが，有罪か無罪かは，検察官が「合理的な疑問を残さない程度の証明」を果たしたか否かによって決められる。そして「合理的な疑問」とは，みなさん（市民）の良識に基づいた疑問のことである。いろいろな経験や知識を持った市民と裁判官とが議論して，「疑問の余地がない」と確信されてはじめて有罪となる。このような仕組みが，冤罪の悲劇を防止することになると考えられる。

市民が刑事裁判に参加する制度は，世界の80以上の国や地域に導入されている。G8（主要8ヵ国首脳会議）参加国では，イギリス，アメリカ，カナダ，ロシアが陪審制度，ドイツ，フランス，イタリアが参審制度を採用している。市民のかけがえのない自由や権利を守るために，あなたの良識が必要とされている。これを実現するのが裁判員制度なのである（長い目で見れば，国民の司法参加は官僚裁判官制度の弊害の是正に大いに貢献するであろう。庭山注）。

第4節　裁判員制度と自由心証主義

I　裁判員と刑事裁判上の諸原則

　本節で最初にいいたいことは，これまで地下水脈のように，地下に潜っていた大事な原則が地表に出てこざるを得ないであろう，ということである。すでに前節で紹介したように，無罪の推定，「疑わしきは被告人の利益に」や「合理的な疑いを超える証明」，「確信」といった諸原則については，裁判官が当然に守っているものと暗黙のうちに了解されていた。しかし新制度では，裁判官は事実認定の基本原則について，あらかじめ裁判員に示さなければならない。職業裁判官が裁判員（素人裁判官）に守るようにと教えておきながら，自らは絶対に守らない，ということはできないであろう。これまでは，これらの点に不満があっても，弁護人は控訴審で法令違反（刑訴379条）や結果としての事実誤認（同382条）などで争うほかなかった。だが今度は，評議の過程で裁判員は裁判官と対等にわたりあえるはずである。

　繰り返しになるが，自由心証主義（同318条）とは，別名，科学的合理的心証主義であって，証拠価値の判断に用いられる原則である。自由といっても決して恣意的なものではなく，経験則による制約があると説明されてきた。ここに「経験則」とは，おおげさにいえば「人類普遍の原則」であって通常人なら誰でも承認せざるを得ないような思考原理である。経験則の説明に関しては，近代的裁判の発足以来，多くの人によって考究されてきたが，いま

だに定説はない。一番合理的だと思われるのは，科学的経験則と人間の一般生活上の経験則とに分ける考え方であろう。実験によって検証できる経験則とそうでない経験則との2種だと言い換えてもよいが，社会科学上のすべての原則が実験によって検証できるであろうか。今のところ私には肯定的に答える自信がない。

ここまで来ると，さきに挙げられた刑事裁判上の諸原則と自由心証主義のいう経験則との異同が問題となる。広義で考えれば，無罪の推定等の諸原則は，刑事裁判上で正しい確信を得るための方法論であるから，一種の経験則といってもよい。しかし上記の諸原則は，証拠の価値判断のみに用いられる原則ではないから，自由心証主義の上位に位する刑事裁判上の大原則と考えるほうがよいであろう。

ここで注意しなければならないのは，自由心証主義は確かに証明力の判断に用いられる原則ではあるが，手続の判断にも準用される原則だという点である。この点については戦後の学説上異論を見ない。したがって，自由心証主義は，公判前整理手続にも準用される。いかに迅速な裁判を目指すとはいえ，やがて審判の対象とされる「争点」の整理が経験則に反するものであってよいはずがない。

ここでさらに問題となるのは，本来，裁判員も加わって判断されるべき問題を裁判官，検察官，弁護人のみで決めてよいか，という問題である。弁護人が代弁すればよいとする考え方もないではないが，弁護人が6人の裁判員の考えをすべて代弁できるはずがない。それゆえ，自白の任意性（刑訴319条1項），調書の特信性（同321条1項2号・3号）については，公判前整理手続（むろん期日間整理手続も含まれる）において決定することはできない。明文で憲法上の保障のある自白の任意性に限るべきだ，との考え方もないではないが，そのような限定を加えれば，国民の司法参加の意義（裁判員存在の意義）は根底から崩されるであろう。

II 再審弁護団員の警告

ところでかつて死刑再審弁護団員であった弁護士を中心とする弁護士有志

は，2009年の裁判員裁判実施に先立って，裁判員候補者に向けて警告を発した。裁判員が実際に事実認定をするにあたって参考になるのでここに掲げる。私の「意訳」によれば，おおよそ次のようである。

① 「被告人は無罪」という前提で裁判に臨まなければならない。マスコミによって逮捕の時から有罪のような報道で汚染されている場合が多い。しかし逮捕され起訴されているからといって有罪とは限らない。したがって当たり前のことだが，有罪の推定をして裁判に臨んではならない。

② 検察官に有罪の立証責任がある。刑事裁判における有罪の立証責任は検察官にある。だから裁判員になったとき，少しでも疑問に思ったら検察官に説明を求める。

③ 有罪の確信が持てなければ無罪である。合理的な疑いが残るかぎり有罪にはできない。しかし職業裁判官には，合理的な疑いがあるとはなかなか認めない人が多いので注意しなければならない。

④ 違法な捜査や信用できない証拠には，勇気を出して抵抗する。適法な捜査の結果でも，信用できない証拠があるので注意しなければならない。

⑤ 取調べが適正であったかを必ず確認する。

⑥ 鑑定が適正であったかについて十分吟味する。

⑦ 有罪無罪の判断は，被害者の主張からは離れ，証拠から判断する。

第5節　評議のあり方

I　市民と法曹とのコミュニケーション

2007年秋の立教大学の大学祭で，痴漢冤罪に関するシンポジウムが開催された。アトラクションとして，映画監督の周防正行さんと作家の毛利甚八さんとの対談があった。2人は日本の刑事司法についていろいろ述べたが，2

人が異口同音に述べたのが「法曹は市民を馬鹿にしている」という点であった。それをいう前に「弁護士の方もお見えのようなので申し訳ないが」とことわっているので，弁護士を除外する趣旨ではないであろう。衝撃を受けた私は，それ以来悩んでいるが，よい解決策が見当たらない。

　「当代随一の知性派」と目される２人が一致して述べたのであるから，われわれ法曹はそれなりに反省してみる必要があろう。上記発言の原因には種々の理由があろうが，１つ考えられるのが，両者間での理解の不足である。前掲の『2009年スタート・裁判員制度』7頁は，「市民と法律専門家とのコミュニケーション」と題して，要旨，次のように記述している。

　裁判員制度の下では，市民である裁判員は，法律専門家である裁判官，検察官，弁護人とコミュニケーションをとりながら協働していくことになる。裁判員は，裁判官と基本的に対等な権限を持って議論に参加し，有罪・無罪を判断して，有罪の場合には法律に定められた範囲内で刑罰も決める。裁判員と裁判官とが相互のコミュニケーションを通じてそれぞれの知識，経験を共有することにより，健全な社会常識が裁判内容に反映されることが期待されている。市民と法律専門家との十分なコミュニケーションを実現するためには裁判をわかりやすいものにすることが必要であり，日弁連では，今，弁護士の研修や法律専門用語の見直しに懸命に取り組んでいる。

　以上が日弁連の提案の要旨であるが，努力の成果はいろいろな形ですでに現れてきている。2007年12月20日の朝日新聞の報道によれば，刑事裁判で使われるむずかしい法律用語を「日常用語」に言い換える作業を進めていた日弁連は，2007年12月19日，最終報告書を発表した。裁判員制度の導入を2009年初夏に控え，素人が耳で聞いてわかる言葉づかいを3年かけて検討していた。成果はホームページに掲載し，2008年春には出版済みである。

　用語よりももっと深刻なのは，法曹三者の基本的姿勢である。専門家はどの分野でも素人から敬遠されがちであるが，法曹三者の敬遠され具合は，他の分野に比べて群をぬいている。結果がすぐには目に見えないという特殊性もあるが，一般人を見下していると思われる態度をとる法曹三者は少なくない。弁護士・学者としての経験からすると，その種の人物は，裁判官に特に多いように思われる。彼らとてたまたまそういう能力を持って生まれてきた

だけの話である。そういった基本的な心構えを法曹三者は持つべきであろう。自戒をこめてあえて付言する。

Ⅱ　学者や裁判官の所見

　この方面について広範な研究を遂げた藤田政博教授は「裁判官と裁判員が適切にコミュニケーションを行えたときには，両者が一つの評議体として適切な意思決定を可能にするだろう」と述べている（村井敏邦＝後藤貞人編『被告人の事情・弁護人の主張』（法律文化社，2009年）95頁）。最高裁判所も同旨のようである。河本雅也「裁判員制度実施に向けた取り組みの概要」（法律のひろば別冊『裁判員裁判の実務』（ぎょうせい，2009年）14頁以下）で要旨，次のように説いている。

① 　裁判員と裁判官とは，一体感を持って実質的な評議を行い，適正な事実認定と量刑とを実現しなければならない。その際必ず論告・弁論に記載された順序で評議しなければならないというわけではない。

② 　裁判員裁判においても自由心証主義は妥当するので，評議において論告や弁論で触れられていない事情等を考慮することに妨げはない。

③ 　裁判官としては，中間評議や「審理の合間における裁判員との雑談の機会」を捉えて，裁判員とのコミュニケーションを図らなければならない。

④ 　量刑の評議にあたっては，量刑の本質を踏まえた評議が行われる必要がある。他方，刑の量定に関しても国民の率直な視点や感覚が反映される必要もある。適宜，量刑分布グラフや量刑検索システムを活用するのも有効であろう。

⑤ 　裁判員には裁判官が持っていない視点や感覚の提示が期待される一方，裁判官においても自らの知識と経験とに根ざした証拠評価の観点を提示しなければならない。

III　弁護人弁護士の所見

　起訴された者のほとんどが有罪となるわが国の刑事裁判においては，被告人の最大の関心事は刑の量定（量刑）である。しかるに，弁護人も評議室には入れないから，実際どうやって量刑がなされるのかよくわからない。必要に応じて「量刑分布グラフ」や「量刑検索システム」が用いられるようであるが，それらは誰によってどのように作られるのか，評議室に入る前に裁判官は弁護人に説明すべきではないか。
　もし「有罪決定以前に量刑関係に触れることはできない」というのであれば，有罪決定後，量刑手続に入る前に裁判官から弁護人に対し説明があってしかるべきである。とにかく肝心の量刑が弁護人の面前で論じられない手続には疑問がある。同様の所感をもらす刑事弁護士は少なくない。

第6節　裁判員裁判と死刑

　ごく最近，次の情報に接した。重要なので加筆する。2010（平成22）年11月26日付朝日新聞朝刊によれば，それは大要以下のようである。
　宮城県石巻市で2010年2月に男女3人が殺傷された事件の裁判員裁判で，仙台地裁は11月25日，殺人罪などに問われた同市の無職少年（19歳）に求刑どおり死刑判決を言い渡した。鈴木信行裁判長は「犯行の残虐さや被害の結果からすれば，責任は重大であり，被告人の反省などを最大限考慮しても，死刑を回避すべきではない」と述べた。
　裁判員裁判での死刑判決は2例目で，少年に対しては初めてである。弁護人によると，判決後に接見したところ，少年は「判決を受け入れる」と語ったという。しかし，死刑の回避を求めてきた弁護側は控訴を検討するとのことである。
　判決は，死刑選択が許される基準として最高裁が1983年に示した，いわゆる「永山基準」に沿って慎重に検討を重ねた由。永山基準の成り立ちならび

に内容を示せば次のようである。

　1968年に東京や京都などで4人をピストルで射殺した当時19歳の永山則夫元死刑囚（1997年に死刑執行）の事件をめぐり，最高裁は1983年に死刑を選択する上での9個の判断基準を示した上で以下のように結論した。

　①犯行の罪質，②動機，③態様（特に殺害方法の執拗さや残虐さ），④結果の重大性（特に殺害された被害者の数），⑤遺族の被害感情，⑥社会的影響，⑦犯人の年齢，⑧前科，⑨犯行後の情状，の9点を総合的に考慮し，他の事件との刑のバランスや同様の犯罪を抑止するといった観点から「やむを得ない」ときに限り死刑の選択が許される。

　一方，死刑が求刑された裁判員裁判で，初めて無罪判決が出された。2010年12月10日付朝日新聞の報ずるところによれば，その概要は次のようである。

　鹿児島市で2009年6月，老夫婦を殺害したとして，強盗殺人罪などに問われた無職の白浜政広被告（71歳）の裁判員裁判で，鹿児島地裁（平島正道裁判長）は，2010年12月10日，検察官の死刑求刑に対し，無罪判決を言い渡した。平島裁判長は「証拠を検討すると，犯行の情況や逃走経路など重要な部分で疑問を差し挟む余地があり，検察官の主張を全面的に認めることはできない」とその理由を述べた。

〔庭山　英雄〕

第6部
最高裁判例「名倉判決」が解明した供述証拠の経験則等と証明力

■CONTENTS

第1章 痴漢冤罪裁判の問題点

第2章 最高裁判例（名倉判決）が解明した被害者供述の経験則等と証明力

第1章

痴漢冤罪裁判の問題点

第1節　立証証拠が被害者供述のみで有罪になる裁判

I　有罪と無罪を分けるのは，被害者供述にある「合理的疑い」の有無のはず

(1) 唯一の立証証拠が被害者供述という単純な立証構造

痴漢冤罪事件は，平成9年に発生した宇都宮線事件（秋山賢三ほか編『痴漢冤罪の弁護』（現代人文社，2004年。以下「文献1」という）608～615頁）以来，10年以上にわたって，日常的に多数発生する冤罪否認事件として，真っ向から争わなければならない，弁護人にとっては最も難しい刑事裁判として闘われてきた。

全国痴漢冤罪事件弁護団調べの平成20年11月15日までの「痴漢事件一覧表」（秋山賢三ほか編『続・痴漢冤罪の弁護』（現代人文社，2009年。以下「文献2」という）220頁・221頁）には，52事件が挙げられており，そのうち，無罪判決等が34事件であり，そのうちの12事件が高裁での逆転無罪判決であり，6事件が高裁での逆転有罪判決である。

この一覧表には，主に無罪判決が集められているので，有罪判決は，あまり公刊されていないが，かなりの多数に上ることが推測される。

痴漢冤罪裁判は、基本的に立証証拠が被害者供述しかないという立証構造での裁判である。

立証証拠が被害者供述しかないという単純な立証構造であるので、結局は、被害者供述の証明力で「合理的疑いのない証明」をして犯罪事実が認定できるのかという単純な問題となる。

すなわち、被害者供述の証明力、ひいては、供述証拠の証明力がどの程度あるのか、「合理的疑いのない証明」ができる証明力があるのかという問題に単純化される。

(2) 被害者供述のみで「合理的疑いのない証明」ができるのか

このような立証構造での痴漢冤罪裁判では、10年間で、無罪判決が34事件も出されていることが異例であるとともに、そのうちの高裁での逆転無罪判決が3分の1以上もあることも異例である。

同一立証構造で、裁判所の判断が有罪と無罪に分かれており、有罪と無罪に分かれる理由は、結局、唯一の立証証拠である被害者供述の証明力が犯罪事実を認定し有罪判決をするに足りる「合理的疑いのない証明」ができる証明力を有するか否かである。

「疑わしきは被告人の利益に」の原則から、犯罪事実を認定し有罪判決をする証拠は「合理的疑いのない証明」ができる証明力を有しなければならないことは刑事裁判の鉄則である。

痴漢冤罪裁判では、唯一の立証証拠が被害者供述しかないのであるから、被害者供述で犯罪事実を「合理的疑いのない証明」ができる証明力がある場合が有罪、この証明力がない場合が無罪となるはずである。

言い換えると、「合理的疑いのない証明」とは、証拠裁判主義(刑訴317条)により、唯一の証拠である被害者供述による犯罪事実の認定に「合理的疑い」がないことをいうので、被害者供述に「合理的疑い」がない場合が有罪、「合理的疑い」がある場合が無罪ということなる。

結局は、痴漢冤罪裁判で、無罪と有罪を分けるのは、被害者供述に「合理的疑い」があるかないかのはずである。

なお「合理的疑いのない証明」は、「合理的疑いを超える証明」ないし「合理的疑いを入れない証明」「合理的疑いを差し挟まない証明」等、各種の

言い方があるが、要するに、「合理的疑いが全くない証明」をいうのであるから、本稿では、「合理的疑いのない証明」という。

II 痴漢冤罪裁判の有罪判決の被害者供述の証明力の評価 ——「合理的疑い」と「合理的疑いのない証明」

(1) 有罪判決の被害者供述の証明力評価

痴漢冤罪裁判の有罪判決が被害者供述の証明力の評価をどのようにしているかは、筆者が「痴漢冤罪事件・無罪と有罪の間——裁判官の直感」『痴漢冤罪の弁護』38～61頁（文献1）の中で明らかにした。

これを敷衍して要約すると、

被害者供述が①具体的、②詳細、③自然、④合理的、⑤主観的感想（迫真性がある、臨場感がある、反対尋問にも耐えて、等）と評価して「合理的疑い」はないとして多くは有罪判決をしている。

しかし、このような評価ができない「具体的でない」「詳細でない」「不自然である」「不合理である」「迫真性等がない」被害者供述は、その証明力が弱いか、あるいは、ないかであるので、上記の評価は、被害者供述の証明力評価の必要条件ではあるが十分条件ではない。

また、上記の評価は、供述証拠の証明力評価の一般的、抽象的評価であり、単に上記評価ができただけのものであり、痴漢事件の被害者供述に、「人違い」や「誇張、嘘」の「合理的疑い」がないと判断できる評価ではない。

そこで、かなりの有罪判決は、上記評価に加えて、

⑥主観的確信
 a 慎重に犯人を見極めているので人間違いをしていない。
 b たまたま電車で会ったのであり、嘘をつく動機がないので、嘘をついていない。

との評価を加えている。

このように被害者供述で被害者が「人間違いをしていない」「嘘をついていない」と評価できれば「人違い」や「誇張、嘘」の「合理的疑い」がない

と判断できるので，被害者供述のみで「合理的疑いのない証明」ができることになる。

その意味で，「主観的確信」は被害者供述の証明力を「合理的疑いのない証明」に架橋するものであるといえる。

(2) 嘘をつく動機がないので嘘をついていないか？

(a) 確かに，「たまたま電車で会った被告人を痴漢の犯人に陥れることは普通の人はしない」という一般常識や経験則はあるであろう。

しかし，後述のように，「供述証拠は①知覚，②記憶，③表現，叙述という過程を経て採取され，その各過程に誤りが入りやすく『錯覚や誇張，虚偽』が入り混在する危険がある」という経験則もあるのである。

また，「嘘をつく動機」としては，示談金目当て，自己顕示，愉快犯遂行などが考えられる。さらにいえば，被害者は被告人を痴漢の犯人として逮捕した以上は，自己を正当化するためには嘘をついてでも被告人を犯人として供述しなければならない立場にあるのであり，一般常識や経験則で嘘をつく動機はいくらでも考えられる。

また，動機がなくても嘘をつく人もいる。

要するに，「嘘をつく動機がない」という一般常識や経験則もあるが，反対に「嘘をつく動機がある，動機がなくても嘘をつく人はいる」という一般常識や経験則もあるのである。

一般常識や経験則の「確度」には「幅がある」ので同一事象について，多様な一般常識や経験則がありえ，「正直に供述している」のか「嘘をついている」のかを慎重に検討して評価しなければならないのである。

なお，このように「確度に幅があり」，多様な異論のある経験則を「異論のある経験則」という。

(b) また，後述の「名倉判決」が示すように「合理的疑い」は，「経験則等で合理的と考えられ」ればよく，「合理的疑いのない証明」は「反対事実の可能性を入れない」程度まで証明されなければならず，反対の経験則等が考えられる場合は「反対事実の合理的疑い」があることになり「合理的疑いのない証明」はできないのである。

DNA型鑑定や繊維鑑定等の物証の客観的証拠の裏付け証拠があれば，被

害者供述の真実性が極めて高度の証明力で裏付けられて「合理的疑いのない証明」で犯罪事実が認定できるであろう。

この裏付け証拠がないのに,「嘘をつく動機がないので嘘をついていない」と被害者供述を評価した有罪判決には,いまだ,「経験則等から嘘をつく動機は考えられ,動機がなくても嘘をつく」ことは考えられ,被害者供述には「経験則から錯覚や誇張,虚偽が混在している」との「合理的疑い」が残っており,犯罪事実は「合理的疑いのない証明」で証明されていない。

なお,「名倉判決」によれば,経験則には,一般常識も含まれるのであるから,一般常識や経験則をまとめて「経験則」ともいう。

(3) 被害者は「慎重に犯人を見極めた」と供述しているので人間違いをしていないか？

「慎重に犯人を見極めているので人間違いをしていない。」との有罪判決の被害者供述の証明力評価は,「慎重に犯人を見極めた」との被害者供述で被害者供述内容を評価,判断して「人間違いをしていない」という事実を認定するという循環論法の誤りを犯している。

「人間違いをしていない」かどうかの被害者供述の信用性の評価をするのであるから,その信用性評価の根拠となった「慎重に犯人を見極めた」との被害者供述の信用性も評価をしなければ被害者供述の信用性評価としては不十分であるのに,この「慎重に犯人を見極めた」との被害者供述の信用性評価は全くしていないので,「人間違いをしていない」かどうかの被害者供述の信用性の評価も不十分である。

(4) 主観的確信

多様に考えられる経験則のうち,1つの経験則のみに依拠し,別様に考えられる経験則による「合理的疑い」を考えないことは,別様の「合理的疑い」が残り「合理的疑いのない証明」で犯罪事実は証明されておらず,多様のうちの1つの経験則にのみ依拠した「主観的確信」であるといわざるを得ない。

(5) 異論のない経験則と異論のない合理的疑い

後述のように「水掛け論は真偽不明」との経験則は,その反対の「水掛け論でもどちらが本当かわかる」との経験則は考えられず,つまり,人や考え

方によって異ならない「確度に幅のない」経験則であり，「異論のない経験則」である。

また，この「異論のない経験則」から考えられる「合理的疑い」は「異論のない合理的疑い」である。

痴漢冤罪事件は被害者供述と被告人の否認供述とが対立する「水掛け論」であるので，被告人供述が間違っており，被害者供述のほうが正しいと第三者には判断できなく，「判断不能」である。

「水掛け論は真偽不明」は「異論のない経験則」であり，被害者供述にも「錯覚や誇張，虚偽」である「間違いや嘘」が混入していて，「錯覚や誇張，虚偽」がないとはいい切れない「異論のない合理的疑い」があるのである。

痴漢冤罪裁判の有罪判決で，一般人の誰の目にも明らかでわかりやすい誤判原因は，この「水掛け論は真偽不明」との「異論のない経験則」による「異論のない合理的疑い」があるのに，「被害者供述のほうが正しいことがわかった」と判断して，有罪判決を出すことにある。

Ⅲ　被害者供述にある「合理的疑い」の証明の程度がまちまち

(1)　前述のように，痴漢冤罪裁判での有罪，無罪を分ける判決上の理由は「合理的疑い」の有無であるはずなので，痴漢冤罪裁判での弁護活動は，被害者供述にある「合理的疑い」の立証活動になる。

ビデオやCGで，再現実験して，被害者と被告人との身長差から被害者供述のような痴漢行為は困難であることを証明しても，1審では有罪，高裁で逆転無罪になった例（文献1・一覧表①事件）等，同じ被害者供述でも1審と2審で「合理的疑い」の有無についての判断が分かれる例が多数ある。

また，被告人には手指に腱鞘炎があり，被害者供述のような痴漢行為をするのが無理なことを医学的に証明して，無実を証明しても1，2審・最高裁ともに有罪になった例（文献2・一覧表47事件）もある。

これなどは無実の「合理的疑い」を「合理的疑いのない証明」のレベルまで証明しても有罪になった例である。

第1節　立証証拠が被害者供述のみで有罪になる裁判　343

　痴漢冤罪裁判では，弁護側の被害者供述にある「合理的疑い」の立証が認められて無罪になった例が34事件あるが，「合理的疑い」を「合理的疑いのない証明」のレベルまで立証して，被告人の無罪を立証しても，被害者供述には「合理的疑い」はないとして有罪になった例も何件かあるのである。
　このように，痴漢冤罪裁判では，被害者供述にある「合理的疑い」の証明の程度がどの程度なのか裁判官によってまちまちであり，「経験則等から合理的疑い」があることを証明して無罪になった例もかなりあるが，「合理的疑い」を「合理的疑いのない証明」の程度まで証明しても被害者供述に「合理的疑い」はないとする有罪判決まであり，弁護側がどの程度のレベルまで被害者供述にある「合理的疑い」を証明しなければならないのか明確な裁判の判断基準がない。
　その意味で，弁護人としても，どの程度まで被害者供述にある「合理的疑い」を証明しなければならないかがわからず，被害者供述にある「合理的疑い」についてありとあらゆる立証の努力をしなければならず，また，裁判官にもこの判断基準は示されておらず，結局は，「直感」で判断しているとしかいいようがなく，痴漢事件は最も難しい刑事裁判になっているのが実情である。
　(2)　この，痴漢冤罪裁判で有罪と無罪を分ける被害者供述にある「合理的疑い」の証明の程度の判断基準を明確にして，「経験則等から合理的な疑い」といえることを証明（論証）すれば「合理的疑い」は証明（論証）される。
　「供述証拠だけでは真偽不明」との「異論のない経験則」から，被害者供述に「錯覚や誇張，虚偽」がないといい切れない「異論ない合理的疑い」があり，被害者供述に「錯覚や誇張，虚偽」がないと認めるのは経験則から不合理である。
　「水掛け論は真偽不明」との「異論のない経験則」から，やはり，被害者供述に「錯覚や誇張，虚偽」がないといい切れない「異論のない合理的疑い」があり，被害者供述に「錯覚や誇張，虚偽」がないと認めるのは，経験則から不合理である。
　以上の理由から，立証証拠が被害者供述のみでは，犯罪事実が「合理的疑いのない証明」で証明されていないことを明らかにして，痴漢冤罪裁判を終

結させようとしたのが，最高裁判例の「名倉判決」である。

第2節　被害者供述の証明力の評価についての研究と痴漢事件の特色

I　供述の3過程に誤りの入る危険性から供述証拠の証明力は本質的に弱い

(1)　司法研修所のテキストに司法研修所編『犯人識別供述の信用性』（法曹会，1999年。以下「文献3」という）があり，これには，
「供述証拠は，①知覚，②記憶，③表現，叙述という過程を経て事実認定者に伝えられる。そして，その供述過程のいずれかの段階において誤りが入る可能性がある。
　供述証拠は，物証等非供述証拠に比べて一般的には証明力が劣るといわれるゆえんである。
　犯人識別供述も，供述である以上，その例にもれない。
　そればかりか，犯人識別供述には，その固有の危険性があるといわれる。
　そして，論者によっては，その危険性を強調して，その証拠能力を否定すべきであり，せいぜい捜査の端緒としての地位を与えられるにとどまるべきであるとする。
　しかし他方，犯人識別供述によって犯人が検挙され，その信用性が認められて有罪となった事例が多数に上ることも顕著な事実であり，また，事件によっては，犯人識別供述のみが犯人と被告人との同一性に関する唯一の証拠となるものも存在するのであるから，証拠能力否定論は，理論的にも与しえないし，実際的でないことも明らかであろう。
　むしろ，その固有の危険性がいかなるものであるかを明らかにし，その信用性の評価を誤らないことにすることが賢明な態度というべきであろう。」
（文献3・2～3頁）と供述証拠の性質からの危険性と，犯人識別供述の固有の危険性を明らかにして，その信用性判断を誤らないようにしなければなら

ないとの原理を明らかにしている。
　その上で，(1)人の観察力，記憶力の脆弱性，(2)人の容ぼうの相似性，(3)人物観察の日常性，(4)観察条件，(5)容ぼう供述のストーリー性の欠如，(6)比較対象という判断作用を本質とすること，(7)暗示，(8)記憶の混同・変容，(9)容ぼうについての言語化の困難性，(10)供述心理，(11)検証の困難性，(12)供述態様等と，犯人識別供述の12もの危険性，問題点を指摘している。
　(2)　供述証拠はこの3過程を経て採取されるのであるから，この「供述の3過程に誤りの入りやすい」との経験則は，供述証拠の「本質的な経験則」であるといえる。
　ただし，普通，建前として「供述は，間違いなく，正直にしなければならない」との経験則もありうるので，「供述の3過程に誤りが入りやすい」との経験則は，供述証拠の性質からの「本質的な経験則」といえても「異論のない経験則」とまではいえない。
　しかし，「供述の3過程に誤りの入りやすい」との経験則は，供述証拠の「本質的な経験則」であり，「人は，見間違いや勘違い等の間違いをしやすいし，立場やいろいろな動機から自分に有利なように誇張したり嘘をついたりしがちである」との「確度の高い」経験則であることは間違いない。
　供述証拠に「間違いや嘘」がある「確度は高い」のであるから供述証拠に「間違いや嘘」がなく「合理的疑い」がないことを慎重に検討して確認しなければならないのである。
　そして，供述証拠に「間違いや嘘」がないことを確認するには，供述の言葉だけでは確認することが著しく困難であり，物証等の客観的な裏付け証拠があれば極めて簡単に確認できるとの経験則がある。
　この経験則を「供述だけでは真偽不明」の経験則ということができる。
　供述だけで，その真偽が判断できる人はおらず，「供述だけでは真偽不明」との経験則は「異論のない経験則」といえる。
　このように，供述証拠を，物証等の客観的な裏付け証拠なしに「間違いや嘘」がないと認めることは「供述だけでは真偽不明」との「異論のない経験則」からみて極めて不合理であり，供述証拠に「間違いや嘘」が「潜んで混在している」との「合理的疑い」が残るのである。

痴漢事件の被害者供述は，被害者による犯人識別供述の供述証拠であり，被害者は被告人を犯人と特定することに極めて強い利害関係があるので「間違いや嘘を供述」する蓋然性が極めて高いのであるから，物証等の客観的証拠がないのに，被害者供述に「間違いや嘘がない」ので「合理的疑い」がないと判断するのは，誤判の危険性が極めて高いのである。

　この「供述だけでは真偽不明」の「異論のない経験則」に，被害者供述と被告人供述とが対立する「水掛け論は真偽不明」とのやはり「異論のない経験則」が加われば，その判決の誤判は，ほぼ間違いないといいうるであろう。

　したがって，この「水掛け論」の証拠構造で有罪判決を出すことは「百人，千人の無辜を罰しても一人の有罪者を逃すな」との結果になり，明らかに刑事裁判の鉄則である「疑わしきは被告人の利益に」の原則や「十人の有罪者を逃すも一人の無辜を罰するな」との思想に反することになる。

II　犯人識別供述の証明力（信用性）の評価は慎重でなければならない

　供述証拠には，被告人の供述，共犯者の供述，第三者の供述，専門家の供述（鑑定）がある。

　その供述証拠のうちの第三者の供述による犯人と被告人の同一性に関する供述（＝犯人識別供述）の証明力（信用性）評価についての経験則や供述心理を解明したものとして，石井一正『刑事実務証拠法〔第4版〕』（判例タイムズ社，2007年）440～442頁がある。

　「一般論としていえば，第三者の供述は，自白や共犯者の供述のように定型的に警戒を要する要素は少ない。しかし，ときに，意識的に虚偽または誇大な供述をすることがないではないし，事件や被告人に対する予断，偏見の故に無意識的に虚偽の供述をすることもあろうし，善意ではあるが誤認，記憶違いによって誤った供述をすることもある。

　被害者その他第三者の供述が，犯人と被告人の同一性に関するものであるとき，この供述の証明力（信用性）の評価は最も重要である。そこで，以下

では，これに限って具体的に検討することにしたい。

㈠　犯人と被告人の同一性に関する証拠としては，被害者，目撃者などの供述しかない場合あるいは主としてこれに依存している場合，この供述証拠の証明力（信用性）の評価は慎重でなければならない。その評価の誤りが，誤判の一つの原因であることは，従来からしばしば指摘されている。

そこで，立法論的には，犯人と被告人の同一性に関する証拠が他になければ右の供述証拠だけでは原則として有罪とされない，というような補強規則を設けることも考えられるが，わが国の証拠評価の原則は，前に述べたように，自由心証主義（法318条）であるから，この場合でも，裁判官が，被害者などの同一性承認供述の証明力を経験法則や論理法則に従いつつ，自由に判断することになる。

重要なことは，この判断の際いかなる点に留意すべきかを把握することである。換言すれば，被害者や目撃者による犯人と被告人の同一性の証明が本来もつ危険性を充分に認識して，証明力の低い証拠によって誤った判断をしないように慎むことである。

㈡　犯人と被告人の同一性に関する被害者，目撃者などの供述の危険性は，次の点に存する。（第一，第二略）

第三に，観察・記憶の不確かさに加えて，犯人識別の方法に慎重を期さないとわずかな暗示，誘導によって誤った識別をしかねないことすなわち識別の不確かさである。同一性に関する認識が暗示の影響を受けやすいことはつとに知られている。しかも，人は一度犯人と被告人の同一性を承認するとこれを固執する傾向があると指摘されている。たしかに，いったん同一性を承認し後にこれを取り消すことは，供述者の自己矛盾であり，その観察・記憶の欠陥を告白することにもなりかねないから，ある種の勇気を必要とするであろう。いわんや，その人の同一性承認供述を基礎に捜査，訴追の手続が進められていくうちに，供述者が承認供述を取り消しがたい心境に陥ることも見やすい道理であろう。」とあるように，供述証拠や犯人識別供述には「錯覚や誇張，虚偽」が入りやすいので「その証明力（信用性）の評価は慎重でなければ誤判に陥る」理由を解明している。

Ⅲ　被害者供述の証明力（信用性）の評価の特色

(1)　痴漢事件の被害者供述にある「人違い」の「錯覚」「思い込み」

　上記で論じられている犯人識別供述は，供述者が犯行時に犯人を認識した後に，被告人が犯人であると供述した犯人識別供述であり，供述者が犯人を認識した時と被告人を犯人であると識別した時とに時間的間隔がある。
　痴漢事件の場合の犯人識別供述は，被告人は被害者によって犯行直後に現行犯人逮捕されたとされていることが多く，被害者が犯人を認識した時と被告人を犯人であると識別した時とに時間的間隔はないのが普通である。
　痴漢事件の被害者供述の犯人識別供述の危険性は，周囲に多数いる乗客の中から被告人を犯人と特定し，識別した供述に誤りはないか，すなわち，「人違い」をしていないかであり，犯人と被告人を「錯覚」して，被告人を犯人と「思い込み」をしていないかである。

(2)　痴漢事件の被害者供述にある「誇張，虚偽」

　痴漢事件での被害者供述は，要約すれば「被告人に痴漢行為をされた」であり，この被害者供述で，①「痴漢行為の存在」と②「痴漢行為をした犯人は被告人である」との「犯人と被告人の同一性（犯人識別供述）」の犯罪事実の2つの要証事実を証明するのであるから，被害者供述では，犯人識別供述のみならず，犯罪行為である痴漢行為についての供述の証明力の評価もしなければならない。
　この「痴漢行為の存在」についての被害者供述が，①知覚，②記憶，③表現，叙述の3過程に誤りがないことを検討しなければならない。
　電車内の痴漢事件での被害者の犯人識別供述の場合は，被告人は，被害者の周囲にいて「犯人の可能性のあるうちの1人」であり，一定の客観的状況の裏付けはある。
　しかし，「痴漢行為の存否」は，すべて被害者供述にかかっている。
　痴漢行為は，他の乗客の目を逃れるように行われるため，目撃者がいることはあまりなく，痴漢行為の存否は被害者にしかわからないことであり，その気になれば，どのような痴漢被害でも供述できる。

第2節　被害者供述の証明力の評価についての研究と痴漢事件の特色　349

　ただし，あまりにも極端で荒唐無稽な痴漢の態様を供述したため不自然，不合理として高裁で逆転無罪になった例（文献1・一覧表①の2判決）もある。
　電車の揺れで乗客の身体や所持品が触れたのを痴漢行為をされたと「誇張」していないか，あるいは，示談金目当てや，自己顕示欲，愉快犯等の動機で，狂言で痴漢被害を供述する可能性もあるのであるから「虚偽」ではないのかを検討する必要がある。
　被害者供述の証明力評価の問題は，被害者供述の「犯人識別供述」のみならず，「痴漢行為そのものの存在」の供述にもある。

Ⅳ　痴漢事件は「客観的裏付け証拠」の得られにくい事件ではない

　痴漢事件では，傷害事件のように傷跡が残るわけではないので，痴漢行為の痕跡が残りにくく，被害者供述を裏付ける客観的証拠が残りにくいとされて，立証証拠が被害者供述のみで起訴され，有罪判決が出されてきた。
　しかし，警察庁が，痴漢冤罪事件の無罪判決が多数出ることにより，平成17年11月に，全国の警察署に，痴漢の否認事件では，DNA型鑑定や繊維鑑定等の物証を取るように指示したことからわかるように，被害者供述を裏付ける物証等の客観的証拠が得られにくい事件ではない。
　犯人が手指で被害者の肌等を直接触ればDNA型鑑定ができるし，被害者の下着等の着衣を触れば繊維鑑定ができる。
　上記のように，供述証拠である被害者供述には①知覚，②記憶，③表現，叙述の3過程に誤りが入る危険性が高く，また，被害者供述による犯人識別供述固有の危険性もある。
　また，被害者供述は被告人供述との「水掛け論」であり，「水掛け論は真偽不明」であり，「供述だけでは真偽不明」との2つの「異論のない経験則」からの2つの「異論のない合理的疑い」もあり，被害者供述のみでは，「合理的疑いのない証明」で犯罪事実を立証できない。
　上述のように，痴漢事件は，客観的な裏付け証拠が得られない事件ではないので，「合理的疑いのない証明」で犯罪事実を立証できない被害者供述の

みで起訴すべきではなく，有罪判決を出すべきではない。

　現に，平成9年に最初の痴漢冤罪裁判がなされるまで，客観的な裏付け証拠がない被害者供述と被疑者供述とが「水掛け論」の事件は嫌疑不十分で不起訴とされていた。

〔佐藤　善博〕

第2章
最高裁判例（名倉判決）が解明した被害者供述の経験則等と証明力

第1節 名倉判決とは

　痴漢冤罪事件で，被害者供述が唯一の立証証拠の場合の被害者供述の証明力判断についての経験則等について「名倉判決」で最高裁判例が出された。
　この「名倉判決」は，下記補足意見の2名の裁判官と藤田宙靖裁判官の3名の多数意見と下記2名の反対意見が論争して多数意見が法廷意見を形成して最高裁判例になったものである。
　　最高裁判所平成19年（あ）第1785号強制わいせつ被告事件
　　　平成21年4月14日　第三小法廷判決　破棄自判（逆転無罪）
　　補足意見＝那須弘平裁判官，近藤崇晴裁判官の補足意見（以下「那須（補足）意見」，「近藤（補足）意見」という）
　　反対意見＝堀籠幸男，田原睦夫裁判長の反対意見（以下，「堀籠（反対）意見」，「田原（反対）意見」という）
　　A＝名倉事件で被害者とされた女子高生
　　被告人の氏から，「名倉事件」，「名倉判決」という。
　　（刑集63巻4号331頁・判時2052号151頁）

第2節　上告審での著しく正義に反する重大な事実誤認

　名倉判決は,「経験則等から不合理」なのが「著しく正義に反する事実誤認」であると判示した。
　これは証拠の証明力の評価,判断に「経験則等から合理的と考えられる合理的疑い」があるので「経験則等から不合理な事実認定になる」との理を明らかにしたものである。
　すなわち,この「経験則等から合理的疑い」があるのに犯罪事実を認定して有罪判決をするのは,「経験則等から不合理」であり,「疑わしきは被告人の利益に」の原則,「合理的疑いのない証明」の原則に反し,「著しく正義に反する重大な事実誤認」であることを明らかにしている。

I 「経験則等から不合理」な判断が「著しく正義に反する事実誤認」

(1)　法廷意見は,
　「当審における事実誤認の主張に関する審査は,当審が法律審であることを原則としていることにかんがみ,原判決の認定が論理則,経験則等に照らして不合理といえるかどうかの観点から行うべきである」と判示した。
　堀籠（反対）意見も「上告審は,……原判決の認定に論理則違反や経験則違反がないか又はこれに準ずる程度に不合理な判断をしていないかを審理するものである。」と判示しており,反対意見もこの理は認めるところである。
　自由心証主義（刑訴318条）は「証拠の証明力は,裁判官の自由な判断に委ねる」と規定されており,「証拠の証明力の評価とこれに基づく事実認定は,裁判官がその良心に従って論理法則や経験則に則り合理的に行うべきものであることは,当然のことである（自由心証主義の内在的制約）。」（藤永幸治ほか編『大コンメンタール刑事訴訟法5巻-I』（青林書院,1999年。以下「文献5」という）20頁）。

この自由心証主義の内在的制約に基づき，名倉判決は，「原判決の認定が論理則，経験則等に照らして不合理といえる場合」が「著しく正義に反する事実誤認」であることを確認した。
　これは，「論理則，経験則等から合理的と考えられる疑い」である「合理的疑い」があり「合理的疑いのない証明」がなく，有罪認定が「経験則，論理則等に照らして不合理な場合」は「著しく正義に反する事実誤認」ということである。
　那須（補足）意見の冒頭に，
　「冤罪で国民を処罰するのは国家による人権侵害の最たるものであり，これを防止することは刑事裁判における最重要課題の一つである。刑事裁判の鉄則ともいわれる『疑わしきは被告人の利益に』の原則も，有罪判断に必要とされる『合理的な疑いを超えた証明』の基準の理論も，突き詰めれば冤罪防止のためのものであると考えられる。」とあるのはこの原理を確認したものである。
　(2)　ここに「論理則，経験則等」とあるのは，経験則，論理則，実験則のことである。
　「自由心証主義は，経験則，論理則，実験則により控制される。
　証拠のもつ意味から要証事実を認定できるか判断するとき，経験則，論理則，実験則（以下，経験則等）に従った心証の組立がなされる。
　経験則とは，人間の社会生活上の経験によって通常生じると考えられる事物のなりゆき・人間の言動の流れに関する認識をいう。
　経験則が認める事柄のなりゆきの確度は，その性質上緩やかな幅がある。
　したがって，裁判官の的確な裁量によって各証拠に則した柔軟な適用が求められる。
　論理則，実験則とは，科学的な証明を経た自然界の事象及び人間の生理・心理に関する生起・発展・消滅などに関する法則をいう。
　多くは鑑定などによって専門家の意見を聴取して右法則の存在及びあてはめに関する証拠を収集した上で裁判官が心証を形成する。
　判例も，証拠の取捨選択及び事実の認定は裁判所の専権に属するが，経験則・論理則・実験則に反してはならないとする（判例略）」（文献5・193頁）。

痴漢事件で，論理則，実験則としては，DNA型鑑定，繊維鑑定，供述心理鑑定等がある。

なお，本稿の記述で，この論理則，経験則，実験則を併せて「経験則等」という。

(3) 一般常識も経験則等に含まれ，「経験則等から合理的な疑い」が「合理的疑い」

那須（補足）意見が，「文献等に例示される典型的な論理則や経験則に限ることなく，我々が社会生活の中で体得する広い意味での経験則ないし一般的なものの見方も『論理則，経験則等』に含まれると解するのが相当である。」と判示しているとおり，「経験則等」には「一般的なものの見方」である一般常識が含まれる。

法廷意見は「経験則等で不合理なのが事実誤認」であると判示し，後述の法廷意見(1)(2)(3)でAの被害者供述に存在する3つの「合理的疑い」を例示しているのであるから，「経験則等から合理的な疑い」が「合理的疑い」である。

そして，「経験則等から合理的な疑い」の「合理的疑い」があるのに犯罪事実を認定することは，「合理的疑いのない証明」がないのに，犯罪事実を認定することであり，刑事裁判の鉄則である「疑わしきは被告人の利益に」の原則に反するのであるから，「著しく正義に反する事実誤認」であることを明らかにしている。

Ⅱ 「経験則等から合理的な疑い」が「合理的疑い」であり，「合理的疑いがある場合」は，「合理的疑いのない証明」がない

(1) 「合理的疑い」の意義

那須（補足）意見は，「これに加えて，本件では，判決理由第2の5に指摘するとおり被害者の供述の信用性に積極的に疑いをいれるべき事実（後述の法廷意見(1)(2)の3点の「合理的疑い」）が複数存在する。

その疑いは，単なる直感による『疑わしさ』の表明（『なんとなく変だ』

『おかしい』)の域にとどまらず,論理的に筋の通った明確な言葉によって表示され,事実によって裏づけられたものでもある。

Aの供述はその信用性において一定の疑いを生じる余地を残したものであり,被告人が有罪であることに対する『合理的な疑い』を生じさせるものであるといわざるを得ないのである。

したがって,本件では被告人が犯罪を犯していないとまでは断定できないが,逆に被告人を有罪とすることについても『合理的な疑い』が残るという,いわばグレーゾーンの証拠状況にあると判断せざるを得ない。その意味で,本件では未だ『合理的な疑いを超えた証明』がなされておらず,『疑わしきは被告人の利益に』の原則を適用して,無罪の判断をすべきであると考える。」

「少なくとも本件のように合議体における複数の裁判官がAの供述の信用性に疑いをもち,しかもその疑いが単なる直感や感想を超えて論理的に筋の通った明確な言葉によって表示されている場合には,有罪に必要な『合理的な疑いを超えた証明』はなおなされていないものとして処理されることが望ましいと考える(これは,『疑わしきは被告人の利益に』の原則にも適合する。)。」と,「合理的な疑い」がある場合は「合理的疑いのない証明」がなされていないので無罪の判断をすべきであると論じている。

このように「合理的疑い」は,「単なる直感による『疑わしさ』の表明(『なんとなく変だ』『おかしい』)の域にとどまらず,論理的に筋の通った明確な言葉によって表示され,事実によって裏づけられた」経験則等が証明(論証)されれば「経験則等から合理的な疑い」である「合理的疑い」の存在は証明(論証)できるのである。

(2) 「合理的疑い」の証明(論証)の程度

最高裁判所平成19年(あ)第398号爆発物取締罰則違反,殺人未遂被告事件,平成19年10月16日第一小法廷決定(刑集61巻7号677頁)の最高裁判例で,「刑事裁判における有罪の認定に当たっては,合理的な疑いを差し挟む余地のない程度の立証が必要である。

ここに合理的な疑いを差し挟む余地がないというのは,反対事実が存在する疑いを全く残さない場合をいうものではなく,抽象的な可能性としては反

対事実が存在するとの疑いをいれる余地があっても，健全な社会常識に照らして，その疑いに合理性がないと一般的に判断される場合には，有罪認定を可能とする趣旨である。」と判示している。

　この判示では，「健全な社会常識に照らして，その疑いに合理性がない（＝不合理）と一般的に判断される場合」は「合理的疑いがない」としているのであるから，「合理的疑い」とは，「健全な社会常識から合理的と一般的に判断される場合」すなわち，「一般常識から合理的」と判断されれば「合理的疑い」があるということになる。

　名倉判決では一般常識も経験則等に含まれるのであるから，最高裁判例では「経験則等で合理的な疑い」が「合理的疑い」ということになる。

　なお，この最高裁判例では，反対事実（無実）の抽象的可能性では，「合理的疑い」がないとしており，「抽象的可能性」の反対概念は「具体的可能性」なのであるから，「合理的疑い」は，反対事実（無罪）の抽象的可能性では不十分であり，少なくとも「一般社会常識や経験則等から合理的と判断される具体的可能性」がなければならず，また，それで「合理的疑い」の証明（論証）は十分なのである。

　なお，この反対事実（無実）の抽象的可能性について，那須（補足）意見は，「単なる直感による『疑わしさ』の表明（『なんとなく変だ』『おかしい』）の域」と判示している。

　また，最高裁昭和48年12月13日第一小法廷判決（裁判集刑190号781頁）（甲府放火事件最高裁判決）は「『疑わしきは被告人の利益に』という原則は，刑事裁判における鉄則であることはいうまでもないが，……ところで，裁判上の事実認定は，自然科学の世界におけるそれとは異なり，相対的な歴史的真実を探究する作業なのであるから，刑事裁判において『犯罪の証明がある』ということは『高度の蓋然性』が認められる場合をいうものと解される。しかし，『蓋然性』は反対事実の存在の可能性を否定するものではないのであるから，思考上の単なる蓋然性に安住するならば，思わぬ誤判におちいる危険のあることに戒心しなければならない。したがつて，右にいう『高度の蓋然性』とは，反対事実の存在の可能性を許さないほどの確実性を志向したうえでの『犯罪の証明は十分』であるという確信的な判断に基づくものでなけれ

ばならない。」と判示している。
　ここで，「蓋然性」「高度の蓋然性」「確実性」「反対事実の可能性」といっているのは，可能性の程度をいっている。
　「思考上の単なる蓋然性」とは，「抽象的可能性」のことであり，
　「蓋然性」とは，具体的可能性があることであり，
　「確実性」とは，究極の可能性であり，最高度の可能性であり，「合理的疑いのない証明」ができる可能性である。
　なお，上記最高裁判例は「高度の蓋然性」を「確実性」と同じように論じているが，「高度の蓋然性」はかなり幅のある表現であり，適当ではない。

(3) 証明力の程度は可能性の程度

　以上の最高裁判例で基準として示されているのは，
　抽象的可能性＝思考上の可能性，単なる直感や感想
　具体的可能性＝蓋然性＝「合理的疑い」
　確実性＝最高度の可能性＝「合理的疑いのない証明」
である。
　これらから考えられるのは，証拠の「証明力の程度」は，「可能性の程度」で表現されるということである。
　証明力とは，犯罪事実が残した痕跡である証拠が，要証事実をどの程度推認するかである。
　言い換えれば，証拠の意味する事実と要証事実が「どの程度合致」するかである。
　この「合致する可能性の程度」が「証明力の程度」なのである。
　「確実」とは，「合致」そのものではなく，「合致の最高度の可能性」であり，「反対事実の抽象的可能性」を入れる余地はあるが，「反対事実の具体的可能性」を入れることはできない「合致」に極めて近い最高度の可能性である。
　「合致する最高度の可能性」である「確実性」が認められれば「合理的疑いのない証明」ができるのである。
　「具体的可能性」とは，那須（補足）意見にあるように「論理的に筋の通った明確な言葉によって表示され，事実によって裏づけられたもの」「単なる

直感や感想を超えて論理的に筋の通った明確な言葉によって表示されている場合」である。

「合理的疑い」の証明（論証）の程度は、この「反対事実（無実）の具体的可能性」が証明（論証）されればよい。

そうすると「合理的疑い」とは、「経験則等から合理的と判断される無実の具体的可能性」ということになり、「合理的疑い」の証明の程度は、この「具体的可能性」が言えて論証できればよいということになる。

なお、「合理的疑い」の「証明」を「論証」というのは、「論理的に筋の通った明確な言葉によって表示される」ということであり、「証明」の実体は「論証」であるからである。

(4) 抽象的可能性、具体的可能性と「可能性論」

なお、有罪事実の認定は「合理的疑いのない証明」がなければならないので、有罪事実の「抽象的可能性」や「具体的可能性」（＝「合理的疑い」）があっても「合理的疑いのない証明」はできず、無実の「抽象的可能性」は考えられても無実の「具体的可能性」（＝「合理的疑い」）が全く考えられないほどの「確実性」がなければ有罪事実を認定できないことは論理的に当然である。

痴漢冤罪の有罪判決で、身長差から被告人の手が被害者供述の被害部位に届かないことが客観的に証明されている事案で、「被害者が被告人は立っていたと供述し、被告人がかがんだとも、足を広げているとも供述していない」のに、「被告人がかがんだり、足を広げれば、被告人の手は届くので被告人が痴漢行為をしたのは間違いない」との有罪判決がある。

これは被害者供述に被告人がかがんだとか足を広げたとかの供述はないのであるから有罪事実の具体的可能性はなく、頭の中で空想した<u>有罪事実の抽象的可能性</u>があるにすぎない。

また、仮に、被害者供述に、被告人がかがんだとか足を広げたとかの供述があり、<u>有罪事実の具体的可能性</u>があったとしても、それは、有罪事実の「合理的疑い」のレベルの証明があるだけで、それだけでは「痴漢行為」が本当にあったのかはわからず、「反対事実（無実）の具体的可能性」の「合理的疑い」がないとは証明されておらず、有罪事実は「合理的疑いのない証

明」で証明されていない。

　このように，有罪事実の「抽象的可能性」ではもちろんのこと，「具体的可能性」があっても有罪事実は「合理的疑いのない証明」で証明されていないのである。

　しかし，このような，有罪事実の抽象的可能性，ないし具体的可能性（＝「合理的疑い」）のレベルしか立証されていない証明として不十分な「可能性論」で，出される有罪判決がかなりある。

(5) 名倉事件にある「合理的疑い」

　(a) 法廷意見は，A（被害者）供述にある(1)(2)(3)の3点の「合理的疑い」を例示している。

　Aは執拗で強度な痴漢被害を受けたのに回避行動がないのは不自然であり，また，それまで回避行動もなくおとなしく痴漢被害を受け続けていたのに，ネクタイを掴むという反撃行動に出たのはそれまでの対応とかけ離れて不自然であり，しかも，いったん下車して逃げられるチャンスがあったのに逃げもせず，再度，同じ位置関係になり痴漢被害を受け続けたことは極めて不自然である。

　この不自然さは，Aが本当に痴漢被害を受けていたかどうかについて，「回避行動がない」「下車したのに，再度，同じ位置関係になった」等の事実に基づいており，論理的に合理的で明確な言葉によって論証されており，「経験則等から合理的な疑問」があり，Aが供述するような痴漢行為がなかったとの無実の「具体的可能性」がある「合理的疑い」である。

　(b) 法廷意見は，「本件公訴事実を基礎付ける証拠としては，A（被害者）の供述があるのみであって，物的証拠等の客観的証拠は存しない（被告人の手指に付着していた繊維の鑑定が行われたが，Aの下着に由来するものであるかどうかは不明であった。）。」と判示した。

　もし，この繊維鑑定の結果，被告人の手指からA（被害者）の下着に由来する繊維片が検出されていたら，実験則により，被告人がAの下着に「触った」事実が科学的に証明されて，被告人が痴漢行為をした事実は「合理的疑いのない証明」で証明されたであろう。

　しかし，名倉事件では，繊維鑑定は行われたが，被告人の手指からAの

下着に由来する繊維片は全く検出されなかった。

確かに，下着に触っても手指に下着の繊維片が付着しない可能性や，付着しても落ちる可能性を全面的に否定はできない。

したがって，「手指で触ったら必ず繊維片が付着する」ので，実験則の結果，科学的に被告人の無罪が「合理的疑いのない証明」で証明されたとはいえないであろう。

しかし，痴漢行為として触ったら，普通は，手指に下着の繊維片が付着するし，また，付着するからこそ全国の警察で痴漢行為を立証するために繊維鑑定を実施しているのである。

そうすれば，「経験則から，手指で触ったら，普通は繊維片が付着する」といえ，繊維鑑定の結果，手指から下着の繊維片が検出されないという事実から，被告人は被害者の下着に触っていないのではないかという「具体的可能性」が論証され「合理的疑い」は，十分に証明（論証）されている。

第3節　被害者供述だけでは真偽不明

名倉判決は，経験則等から被害者供述に「錯覚や誇張，虚偽」の「合理的疑い」がないと認めるのは経験則等から不合理であり，唯一の立証証拠が被害者供述の証拠構造の場合，被害者供述のみで「合理的疑いのない証明」はできないことを明らかにしている。

I　被害者供述に，経験則等から，「思い込み等」すなわち「錯覚や誇張，虚偽」があったら，被告人の防御は困難

(1)　被害者供述にある「思い込みその他」の「錯覚や誇張，虚偽」

法廷意見は，「本件のような満員電車内の痴漢事件においては，被害事実や犯人の特定について物的証拠等の客観的証拠が得られにくく，被害者の供述が唯一の証拠である場合も多い上，被害者の思い込みその他により被害申告がされて犯人と特定された場合，その者が有効な防御を行うことが容易ではないという特質

が認められることから，これらの点を考慮した上で特に慎重な判断をすることが求められる。」と判示した。

　法定意見の「被害者の思い込みその他」とは，那須（補足）意見のいう「錯覚や誇張，虚偽」のことである。

　痴漢事件に即していえば，
① 　混雑状況から偶然に他の乗客の身体や所持品が触れたのを痴漢行為で触られたと勘違いした場合や，痴漢行為はされたが周囲の多数の乗客の中から犯人を取り違えた「人違い」の場合等が「思い込み」すなわち「錯覚」である。
② 　軽度の痴漢行為，例えば着衣の上から触られたのに，着衣の中に手を入れられ肌を直接触られたと強度の痴漢行為を供述するような場合が「誇張」である。
③ 　混雑状況から偶然に乗客の身体や所持品が触れたことがわかっていながら，あえて，痴漢に触られたと供述したり，全く痴漢行為はなかったのに痴漢をされたと嘘をつくのが「虚偽」である。

(2) 　供述の「本質的な経験則」から「錯覚や誇張，虚偽」が混在する

　先述のように，司法研修所のテキストに「供述証拠は，①知覚，②記憶，③表現，叙述という過程を経て事実認定者に伝えられる。そして，その供述過程のいずれかの段階において誤りが入る可能性がある。

　供述証拠は，物証等非供述証拠に比べて一般的には証明力が劣るといわれるゆえんである。」（文献3・2頁）とある。

　知覚の誤りが「思い込み」や「錯覚」ということになる。

　記憶と表現，叙述の違いが「誇張」や「虚偽」ということになり，名倉判決は，これを「思い込み等」や「錯覚や誇張，虚偽」とまとめている。

　このように，供述証拠には，①知覚，②記憶，③表現，叙述の3過程に誤りが入りやすく「錯覚や誇張，虚偽」が混在する危険があり，供述証拠の証明力が弱いことは供述証拠の「本質的な経験則」であるので，供述証拠である被害者供述の証明力（信用性）の評価にあたっては，この3過程に誤りがないかを「特に慎重な判断」をすることが求められるのである。

II 被害者供述に一般的，抽象的信用性があっても，「錯覚や誇張，虚偽」が「潜んで混在している」との「合理的疑い」がある

(1) 被害者供述に一般的，抽象的信用性があっても「合理的疑いのない証明」はできていない

那須（補足）意見は，

「痴漢事件について冤罪が争われている場合に，被害者とされる女性の公判での供述内容について『詳細かつ具体的』，『迫真的』，『不自然・不合理な点がない』などという一般的・抽象的な理由により信用性を肯定して有罪の根拠とする例は，公表された痴漢事件関係判決例をみただけでも少なくなく，非公表のものを含めれば相当数に上ることが推測できる。

しかし，被害者女性の供述がそのようなものであっても，他にその供述を補強する証拠がない場合について有罪の判断をすることは『合理的な疑いを超えた証明』に関する基準の理論との関係で，慎重な検討が必要であると考える。」と，被害者供述に「詳細かつ具体的」「迫真的」「不自然・不合理な点がない」等の一般的・抽象的な信用性があっても，被害者供述に補強証拠がない場合には，「合理的疑いのない証明」の基準を満たす信用性があるのか，被害者供述に「錯覚や誇張，虚偽」の「合理的疑い」がないことを「慎重に検討」する必要があることを明確にしている。

(2) 一般的，抽象的信用性があっても，被害者供述には「錯覚や誇張，虚偽」が「潜んで混在している」との「合理的疑い」がある

那須（補足）意見は，被害者供述に一般的，抽象的信用性があっても，なお「慎重な検討」が必要な理由として，

① 痴漢行為の態様は，時間的，空間的，人間関係から単純かつ類型的なので，普通の能力を有する被害者が，その内容が真実であると「錯覚や誇張，虚偽」を含むものであっても「具体的，詳細」「自然，合理的」「迫真的」な一般的，抽象的信用性を備えた供述をすることは困難ではないが，そのような一般的，抽象的信用性のある被害者供述の中に錯覚

や誇張，虚偽があった場合，これを<u>弁護人が暴き出すことも，裁判官が嗅ぎ分けることも容易ではない。</u>

　このような被害者供述の中には，事実誤認を生じさせる「錯覚や誇張，虚偽」が少なからず潜んでいる。
② 被害者が錯覚や誇張，虚偽の供述をすれば，民事，刑事の責任を追及されるので，公判で錯覚や誇張，虚偽を認める供述をすることはない。

　また，検察官との証人テストの打合せで，証言が「自然，合理的」等の一般的，抽象的信用性のある内容になるようにするので，被害者供述に一般的，抽象的信用性があっても，それだけで被害者供述が正しいと速断することは危険であり，「錯覚や誇張，虚偽」があり事実誤認の余地がある。

との経験則等をあげている。

　このように，経験則等から，「錯覚や誇張，虚偽」があっても，被害者が一般的，抽象的信用性のある供述をするのは容易であり，かつ，被害者は一般的，抽象的信用性のあるような証言をしようとするし，証人テスト等で一般的，抽象的に証言するように訓練もされているから，裁判官や弁護人等の第三者が，被害者供述の中に「潜んでいる」「錯覚や誇張，虚偽」を見分け判断することは容易ではないので，結果，被害者供述の中に「錯覚や誇張，虚偽」が，「潜んで混在している」との具体的可能性があり，この「合理的疑い」を払拭することはできない。

Ⅲ　「供述だけでは真偽不明」と「水掛け論は真偽不明」は「異論のない経験則」

(1)　「供述だけでは真偽不明」から「水掛け論は真偽不明」が導き出される

供述証拠に「本当のことを供述しているように思える」との一般的，抽象的信用性があれば，確かに「本当のこと」を供述している具体的可能性はある。

　しかし，供述証拠の本質から，また供述心理や経験則等から供述には「錯

覚や誇張，虚偽」が入りやすく，この供述の中に「錯覚や誇張，虚偽」が入っているかどうかを見分けることは，第三者には不可能なのであるから，供述の中に「錯覚や誇張，虚偽」が入っていないと断言することはできない。

「人の供述が本当のことである具体的可能性」もあるが「本当でないことの具体的可能性」もあり，「いずれが本当のことを言っているのか第三者にはわからない」との「供述だけでは真偽不明」との経験則は，供述の本質から導き出され，普通の一般人なら誰でもが考えることであり，逆に「人の供述が本当のことを言っているのか，本当でないことを言っているのかがわかる」という人は，神ならぬ身で，いないのであるから，この「供述だけでは真偽不明」の経験則は，「異論のない経験則」ということができる。

「供述だけでは真偽不明」との経験則は，供述証拠の性質を考えてみれば容易にわかることである。

過去の一場面を，ビデオに撮ったようにそのままに供述できる人はいない。

人は，見間違いや勘違いをする，記憶違いもするし，時間の経過で忘れることもあるし，暗示や思い込み等で記憶が変容して変わることもあり，立場やいろいろな動機で記憶にあることに嘘を混ぜて誇張することもあれば，記憶と違う嘘をつくこともあるので，供述の中には経験則的に「錯覚や誇張，虚偽」が混じりやすく，供述の中にこのような「間違いや嘘」が全くないと言い切ることはできない。

供述は「事実を正直に話すべき」ではあり，供述者は供述するときは「正直に話している」態度と話し方で話をするが，その中に「錯覚や誇張，虚偽」が混じっていても，第三者がこれを見分けることは非常に難しく不可能ともいいうる。

「錯覚」の場合は供述者自身が「正直に話している」と「思い込んでいる」。

第三者が，供述の中に「錯覚や誇張，虚偽」が「ある」ということはできないが，供述の中に「錯覚や誇張，虚偽」が「ない」ということもできない。

裏付け証拠のない供述だけでは「本当のこと」をいっているのか，「間違

いや嘘」を言っているのかわからないのである。
　このように，供述だけでは，供述の中に「錯覚や誇張，虚偽」が「ある」とも「ない」ともいい切れなく，「供述だけでは真偽不明」なので，口でいい合うだけの対立する供述の「水掛け論」はどちらが本当のことをいっているかわからない「真偽不明」なのである。
　したがって，「慎重な判断」や「慎重な検討」をすれば，被害者供述という供述証拠が唯一の立証証拠であり，客観的な裏付け証拠がない場合，この「供述だけでは真偽不明」と「異論のない経験則」からこの供述の3過程に全く誤りがなく，被害者供述に，「思い込み等」すなわち，「錯覚や誇張，虚偽」がないと認めることは不合理であり，「被害者供述に『錯覚や誇張，虚偽』が『潜んで存在している』との具体的可能性」のある「異論のない経験則」に基づく「異論のない合理的疑い」を解消できず，被害者供述のみでは，犯罪事実を「合理的疑いのない証明」で証明できないのである。
　① 「供述だけでは真偽不明」「供述だけでは『本当のこと』を言っているのか『間違いや嘘』を言っているのかわからない」との供述証拠の「異論のない経験則」
　② 「水掛け論は真偽不明」「水掛け論ではどちらが本当かわからない」との「異論のない経験則」
は，それこそ，世界中の良識ある普通の一般社会人なら誰でもが考えている経験則であり，確度の極めて高い「異論のない経験則」である。
　したがって，この「異論のない経験則」は，その他の「人は普通は正直に話す」とか「嘘をつく人もいる」等の多様に考えられる「異論のある経験則」とは区別される。
　(2) 「異論のない経験則」による「異論のない合理的疑い」
　このように，「供述だけでは真偽不明」「水掛け論は真偽不明」との2つの「異論のない経験則」から被害者供述に「錯覚や誇張，虚偽」が「潜んで混在している」との「異論のない合理的疑い」がある。
　そして，被害者供述にある「錯覚や誇張，虚偽」は「潜んで混在している」ので，この「錯覚や誇張，虚偽」が供述のどの部分にあり，どのような「錯覚や誇張，虚偽」であるかを具体的に特定することはできない。

しかし，被害者供述にある「錯覚や誇張，虚偽」が供述のどの部分にあるかを特定できないのは，被害者供述にある「錯覚や誇張，虚偽」を「合理的疑いのない証明」で証明できないというだけであり，「供述だけでは真偽不明」と「水掛け論は真偽不明」の２つの「異論のない合理的疑い」なので，被害者供述に「錯覚や誇張，虚偽」が「潜んで混在している」具体的可能性は高いので，被害者供述に「潜んで存在している」具体的可能性の程度の具体的な「合理的疑い」ならば，いくらでも特定して証明（論証）できる。

名倉事件でも，法廷意見は(1)(2)(3)と容易に３つものＡ（被害者）の具体的な「経験則等からの合理的疑い」を例示して，証明（論証）している。

弁護人は，これ以上に，Ａが供述した痴漢行為の態様そのものについての「経験則等からの合理的疑い」を再現実験等でいくつも証明（論証）した。

多くの被害者供述が唯一の，しかも「水掛け論」の痴漢冤罪事件で，弁護人達は，再現実験等をして，被害者供述にある「経験則等からの具体的可能性ある合理的疑い」をいくつも証明（論証）したが，被告人供述にも裏付け証拠のない「水掛け論」では，被害者供述にある「錯覚や誇張，虚偽」を「合理的疑いのない証明」で証明することまではできず，このため，多くの有罪判決が出されている。

先述のように，手指が腱鞘炎で被害者供述のような痴漢行為は医学的に不可能であると「経験則等から不合理」な「合理的疑い」を「合理的疑いのない証明」まで証明しても有罪判決になった例さえある（文献２・一覧表47事件）。

(3) 供述証拠には「異論のない経験則」による「異論のない合理的疑い」があり，供述証拠のみで犯罪事実を「合理的疑いのない証明」で証明できない

この「異論のない経験則」による「異論のない合理的疑い」があるので，立証証拠が供述証拠のみでは犯罪事実を「合理的疑いのない証明」で証明できないのである。

そのため供述証拠には補強証拠が必要であるとの説まであるし，後述のように，実際の裁判実務では，供述証拠には補強証拠が必要であるとされているのである。

ところが，痴漢冤罪裁判では，補強証拠なしに，立証証拠が被害者供述の

供述証拠のみで有罪判決が多数出されているのである。
　(4)　「異論のある経験則」について
　上記の，人によって多様に考えられる「異論のある経験則」について，那須（補足）意見は，
　「堀籠裁判官及び田原裁判官の各反対意見の見解は，その理由とするところも含めて傾聴に値するものであり，一定の説得力ももっていると考える。しかしながら，これとは逆に，多数意見が本判決理由中で指摘し，当補足意見でやや詳しく記した理由により，Aの供述の信用性にはなお疑いをいれる余地があるとする見方も成り立ち得るのであって，こちらもそれなりに合理性をもつと評価されてよいと信じる。
　合議体による裁判の評議においては，このように，意見が二つ又はそれ以上に分かれて調整がつかない事態も生じうるところであって，その相違は各裁判官の歩んできた人生体験の中で培ってきたものの見方，考え方，価値観に由来する部分が多いのであるから，これを解消することも容易ではない。
　そこで，問題はこの相違をどう結論に結びつけるかであるが，私は，個人の裁判官における有罪の心証形成の場合と同様に，『合理的な疑いを超えた証明』の基準（及び『疑わしきは被告人の利益に』の原則）に十分配慮する必要があり，少なくとも本件のように合議体における複数の裁判官がAの供述の信用性に疑いをもち，しかもその疑いが単なる直感や感想を超えて論理的に筋の通った明確な言葉によって表示されている場合には，有罪に必要な『合理的な疑いを超えた証明』はなおなされていないものとして処理されることが望ましいと考える（これは，『疑わしきは被告人の利益に』の原則にも適合する。)。」
と判示している。
　この那須（補足）意見の意味するところは，下記のとおりである。
　①　その人の人生経験や，ものの見方，価値観により，経験則には多様なものがあり，それぞれがそれなりの合理性を持っている。
　　　すなわち，経験則には「確度に幅のある」「異論のある経験則」がある。
　②　ある人が考えた有罪事実について「経験則から不合理と考えられる具

体的可能性のある疑問」があれば，別の人には，それが「経験則から合理的であると考えられる異論」があっても，無罪の「合理的疑い」はあるので，「合理的疑いのない証明」はできない。

③　別の人が考えた有罪事実について，「経験則から合理的に考えられる異論」は，有罪事実の「合理的疑い」の程度の証明（論証）しかできておらず，「合理的疑いのない証明」ができているのではない。

Ⅳ　「被害者の思い込みその他により犯人とされた場合，その者が有効な防御を行うことが容易でない」は挙証責任の転換を意味する

(1)　以上のように，痴漢事件で，被害者供述が唯一の立証証拠である場合，経験則等から被害者供述に一般的，抽象的信用性（＝有罪事実の具体的可能性＝合理的疑い）があっても，「供述だけでは真偽不明」との「異論のない経験則」から，被害者供述の中に「錯覚や誇張，虚偽」が「潜んで混在している具体的可能性（＝合理的疑い）」があり，この「合理的疑い」は解消されず，「異論のない経験則」からの「異論のない合理的疑い」がある。

それなのに，被害者供述に一般的，抽象的信用性（真実であるとの具体的可能性）があるので，被害者供述には「錯覚や誇張，虚偽」がなく，被害者供述には「間違いや嘘」がなく真実であると判断して，有罪判決を出されてしまうのでは，被告人としては，この被害者供述に「異論のある経験則」による一般的，抽象的信用性（＝具体的可能性）が全くなく，「異論のある経験則」のすべてを反証して，被害者供述の中にある「錯覚や誇張，虚偽」を「合理的疑いのない証明」で証明して，自らの無実を証明しなければならなくなってしまう。

しかし，この「異論のある経験則」は人により多様なのであるから，このすべてを反証することは「悪魔の証明」であり，不可能である。

結局は，この一般的，抽象的信用性（＝具体的可能性）のある被害者供述の中に「潜んで混在している」「錯覚や誇張，虚偽」があることを「弁護人が暴き出すことも，裁判官が嗅ぎ分けることも容易ではない」のに，これを

第3節　被害者供述だけでは真偽不明　369

「合理的疑いのない証明」で証明して，自らの無実を「合理的疑いのない証明」で証明するしかなくなる。

　これが，法廷意見が「被害者の思い込みその他により犯人とされた場合，その者が有効な防御を行うことが容易でない」と判示している意味である。

　被告人が容易でない自らの無実を立証しなければならなくなるということは「挙証責任の転換」があり，無実の立証責任を被告人が負い，無実を「合理的疑いのない証明」で証明する責任を負うということになり，「疑わしきは被告人の利益に」の原則に反することになる。

　(2)　那須（補足）意見が，「痴漢事件について冤罪が争われている場合に，被害者とされる女性の公判での供述内容について『詳細かつ具体的』，『迫真的』，『不自然・不合理な点がない』などという一般的・抽象的な理由により信用性を肯定して有罪の根拠とする例は，公表された痴漢事件関係判決例をみただけでも少なくなく，非公表のものを含めれば相当数に上ることが推測できる。」と判示しているように，痴漢冤罪事件では，挙証責任を転換されて，自らの無実が立証できなくて有罪判決を受けた事例が相当数に上る。

　先述のように，被告人が無実の証明をしても有罪になった例さえある（文献2・一覧表47事件）。

　また，那須（補足）意見が，「しかし，被害者女性の供述がそのようなものであっても，他にその供述を補強する証拠がない場合について有罪の判断をすることは，『合理的な疑いを超えた証明』に関する基準の理論との関係で，慎重な検討が必要であると考える。」と判示した「慎重な検討」の結果の無罪判決も相当数に上る（文献1，文献2参照）。

　以上の那須（補足）意見から，法廷意見は，「物証等の客観的証拠」の裏付け証拠がなく，被害者供述に「錯覚や誇張，虚偽」が「潜んで混在している」との「合理的疑い」を解消できない限り，犯罪事実は「合理的疑いのない証明」で証明されていない。それなのに，被告人が「犯人と特定され」有罪判決をしたら，挙証責任が転換されて，被告人が被害者供述の「錯覚や誇張，虚偽」を証明しなければならなくなり，「防御をすることが容易でない」。それゆえ「疑わしきは被告人の利益に」の原則に反することになるため，「これらの点を考慮した慎重な判断をすることが求められる。」と判示したの

である。

第4節 被害者供述と被告人の否認供述との「水掛け論は真偽不明」

I 被告人供述の一般的信用性（＝無実の具体的可能性）は「合理的疑い」の証明（論証）として十分

　法廷意見は、「被告人は、捜査段階から一貫して犯行を否認しており、本件公訴事実を基礎付ける証拠としては、A（被害者）の供述があるのみであって、物的証拠等の客観的証拠は存しない（被告人の手指に付着していた繊維の鑑定が行われたが、Aの下着に由来するものであるかどうかは不明であった。）。被告人は、本件当時60歳であったが、前科、前歴はなく、この種の犯行を行うような性向をうかがわせる事情も記録上は見当たらない。」と判示して、被告人供述にも、被害者供述と同様に一般的信用性があることを認めたうえで、被害者供述と対立する被告人の否認供述がある「水掛け論」の証拠構造であることを認めている。

　近藤（補足）意見の「『被害者』の供述するところはたやすくこれを信用し、被告人の供述するところは頭から疑ってかかるというようなことがないよう、厳に自戒する必要がある」もこの被告人供述の一般的信用性を認めたものである。

　被告人供述に一般的信用性があるということは、「経験則等から合理的に判断して無実の具体的可能性がある」ということであり、「合理的疑い」の証明（論証）としてはこれで十分である。

　これが「疑わしきは被告人の利益に」の原則と「水掛け論は真偽不明」から導き出される結論である。

　したがって、被告人の否認供述にも一般的信用性はあり、無実の具体的可能性がある「合理的疑い」があるのであるから、この被告人の否認供述が具体的可能性がなく、現実にはあり得ない抽象的可能性でしかないことを証明

しない限り，有罪判決は出せない。

これを証明するには，被告人の手指から被害者の下着の繊維片がでる等の裏付け証拠がない限り実際的には不可能である。

しかし，これまでの痴漢冤罪裁判の有罪判決は，被害者供述は全面的に信用性を認めるのに反して，被告人の否認供述については些細な変遷や矛盾点を捉えて全面的にその信用性を否定して，被告人供述のこの一般的信用性さえ認めていない。

名倉判決は，この被告人供述の一般的信用性（＝無実の具体的可能性）を認めたことでも画期的な最高裁判例である。

II 「水掛け論は真偽不明」

近藤（補足）意見は，「本件においては，『被害者』の供述と被告人の供述とがいわば水掛け論になっているのであり，それぞれの供述内容をその他の証拠関係に照らして十分に検討してみてもそれぞれに疑いが残り，結局真偽不明であると考えるほかないのであれば，公訴事実は証明されていないことになる。」と判示している。

那須（補足）意見の「本件では被告人が犯罪を犯していないとまでは断定できないが，逆に被告人を有罪とすることについても『合理的な疑い』が残るという，いわばグレーゾーンの証拠状況にあると判断せざるを得ない。その意味で，本件では未だ『合理的な疑いを超えた証明』がなされておらず，『疑わしきは被告人の利益に』の原則を適用して，無罪の判断をすべきであると考える。」も同旨である。

元々，「供述だけでは真偽不明」との供述証拠の「異論のない経験則」からの「異論のない合理的疑い」があり，被害者供述が「本当のこと」をいっているのか「間違いや嘘」をいっているのかわからない。

これは，被告人供述も同じである。

すなわち，上述のように，被害者供述と被告人供述とのどちらにも一般的な証明力（具体的可能性）はあるので，一見すると，いずれも「本当のこと」を供述しているかのように見える。

しかし，その供述内容は対立しており，いずれかが「本当のこと」を供述していたら，他方が「本当でないこと」を供述しているのは，論理上，間違いない。

しかし，客観的な裏付け証拠なしに，供述だけで，いずれが「本当のこと」を供述しており，いずれが「本当でないこと」を供述しているのかは，第三者には判断不可能である。

被害者供述が「本当のこと」で，被告人供述が「嘘」の可能性もあるが，被告人供述が「本当のこと」で，被害者供述が「錯覚や誇張，虚偽等」で「本当でないこと」の可能性もあり，いずれにも具体的可能性のある疑いが残り，立証証拠である被害者供述に「錯覚や誇張，虚偽等」が全くなく，「錯覚や誇張，虚偽」が「潜んで混在している具体的可能性」がないと断じることはできない。

被害者供述と被告人供述のいずれが「本当のこと」を供述しているかは，第三者には，正に，「判断不能」であり，立証証拠である被害者供述のほうが「本当のこと」を供述していると判断することは不可能である。

これが「水掛け論は真偽不明」であるとの経験則であり，「水掛け論でも真偽はわかる」との経験則はなく，確度の極めて高い経験則であり「異論のない経験則」である。

この「供述だけでは真偽不明」と「水掛け論は真偽不明」との２つの「異論のない経験則」に反して，「水掛け論」でも「被害者供述のほうが本当のことを言っているのがわかった」との有罪判決は，良識ある一般社会人の誰でもが考える２つの「異論のない経験則」に反する，誰の目にも明らかな不合理な誤判であり，「著しく正義に反する事実誤認」である。

第5節　名倉事件の被害者供述にある経験則からの具体的な3点の「合理的疑い」と反対意見

Ⅰ　法廷意見

(1)　経験則から被害者供述にある具体的な「合理的疑い」の例示について，法廷意見は，
「(1)　Aが述べる痴漢被害は，相当に執ようかつ強度なものであるにもかかわらず，A（被害者）は，車内で積極的な回避行動を執っていないこと，
(2)　そのことと前記2 (2)のAのした被告人に対する積極的な糾弾行為（被告人のネクタイを掴んで「電車降りましょう」と言った糾弾行動）とは必ずしもそぐわないように思われること，
(3)　Aが，成城学園前駅でいったん下車しながら，車両を替えることなく，再び被告人のそばに乗車しているのは不自然であること（原判決も「いささか不自然」とは述べている。）
などを勘案すると，同駅までにAが受けたという痴漢被害に関する供述の信用性にはなお疑いをいれる余地がある。
そうすると，その後にAが受けたという公訴事実記載の痴漢被害に関する供述の信用性についても疑いを入れる余地があることは否定し難いのであって，Aの供述の信用性を全面的に肯定した第1審判決及び原判決の判断は，必要とされる慎重さを欠くものというべきであり，これを是認することができない。
被告人が公訴事実記載の犯行を行ったと断定するについては，なお合理的な疑いが残るというべきである。」
と判示した。

(2)　この法廷意見の判示は，成城学園前駅までの公訴事実の前段階の痴漢被害を主に取り上げて，その前後の行動についての被害者供述に，3つの具

体的な「合理的疑い」があるので、公訴事実の痴漢被害そのものの存在についての被害者供述にも「合理的疑い」があると論じるものである。

その意味では、公訴事実の痴漢被害そのものについては、前述の、
① 「供述だけでは真偽不明」との「異論のない経験則」
② 「水掛け論は真偽不明」との「異論のない経験則」

から「被害者供述に、『錯覚や誇張、虚偽』がないと認めるのは経験則から不合理」との「異論のない合理的疑い」が元々ある。

この「異論のない合理的疑い」があることを裏付け例示するものとして、法廷意見は、公訴事実の前後の痴漢被害についての被害者供述には、3つの具体的な「錯覚や誇張、虚偽」の「合理的疑い」があることを指摘している。

II 堀籠（反対）意見と「合理的疑いのない証明」の原則

(1) 堀籠（反対）意見の問題設定と被害者供述と被告人供述の信用性

堀籠（反対）意見は、「本件における争点は、被害者Aの供述と被告人の供述とでは、どちらの供述の方が信用性があるかという点である。」と問題設定した上で、

「被害者Aの供述の要旨は、多数意見が要約しているとおりであるが、Aは長時間にわたり尋問を受け、弁護人の厳しい反対尋問にも耐え、被害の状況についての供述は、詳細かつ具体的で、迫真的であり、その内容自体にも不自然、不合理な点はなく、覚えている点については明確に述べ、記憶のない点については『分からない』と答えており、Aの供述には信用性があることが十分うかがえるのである。」と被害者供述の一般的信用性を述べた上で、

「被告人の供述については、その信用性に疑いを容れる次のような事実がある。

(1) 被告人は、検察官の取調べに対し、下北沢駅では電車に戻ろうとしたことはないと供述しておきながら、同じ日の取調べ中に、急に思い出したなどと言って、電車に戻ろうとしたことを認めるに至っている。これは、下北沢駅ではプラットホームの状況についてビデオ録画がされてい

ることから，被告人が自己の供述に反する客観的証拠の存在を察知して供述を変遷させたものと考えられるのであり，こうした供述状況は，確たる証拠がない限り被告人は不利益な事実を認めないことをうかがわせるのである。
(2) 次に，被告人は，電車内の自分の近くにいた人については，よく記憶し，具体的に供述しているのであるが，被害者Aのことについては，ほとんど記憶がないと供述しているのであって，被告人の供述には不自然さが残るといわざるを得ない。
(3) 多数意見は，被告人の供述の信用性について，何ら触れていないが，以上によれば，被告人の供述の信用性には疑問があるといわざるを得ない。

原判決は，以上のような証拠関係を総合的に検討し，Aの供述に信用性があると判断したものであり，原判決の認定には，論理則や経験則に反するところはなく，また，これに準ずる程度に不合理といえるところもなく，原判決には事実誤認はないというべきである。」

と被告人供述には信用性がないので，信用性のあるAの供述どおりに有罪判決した原判決には事実誤認はないと判示している。

(2) 問題設定の誤り

(a) 被害者供述と被告人供述の一般的信用性は対等

堀籠（反対）意見は，「本件における争点は，被害者Aの供述と被告人の供述とでは，どちらの供述の方が信用性があるかという点である。」と被害者供述と被告人供述のどちらの供述が信用性（証明力）があるのかと問題設定した。

しかし，刑事裁判には「疑わしきは被告人の利益に」の鉄則があり，挙証責任は検察官にあり，犯罪事実は「合理的疑いのない証明」で証明されなければならない。

堀籠（反対）意見も本件が被害者供述と被告人供述とが対立する「水掛け論」の証拠構造であり，立証証拠が被害者供述しかないことは認めている。

そうすると，「合理的疑いのない証明」の原則の下では，唯一の立証証拠である被害者供述で犯罪事実が「合理的疑いのない証明」で証明できるのか

の問題となり，どちらの供述が信用できるのかの問題ではない。

どちらの供述が信用できるのかの問題であるなら，被害者供述にしろ，被告人供述にしろ，頭から全く信用性がないと言い切ることはできず，それぞれに一般的信用性（具体的可能性）はあり，基本的には五分と五分の対等の「水掛け論」である。

(b) 被告人供述の信用性

被告人供述にも，このように一般的信用性（具体的可能性）はあり，被告人供述に，堀籠（反対）意見のような有罪事実の具体的可能性の「合理的疑い」がいくらあっても，被告人供述は「嘘らしい」とは言えても，被告人供述の「痴漢をしていない」との供述が嘘であると断じて，被告人が「被害者に痴漢をしたこと」を「合理的疑いのない証明」で証明できない。

なお，堀籠（反対）意見の被告人供述にある「合理的疑い」について付言すると，

(1)については，被告人は，網棚の上に置いていた鞄を取りに，戻ったことはあったが，最初はそのことは忘れていたが，そのことを確認されて思い出したので供述しただけであり，合理的な説明はできる。

また，(2)については，記憶の程度問題であり，痴漢行為をしていなかったので被害者についての記憶が薄かったともいいうる。

(c) 被害者供述の信用性

また，堀籠（反対）意見の被害者供述の信用性も，被害者供述が「本当らしい」と言えるだけの信用性でしかなく，那須（補足）意見のいう一般的・抽象的信用性（具体的可能性）にすぎない。

被害者供述に「錯覚」があった場合「錯覚」した事実を「本件のこと」と「思い違いして」供述しているので，「本当らしい」という供述の中から「錯覚」を排除することはできない。

また，「供述は本当のことを供述すべき」であり，「本当らしく供述することは容易にでき」「本当らしく供述するように，証人テスト等で訓練もされる」のであるから供述の中に「潜んで混在している」「誇張や嘘」を見抜き証明することは極めて困難である。

この原理が，

①「供述だけでは真偽不明」
②「水掛け論は真偽不明」
との2つの「異論のない経験則」から被害者供述に，「錯覚や誇張，虚偽」が「潜んで混在している具体的可能性」がある「異論のない合理的疑い」があり，被害者供述で「合理的疑いのない証明」で犯罪事実が証明されておらず「著しく正義に反する事実誤認」になるとの名倉判決の結論となっているのである。

Ⅲ 法廷意見(1)(2)(3)に対する堀籠（反対）意見(1)(2)(3)と「合理的疑い」

(1) 「経験則から不合理でなく」「合理的疑いはない」との堀籠（反対）意見

法廷意見(1)(2)(3)の被害者供述にある3つの具体的な「合理的疑い」について，堀籠（反対）意見(1)(2)(3)は，

「(1) この時間帯の小田急線の車内は，超過密であって，立っている乗客は，その場で身をよじる程度の動きしかできないことは，社会一般に広く知れ渡っているところであり，証拠からも認定することができるのである。身動き困難な超満員電車の中で被害に遭った場合，これを避けることは困難であり，また，犯人との争いになることや周囲の乗客の関心の的となることに対する気後れ，羞恥心などから，我慢していることは十分にあり得ることであり，Aがその場からの離脱や制止などの回避行動を執らなかったとしても，これを不自然ということはできないと考える。

(2) 犯人との争いになることや周囲の乗客の関心の的となることに対する気後れ，羞恥心などから短い間のこととして我慢していた性的被害者が，執拗に被害を受けて我慢の限界に達し，犯人を捕らえるため，次の停車駅近くになったときに，反撃的行為に出ることは十分にあり得ることであり，非力な少女の行為として，犯人のネクタイをつかむことは有効な方法であるといえるから，この点をもってAの供述の信用性を否定するのは，無理というべきである。

(3) 多数意見は，Ａが成城学園前駅でいったん下車しながら，車両を替えることなく，再び被告人のそばに乗車しているのは不自然であるという。しかしながら，Ａは，成城学園前駅では乗客の乗降のためプラットホームに押し出され，他のドアから乗車することも考えたが，犯人の姿を見失ったので，迷っているうちに，ドアが閉まりそうになったため，再び同じドアから電車に入ったところ，たまたま同じ位置のところに押し戻された旨供述しているのである。Ａは一度下車しており，加えて犯人の姿が見えなくなったというのであるから，乗車し直せば犯人との位置が離れるであろうと考えることは自然であり，同じドアから再び乗車したことをもって不自然ということはできないというべきである。そして，同じ位置に戻ったのは，Ａの意思によるものではなく，押し込まれた結果にすぎないのである。」

と判示して，被害者供述には，何ら経験則からの不自然，不合理な点はなく，被害者供述には「合理的疑い」はないとしている。

その上で，堀籠（反対）意見は，

「多数意見は，当審における事実誤認の主張に関する審査について，『原判決の認定が論理則，経験則等に照らして不合理といえるかどうかの観点から行うべきである』としている。この点は，刑訴法の正当な解釈であり，私も賛成である。しかし，多数意見がＡの供述の信用性に疑いを容れる余地があるとして挙げる理由は，第２の５の(1)，(2)及び(3)だけであって，この３点を理由に，Ａの供述には信用性があるとした原判決の判断が，論理則，経験則等に照らして不合理というにはあまりにも説得力に欠けるといわざるを得ない。

多数意見は，Ａの供述の信用性を肯定した原判決に論理則や経験則等に違反する点があると明確に指摘することなく，ただ単に，『Ａが受けたという公訴事実記載の痴漢被害に関する供述の信用性についても疑いをいれる余地があることは否定し難い』と述べるにとどまっており，当審における事実誤認の主張に関する審査の在り方について，多数意見が示した立場に照らして，不十分といわざるを得ない。」

と判示している。

第5節 名倉事件の被害者供述にある経験則からの具体的な3点の「合理的疑い」と反対意見

(2) 「合理的疑い」は「経験則等から合理的と判断される具体的可能性」が証明（論証）されれば十分であり，「合理的疑いのない証明」で証明される必要はない

確かに，堀籠（反対）意見のように(1)超過密の電車内では身動きができず，羞恥心などから我慢したりして，回避行動を執れない，(2)羞恥心などから我慢していた非力な少女が我慢の限界に達して反撃行動として犯人のネクタイを掴むことは有効な方法である，(3)被害者は，いったん下車して，ドアを替えようとも思ったが，犯人を見失い迷っているうちに同じドアから押し込められて同じ位置になったと供述しており，不自然ではないとの経験則もありえ，Aの供述内容は「経験則から不合理でない」ともいいうるであろう。

しかし，法廷意見のように，経験則から(1)回避行動を執らないのは不自然，(2)何の回避行動も執らなかったのに，積極的な糾弾行動であるネクタイを掴んだのは不自然，(3)いったん下車したのに，再度被告人のそばに居たのは不自然であり，Aの供述内容は「経験則から不合理」であり，経験則から「錯覚や誇張，虚偽」の具体的可能性が合理的に考えられるともいえる。

被害者の3つの「同じ行動」でも，法廷意見(1)(2)(3)のように「経験則から不合理」ともいいうるが，「超過密」「羞恥心から」「同じドアから乗るか迷ったが押し込まれたとの被害者供述」等の条件を加えたり，見方を変えれば，堀籠（反対）意見(1)(2)(3)のように「経験則から不合理ではない」ともいいうる。

これは，人の行動についての経験則には「緩やかな幅があり」相対的であり，人の価値観や条件や場合により，多様の経験則がありえ，「異論のある経験則」があるからである。

「人は供述するときは普通は正直に供述する」経験則があるといいうるが，「人は立場や場合によっては間違いや嘘を供述する」経験則もあるともいいうることと同様である。

したがって，法廷意見(1)(2)(3)の指摘する「合理的疑い」は，一般通常人であれば普通に疑問に思うことであり，被害者供述が「錯覚や誇張，虚偽」である具体的可能性が合理的に考えられるので，「合理的疑い」の論証に欠けるところはなく，「合理的疑い」は十分に証明されている。

そして，堀籠（反対）意見(1)(2)(3)のようにも，「異論のある経験則」から合理的に考えられる有罪事実の具体的可能性ある「合理的疑い」はあるが，被告人には，この被害者供述で経験則から考えられる有罪事実の具体的可能性ある「異論のある経験則」のすべてを反証する証明責任はないのである。

被害者供述の有罪事実の具体的可能性ある「合理的疑い」のすべてを否定する証明は，「合理的疑いのない証明」であり，結局は，被告人は，被害者供述にある「錯覚や誇張，虚偽」を「合理的疑いのない証明」で証明しなければならなくなるが，その挙証責任は被告人にはないのである。

これは「疑わしきは被告人の利益に」の刑事裁判の鉄則から，被告人には挙証責任がなく，無実の挙証責任がないことから当然の原理である。

そうでなければ，法廷意見の「その者が有効な防御を行うことが容易でない」ということになり，近藤（補足）意見の「原判決が有罪判決であって，その有罪とした根拠である事実誤認に合理的な疑いが残るのであれば，原判決を破棄することは，最終審たる最高裁判所の職責とするところであって，事後審制であることを理由にあたかも立証責任を転換したかのごとき結論を採ることは許されないものと信ずるものである。」が妥当することになる。

そして，刑事裁判では，検察官に挙証責任があるのであるから，検察官は，法廷意見(1)(2)(3)が指摘するような，経験則等から合理的に考えられる無罪事実の具体的可能性ある「合理的疑い」が全くないことを証明しなければならないのである。

この証明をするには，被害者供述を繊維鑑定等の物証で「被告人が痴漢行為をした」有罪事実を裏付ける以外にはないのではないか。

Ⅳ 「被害者に嘘をつく動機がない」との反対意見

(1) 田原（反対）意見は，

「(i) Aは学校に遅刻しそうになったので虚偽申告をしたとの弁護人の主張には合理性がない。

(ii) 女性が，電車内での虚偽の痴漢被害の申告をする動機としては，一般的に，

①示談金の喝取目的,
②相手方から車内での言動を注意された等のトラブルの腹癒せ,
③痴漢被害に遭う人物であるとの自己顕示,
④加害者を作り出し, その困惑を喜ぶ愉快犯等が存し得るところ,
Aにそれらの動機の存在を窺わせるような証拠は存しない。」
と判示している。

(2) 堀籠（反対）意見も,「多数意見は, Aの供述について, 犯人の特定に関し疑問があるというのではなく, 被害事実の存在自体が疑問であるというものである。すなわち, 多数意見は, 被害事実の存在自体が疑問であるから, Aが虚偽の供述をしている疑いがあるというのである。

しかし, 田原裁判官が指摘するように, Aが殊更虚偽の被害事実を申し立てる動機をうかがわせるような事情は, 記録を精査検討してみても全く存しないのである。」と判示している。

(3) 「被害者が嘘をつく動機がないので, 嘘をついていない」との証明（論証）は有罪事実の具体的可能性ある「合理的疑い」の証明（論証）であり,「合理的疑いのない証明」ではない。

この, 田原, 堀籠両（反対）意見の「被害者には嘘をつく動機がない」との論証は,「被害者には嘘をつく動機がないから, 嘘をついていない」との論証をして,「被害者は嘘をついていないので, 被害者供述どおりの痴漢被害が認められる」との論証にならないと犯罪事実を認める論証にならない。

この, 田原, 堀籠両（反対）意見の「被害者には嘘をつく動機がない」との論証は,「たまたま, 電車で出会ったにすぎない被告人を陥れるために, 被害者が嘘をつく動機がないので, 被害者は嘘をついていない」として多くの有罪判決が用いた論証である。

確かに,「被害者が嘘をつく動機」が「証拠上」や,「記録を精査して」,「合理的疑いのない証明」のレベルで証明された事実として認められないのはそのとおりである。

しかし, 経験則のレベルでは,「被害者が嘘をつく動機」は, 田原（反対）意見がいうように①示談金目的, ②腹癒せ, ③自己顕示, ④愉快犯と4つもの動機が容易に考えられるし, 弁護人が主張したように,「遅刻の言い訳」

の動機も考えられる。

　また,「名倉事件」では,「生田を発車してすぐに, 私と向かい合わせに立っていた被告人が, 私の頭越しに, かばんを無理やり網棚に載せた。そこまで無理に上げる必要はないんじゃないかと思った。」とあり, A（被害者）は,「頭越しに無理に網棚にかばんを載せられて不愉快になった『腹癒せ』に痴漢被害を演じた」との動機も考えられる。

　また, 経験則では, 何の動機がなくても嘘をつく人はいる。

　このように, 経験則のレベルでは, 痴漢事件で嘘をつく動機はいくらでも想定され, また, 動機がなくても嘘をつくことも考えられる。

　確かに, たまたま, 出会った電車内で他人を痴漢の犯人に陥れる人は, 普通はおらず, 極めて稀であるから「経験則から, たまたま, 電車で出会ったにすぎない被告人を陥れるために, 被害者が嘘をつく動機がないので, 被害者は嘘をついていない」と論証することはできるであろう。

　しかし, この論証（証明）は, あくまでも経験則で考えられる「嘘をつかない有罪事実の具体的可能性」の「合理的疑い」の程度の証明（論証）であり,「嘘をつく動機がなく, 嘘をついていない具体的可能性が全くない」との「合理的疑いのない証明」の程度の証明ではない。

　上述のように, 名倉判決は,「経験則等から合理的に考えられる『嘘』の具体的可能性」は2つの「異論のない合理的疑い」としても, 法廷意見(1)(2)(3)の3つの具体的な例示の「合理的疑い」としても論証している。

　名倉判決がいうように,「物証等の裏付け証拠」がなければ「被害者が嘘をつく動機がなく」「被害者が嘘をついていない」という事実は「合理的疑いのない証明」で認められないのである。

第6節　供述証拠の補強証拠の要否，程度

I　名倉判決で，被害者供述に「錯覚や誇張，虚偽」がないことが認められる場合

(1)　法廷意見に，「本件のような満員電車内の痴漢事件においては，被害事実や犯人の特定について<u>物的証拠等の客観的証拠</u>が得られにくく」とある。

那須（補足）意見に，「冤罪が真摯に争われている場合については，たとえ被害者女性の供述が『詳細かつ具体的』，『迫真的』で，弁護人の反対尋問を経てもなお『不自然・不合理な点がない』かのように見えるときであっても，<u>供述を補強する証拠ないし間接事実の存否</u>に特別な注意を払う必要がある。その上で，<u>補強する証拠等が存在しない</u>にもかかわらず裁判官が有罪の判断に踏み切るについては，<u>『「合理的な疑いを超えた証明」</u>の視点から問題がないかどうか，格別に厳しい点検を欠かせない。」

「以上検討したところを踏まえてAの供述を見るに，1審及び原審の各判決が示すような『詳細かつ具体的』等の<u>一般的・抽象的性質</u>は具えているものの，<u>これを超えて特別に信用性を強める方向の内容</u>を含まず，他にこれといった<u>補強する証拠等</u>もないことから，上記2に挙げた事実誤認の危険が潜む典型的な被害者供述であると認められる。」
とあることから，名倉判決は，
① 被害者供述に，物的証拠等の客観的証拠による裏付け補強証拠がある場合。例えば，DNA型鑑定，繊維鑑定，がある場合等
② 被害者供述に，一般的，抽象的信用性を超えて，特別に信用性を強める方向の内容がある場合

には，被害者供述に「錯覚や誇張，虚偽」がない場合であることを認めてもよい場合であると判示している。

(2) 名倉判決がこのように被害者供述に物的証拠等の客観的な裏付け証拠が原則的に必要であると結論づけているのは，被害者供述に一般的，抽象的信用性があっても，原則的に，被害者供述には「一般的，抽象的信用性を超えて，特別に信用性を強める方向の内容」がなく「合理的疑いのない証明」で犯罪事実が認定できないからである。

これは，先述のように，供述証拠の「3過程に誤りが入りやすい」との「本質的な経験則」から「供述だけでは真偽不明」「水掛け論は真偽不明」との「異論のない経験則」から「供述の中に『錯覚や誇張，虚偽』がないと認めるのは不合理」との「異論のない合理的疑い」があるからである。

II　補強証拠の要否と補強の程度の研究と名倉判決

(1) 補強証拠の必要性

司法研修所のテキストは，裁判実務の研究から，「犯人識別供述の信用性は，本来，補強証拠の証明力と異なるものとして存在するが，それを吟味する過程においては，補強証拠の証明力と相まって判断が加えられているのが実情である。

事実認定は証拠の総合評価ということになるが，補強証拠の証明力の強さを明確に意識した上で識別供述の信用性を検討すべきであり，その場合，犯人識別供述の証明力に強弱があることも留意すべきである。」(文献3・114頁)と結論づけている。

ここで結論づけられているのは，

① 犯人識別供述の信用性は，補強証拠の証明力と相まって判断されているのが実情である。

　　すなわち，犯人識別供述には，自白法則のような補強法則はないが，実際の裁判の実情では，犯人識別供述の信用性を判断するには，補強証拠が必要であり，その補強証拠の証明力と相まって判断されている。

② 事実認定は，犯人識別供述の信用性の強弱と補強証拠の証明力の強さを意識した上で識別供述の信用性を総合評価する。

　　すなわち，犯人識別供述の信用性が強い場合は補強証拠の証明力は弱

くてもよいが，犯人識別供述の信用性が弱い場合には，補強証拠の証明力は強くなければならない。
すなわち，
① 犯人識別供述には補強証拠が必要であり，
② 供述証拠の信用性の強弱と補強証拠の証明力の強弱は相まって判断される

と裁判実務の研究も，第三者供述に補強法則がないけれども，実際の裁判実務では，犯人識別供述には，補強証拠が必要であると結論づけている。

その理由は，供述証拠の「3過程に誤りが入りやすい」との「本質的な経験則」により，「供述だけでは真偽不明」「水掛論は真偽不明」との「異論のない経験則」によるものであることは，名倉判決と同じであると考えられる。

(2) 補強の程度
上記のように，
② 供述証拠の信用性の強弱と補強証拠の証明力の強弱は相まって判断される

ので，補強の程度である補強証拠の証明力の程度は，供述証拠の証明力の程度と相まって判断される。

すなわち，供述証拠の証明力が強ければ補強証拠の証明力は弱くてもよいが，供述証拠の証明力が弱ければ補強証拠の証明力は強くなければならない。

上記テキストは，補強の程度である補強証拠の証明力の程度として，次の3種類を挙げている
① 犯行現場の凶器から被告人の指紋が検出されたような被告人と犯行の結びつきを強く推認させるような<u>直接的な補強</u>の場合から，
② 被害品を被告人が所持していたような<u>間接的な補強</u>の場合，
③ 犯行日時場所の付近で被告人を見かけた，あるいは，被告人に犯行の動機があるというような<u>緩やかな補強</u>の場合まで，千差万別である（文献3・114頁）。

痴漢事件の被害者供述は，名倉判決が分析したように「思い込み等」の

「錯覚や誇張，虚偽」の誤りの危険が高く，しかも「水掛け論」であり，「供述だけでは真偽不明」「水掛け論は真偽不明」と2つもの「異論のない経験則」からの「異論のない合理的疑い」が抜き難く，被害者供述の証明力は極めて弱く，「合理的疑いのない証明」はできない。

そうすると，被告人が被害者の肌や着衣を手指で「触った」ことを強い推認力で裏付け「直接的な補強」をするDNA型鑑定や繊維鑑定のような「物証等の客観的証拠」による補強が必要とされると解される。

Ⅲ 「特別に信用性を強める方向の内容」

那須（補足）意見は，被害者供述に，「一般的，抽象的信用性を超えて，特別に信用性を強める方向の内容がある場合」には，補強証拠がなくても被害者供述のみで「合理的疑いのない証明」ができる場合があることを判示している。

これは，第三者供述には，自白法則のような補強法則がないので，被害者供述のみでも犯罪事実を認定できる場合があることを論じたものである。

しかし，これは，極めて例外的な場合であり，DNA型鑑定や繊維鑑定で容易に強力な証明力を持つ補強証拠が得られる痴漢事件では想定できない。

全く痕跡の残らない犯罪で，普段は衣服の下に隠れてわからない犯人の傷跡とかの特徴についての「秘密の暴露」の供述等，非常に限定された供述内容が考えられる。

Ⅳ 繊維鑑定について

(1) 繊維鑑定についての名倉判決の判示

痴漢冤罪事件では，繊維鑑定が問題となった事案がかなりある。

名倉事件でも，法廷意見は，「本件公訴事実を基礎付ける証拠としては，A（被害者）の供述があるのみであって，物的証拠等の客観的証拠は存しない（被告人の手指に付着していた繊維の鑑定が行われたが，Aの下着に由来するものであるかどうかは不明であった。）。」と判示した。

「Aの下着に由来するものであるかどうかは不明であった。」との鑑定結果は、「被告人の手指からAの下着に由来すると認められる繊維片は検出されなかった」という結論になる。

(2) 名倉事件の高裁判決の繊維鑑定の判示

名倉事件の原審である東京高裁では、警視庁科捜研の化学研究員が、被害者の下着の繊維片は、犯人の手指に付着しない場合や、付着しても落ちる場合があることや、綿繊維は環境中にたくさんあり由来を特定できないことや、化学繊維は綿繊維よりも付着しにくいとか、下着一面に施されていた綿繊維のハート柄の部分は面積が少ないから付着しやすい綿繊維でも付着しなかった可能性があること等を証言した。

原判決は、この化学研究員の証言により「そうすると、下着を構成する化学繊維や色素付着の綿繊維が被告人の指から発見することができなかったにしても、特に不自然ではない。被告人が女性に触れてわいせつな行為をしたことには合理的な疑いがあるということはできない。」と判示して、有罪判決をした。

(3) 触っていない「合理的疑い」

繊維鑑定は「触った」事実を証明するために、痴漢捜査には有用な科学的証拠として、平成17年秋には、警察庁も全国の警察署に繊維鑑定を実施するように指示を出しているところであり、名倉判決直後にも、再度この指示を出し、全国で広く行われている。

また、被告人の手指からは、100本を超える多数の繊維片が検出されたが、このことから、手指には繊維片は極めて付着しやすいことがわかる。

このように、「触った」事実を証明するために有用として全国の警察で広く普及して採用され、手指には繊維片が極めて付着しやすいのであるから、経験則から、手指で被害者の下着等の着衣に「触った」ら、普通は、手指から被害者の下着等の着衣に由来する繊維片は検出されるということは「具体的可能性」としていうことができる。

そうすれば、繊維鑑定の結果、被告人の手指から被害者の下着に由来する繊維片が検出されなかったら、被告人が被害者の下着に「触っていない」という事実が強く推認される。

少なくとも「触っていない経験則からの具体的可能性」である「合理的疑い」を証明（論証）するには十分である。

この「触っていない」との「合理的疑い」を解消し，「触っても被告人の手指に被害者の下着の繊維片が付着しなかった事実」の証明は，上記原判決のような付着しない「抽象的可能性」では不十分なことは明らかである。

上記化学研究員の証言は，あくまでも繊維の性質からの一般論であり，名倉事件の場合の具体的な付着しない可能性ではない。

仮に，手を洗う等して付着した繊維が落ちてしまって，被告人の手指に付着していないことが「具体的可能性」として証明されたとしても，それは「被告人の手指から繊維片が検出されなかった」ので無罪事実の具体的可能性である「合理的疑い」が証明（論証）されなかったというだけであり，「手を洗う等して付着した繊維が落ちてしまった具体的可能性」の証明だけでは，「触ったけど落ちた」か「元々触らなかった」かはわからず，「合理的疑いのない証明」で「触った」事実を証明できるものではない。

繊維鑑定で「合理的疑いのない証明」で「触った」事実を証明するには，被告人の手指から被害者の下着に由来する繊維片が検出される以外にはない。

この繊維鑑定で，被告人が被害者の下着を「触った」事実が裏付けられれば，被害者供述が「合理的疑いのない証明」で証明されうる。

(4) 名倉判決の意義

名倉判決は，この繊維鑑定結果が提起する被害者供述の「合理的疑い」については判示していないが，痴漢冤罪事件で最大の誤判の原因である立証証拠が被害者供述のみでは「合理的疑い」が残り「合理的疑いのない証明」で犯罪事実が証明できない供述証拠と経験則等の原理を明らかにしたことに大きな意義がある。

〔佐藤　善博〕

第7部
裁判員裁判および証拠の整理手続

■CONTENTS

第1章　公判前整理手続の制度趣旨

第2章　公判前整理手続の具体的内容

第3章　類型証拠開示

第4章　類型証拠開示請求に対する検察官の対応

第5章　類型証拠不開示に対する裁定申立て

第6章　検察官請求証拠に対する意見明示

第7章　弁護人の予定主張明示

第8章　主張関連証拠開示請求

第9章　捜査機関が収集していない証拠への対応

第10章　弁護人からの証拠調べ請求

第11章　公判前整理手続における証拠調べ請求の制限

第12章　期日間整理手続について

第1章

公判前整理手続の制度趣旨

第1節　はじめに

「争点及び証拠の整理手続」（公判前整理手続，期日間整理手続。以下，公判前整理手続を中心に論じ，必要に応じて期日間整理手続にも触れることとする）は，平成16年5月28日法律第62号により創設された新しい刑事訴訟手続の1つであり，2005年（平成17年）11月1日から施行されている。新しいといってもすでに5年近い運用実績を持つ制度である。

　この整理手続は，もう1つの大きな司法改革である裁判員裁判（2009年（平成21年）5月21日施行）を円滑に進めることをも想定したものであり，裁判員裁判対象事件については，公判前整理手続に付されることが必要的とされる（裁判員49条）。

　もっとも，この整理手続は，裁判員裁判に特有なものとはされていない。また，法定合議事件に限定されたものでもないし，否認事件に特化したものでもない。要するに，刑事訴訟全般に適用されることが予定されているものである。後述のように，事件の内容により，被告人の利益に資すると弁護人が判断した場合には，単独事件であろうと，自白事件であろうと，果敢にこの整理手続に付すことを求めるべきである。

　ところで，今般の一連の司法改革に対して，法律実務家の間で，殊に弁護士の間には反対論を唱え，制度自体に関わろうとしない立場が少なくない

(例えば、公判前整理手続に異論があるとして同手続に付されることに強く抵抗したり、日本司法支援センターに反対だとして、同センターとの間で国選弁護契約をしないなど）。しかし、一点の隙もない完璧で理想的な法制度はあり得ないのであり、法律実務家としては日々の弁護実践のなかで現行制度に懸命に取り組み、望ましい制度運用を実現し、それを通じてさらなる制度改革を目指すことが求められているといわざるを得ない。

本稿執筆時（2011（平成23）年3月）において、筆者は進行中のものを含めてこの整理手続について70件近い経験を積んできたが、改善の余地は否定しないものの、この整理手続は被告人の利益のために十分に活用するに値する制度であると確信するに至っている。

現在、この整理手続に有効かつ適切に対処できなければ、的確な刑事弁護を被告人に提供することは叶わない。公判前整理手続に精通していなければ、良質な刑事弁護の実現は不可能である。極論すれば、公判前整理手続や裁判員裁判の現場に立とうとしない弁護士に、これら制度を批判する資格はない。イデオロギー的あるいは理念的な論争に終始し、新制度への取組を疎かにすることは我々実務家には許されない。我々は被疑者、被告人の利益を最優先に考えるべきである。

以下、証拠開示を中心に論じるが、その前提として、制度の趣旨、公判前整理手続の諸場面における弁護人の活動などを概観することとする。

第2節　公判前整理手続で求められるもの

「充実した公判の審理を継続的、計画的かつ迅速に行うため」に「事件の争点及び証拠を整理する」（刑訴316条の2第1項）、これが公判前整理手続で求められているものである。

すなわち、争点と証拠を整理して、充実した公判を実現しようというのがこの手続の目的であり、そこから逸脱するような運用は許されない。

例えば、後述のように公判前整理手続に付されると被告人・弁護人は広範な証拠開示請求権を手にすることができ（刑訴316条の15・316条の20）、検察官

が開示に応じない場合には裁判所に対し証拠開示命令の発動を請求することが認められているが（裁定申立て。刑訴316条の26），弁護人の求めに対して裁判所が的確に証拠開示を命じないようならば，争点や証拠の整理が困難となり，結局のところ充実した審理は叶わない。

また，本稿の主旨である証拠法からは外れるが，裁判所が十分な準備を困難にさせるような期日指定や進行を当事者に強いるようであれば，やはり争点や証拠を的確に整理することはできなくなる。

あるいは，検察官の証明予定事実（刑訴316条の13）を前にして，裁判所が被告人・弁護人に対してあたかも民事訴訟におけるような詳細かつ個別的な「認否」を迫ること，すなわちそのような予定主張の明示（刑訴316条の17）を求めることは，争点や証拠の整理というこの制度趣旨を逸脱するといわざるを得ない（この点を詳細に論考したものとして，岡慎一「公判前整理手続における被告人側『予定主張』の明示」季刊刑事弁護51号63頁以下がある）。

第3節　公判前整理手続は裁判員裁判に特有なものではない

国民が参加する裁判員裁判においては，裁判員への負担が過重なものとならないよう配慮して迅速な審理が求められることから（裁判員51条），公判前整理手続に付されることが必要的とされる（裁判員49条）。しかし，刑訴法は，公判前整理手続の適用を裁判員裁判に限定していない。

そもそも，裁判員裁判に限らずすべての刑事訴訟においては，審理に2日以上を要する場合には，刑訴法はできる限り連日開廷を求めており（刑訴281条の6），それを実現するためには事前に争点と証拠を整理することは不可欠であるから，刑訴法が公判前整理手続の適用場面を限定しなかったことはむしろ当然のことといえよう。

ところで，前述のように，公判前整理手続は裁判員裁判を視野に入れ，それが開始されるまで4年ほどの事前運用期間が置かれ，全国の裁判所では，この期間中，将来的に裁判員裁判対象事件に該当するもの（①法定刑に死刑，無期懲役が規定されたもの，②法定合議事件であって故意行為で人が死亡したもの）に

ついては原則として公判前整理手続に付する扱いを行ってきた。

そのため，裁判員裁判対象事件からは漏れる事件，殊に単独事件について，裁判所は進んで公判前整理手続に付することに消極的であった。むしろ，裁判員裁判実施後，この消極的傾向が強まっているように思える。しかし，刑訴法は，公判前整理手続を裁判員裁判や法定合議事件に特有のものともしていないことを銘記すべきである。

公判前整理手続は，非裁判員裁判であろうと，単独事件であろうと等しく適用されるものであることに留意するべきである。

第4節　弁護人から果敢に公判前整理手続に付するよう求める活動

上記のような公判前整理手続の位置づけに鑑みるならば，弁護人として自らが担当する事件を公判前整理手続に付したほうが被告人の利益に叶うと判断したならば，ためらうことなく裁判所に対して求めるべきである。

では，どのような場合に公判前整理手続に付すよう求めたらよいであろうか。それは，公判前整理手続の趣旨，具体的な内容から導かれてくる。

公判前整理手続に付された事件については，検察官は公判に先立ち証拠によって証明しようとする事実を記載した書面（証明予定事実記載書面）を提出しなければならず，証明に用いる証拠請求もしなければならない（刑訴316条の13）。そして，証明予定事実と証拠との関係も明らかにしなければならない（刑訴規217条の20）。つまり，公判前整理手続に付されることにより，被告人・弁護人は，公判開始を待たず事前に検察官の思い描く事件の構造と証拠との関係を把握することができる。

そして，公判前整理手続では，訴因を明確にさせたり，公判期日ですることを予定している主張を明らかにさせることが予定されているから（刑訴316条の5），起訴状の公訴事実や検察官の証明予定事実について不明確なところがあれば，裁判所に働きかけて検察官に明確にさせることも可能となる（このことから，起訴状に対する求釈明が必要と感じられる事件の場合，公判前整理手続に付さないということは考えられないといえよう）。

要するに，ひとたび公判前整理手続に付されれば，事前に（まさに公判前に）検察官主張を具体的に把握した上で，しかも必要があればそれをできる限り具体的かつ限定的に明確にさせた上で，被告人・弁護人は公判に臨む方針を構築することが可能となる。
　加えて，公判前整理手続に付されることで，何より権利として幅広い証拠開示請求権を手にすることができる。
　これらからすると，弁護人から公判前整理手続に付すよう求めるべき事件の筆頭はいわゆる否認事件（公訴事実の一部でも否認する場合を含む）といえる。否認事件の場合，旧来の刑事訴訟に比べ，求釈明を駆使して検察官主張や証拠構造の枠を固めさせ，十分な証拠開示を踏まえて公判に臨むことが可能になるはずである。筆者の経験でも，単独事件であるものの，覚せい剤取締法違反，恐喝などについて被告人が否認していたことから，公判前整理手続に付すよう裁判所に求め，その結果，同手続に付されたものがあり，検察官主張を明確にさせたり，広範な証拠開示を得ることができたりしている。
　一方，罪体自体には争いがない事件，つまり情状事件であっても，事実関係が複雑であったり，様々な背景事情が認められるような事件では，公判前整理手続に付する意味は大きいといえる。すなわち，このようなケースにおいて公判前整理手続に付されることで，複雑な事実関係や，数多くの背景事情について検察官がどのように理解し，どのように主張しようとしているのかを事前に把握することが可能となる。また，このような事案では，相当量の証拠が収集されている可能性があり，弁護人として十分な証拠に触れることは弁護方針を確定する上で有用であるし，有利な証拠が手に入る可能性も否定できないからである。
　筆者自身の経験でも，公訴事実自体には争いがないものの，多数の死傷者を出した交通事故，児童虐待事件，交際女性との関係に悩んだ末に放火自殺を図った非現住建造物等放火事件，関係者多数の悪徳商法詐欺事件，長年の引きこもり生活に疲れた末の強盗事件，関係者多数の死体遺棄事件，長年にわたる介護の末の嘱託殺人事件などについて，弁護人から公判前整理手続に付すよう求めたことがある。いずれも裁判所は公判前整理手続に付する決定をしている。そして，そのいずれにおいても，検察官主張をあらかじめ把握

できたことで有効な弁護方針を立てることができたし，また，証拠開示を通じて被告人に有利な証拠を手に入れることができている。

ところで，弁護人から公判前整理手続に付すよう求める場合には，その旨の申出書を裁判所に提出することとなる。

すなわち，刑訴法は，裁判所が公判前整理手続に付することを決定するものとし，その際，検察官および弁護人から意見を聴くこととしているが（刑訴316条の2第1項），検察官，被告人・弁護人にはその請求権を認めていない。したがって，弁護人から公判前整理手続に付するよう申し出て裁判所の職権発動を促すこととなる（日本弁護士連合会裁判員制度実施本部編『公判前整理手続を活かすPart2（実践編）』（現代人文社，2007年）14頁以下。なお，同書16頁に申立書の書式例が掲載されている）。この場合，裁判所が弁護人の申出に応じないとしても，不服申立ての手続は認められていない。

筆者の経験では，こちらから公判前整理手続に付すよう求めたすべてのケースにおいて裁判所は同手続に付する決定をしているが，仮に，裁判所が公判前整理手続に付さないと判断した場合には，せめて同手続に付された場合と同様の証拠開示を検察官に対して請求し，証拠開示の場面だけでも実を取ることを目指すべきである。そして，もし，検察官が十分な開示に応じない場合には，そのような対応を具体的に摘示した上で改めて裁判所に対し，公判前整理手続に付すことを求めるべきである（第1回公判開始後ならば期日間整理手続となる）。また，この場合，裁判所の訴訟指揮権に基づく個別的，具体的な判断による証拠開示（最二小決昭44・4・25刑集23巻4号248頁）の方法は当然に使えるから，裁判所に証拠開示命令等の訴訟指揮権の発動を求めることも考えられる（もっとも，公判が開かれる前の段階では，裁判所は当事者の主張も証拠関係も把握していないから，裁判所として証拠開示を命じるのは困難を伴うものと思われる）。

なお，公判前整理手続に付されると，そうでない場合と比較して訴訟が遅延するとして弁護人の側で消極的な姿勢を示す向きがないわけでもない。確かに，公判開始までは同手続に付されない場合より時間を要することが多いであろう。しかし，公判前整理手続においては連日的な審理計画も策定することとなるから，判決までの時間を含めるならば，極端に遅延するというこ

とにはならない。むしろ，旧来のように，公判が始まってから検察官主張の全貌を弁護人がようやく掴み，それを踏まえて防御方針を組み立てながら，しかも不十分な証拠開示のなかで，1ヵ月に1回，あるいは3ヵ月に2回程度の頻度で公判を続けることのほうがよほど時間が掛かることが多いものと思われる。

　そして，仮に時間が掛かったとしても上記のような公判前整理手続に付するメリットはそれを補って余りあるものがあるのであって，この手続に付すことをためらうのは弁護人の姿勢として適切とは思われない。

　また，公判前整理手続に付された事件における裁判所の保釈運用実務は，旧来に比し身体拘束の解放へ向けて劇的に変動しており（筆者もつい最近，殺人事件の被告人が第1回公判を待たずに保釈されるという経験を持った），保釈制度を組み合わせることで，審理期間の延長による被告人への負担を軽減することが可能になってきていることも考慮されるべきである。

〔村木　一郎〕

第2章

公判前整理手続の具体的内容

第1節　展開される手続の概観

公判前整理手続が開始されると次のような場面が順次，展開される。
・検察官による証明予定事実記載書面の提出（刑訴316条の13第1項）
・検察官による証拠請求，請求証拠の開示（同316条の13第2項・316条の14）
・弁護人による類型証拠開示請求（同316条の15）
・検察官請求証拠に対する弁護人の意見明示（同316条の16）
・弁護人による予定主張記載書面の提出（同316条の17第1項）
・弁護人による証拠請求，請求証拠の開示（同316条の17第2項・316条の18）
・弁護人請求証拠に対する検察官の意見明示（同316条の19）
・弁護人による主張関連証拠開示請求（同316条の20）
・公判前整理手続期日開廷

第2節　検察官の証明予定事実記載書面への対応

　検察官が提出する証明予定事実記載書面においては，「事件の争点及び証拠の整理に必要な事項を具体的かつ簡潔に」（刑訴規217条の19第1項）明示されなければならないし，「事実とこれを証明するための証拠との関係を具体

的に明示」（刑訴規217条の20）される必要がある。

したがって，例えば，起訴状の公訴事実が「共謀の上」とだけされている場合（これは現在でも一般的である），検察官はその証明予定事実記載書面において，共謀の内容（例えば，事前共謀なのか現場共謀なのか，共謀の日時・場所など）を明示することになり，同時に，検察官請求証拠が検察官主張事実のどこと関連するのかなども明らかにされることとなる。

そして，もし，検察官の証明予定事実に不明確なところがあったり，証拠との関係が明確でないという場合には，弁護人は裁判所に対して求釈明を提出して検察官に具体的に明示させるようにすべきである（日本弁護士連合会裁判員制度実施本部編『公判前整理手続を活かすPart2（実践編）』（現代人文社，2007年）38頁以下に具体的な求釈明例が掲載されている）。

公判前整理手続の内容には，訴因を明確にさせたり（刑訴316条の5第1号），公判期日においてすることを予定している主張を明らかにさせる（同条3号）ことが含まれるから，弁護人が求釈明を出せば，当然のことながら裁判所は検察官に釈明を迫ることとなる。場面によっては，裁判所は強力に釈明を求める。なぜなら，不明確な部分を残したままでは，事件の争点や証拠の整理などできないからである。そして，この裁判所の求釈明に対して，通常，検察官は，それに応じる。

公判前整理手続が存在しなかったころの刑事訴訟の場面を思い返していただきたい。

起訴状の訴因を明確にしたいとして釈明を求めても，例えば「共謀」について，事前共謀なのか現場共謀なのか，事前共謀として共謀の日時・場所はどこなのかという釈明を求めても，検察官は「訴因の特定に欠けるところはない。釈明の必要なし。」と答えるだけであった。あるいは，事件について検察官がどのような構造を想定し，それとの証拠関係をどのように思い描いているのかを把握したいとして事前に検察官に釈明を求めても，検察官は「冒頭陳述で明らかにする。釈明の必要なし。」と回答するだけであった。この当時，我々は，事前にこれらの情報を手にすることもなく，そして満足な証拠開示もないまま第1回公判を迎えていたのである。今から思うと，何ともまあ無謀な闘いに挑んでいたものであるし，被告人の権利が十分に確保さ

れていないことに甘んじていたのである。隔世の感を抱くのは筆者だけではないはずであろう。

第3節　検察官による請求証拠の開示について

2つの条文を摘示する。
【刑訴法299条1項】
　検察官（が），……証拠書類又は証拠物の取調を請求するについては，あらかじめ，相手方にこれを閲覧する機会を与えなければならない。
【刑訴法316条の14第1号】
　（検察官は）当該証拠書類又は証拠物を閲覧する機会（弁護人に対しては，閲覧し，かつ，謄写する機会）を与えること。

　従来，検察官請求証拠の閲覧・謄写と一括りにしてきているが，これについての原則的規定である刑訴法299条は，「閲覧の機会」とするだけであって，その内容について具体的に規定していない。つまり，この「閲覧の機会」に「謄写」が含まれるのかを明示していないのである。このようなことから，検察官請求証拠の「謄写」については，これまで検察官の広範な裁量に委ねられてきたわけである。旧来の手続において，検察官から，「閲覧」はさせるが「謄写」はさせない，という対応を経験した弁護士もいると思う。例えば，防犯ビデオの画像記録について，謄写，つまりダビングを拒否されるというこうことがあった。しかし，画像記録にある人物と被告人との同一性が争われるようなケースでは，画像記録解析の専門家に分析を依頼することが当然に考えられるが，ダビングできなければ話にならない。
　しかし，ひとたび公判前整理手続に付されたならば，検察官は，「閲覧し，かつ，謄写する機会」を与えなくてはならない。証拠を「見せる」だけでなく，その「謄写」もさせなければならないのである。つまり，「謄写」も当然に権利として認められるのである。
　この利点について，従来，あまり顧みられていないようであるが，弁護活

動の根幹に関わる部分として十分に認識されるべきであろう。

　また，刑訴法316条の14第2号は，証人などについて，検察官は，証人等の住所，氏名だけでなく，その者の「供述録取書等」（このうちその者が公判期日において供述すると思料する内容が明らかになるもの），それが存在しないなどの場合には「その者が公判期日において供述すると思料する内容の要旨を記載した書面」（「証言予定内容記載書」などの表題が用いられることが一般である）を閲覧する機会，すなわち，閲覧しかつ謄写する機会を与えなければならないとしている。

　この規定は実に有用である。

　証人等の供述録取書等のすべて，つまり，上記2号で限定されない部分については，以下に見る類型証拠開示請求の対象（5号イ・ロ）になるから，当然に我々は，事前に供述内容を容易に知ることができる。

　問題は，供述録取書等が作成されていない証人の場合である。

　この場合，いくら後述の類型証拠開示請求を行っても，「不存在」の回答を手にするだけである。しかし，この刑訴法316条の14第2号は，その場合でも，検察官は，証人の証言予定内容をあらかじめ明らかにしなければならないとするのである。

　例えば，旧来の刑事訴訟手続において，被告人の供述調書の任意性を争い，取調官に対する証人尋問を実施するという場面を思い描いて欲しい。取調べ状況について，取調官の供述調書等が作成されるということはほとんどなかった。仮にそのような供述調書等が存在したとしても（そもそも存在するという情報を手にすること自体があり得ない話であった），旧来の手続においてその開示を実現するのは困難を極めた。

　しかし，ひとたび公判前整理手続に付されるならば，検察官は，あらかじめ取調官が証言する予定内容を明らかにしなければならないのである。我々は，取調官の尋問に先立って彼が語るべき取調べ状況を踏まえた反対尋問の準備が可能となるのである。私自身も経験したが，反対尋問の準備において隔世の感を抱いた。

　なお，この証言予定内容記載書面について，意図的あるいは無意識に検察官が作成しないこともままあるので，弁護人から必ずその開示を検察官に迫

ることを履践する必要がある。

第4節　統合捜査報告書の原資料について

　証拠の厳選（刑訴規189条の2），わかりやすい立証方法などの要請などから，検察官は，第1次証拠をそのまま請求するのではなく，これら原証拠を元に立証命題に限定した情報を集約した報告書（「捜査報告書」，「統合捜査報告書」などの名称が付されることが多い）を作成して証拠請求する傾向にある。殊に，裁判員裁判では顕著である。

　参考のために，筆者が現在担当している現住建造物等放火被告事件（裁判員裁判）のケースを取り上げてみる。

　この事案では，起訴後，火災発生の基礎情報について「捜査報告書」が検察事務官において作成の上で検察官から証拠請求されている。

　その内容は，火災発生場所の特定，火災認知の端緒，119番通報の日時，燃焼状況，火災発生現場からの救助状況などについて，A4用紙1枚の報告書という体裁になっている。

　そして，その「原証拠」として，
　・土地建物の登記簿謄本
　・119番受電メモ
　・警備会社への電話聴取メモ
　・消火活動状況の写真撮影報告書
　・火災状況や目撃者の供述についての捜査報告書
　・火災目撃者の供述調書
　・被害者およびその救助者の供述調書
など，10点以上が挙げられている。

　さて，この「捜査報告書」自体について，閲覧，謄写がなされるのは当然として，その原証拠についてはどのように考えたらよいであろうか。

　公判前整理手続の運用開始からしばらくの間，検察官は，これら「原証拠」については，当然に開示せず，「捜査報告書」の証明力判断のための

「類型証拠開示請求」（刑訴316条の15）の対象だとする向きがあった。
　確かに，そのような解釈もあり得ないではない。しかし，後述のように，第1次資料である「捜査報告書」の類型該当性等については見解の対立があり，その議論がこの場面に持ち込まれると，基礎資料の一部が開示されないまま，「統合捜査報告書」の認否を迫られるという奇妙な事態に追い込まれることも考えられる。
　しかし，この「捜査報告書」は「原証拠」の情報に立脚し，その情報を集約したものであって，言い換えれば，新たな証拠収集活動がなされたものでもなく，これらは一体とした関係にあるというべきものである。
　したがって，この「原証拠」は，そのすべてが刑訴法316条の14で当然に開示される対象と理解すべきである。
　なお，現時点では，検察官は，この「原証拠」も開示（閲覧，謄写）するのがほとんどである。

第5節　検察官請求証拠の吟味

　証拠調べの請求は，証明すべき事実の立証に必要な証拠を「厳選」してしなければならいとされている（刑訴規189条の2）。
　旧来の刑事訴訟において検察官は，このような視点からの証拠請求をしてこなかった。必要性に疑問があるものでも請求してきたし，殊に被告人の悪性立証については，これでもかというほど数多くの証拠を請求してきた。添付写真だけで数百枚に及ぶ検証調書をそのまま請求してきたり，公判請求されていない余罪に関する供述調書や余罪一覧表を請求することもあったし，あるいは被告人が以前受けた刑事裁判における被告人質問調書を請求するようなことも間々見られた。
　いまこのような検察官立証は許されない。
　そこで，弁護人としては，検察官が請求してきた証拠について，その必要性を含めて十分に吟味する必要がある。検察官の証明予定事実記載書面の内容を踏まえて，そこで予定している立証の範囲を超えた内容が含まれていな

いか，事実認定者の目に触れされることが適切なのかといった批判的検討が不可欠である。

　なお，この点は，検察官請求証拠に対する意見明示に直結する部分であるので後に詳しく検討する。

　また，この段階における検察官の証拠請求は証拠書類であることがほとんどであり，証人請求は弁護人の意見を待ってなされるのが通常であるので，検察官の証人請求に対する意見についても後に検討することとする。

〔村木　一郎〕

第3章

類型証拠開示

第1節　2つの証拠開示制度

　公判前整理手続に付されると，被告人・弁護人は，2つの証拠開示制度を手にすることができる。1つは類型証拠開示（刑訴316条の15）であり，もう1つは主張関連証拠開示（刑訴316条の20。なお，「争点関連証拠開示」と呼称する向きもあるが，この開示制度は「争点」に限定されたものではないので適切とは思われない）である。

　この2つの証拠開示制度は，画期的なものである。

　すなわち，この証拠開示制度は被告人・弁護人に証拠開示請求権を認めたものであるとともに（法文は，「検察官は……開示をしなければならない。」としている），検察官の不開示について裁判所に対して証拠開示命令の発動を求める権利（刑訴316条の26第1項）を認めたのである。そして，裁判所の裁定に対して，即時抗告することもできるとしたのである（刑訴316条の26第3項）。

　旧来の刑事訴訟においては，裁判所の訴訟指揮権に基づく個別的，具体的な判断による証拠開示という方法が存在していた（最二小決昭44・4・25刑集23巻4号248頁。なお，同日付でなされた別の第二小法廷決定は，地裁，高裁が検察官請求証人の未開示の供述証書についてなした開示命令を証人採用決定前という理由で取り消している（最二小決昭44・4・25刑集23巻4号275頁）。しかし，現在なら類型証拠（5号ロ）で当然に開示されるものである）。

しかし，これは専ら公判が開かれた後に初めて認められるものであるし，被告人・弁護人の権利という位置づけはされておらず，また，裁判所が証拠開示命令という訴訟指揮権を発動しなかったとしても，それ自体について独立した不服申立制度は認められなかった（刑訴420条第1項）。また，仮に裁判所が証拠開示を命じるとしても，例えば検察官請求証人の未開示調書について，検察官の主尋問終了後という条件を付することが往々にしてなされており，現在の視点から眺めるならば，極めて不十分なものであったことは否めない。筆者にも経験があるが，重要証人の検察官主尋問終了後，かなりのボリュームの未開示調書が開示され，数時間休廷をもらって控室で精読し，その上で反対尋問に及んだものである。今から思うと，実に付け焼き刃の反対尋問準備であった。

ところで，このように画期的な証拠開示制度ではあるが，しかし，捜査機関がどのような証拠を収集しているのかという全体の情報は依然として我々には秘匿されたままにある。そのため，弁護人の知恵の絞り方いかんで開示される証拠の範囲に大きな差が現れる可能性が高く，弁護人としては捜査の実態を頭に描きながら丁寧にかつ粘り強く，広範囲にかつ徹底的に証拠開示を求めてゆくという姿勢が求められることになる（これは刑事弁護一般に求められる姿勢である）。

なお，立法論としては，せめて「全証拠のリスト」開示は早急に実現されてしかるべきものと思われる。

第2節　類型証拠開示制度の位置づけ

刑訴法は，類型証拠の開示を受けた場合，被告人・弁護人は，検察官請求証拠に対する意見を明らかにしなければならないとするとともに（刑訴316条の16），予定主張も明らかにしなければならないとする（刑訴316条の17）。

このことは次の2つを意味する。

① 類型証拠の開示を受けるまでは，検察官請求証拠に対する意見も，こちらの予定主張も明らかにする必要がないこと

② 類型証拠開示制度は，検察官請求証拠への意見を検討し，予定主張を構成する上で必要なものとされていること

　公判前整理手続が始動して間もないころ，検察官の証明予定事実記載書面と請求証拠が明らかにされると，弁護人に対して，すぐにでも証拠意見，予定主張を出すよう求めるという裁判所の運用が往々にして見られたが（現在でもないわけではない），これは上記①を正確に理解したものということはできない。

　一方，弁護人の側にも，自白事件だから類型証拠の開示はあっさりとするという傾向がないわけではない（被疑者段階から弁護人として活動していればある程度の事件のスジは見えてしまう）。しかし，これは上記②の類型証拠開示制度の趣旨を的確に理解したものということはできない。

　類型証拠開示制度は，当事者の「武器対等」を何とか実現しようとするものである。検察官との情報格差を少しでも狭めようとするものである。

　したがって，事件を争うのか，それとも認めるのかに関係なく（むしろその判断の前提として），類型証拠開示の請求は文字どおり徹底的に行うのがあるべき弁護人の姿である。

　そして，開示された証拠の中には被告人に有利に用いることができるものが含まれる可能性があることからも，類型証拠開示請求は疎かにできない。

　なお，被告人に有利な証拠は主張関連証拠開示で手に入れればよいとする向きがないではないが，後述のように主張関連証拠開示制度は，証拠の類型に限定がない反面，こちらから主張を明示するのが前提とされているものであるから，類型証拠開示請求を疎かにして主張関連証拠開示でとしても，そうそう簡単にいかないのが現実である。要するに，類型証拠開示請求ではどうしても取りきれないものについて，主張関連証拠開示請求で獲得するという構えが必要と思われる。

第3節　類型証拠開示請求の要件

　刑訴法が類型証拠として開示請求する場合の要件とされるのは，次の3つ

である（刑訴316条の15，日本弁護士連合会裁判員制度実施本部編『公判前整理手続を活かすPart2（実践編）』（現代人文社，2007年）50頁以下）。

・刑訴法316条の15第1項の各号に該当すること（類型該当性）
・特定の検察官請求証拠の証明力を判断するために重要であると認められること（重要性）
・重要性の程度その他被告人の防御の準備のために当該開示をすることの必要性の程度ならびに当該開示によって生じるおそれのある弊害の内容および程度を考慮し，開示が相当と認められること（相当性）

　類型証拠の開示請求は，開示請求する証拠を摘示し，上記3つの要件を明示した書面を検察官宛に提出することによって行う（刑訴316条の15第2項）。
　ところで，検察官に開示請求し，要件を満たす場合には検察官は開示義務を負うことになるわけであるが，この場合，検察官が現に所持する証拠（検察官手持ち証拠）に限定されるのかが問題となる。このような問題を生じさせるのは，裁判所がいわゆる裁定請求（刑訴316条の26）を受けた場合，裁判所は検察官に対して，「その保管する証拠であって，裁判所の指定する範囲に属するものの標目を記載した一覧表」（刑訴316条の27第2項）の提示を命じることができると規定していることから，そもそも検察官が開示義務を負うのは現に「保管する証拠」に限られるのではないかということからである。
　かつては，このことを指摘して検察官に開示義務はないとする高裁レベルでの裁判例が存在したが（広島高決平18・8・25判夕1254号17頁，名古屋高決平19・5・25判夕1254号18頁），最高裁第三小法廷決定は2007年（平成19年）12月25日，開示対象となる証拠は必ずしも検察官が現に保管している証拠に限られないとし，「当該事件の捜査の過程で作成され，又は入手した書面等であって，公務員が職務上現に保管し，かつ，検察官において入手が容易なものを含むと解するのが相当である。」として，警察官が作成し警察官において保管している取調べメモの開示を命じた（刑集61巻9号895頁）。
　さらに，最高裁は，被告人の保護状況，採尿状況について記載した警察官作成のメモについて，「犯罪捜査に当たった警察官が犯罪捜査規範13条に基づき作成した備忘録であって，捜査の過程その他参考になるべき事項が記録され，捜査機関において保管されている書面は，当該事件の公判審理におい

て，当該捜査状況に関して証拠調べが行われる場合，証拠開示の対象となりうるものと解するのが相当である。」とし，その上で「警察官が捜査の過程で作成し保管するメモが証拠開示の対象となるものであるか否かの判断は，裁判所が行うべきものであるから，裁判所は，その判断をするために必要であると認めるときは，検察官に対し，同メモの提示を命じることができるというべきである。」とした（最三小決平20・6・25刑集62巻6号1886頁）。

　そして，最高裁は，警察官が私費で購入し一時期自宅に持ち帰っていた大学ノートのうち取調べに関する記載部分について，「以上の経過からすると，本件メモは，B警察官が，警察官としての職務を執行するに際して，その職務の執行のために作成したものであり，その意味で公的な性質を有するものであって，職務上保管しているものというべきである。したがって，本件メモは，本件犯行の捜査の過程で作成され，公務員が職務上現に保管し，かつ，検察官において入手が容易なものに該当する。また，Aの供述の信用性判断については，当然，同人が従前の取調べで新規供述に係る事項についてどのように述べていたかが問題にされることになるから，Aの新規供述に関する検察官調書あるいは予定証言の信用性を争う旨の弁護人の主張と本件メモの記載の間には，一定の関連性を認めることができ，弁護人が，その主張に関連する証拠として，本件メモの証拠開示を求める必要性もこれを肯認することができないではない。さらに，本件メモの上記のような性質やその記載内容等からすると，これを開示することによって特段の弊害が生ずるおそれがあるものとも認められない。そうすると，捜査機関において保管されている本件メモの証拠開示を命じた原々決定を是認した原判断は，結論において正当として是認できるものというべきである。」とした（最一小決平20・9・30刑集62巻8号2753頁）。

　前掲高裁の裁判例は，開示対象が検察官手持ち証拠に限定されるのかという場面での判断であるが，一連の最高裁の判断は，証拠開示請求の対象をかなり広げる方向にあるということができる。

　そもそも，証拠開示制度は，証拠収集能力に圧倒的に差のある検察官と被告人・弁護人とにおいて可能な限り公平性を保とうとしたものということができるのであって（なお，この一連の最高裁決定について，デュープロセスの観点か

ら分析したものとして，原田國男裁判官退官記念論文集刊行会編『新しい時代の刑事裁判』140頁以下「証拠開示に関する最近の最高裁判例と今後の課題」〔門野博執筆〕は極めて示唆に富むものである），最高裁の上記判断は極めて妥当なものということができる。

第4節　類型証拠の開示方法

　刑訴法316条の15第1項は，類型証拠の開示について，「同条第1号に定める方法による開示をしなければならない。」と規定する。
　つまり，証拠物や証拠書類については，「閲覧し，かつ，謄写する機会」が保障されることとなる。
　ただ，この場合，検察官請求証拠の必要的開示の場合と異なり，「開示の時期若しくは方法を指定し，又は条件を付することができる。」とされている。
　例えば，被告人の取調べ状況を録画録音した画像等記録媒体（DVD）の開示にあたって，検察官は次のような条件を付することが一般である（このような条件の相当性については疑問がある）。

・謄写に係るDVDのデータを複製してさらにDVDを作成し，または，パソコンのハードディスクに複写するなどの一切の複写をしてはならない。
・謄写に係るDVDを再生するに際しては，インターネット等により外部に接続したパソコンを使用してはならない。
・本被告事件についての弁護活動が終了した際には，謄写に係るDVDのデータを消去しなければならない。

第5節　類型の概観

　刑訴法が類型証拠として開示請求を認めるのは，次の8つである（刑訴316

条の15第1項）。

- 証拠物（1号）
- 裁判所の検証調書等（2号）
- 捜査機関の検証調書等（3号）
- 鑑定書等（4号）
- 証人予定者の供述録取書等（5号）
- 検察官が直接証明しようとする事実に関する供述を内容とする被告人以外の供述録取書等（6号）
- 被告人の供述録取書等（7号）
- 取調べ状況記録書面（8号）

　このうち，証人予定者の供述録取書等（5号），被告人の供述録取書等（7号），そして取調べ状況記録書面（8号）については，開示要件をめぐって議論になりようがなく，むしろ自動的に開示されてしかるべきものである。現に，筆者の経験でも，請求を待たずに検察官が請求証拠と同時にこれらについて任意に開示することがある。言い方を変えれば，公判前整理手続に付された事案で，5号・7号・8号の請求を弁護人が怠るということは（通常では全く考えられないことではあるが），それだけで的確な弁護を被告人に提供していないとの評価に甘んじるべきである。
　一方，証拠物（1号），検察官が直接証明しようとする事実に関する供述を内容とする被告人以外の供述録取書等（6号）については，要件をめぐる議論に発展することが多いが，工夫次第で実に多様な証拠開示が実現できる部分であって，弁護人として最も精力を投入すべき部分となる。
　なお，裁判所の検証調書等（2号）が存在する事案は限られるものと思われ，現に，筆者はこれまで2号の開示請求を行った経験を有しない。
　以下，個別に検討してみる。

I　証　拠　物（1号）

　この1号にあげられている「証拠物」にはどのようなものが該当するので

あろうか。

これについて，刑訴法306条の「証拠物」と同じ，つまり「その存在又は状態が事実認定の資料となる証拠方法」であると説明されることが多い。

しかし，刑訴法306条は，証拠調べ方法を規定した条文であって，当事者間の公平性を確保し，「充実した公判の審理を継続的，計画的かつ迅速に行うため」に「事件の争点及び証拠を整理する」（刑訴316条の2第1項）という公判前整理手続の場面にそのまま同じ解釈を持ち込んでよいのかについては慎重に検討する必要がある。

また，証拠物の中には「書面の意義が証拠となるもの」（刑訴307条）もあり，例えば総勘定元帳や金銭出納帳などはこれに該当するとの裁判例もあることからして（東京高判昭27・10・14判特37号40頁），押収されている物や書類またはこれに準ずる証拠は「証拠物」に該当すると解するのが相当である（前出『公判前整理手続を活かすPart2（実践編）』55頁）。

では，具体的にどのような証拠が1号類型として開示されうるのかを見てみる。

(1) 凶　　器

犯罪に使用された凶器が1号に該当するのはいうまでもない。

なお，検察官が凶器自体を証拠物として証拠請求している場合には，それは類型証拠開示の問題ではなく，検察官請求証拠の必要的開示（刑訴316条の14）の問題であって，類型証拠開示請求するまでもないことである。

(2) 防犯ビデオ等の画像記録媒体，録音テープ等の音声記録媒体

各種店舗，金融機関窓口，その他公共的空間に防犯ビデオカメラが設置されるようになって久しい。

凶器その他犯罪に使用した物品を購入したという記述，コンビニで強盗をしたという記述などが存在する場合，それぞれの店舗に設置されている防犯ビデオに撮影されている可能性が高く，これらの開示を受けてその内容を検討することが必要になる。

これらも，1号類型で請求すれば開示される。そして，閲覧だけでなく，謄写，つまりダビングも権利として実現する。

(3) 電話の通信通話履歴

　例えば，共犯者の供述調書に，携帯電話で被告人と会話した旨の記述が存在する場合，あるいは被害者の供述調書に被害者が被害直後に携帯電話で110番通報した旨の記述が存在する場合などでは，その通信通話履歴の開示を受け，その事実を確認する必要がでてくる。

　捜査機関は，あらゆる事件において，被告人を含む関係者が使用する電話（殊に携帯電話）の通信通話履歴を差し押さえて押収しているのが捜査実務の実態である。

　これらも1号類型で請求すれば開示される。

　これらの通信通話履歴の中には，最寄りの基地局の所在地も記録されていることがある。それを参考に，共犯者やその他関係者の通話場所についての信用性を検討することが可能になることもある。

　また，通信通話履歴によっては，送受信した電子メールの内容（テキストデータ）や，それに添付した画像データも記録されていることがあり，携帯電話機からこれら情報が削除されたような場合に有用となる。

　なお，この開示請求をした場合，検察官から，いつのデータが必要か，あるいはいつからいつまでのデータが必要かとの釈明を求められることがある。確かに，重要性，相当性の観点からの絞込みは必要と思われる場合もあるから，請求にあたってあらかじめ，必要な部分を限定することが適切である。

(4) 銀行等金融機関，サラ金等の取引履歴

　例えば，被告人やそれ以外の供述調書に，銀行送金等に関する記述が存在する場合，あるいは借入等の記述が存在する場合，金融機関やサラ金等の取引履歴の開示を受け，その事実を確認する必要がでてくる。

　捜査機関は，金銭の入出金について，金融機関やサラ金等に対し捜査照会（刑訴197条2項）をして，取引履歴を入手しているのが通常である。

　この取引履歴も1号類型で請求すれば開示される。

　金の流れは，通信通話履歴と並んで，関係者の動きや人間関係を読み取る重要かつ有用な情報である。

　筆者の経験でも，長期間にわたる被告人から愛人への多額の資金援助の全

体像が明らかになったり，不動産売却代金の蕩尽状況が赤裸々になったりと有用となる場面が多い。

なお，被告人や関係者が使用する預金通帳についても，1号類型で請求すれば開示される。

(5) **パソコンのアクセス履歴**

犯罪方法や，凶器の特性などについて，パソコンで情報収集したという記述が供述調書に存在する場合には，そのアクセス履歴の開示を受けて，その事実を確認する必要がある。あるいは，性犯罪などにおいて，検察官が被告人の性的傾向を示す証拠としてアクセス履歴に関する捜査報告書を請求してくることもあり，この場合，アクセス履歴の全体の開示を受けて検討する必要がある。

捜査機関は，対象者が加入しているプロバイダから，アクセス履歴を入手している。それは膨大な量になる。

これについても電話の通信通話履歴と同様に，1号類型で請求すれば開示される。

(6) **レジジャーナルなどの販売記録**

凶器その他犯罪に使用した物品を購入したという記述が供述調書に存在する場合，販売店等のレジジャーナルなど販売記録の開示を受けてその内容を検討する必要がある。

これら販売記録も1号類型で請求すれば開示される。

(7) **110番通報や119番通報の受電メモ等**

事件や事故に関して110番通報，119番通報がなされると，その日時，通報者，通報内容のメモが作成される。

これら初期情報は，不正確さが付きまとうものの，その後の捜査による色づけがなされていないという点で貴重でもある。

被害者や目撃者の供述調書に110番通報や119番通報の記述がある場合，これらの開示を受けて検討する必要がある。

1号類型で請求すれば開示される。

(8) **診療録，カルテ，診療報酬明細書など**

被告人が事件前より精神科に通院していたり，被害者が受傷後に入院し相

当期間経過後に死亡したような場合，医療機関が作成した診療録，カルテ，診療報酬明細書の開示を受けてその内容を検討する必要がある。

　捜査機関は，これら医療機関に対し捜査照会（刑訴197条2項）をして，診療録等を入手している。

　ところで，これら診療録等について，類型該当性が争われることがある。

　これらは4号類型（鑑定書等）ではないかという見解もあろう。しかし，診療録等は，医学的知見から専門的な判断結果を記したものではなく（この点で「診断書」とは性質を異にしている），専ら日々行われる医療行為等をその都度，逐一記録したものであって，メモ的色彩が強いものである。その意味では，上記の通信通話履歴や販売履歴などと共通する性質を有しているということができる。

　筆者の場合，診療録について，1号類型として請求し，開示を受けている。なお，検察官の対応は，1号類型該当として開示する場合と，それに該当しないが任意に開示するという2つに分かれる。

　⑼　タイムカード，出退勤簿，給与明細など

　事件関係者の供述調書に勤務先の出退勤についての記述が存在する場合，タイムカードなどの開示を受けてその内容を検討する必要がある。場合によっては，アリバイの存否，あるいは共謀の有無を裏付ける重要な情報になりうるものである。

　これらは1号類型として請求すれば開示される。

　⑽　学籍簿，成績表，指導要録など

　被告人や被害者の生育歴，その間の心理状況などについての記述が供述調書に存在する場合，通学していた学校等の教育機関が作成した学籍簿等の開示を受けてその内容を検討する必要がでてくる。

　捜査機関がこれら教育機関に対し捜査照会（刑訴197条2項）をして入手していれば，1号類型で請求することによって開示される。

　なお，学籍簿等については，保存期間経過後には廃棄されてしまうので，被告人等の年齢によっては，そもそも入手不可能となる場合もある。

　⑾　科警研，科捜研の鑑定資料受理簿

　覚せい剤自己使用事案などにおいて，鑑定書の正確性を検討する上で，被

告人が任意提出等した尿が間違いなく科警研，科捜研に届けられているのかを検討する必要がでてくる。また，同じ警察署から同時期に複数の鑑定資料（尿など）が届けられているのかも検討する必要もあろう。

科警研，科捜研では，各警察署から鑑定資料が持ち込まれた場合，受理簿に，送致警察署，担当官，鑑定資料の特定に関する情報（番号）などを記録している。

この受理簿の記録は，いわば機械的にされているものであるから，一種のメモ的な存在として，1号類型として請求の対象となりうる。

筆者の経験では，類型該当性でもめることはないものの，どの範囲に限定するのかについて（受理日以外まで広げるのか，他の警察署から持ち込まれたものも含むのか），つまり，開示の「方法」（刑訴316条の15第1項）をめぐって調整をすることが多い。

⑿ 写真面割に使用した写真や写真帳

犯人識別についての被害者や目撃者の調書の中には，写真面割を受けた旨の記述が存在する場合がある。その場合，どのような写真を示されたのか，他に示された写真はどのようなものなのかを検討する必要がでてくる。

そこで，示された写真あるいは他の写真とともに綴られた写真帳を1号類型で開示請求することとなる。

⒀ 当該事件とは別の刑事事件記録や民事事件記録一式

責任能力が争点となった事件で次のような経験をしたことがある。被告人の捜査段階における供述調書に，過去，裁判所に自己破産を申し立て破産決定を受けたこと，それ以降，精神的に不安定になったこと，その後，暴力事件を引き起こして警察に逮捕されたが不起訴処分を受けた旨の供述が存在した。そこで，被告人の供述調書の証明力検討のため，これら民事事件記録，刑事被疑事件記録を1号類型として開示請求した。検察官は，1号類型に該当しないとして開示を拒否したことから，裁判所に裁定申立て（刑訴316条の26）をしたところ，裁判所は，検察官に開示を勧告し，検察官はこれらを任意に開示した。

ここで感じたのは，捜査機関はこのような記録，殊に民事事件記録までも証拠収集しているという驚きであった。

(14) 第三者の犯罪経歴照会結果報告書，前科調書

ある個人が過去に犯罪を犯したり刑事処分を受けた場合，捜査の過程で警察官は「犯罪経歴照会結果報告書」を作成し，検察事務官は「前科調書」を作成する。

担当している被告人については，これらは乙号証の一環として検察官は必要的に開示する（刑訴316条の14）。

ところで，事件によっては，第三者，例えば共犯者について，これら前科関係の資料を検討する必要を感じることがある。例えば，自己の前科内容を含んだ脅迫文言を用いて他人を脅したり，あるいは犯罪に引き込んだりという場面である。

これら資料は，当該人物についての犯罪歴データ（電磁記録，光学記録）を元に文字情報化したものであり，そこには作成者の知見や判断が介在することはなく，また作成者の記憶再現といった過程も存在するものではないのであって，診療録，あるいは通信通話履歴とその性質を共通にするものである。

そこで，1号類型として開示請求の対象となるのではないかと思われる。

もっとも，筆者の経験では，「犯罪経歴照会結果報告書」，「前科調書」とも1号に該当しないとして検察官は開示を拒否し，裁定（刑訴316条の26第1項），即時抗告（刑訴316条の26第3項）のいずれも裁判所は検察官の判断を追認している。結局，このケースでは，主張関連証拠開示請求（刑訴316条の20）においてようやく開示に漕ぎ着けた。

(15) いわゆるNシステムの記録

自動車ナンバー自動読取装置，通称，「Nシステム」は，全国の高速道路や幹線道路等に設置され，そこを通過するすべての車両のナンバーを読み取り，データベース化している。機種によっては，運転者等の容ぼうも記録しているという。

これらの記録は，被告人や共犯者の行動の軌跡を記録したものであるから，これら供述調書の証明力を検討する上で重要となりうる。

したがって，1号類型などで開示されれば，有用な情報になることは明らかである。

しかし，Nシステムについては，警察の秘密主義は徹底していて，検察に

すら情報を提供しようとしない。筆者はこれまで，このデータの開示を実現した経験を有しない。

Ⅱ 裁判所等の検証調書等（2号）

もともと裁判所，裁判官が検証等を実施するケースが多くなく，したがって，2号類型で開示請求に及ぶという場面もあまりないものと思われる。

筆者は，これまで2号類型の開示請求をした経験を有しない。

Ⅲ 捜査機関の検証調書等（3号）

「刑訴法321条第3項に規定する書面」とは「検証の結果を記載した書面」，すなわち検証調書のことである。

「検証」とは，場所，物，人の身体について，捜査機関が五官（五感）の作用によりその存在，内容，形状，性質等を認識する強制処分であって，裁判官の発する令状によって実施される（刑訴218条1項）。

また，捜査機関が任意捜査の一環として実況見分を実施することも一般的であり，その結果作成された実況見分調書は，「刑訴法321条第3項に規定する書面に準ずる書面」として，3号類型に該当することとなる。

なお，この類型該当性は，書面の実質に着目して判断されるべきものであって，例えば，「捜査報告書」，「写真撮影報告書」といった表題となっていても，その実質が検証や実況見分の結果を記載したものと見られるものはすべてこの類型に該当することはいうまでもない。

ところで，検証，あるいは実況見分は捜査の初期から実施されることが一般であり，初期捜査においては一定の方向性に枠をはめることなく実に幅広く実施されるものであることから，捜査機関の手元には実に多種多様の検証調書，実況見分調書が存在するのが普通である。

また，これら書面は，客観的証拠であるとともに，再現性に乏しい，すなわち後になって全く同一の採証活動を実施することが不可能な場合も多いものであるから極めて貴重な証拠である。

したがって、この3号類型は、弁護人として捜査活動の実情を思い描きつつ知恵を絞ることで実に多種多様の証拠開示を実現することが可能となることを銘記すべきである。

以下、具体的にどのような証拠が3号該当として開示されうるのかを見てみる。

(1) 請求証拠と同種の検証調書等

検察官請求証拠の中に検証調書、実況見分調書等が存在する場合には、これらと同種の検証調書等の開示を求めて比較検討することが重要であることはいうまでもない。

そして、実際の捜査でも、例えば事件現場について、日を改めて検証等が実施されることはいくらでもあり、しかも検証等実施官が異なることもあって、請求証拠とは違う場所、部分についての検証等が実施されていることはよく目にするところである。

筆者の経験でも、犯罪現場における血痕飛沫の付着状況について、請求証拠では証拠化されていない部分について、3号類型で開示された検証調書等で明らかになったということがある。

ところで、3号類型について、請求証拠と同種の検証調書に限定していない。刑訴法316条の15第1項本文は、「特定の検察官請求証拠の証明力を判断するために重要であると認められるもの」としている。したがって、例えば、被害者や目撃者の供述調書、あるいは被告人の供述調書の信用性判断のために検証調書等の開示を求めることが可能なのであって、開示請求の幅が実に広いものであることに留意されるべきである。

(2) 犯罪現場における各種鑑識活動についての検証調書等

犯罪捜査の第一歩は、犯罪現場における鑑識活動である。これは、科学的捜査手法が日々発達していることもあり、実に多種多様な鑑識活動が実施されている。

犯罪現場における各種指紋採取活動は極めて一般的である。また、血痕様物が認められる場合には必ずそれらを採取する。また、それが認められなくても、血痕反応検査（ルミノール検査、ロイコマラカイトグリーン試薬検査など）あるいは尿反応検査などを実施することも一般的である。

そして，足跡等が認められる場合には，いろいろな手法による足跡痕採取も行われる。

また，DNA型鑑定の精度が飛躍的に高まっていることから（PCR増幅と組み合わせたSTR型鑑定によれば4兆7億分の1の発現率まで追い込めるとされている），犯人が触れたと思われる部分等からの人体組織採取，毛髪，皮膚片等の採取，事件によっては唾液，精液等の採取なども行われている。

そして，これら採証活動が実施された場合には，検証調書等に記載されたり，捜査報告書，写真撮影報告書などによって記録化されることは一般である。

したがって，これら採証活動に関する検証調書等が請求証拠として挙げられている場合はもとより，被害者調書，目撃者調書，被告人調書の信用性判断のために開示請求すれば3号類型として開示される。

そして，実際の場面では，弁護人にとって，実に貴重な資料となりうる。

血痕の付着位置，血痕飛沫の付着状況から，被害者と被告人の位置関係，凶器の使用状況などを想定することが可能となる。あるいは，ある程度鮮明な足跡痕の場合，その前後，左右が特定されることもあるから，歩いた方向を推測することも可能となる。筆者の経験でも，被告人が玄関で靴を脱ぎ，その後，室内で殺害に及び，玄関の靴を持ち出し，台所で靴を履き，その状態で物色行為に及び，勝手口から野外に出たという供述調書について，3号類型で開示請求したところ，足跡痕採取の検証調書が開示され，被告人供述が客観的に裏付けられたことがある。

(3) 人や物についての各種鑑識活動についての検証調書等

逮捕直後の被告人について，衣服の形状，破損状況，各種付着状況などの採証活動が行われるし，被告人の身体についても創傷等の有無，その形状などについて記録に留めることは一般的になされている。

性犯罪等の場合，被害者の衣服，身体について，唾液，精液などの付着状況について採証活動が行われる。

そして，現場遺留品が存在する場合，その形状，状態を記録するだけでなく，血痕等の付着状況，血痕等の検査，DNA鑑定に供するための人体組織の採取活動などが行われる。

これらの採証活動が実施された場合には、検証調書等に記載されたり、捜査報告書、写真撮影報告書などによって記録化されることは一般である。

これらの場合においても、これら採証活動に関する検証調書等が請求証拠として挙げられている場合はもとより、被害者調書、目撃者調書、被告人調書の信用性判断のために開示請求すれば3号類型として開示される。

(4) 遺体についての検証調書等

殺人や傷害致死事件、交通死亡事故などの場合、死亡した被害者の遺体について、その状況、殊に創傷状況などについて採証活動が行われ、検証調書等に記載されたり、捜査報告書、写真撮影報告書などによって記録化されることが一般である。

したがって、これら採証活動に関する検証調書等が請求証拠として挙げられている場合はもとより、被害者調書、目撃者調書、被告人調書の信用性判断のために開示請求すれば3号類型として開示される。

これら初期の採証活動による記録は、被告人や共犯者の供述調書の証明力検討に役立つ可能性があるし、交通死亡事故の場合、事故状況を分析する手掛かりにもなる。また、鑑定書が請求証拠として挙げられている場合、鑑定書には創傷を撮影した写真の一部しか添付されないことが多いこともあって、鑑定書の判断経過を検討する上では欠かすことのできない資料ということができる。

(5) 被害者の被害状況再現、被告人等の犯行状況再現についての検証調書等

被害者による被害状況の再現、あるいは共犯者や被告人の犯行再現が行われることは珍しくない。そして、その場合、その状況を写真撮影して記録され、検証調書、実況見分調書、捜査報告書あるいは写真撮影報告書などの表題で証拠化される。

これら証拠については、そもそも純粋に「検証の結果を記載した書面」、「(それに)準ずる書面」に該当するのかという議論はあろうが、動作の一部をそのまま記録化したものであるから、3号類型に該当するものとして開示請求して差し支えないものと思われる。筆者の経験でも、これらを3号類型証拠として開示請求し、検察官は開示に応じている。

このような再現は，捜査の終盤において実施されるのが通常であり，被害者や共犯者の初期供述と齟齬することがないではなく，これら供述調書の証明力検討の上では重要な証拠ということができる。

(6) **目撃状況等についての検証調書等**

犯罪等を目撃した人物が存在する場合，その目撃状況や視認状況について捜査が実施され証拠化されることが一般である。

例えば，目撃者の位置から対象物まで視界を遮るものが存在しないことを確認したり，夜間の目撃の場合，明度についての確認を行ったりすることはよく見られる。

その結果作成されるものは「捜査報告書」などとされることが多いが，その実質は検証等と変わるものではないから，これら証拠は3号類型として開示請求することとなる。

(7) **燃焼再現実験についての検証調書等**

放火事案においては，目撃者や被告人の供述を踏まえた放火方法による燃焼実験が行われる。この場合，目撃者や被告人の供述を前提とした燃焼媒介物の準備，散布した灯油やガソリンの数量特定，点火状況の再現がなされ，その後の燃焼状況（炎の高さ，自然鎮火までの時間）などが記録される。

これらの証拠書類は，「鑑定書」（4号）ではないかという議論もあるかもしれない。しかし，この燃焼再現実験は，燃焼等の専門的知識に必ずしも精通していない警察官が実施しそれを記録に留めるものであって，専門的知識経験に属する法則またはその法則を具体的事実に適用して得た判断の報告という性格は稀薄であり，3号類型として請求するのが適切と思われる。筆者の経験でも，3号類型証拠として開示請求し，検察官はそれに応じている。

(8) **犯人識別に関する写真面割，直接面割についての検証調書等**

被害者あるいは目撃者に対して，いわゆる「面割」（写真面割，直接面割）がなされることは往々にして見られる。そして，実施された場合には，その面割方法（写真面割なら1枚なのか複数枚なのか，直接面割なら単独なのか複数なのか），その状況，結果について証拠書類にまとめられる（面割状況の録音録画という手法も考えられるが筆者はまだそのような証拠にめぐりあっていない）。

この面割結果については，捜査報告書，写真撮影報告書などの表題で証拠

化されるのが一般である。

　これら証拠書類について，検証調書あるいはそれに準ずる書面に該当するのかについては，疑問がないわけではないが，この場合も被害者や目撃者の面割状況を捜査官がそのまま記録化したものであるから，3号類型として開示請求して差し支えないものと思われる。

(9) **防犯ビデオ等画像記録媒体の解析についての検証調書等**

　防犯ビデオ等の画像記録媒体そのものは1号類型（証拠物）として開示請求することとなるのは前記のとおりであるが，捜査機関は，防犯ビデオ等に記録された画像を抽出して，そこに映し出されている人物や物を特定したり，行動等の解析を行うのが通常である。

　これは一種の捜査報告書ではあるが，画像記録を観察等した結果をまとめたものであるから，検証調書等の性格をも有している。

　したがって，3号類型として開示請求して差し支えなく，筆者自身，開示を受けている。

　なお，音声を録音した磁気テープ等の記録媒体についても，捜査機関は同じような解析を行って証拠化している。これについても3号類型として開示請求することとなる。

(10) **携帯電話などの通信通話履歴の解析についての検証調書等**

　携帯電話等の通信通話履歴そのものは1号類型（証拠物）として開示請求することとなるのは前記のとおりであるが，これは文字どおり通信通話の日時，時間，相手方番号などが機械的に記録されたものであり，これだけを眺めても関係者の通信通話状況を立体的に把握することは叶わない。また，関係者の電話番号等を弁護人の側ですべて把握できていなければ，通信通話履歴は何の役にも立たない。

　捜査機関は入手した通信通話履歴を解析し，発信元，発信先，発信日時，通信通話時間などを一覧表等にまとめて証拠化することが一般的である。通信通話履歴はこのような解析を経て初めて活きてくるものである。

　これは一種の捜査報告書ではあるが，通信通話記録を観察等した結果をまとめたものであるから，検証調書等の性格をも有している。

　したがって，3号類型として開示請求して差し支えなく，筆者自身，開示

を受けている。

Ⅳ 鑑定書等（4号）

「刑訴法321条第4項に規定する書面」とは「鑑定の経過及び結果を記載した書面で鑑定人の作成したもの」，すなわち鑑定書のことである。

「鑑定」とは，学識経験のある者に対して当該知識経験に属する法則またはその法則を具体的事実に適用して得られた判断の報告である。

裁判所が命ずる場合（刑訴165条）と，捜査機関が嘱託する場合（刑訴223条1項）がある。

当該判断の報告は書面によってなされるのが通常であり（口頭によることもありうる。刑訴規129条1項），「鑑定書」といった表題が付されるのが一般である。

裁判所の命令による場合が，「刑訴法321条第4項に規定する書面」であり，捜査機関の嘱託による場合が「刑訴法321条第4項に規定する書面に準ずる書面」となる。

なお，この類型該当性は，書面の実質に着目して判断されるべきものであることはいうまでもない。

弁護人が学識経験を有する専門家に鑑定を依頼すること（いわゆる「私的鑑定」）は何ら差し支えのないところである。しかし，鑑定資料となりうるものの大半は捜査機関の側に存在するのが一般である。そして，捜査機関は，科学的捜査手法の進展に伴い，捜査の初期から実に多くの鑑定嘱託を行い，鑑定結果を入手している。

したがって，弁護人としては捜査活動の実態を想定しつつ知恵を絞って4号類型での幅広い開示を実現することが求められる。

以下，具体的にどのような証拠が4号該当として開示されうるのかを見てみる。

(1) 請求証拠と同種の鑑定書等

検察官請求証拠の中に鑑定書等が存在する場合には，これらと同種の鑑定書等の開示を求めて比較検討することが重要であることはいうまでもない。

「同種」については，いろいろな場面が考えられるので，以下，これらも含めて具体的に類型該当性を検討することとする。

なお，4号類型についても，請求証拠と同種の鑑定書等に限定されていないから，例えば，被害者や目撃者の供述調書，あるいは被告人の供述調書の信用性判断のために鑑定書等の開示を求めることが可能であって，開示請求の幅が実に広いものであることに留意されるべきである。

(2) 人や物についての各種鑑識活動によって採取されたものについての鑑定書等

3号類型のところで見たように，逮捕直後の被告人について，衣服の形状，破損状況，各種付着状況などの採証活動が行われ，被告人の身体についても傷等の有無，その形状などについて記録に留めることは一般的である。

また，性犯罪等の場合，被害者の衣服，身体について，唾液，精液などの付着状況について採証活動が行われる。

あるいは，現場遺留品が存在する場合，その形状，状態を記録するだけでなく，血痕等の付着状況，血痕等の検査，DNA鑑定に供するための人体組織の採取活動などが行われる。

そして，これら採取された物等については，各種鑑定が実施される。

したがって，これら鑑定書は4号類型として開示請求することとなる。

(3) 出火原因鑑定書等

放火事案においては，鎮火後，消防当局によって出火原因等についての調査がなされ，それについての報告書が作成される。これは実質的に見て，出火原因等に関する鑑定書に該当するものということができる。

しがたって，これらは4号類型として開示請求することとなる。

(4) 診 断 書

被害者や被告人の傷害状況などについての診断書については，4号類型に該当すると解される。

この点，カルテ等と同等なものとして1号類型（証拠物）ではないかという疑問がないわけではないが，カルテ等は日々の治療状況を機械的に記録したものであるのに対し，診断書は医師である専門家がその専門的知見に基づいた判断を記したものであるから，「刑訴法321条第4項に規定する書面に準

ずる書面」と解するのが相当である。

　なお，古い裁判例に診断書について刑訴法321条4項が準用されるとしたものがある（最判昭32・7・25刑集11巻7号2025頁）。

(5) 精神鑑定書

　被疑者段階で捜査機関は精神鑑定を実施する場面がある。短時間だけのいわゆる「簡易鑑定」もあるし，鑑定留置（刑訴167条）の上で本格的な鑑定を実施することもある（「本鑑定」）。

　本鑑定書が証拠請求されている場合，簡易鑑定書は「同種」のものとして4号類型で開示請求することとなる。

　問題は，簡易鑑定なり本鑑定が実施されたにもかかわらず検察官がそれら鑑定書を証拠請求しない場合である。鑑定結果が完全責任能力とされた場合に往々にしてこのような対応が見られる。

　この場合，請求されている被告人の供述調書あるいは被告人以外の者の供述調書の中に，例えば，「事件当時，精神的におかしなことはありませんでした。」とか，「被告人について，普段，精神的におかしなことを感じたことはありませんでした。」というような記述が存在するなら，それらの証明力判断のためにということで4号類型として開示請求することとなる。

(6) いわゆる中間回答書等

　司法解剖を実施した場合，当然のことながら死因等に関する鑑定書が作成される。また，薬物事案でも，尿などの鑑定資料について薬物含有の有無について鑑定書が作成される。

　これらの場合，鑑定書が完成されるまでに時間を要することが少なくないことから，捜査機関から鑑定人に対し，死因や成傷器の形状，含有薬物の種類などについて暫定的に回答を求めることがある。口頭による回答を捜査機関が記録に留めたり，鑑定人自身が「回答書」などの書面を作成して捜査機関に提出することもある。

　これらの「中間回答書」等は，「刑訴法321条第4項に規定する書面に準ずる書面」に該当するものと解され，4号類型として開示請求することが可能である。筆者の経験でも，同号該当書面として開示を受けている。

　そして，実際には，最終的な鑑定書とは異なる判断がこの中間回答におい

てなされていることがあり，その判断の変更に合理性があるのかという観点から鑑定書の信用性を弾劾したことがある。

(7) 覚せい剤選別予試験結果報告書

薬物事案，例えば覚せい剤の自己使用事案では，任意提出された尿について，その場でいわゆる予試験を実施し，その上で鑑定に回すということが行われている。この場合，予試験の結果については，写真を添付した上で予試験結果報告書が作成される。

薬物事案では，任意提出された鑑定資料がそのまま鑑定に供されたのか，別の人物の鑑定資料と入れ替わったのではないか，あるいは任意提出された後に薬物が混入されたのではないか，などといったことが深刻に争われることが往々にして見られる。

このようなことから，予試験結果報告書は必ず開示させなければならない。

この予試験結果報告書は単なる捜査報告書にすぎないのではないかという疑問が起きるかも知れない。

しかし，予試験についてはそれなりの研修を積んだ警察官が試薬を用いて実施されるものであり，呈色反応の判断（青藍色を呈したのかどうか）も当該警察官の知見に基づいてなされるものであるから，「刑訴法321条第4項に規定する書面に準ずる書面」に該当するものと解することができる。筆者の経験でも，4号類型該当として開示を受けている。

(8) 被告人や被害者についてのアルコール濃度，薬物成分などに関する鑑定書等

事件関係者について飲酒が疑われる場合，呼気中のアルコール検知がなされる。あるいは，司法解剖を実施した場合，心臓血についてアルコール，各種薬物の有無，その内容，含有量に関する分析が行われる。

これらの結果は，報告書，鑑定書などにまとめられるが，これらは4号類型に該当するものとして開示請求することとなる。

(9) 鑑定の過程で採取された各種データ等

例えば，科警研，科捜研が尿などについて覚せい剤含有の有無に関する鑑定を実施する場合，鑑定資料についてガスクロマトグラフィー検査，ガスク

ロマトグラフ質量分析計による検査を実施し，そのデータが作成される。

かつては，上記機関が作成する鑑定書にこれらデータが資料として添付されていたが，ここ最近では全く添付されないのが一般的である。

ところで，人の体内に覚せい剤の成分であるフェニルメチルアミノプロパンが摂取され，尿として排出された場合，その代謝物であるアンフェタミンも同時に排出される。そして，ガスクロマトグラフィー検査，ガスクロマトグラフ質量分析計による検査結果には，アンフェタミンの存在を示すピークを読み取ることができる。

すなわち，任意提出された尿に事後的に覚せい剤が混入された場合には，この代謝物であるアンフェタミンは検出されないこととなり，その有無は極めて重要なこととなる（もちろん，鑑定資料が他人のものとすり替わったかどうかの判別は別の問題である）。

この鑑定過程で作成されるガスクロマトグラフィー検査データ，ガスクロマトグラフ質量分析計による検査データは，鑑定作業の一環としてその不可欠な部分を構成しているものであるから，本来，鑑定書に添付されるものとして（そうでなければ鑑定の経過が示されず，その信用性の判断ができない），鑑定書と一体のものと解するのが相当である。このことはその他の鑑定書においても同様に考えることができよう。

したがって，例えば，尿についての覚せい剤含有に関する鑑定書が請求され，そこに上記各種データが添付されていない場合には，これらデータは4号類型として開示請求できると解するのが相当である。筆者の経験でも，これらデータは4号類型として請求し，開示を受けている。

⑽ **各種遺留品についての様々な鑑定書**

科学捜査が日々進展していることから，犯罪現場等の遺留品については実に様々な鑑識作業，その後の鑑定作業が行われている。

例えば，死体に巻き付けられた針金が発見された場合，その切断面の形状は電子顕微鏡等で検査され，その後，自宅内の針金をペンチで切断したとの自白が得られた場合，針金相互の断端面の整合性について電子顕微鏡等を使用して鑑定作業が実施される。

あるいは，現場に遺留された木片，金属片，繊維片，粉末などについてそ

の成分，構成物などについて専門家に問い合わせ，あるいは最新式の識別装置（例えば，「SPring-8」）での分析なども行われる。

そして，これらについて，捜査機関は鑑定嘱託の上で多種多様の鑑定書を入手している。

したがって，弁護人としては，捜査の過程でどのような鑑識作業が行われ，どのような鑑定がなされているのかを想定しつつ，4号類型での開示請求を駆使する必要がある。

V　証人予定者の供述録取書等（5号）

被告人以外の者の供述録取書等について，刑訴法は2つの類型を規定する。

1つは証人予定者の供述録取書等（5号）であり，もう1つは検察官が直接証明しようとする事実に関する供述を内容とする供述録取書等（6号）である。

そして，5号の証人予定者の供述録取書等についてはさらに2つの類型に分けられる。

　　イ＝検察官が証人として尋問を請求した者
　　ロ＝検察官が取調べを請求した供述録取書等の供述者であって，当該供述録取書等が第326条の同意がされない場合には，検察官が証人として尋問を請求することを予定しているもの

「イ」はすでに証人請求されている場合であり，「ロ」は証拠意見をまだ出していないものの（前述のように類型証拠の開示を受けない限り請求証拠の意見を明示する必要はない），仮に不同意との意見を明示すれば検察官が証人請求することが予定されるものである。

「ロ」については，検察官が被告人以外の者の供述調書を請求している場合，弁護人は不同意とした場合には当然に証人請求が予定されていると考えて差し支えなく，したがって，このような供述調書の供述者については，すべて「ロ」に該当するということができる。

ところで，5号にいう「供述録取書等」（6号も同様）についてはどのよう

に考えたらよいであろうか。

　刑訴法316条の14第2号は次のような規定を設けている。

　「供述録取書等（供述書，供述を録取した書面で供述者の署名若しくは押印のあるもの又は映像若しくは音声を記録することができる記録媒体であつて供述を記録したものをいう。以下同じ。）」

　つまり，「供述録取書等」には次の3つのスタイルが想定されている。

　まず，「供述書」である。

　供述者が自ら作成した書面であって，捜査の過程で作成される「上申書」に限らず，捜査とは別に作成された供述者作成の手紙やメモも含まれる。また，捜査過程で警察官等が作成する捜査報告書も警察官の「供述書」ということができる（例えば，東京高決平18・10・16高刑集59巻4号1頁。もっとも同決定の6号該当性についての判断には疑問がある）。

　次が，「供述を録取した書面」である。

　そして，「映像若しくは音声を記録することができる記録媒体であつて供述を記録したもの」である。これについては，DVDや録音テープが該当する。

Ⅵ　検察官が直接証明しようとする事実に関する供述を内容とする被告人以外の供述録取書等（6号）

　この6号は，5号と異なり，証人予定者という枠がはめられていない。言い方をかえれば，供述主体が限定されないというものであるから，実際の場面では実に広範囲な開示が実現できる場であることを銘記すべきである。

　まず，検察官が供述証書を証拠請求していないけれども事件に関係を有していると思われる人物が存在することはいくらでもある。目撃者等事件現場に遭遇した人物，現場に臨場した警察官，救急隊員，凶器等事件供用物の販売に関与した人物，被告人等の親族，友人，知人などいくらでも想定しうる。

　そして，「検察官が特定の検察官請求証拠により直接証明しようとする事実の有無に関する供述を内容とするもの」については広く開示を請求するこ

とができる。

　例えば，「被告人が被害者を殺害した」という事実を検察官が主張し，目撃者の供述調書を検察官が請求している場合には，他の目撃者など事件現場に遭遇した人物の供述録取書等を6号類型として開示請求することができる。

　あるいは，事件現場に臨場した警察官が被告人を検挙したという事実を検察官が主張し，検挙状況をまとめた捜査報告書を検察官が請求している場合には，現場に臨場した警察官の供述録取書等を同じく開示請求することができる。

　また，被告人が，ディスカウントショップで凶器の包丁を購入したという事実を検察官が主張し，ディスカウントショップでの販売事実についての捜査報告書を検察官が請求している場合には，当該ディスカウントショップの店員や顧客の供述録取書等を同じく開示請求することができる。

　そして，6号類型では具体的な人物を想定する必要もない。

　例えば，被告人は酒癖が悪い，あるいは粗暴的傾向があるという事実を検察官が主張し，被告人が酒乱であったことを内容とする知人の供述調書を請求している場合には，被告人の酒癖，粗暴癖の有無を内容とする供述録取書等を6号類型で開示請求することができるから，弁護人が想定すらしていなかった人物の供述調書が開示されることは珍しくない。

　あるいは，将来的に責任能力が争点となりそうな事案においては，検察官は本件当時，被告人には精神的，心理的に格別異常が認められなかったという事実を主張し，当時，被告人には異常は認められなかったとする家族や友人の供述調書を請求することがしばしばなされるが，この場合，精神的，心理的異常の有無を内容とする供述録取書等を6号類型で開示請求することによって，検察主張に沿わない内容の供述調書などが開示されることもある。

　なお，この6号類型においては，次のような問題が以前から争われている。

　それは「捜査報告書」をめぐってである。

　捜査の初期においては，当然のことながら一定の方向に限定せずあらゆる可能性を捜査機関は探る。被害者の交友関係から始まり，事件現場周辺住

民，通行人や通過車両運転者への聞き込み，現場遺留品の製造，流通，販売に関する聞き込み，そして捜査の進捗状況に応じて，被疑者を含めたいわゆる「参考人」周辺に関する聞き込みが広範囲に実施される（これを「地取捜査」という）。そして，現場遺留品などの領置，証拠品の押収，鑑定嘱託の経緯，鑑定の進捗状況などについても捜査が行われる。これら捜査が実施される都度，捜査報告書が作成される。したがって，その数たるや実に膨大に上る。

そして，その捜査報告書には，捜査対象者への様々な捜査結果がまとめられる。それは，捜査対象者の「供述」を記録したものということができるものである。筆者も日常的に経験することであるが，それら捜査報告書には，後に検察官が証明予定事実として主張する内容とは齟齬する記述が存在することが珍しくない。

したがって，公判前整理手続の初期段階において，これら捜査報告書の開示が実現するならば，被告人の防御にとって実に有益な素材を手にすることが可能となるわけであり，勢い，証拠開示をめぐって激しい争いとなる。

この問題の要点は，6号類型の要件である「検察官が特定の検察官請求証拠により直接証明しようとする事実」について，直接体験した者の供述に限定されるのか，その者からの伝聞供述も含むかである。

前記のとおり，捜査報告書は捜査官の「供述書」である。そして，そこに記載される聞き込み対象者などの供述内容は，いわゆる2次的な供述という性格を帯びる。

この点について，例えば，大阪高裁平成18年10月6日決定（判時1945号166頁）は次のような理由で6号類型に該当しないとする。

「そうすると，前記規定の『事実の有無に関する供述』とは，その事実があったこと又はなかったことについての供述，すなわち，その事実の有無についての原供述を意味するものと解するのが相当である。そして，本件開示請求に係る証拠において，事件当日の関係者や被告人の行動など，検察官が特定の検察官請求証拠により直接証明しようとする事実の有無について供述するのは関係者や被告人などの原供述者であり，捜査報告書等の供述者である捜査官が供述するのは，それらの原供述を聴取したというものに過ぎない。したがって，前記捜査報告書等は前記事実の有無に関する供述を内容と

するものではなく，同法316条の15第1項6号の類型には該当しない。」

あるいは，前掲の東京高裁平成18年10月16日決定も次のように判断している。

「そして，『供述録取書等』が上記のとおり供述者の署名若しくは押印により内容の正確性が担保されているか，機械的正確さによって録取内容の正確性が保障されているものに限られていることをも併せ考慮すると，刑訴法316条の15第1項6号の『検察官が特定の検察官請求証拠により直接証明しようとする事実の有無に関する供述』を内容とする供述書，供述録取書又は上記記録媒体は，供述者が直接体験した事実を記載したものあるいはその供述を録取・記録したものに限られ，同号にいう『供述』には伝聞供述は含まれないと解するのが相当である。」

これらの裁判例がいずれも平成18年当時のものであることに留意されるべきである。

というのは，前に見たように，開示請求の対象が現に検察官が所持する証拠に限るのかという論点，あるいは取調べメモの開示について，平成18年当時，高裁レベルで開示に否定的な判断がなされたものの，その後，最高裁が一貫して開示に積極的な姿勢を示してきており，その流れに変化は見られない。そして，執筆当時，現職にあった高裁の有力な裁判官による論文においても，この最高裁の姿勢が高く評価されていたという事実が存在する。

そうすると，このような最高裁の姿勢を前にするとき，一連のこれら平成18年の高裁決定が現時点においてもその正当性を維持することができるのかについては非常に疑問であるといわざるを得ない（このように公判前整理手続の場面は僅か数年でも過去のものとなり得るという，旧来の刑事訴訟では考えられなかったダイナミズムに溢れているということができる）。

したがって，弁護人の姿勢としては，6号類型について，捜査報告書の開示請求について一切ためらう必要はない。

Ⅶ 被告人の供述録取書等（7号）

これは検察官請求証拠以外の被告人の捜査段階における供述録取書等の開

示請求の場面であり，あまり問題となることはないであろう。

上記のように「供述録取書等」には，「供述書」も該当するから捜査段階において作成された被告人の「上申書」なども開示対象となる。そして，「映像若しくは音声を記録することができる記録媒体であつて供述を記録したもの」も開示の対象となるから，取調べの末期に行われる取調べの一部を録画録音したDVDも開示対象となるし，弁護人としては当然に，開示請求すべきものであるし，開示されたら，必ず謄写（ダビング）すべきである。

なお，前記のように開示にあたって検察官は条件を付するのが一般である。

Ⅷ 取調べ状況記録書面（8号）

これは，警察，検察が被告人（当時は被疑者）の取調べにあたって，その都度，取調べ開始時刻，その終了時刻を記録したものについて，その開示請求を認めたものである。

この書面には，当日の取調べにおいて作成された供述調書の通数が記載されている。したがって，7号類型で開示された調書の数と齟齬があれば，当然のことながら検察官に釈明を求めることとなる。

また，取調べ終了にあたって，その時刻の確認を被疑者に求め，その旨の記載と指印を求めることも行われている。

そして，この書面には「特記事項」の記載欄もあり，筆者の経験では，体調不良を訴え取調べを中断したとか（その実は，激しい取調べに被疑者が耐えられなかったものであった），時計を読み取ることができないので取調べ終了時刻の確認を拒否した（実態は，精神的混乱を示すものであった），といった記載がなされていたことがあり，後に，被告人に有利に用いたことがある。

〔村木　一郎〕

第4章
類型証拠開示請求に対する検察官の対応

第1節　開示するとの回答について

　検察官は，弁護人が請求した類型証拠開示請求が類型該当性，重要性，相当性の要件を満たす限り，証拠開示の義務を負う。
　ところで，検察官は，弁護人の類型証拠開示請求に対して，「回答書」といった表題の書面で回答してくる。そして，開示する場合には，例えば1号類型（証拠物）について，「以下の証拠を開示する。」として，開示する証拠を羅列する。
　ここで注意しなくてはいけないのは，検察官の上記回答は，弁護人請求に対する応答として，すべての証拠を開示しているのかどうかが明らかにされていないということである。言い換えれば，「以下の証拠を開示する。」との回答には，一部の証拠は開示しないという場面が隠されているかも知れないのである。
　このような回答スタイルは，「開示しない理由を告げなければならない。」とする刑訴規則217条の24の規定に忠実ということはできない。
　そこで，「以下の証拠を開示する。」との回答に接した場合には，検察官に対し，書面で当該類型に該当する証拠が他に存在しないという趣旨なのかどうかの釈明を求めるべきである。

第2節　不存在との回答について

　類型証拠開示請求に対し，検察官が，一部の類型について「該当する証拠は存在しない。」と回答することが往々にして見られる。
　この回答にも注意すべきである。この回答には，次の3つの可能性がありうるからである。
・弁護人が請求する証拠の識別には問題はないが（つまり弁護人が指摘すると思われる証拠は存在するが），当該証拠は請求類型に該当しない。
・請求に係る証拠はいまのところ検察官の手元に存在しない。
・請求に係る証拠は警察を含めておよそ捜査機関は保持していない。
　この点も，上記刑訴規則の規定に忠実な回答ということはできないことから，同様に，検察官に対し，書面で「存在しない。」とする回答の趣旨を明確にするため釈明を求めるべきである。
　そして，その回答いかんによっては，裁定申立てに移行するか，主張関連証拠開示請求に切り替えるか，あるいは後に見るように弁護人のほうで収集活動に努めるのかの方針を決めることになるから，この求釈明を疎かにすることはできない。

第3節　開示しないとの回答について

　開示しない場合には，検察官はその理由を簡潔に回答書に記すのが通常である。例えば，請求する類型には該当しない，重要性あるいは相当性の要件を満たさないなどである。
　これらの回答に接した場合には，直ちに裁定請求に移行するのではなく，まずは，他の類型での請求に改めたり，重要性，相当性の主張を補充してさらなる開示請求に努めるのが相当である。
　なお，検察官によっては，不開示の回答をする前に，弁護人が請求する証

拠の識別について，釈明を求めてくることもある。筆者の経験でも，6号類型の開示請求において，検察官が事件の背景事情として被告人のシンナー吸引の事実を主張し，その内容に沿う関係者の供述調書が請求されていた事案で，この事実の有無を内容とする被告人の親族，勤務先関係者，その他友人，知人などの供述録取書等の開示請求をしたところ，検察官から，どの時点以降のシンナー吸引の事実に関わる供述録取書等の開示を求めるのかという趣旨の釈明を求められたことがある（被告人は相当長期間のシンナー吸引歴を有していた）。そこで，本件の背景事情に絡む時期を特定したところ，開示されたことがある。

　いずれにしても，上記のようなやり取りを経ても，類型該当性に問題がなく，証拠の特定も過不足なく，重要性，相当性の判断にも問題はないと考えられる場合にもかかわらず開示しないときに，初めて裁定申立てに移行することとなる。

第4節　証拠開示をめぐる書面は裁判所にも提出すべきか

　類型証拠開示請求書の宛先は検察官であるし，それに対する検察官の回答書の宛先は弁護人である。また，上記のような求釈明書もそれに対する回答書も弁護人と検察官との間で往復する書面である。
　では，これら書面は裁判所に提出する必要があるのであろうか。
　積極的に提出すべきものと考える。
　確かに，これら書面はそれぞれの証拠の内容に踏み込んだ記述がなされることが通常であるから，予断排除や，裁判員裁判においては裁判官と裁判員との情報格差の観点から消極的に考えることもあり得よう。
　しかし，公判前整理手続においては，検察官は証明予定事実記載書を裁判所に提出し，弁護人も予定主張記載書面をやはり裁判所に提出する。これら書面は証拠の内容を逐一引用するものではないものの，証拠の内容からおよそかけ離れた事実上の主張や法律上の主張がなされるということは全く考えられないところであり，証拠開示をめぐる書面のみ裁判所に秘匿することに

積極的な意味を見いだすことはできない。しかも，ひとたび裁定申立てが裁判所になされるや否や，証拠開示をめぐる当事者間の応酬は裁判所の知悉することとなるのであるから，秘匿そのものの前提が崩れる。

　むしろ，公判前整理手続においては，証拠開示に限らず，予定主張のレベルでも，弁護人は積極的に裁判所に情報を提供し，弁護人の方針を早期に理解してもらうことがひいては被告人の利益に資することが多いことを銘記すべきである。

　しかも，裁定申立てにもつれ込んだ場合には，あらかじめ裁判所に証拠開示をめぐるやり取りの全貌を把握しておいてもらうほうが，裁定申立てにおける弁護人主張の理解が早まるという点も無視できないところである。筆者は，証拠開示請求に係るすべての書面を検察官だけでなく裁判所にも常に提出している。

〔村木　一郎〕

第5章
類型証拠不開示に対する裁定申立て

第1節 裁定申立て

　類型証拠の開示請求に対し検察官が開示を拒否した場合，類型該当性に問題がなく，証拠の特定も過不足なく，重要性，相当性の判断にも問題はないと考えられる場合にはためらうことなく裁定申立て（刑訴316条の26）をすべきである。
　実際には，「証拠開示命令請求書」という表題で，具体的な証拠の開示を検察官に命じる決定を出すよう裁判所に請求することとなる。
　これが，旧来の裁判所の訴訟指揮権に基づく個別的，具体的な判断による証拠開示とは決定的に異なるところである。かつての運用では，検察官が証拠開示に応じないとして裁判所に職権発動を促しても裁判所が消極的姿勢に終始したならば，弁護人としてはどうしようもなかった。逆に，裁判所が証拠開示命令を発した場合には，検察官はそれに対する不服申立手続が認められていたのであって，実に偏頗な運用がなされていたものである。
　しかし，公判前整理手続では，検察官の証拠不開示に対し，被告人・弁護人に明確にその不服申立手続が認められることとなったのである。

第2節　裁定申立てを受けた裁判所の対応

　裁定申立てを受けると，裁判所は，検察官の意見を聴取する（刑訴316条の26第2項）。さらに必要があるときは，検察官に対し当該証拠の提示を命じることができるし（刑訴316条の27第1項），検察官に対し，「その保管する証拠であつて，裁判所の指定する範囲に属するものの標目を記載した一覧表」（いわゆる「証拠リスト」）の提示を命じることもできる（同条2項）。この証拠リストをせめて閲覧できれば極めて有用であるが，法は証拠リストの閲覧，謄写を禁じている（同前）。

　以上が法が規定する流れであるが，実際には，裁定申立てがなされると，裁判所は検察官，弁護人を交えて協議の場を設けて，事実上，検察官に任意での証拠開示を促すことが往々にして見られる。筆者の経験でも，実際に裁判所が開示命令を発する前に，検察官が裁判所の勧告を受け入れて開示に応じるという場面をいくつも経験している。

第3節　即時抗告

　裁判所が証拠開示命令を発しない場合，つまり弁護人の裁定申立てを棄却した場合には，3日以内に即時抗告を申し立てることができる（刑訴316条の26第3項・422条）。

　これも，旧来の裁判所の訴訟指揮権に基づく個別的，具体的な判断による証拠開示と大きく異なるところである。

　なお，抗告が棄却された場合には，最高裁判所に対し，5日以内に特別抗告を申し立てることができる（刑訴433条）。

〔村木　一郎〕

第6章

検察官請求証拠に対する意見明示

第1節　証拠意見明示の時期

　類型証拠の開示まで受けたならば，被告人・弁護人は検察官の請求証拠についての意見（同意するかどうか，取調べに異議がないかどうか）を明示する必要がある（刑訴316条の16第1項）。

　同条項は，「前条第1項の規定による開示をすべき証拠の開示を受けたときは」と規定しており，類型証拠開示をめぐる攻防が決着していない段階では証拠意見を明示する必要はない。

第2節　旧来の感覚からの脱却
　　　　――証拠の厳選という観点の重要性

　刑訴規則189条1項は次のように規定する。
　「証拠調の請求は，証拠と証明すべき事実との関係を具体的に明示して，これをしなければならない。」
　そして，同189条の2は次のような規定を置く。
　「証拠調べの請求は，証明すべき事実の立証に必要な証拠を厳選して，これをしなければならない。」
　裁判員裁判においては，裁判員の負担軽減という問題意識から，検察官は

請求証拠を絞る傾向にある。しかし，上記刑訴規則の規定は，裁判員裁判に限定されたものではなく，およそ刑事訴訟においては，要証事実との関係において証拠は必要な範囲に十分に限定されなければならないことを明らかにしているということができる。

これまで，公訴事実に争いのない事件の場合，あるいは否認事件であっても争点に直接関わりのない部分については，弁護人は検察官請求証拠に対して無自覚に同意の意見を述べる傾向にあった。しかし，上記規定の趣旨からすれば，公訴事実の認定，量刑判断に関して，証拠の必要性を厳格に吟味する必要があるといわなければならない。

したがって，例えば，同一の立証趣旨に関して複数の証拠調べを請求するということは特段の事情がない限り許されないというべきであるし，「劇場型」ともいうべき扇情的な立証についても抑制的になされるよう配慮することも重要である。

そこで，必要性の観点からいくつか具体的な証拠について検討してみることとする。

I 死体写真，傷害部位写真等

従前，殺人事件や傷害事件において，検察官は，死体や傷害部位を撮影した写真撮影報告書などを証拠請求することが通常であった。しかも，例えば死体については，発見時のもの，警察署での検案時のもの，剖検時のものなどの複数の写真撮影報告書を請求してきたし，傷害部位についてもそれなりの枚数を請求してきた。

しかし，冷静になって考えてみれば，公訴事実の認定や量刑判断において，これら詳細な写真が必要なのか非常に疑問を感じるケースが多い。

また，裁判員裁判においては，普段，このような部類の写真に触れる経験を有していない裁判員の心理的ストレスも十分に考慮される必要がある。現に，司法解剖時に撮影された頭部の写真を目にした女性裁判員が，心理的に衝撃を受け，裁判終了後，退職するに至ったとの報道がなされている（2010年5月9日付朝日新聞朝刊）。

したがって，弁護人としては，複数の写真撮影報告書のいくつかを不同意としたり，写真撮影報告書の一部を不同意にすることを検討すべきである。また，認否を留保し，検察官に対して，適正な範囲に限定した「統合捜査報告書」の体裁に作り替えるよう促すこともあり得る。

なお，筆者は，このような場合，請求証拠に対する意見書において，単に「不同意」とするだけでなく，その趣旨（必要性がない，裁判員への心理的ストレスへの配慮など）を記述するようにしている。無論，刑訴法326条の同意しないという意見には，その理由を付する必要は全くないものであるが，裁判所を含め公判前整理手続を円滑かつ迅速に進める意味で有用と考えるからである。

II 被害状況再現実況見分調書，犯行再現実況見分調書等

争いのある事件なら格別，自白事件では，これら実況見分調書等を同意することは珍しくなかった。

しかし，ここにある写真はいわゆる「コマ割り」であって，事件の状況を必ずしも正確に反映しているものではないし，誤解を与える危険性すらあり得るのであるから，弁護人としては，十分に吟味し，疑問を感じるならば，ためらうことなく不同意の意見を述べるべきである。

なお，これら実況見分調書（写真撮影報告書の場合もある）の指示説明部分は，いわゆる「現場供述」であるから，伝聞法則，自白法則の適用を受けることに留意すべきである（最決平17・9・27刑集59巻7号753頁）。

III 被告人の前科関連資料

被告人に前科がある場合，検察官は，警察官作成の犯罪経歴照会結果報告書，検察事務官作成の前科調書，判決書などを請求するのが通常であるし，場合によっては，以前の公判における被告人質問調書を請求することも散見される。

しかし，これら前科に関連する一連の証拠について，公訴事実の認定や量

刑判断においてどこまで必要性があるのかについても，十分に吟味する必要がある。

多くの事案では，検察事務官作成の前科調書だけを取り調べれば十分というべきであろう。それ以上に取調べの必要性が認められるのは，特別の事情がある場合に限られるであろうが，これも厳格に検討されるべきである。

第3節　旧来の感覚からの脱却
　　　　──直接主義という観点の重要性

これまでの刑事訴訟は，直接主義から大きく後退した証拠調べ方法がとられ続けてきた。証人尋問は例外的であり，法廷では調書を中心に取り調べ，しかも全文朗読は稀で，要旨の告知（刑訴規203条の2）が一般的であった。

結局のところ，本当の意味での証拠調べは裁判官の執務室で行われていたのが実態であった。しかし，裁判員裁判ではこのような証拠調べは全く想定できないことから，直接主義に立脚した運営が模索されてきており，弁護人としても検察官請求証拠に対する意見を考える上でも旧来の考え方を大きく改める必要に迫られているということができる。

以下，いくつかの場面について検討することとする。

I　被告人以外の供述調書等

争う事件であれば，被告人以外の者の供述調書を不同意とし，証人尋問に移行することは，通常のことである。

では，争いのない場合，同意することが適切なのかどうか，いま一度，吟味する必要がある。殊に，裁判員裁判の場合，法廷での証拠調べで心証形成することが強く求められており，同意調書について，要旨の告知では心証の取りようがないから，全文朗読とならざるを得ない。しかし，供述調書は，必ずしも耳から聞いて理解できるような構成，内容になっていないこともあって，証人尋問を実施したほうがはるかに理解に資することはよく経験するところである。

第3節　旧来の感覚からの脱却——直接主義という観点の重要性

　そのため，裁判員裁判においては，供述調書をあえて不同意とすることがある。この場合，その趣旨について，例えば，「内容の正確性を争うものではなく，直接主義の観点から，供述者本人が公判廷で供述するほうが裁判所の理解に資する」といったことを付記することにしている。

　なお，供述者が少年院での矯正教育を受けている場合，否認事件ならともかく，自白事件では，少年の健全育成の観点から証人尋問を見送るという選択も必要となる。

II　鑑定書等

　司法解剖，精神鑑定などの鑑定書は，その性格上，どうしても専門用語が頻出し，閲読や朗読で容易に理解できるというものではない。殊に，裁判員裁判では，裁判員にとってこのような鑑定書に触れるのは初めての体験であるはずであるから，その難易度は極めて高いものがある。

　したがって，争いのない事件でも，これら鑑定書を同意することが適切であるのか考える必要がある。

　鑑定の経過および結果は，鑑定書でなく口頭で報告することも認められている（刑訴規129条）。

　そこで，鑑定書を不同意とし，あるいは認否を留保し，鑑定人から公判廷において鑑定の経過および結果の報告を受け（刑訴法321条4項の作成の真正に係る供述ではなく），その際，鑑定の一般的手法や専門用語の説明，鑑定結果に至る経緯そして鑑定結果などについて，プレゼンテーションソフト等を活用するなどの方法を併用しつつ実施するという方法を探るべきである。これは現に，裁判員裁判では一般に行われているところである。

　なお，このような報告がなされた後，仮に検察官が，鑑定書そのものを刑訴法321条4項で証拠調べ請求した場合には，必要性が認められないとして，その取調べに異議がある旨を表明すべきである。

Ⅲ 被告人の供述調書

これまで，自白事件においては，被告人の供述調書等，いわゆる乙号証をまず取り調べ，その後に被告人質問を実施するという流れが一般的であった。

しかし，これら調書を全文朗読することはかえってわかり難い証拠調べになることが通常である。このことは，被告人以外の者の供述調書の場合と同じである。

ただ，自白調書については，任意性を争わない限り，不同意としても証拠として採用される道があることから（刑訴322条），請求証拠に対する意見としては少し検討を加える必要がある。

筆者の場合，被告人の供述調書については，「不同意。但し，任意性は争わない。」とした上で，次のような意見を付記することとしている。

「なお，乙第〇号証ないし乙第〇号証は，公判において被告人が弁護人による質問に対して供述することにより証拠調べの必要性がないことになるものと思われ，被告人質問終了まで，その採否を留保するのが相当である。」

その上で，被告人質問を実施する。そして，被告人質問終了後，裁判所は検察官が請求する乙号証を却下するか，その前に検察官がその請求を撤回することとなる（最近では，検察官のほうで撤回する傾向が強い）。

なお，事案によっては，意識的に被告人質問に先行して乙号証の取調べを行うことを求める場面もあり得る。例えば，性犯罪の場合（犯行内容を被告人に逐一法廷で供述させるのは適切とは思われない），被告人の年齢や供述能力などの事情がある場合である。

ところで，このような「被告人質問先行型」の場合，検察官から，その主質問は検察官が担うべきであると主張してくる場面がないわけではない。その理由として，公訴事実の立証責任は検察官にあるという点を挙げることが多い（かつては，乙号証の取調べを後回しにして被告人質問を実施することそのものについてこのような理由を挙げて検察官は反対してきたが，被告人質問先行型が一般的になってきたことから，主質問をどちらが実施するのかという場面での抵抗に移ってきてい

第3節 旧来の感覚からの脱却——直接主義という観点の重要性

る)。

刑訴規則199条1項は次のように規定する。

「証拠調については，まず，検察官が取調を請求した証拠で事件の審判に必要と認めるすべてのものを取り調べ，これが終つた後，被告人又は弁護人が取調を請求した証拠で事件の審判に必要と認めるものを取り調べるものとする。但し，相当と認めるときは，随時必要とする証拠を取り調べることができる。」

この規定から明らかなように，証拠調べ方法については，最終的に裁判所の訴訟指揮権に委ねられているのであって，何が何でも検察官立証が終了しなければ次に行けないという扱いにはなっていない。

そして，そもそも，被告人は広範な黙秘権を有するとともに（刑訴311条1項），「任意に供述をする場合には，裁判長は，何時でも必要とする事項につき被告人の供述を求めることができる。」（同条2項）とされている。

加えて，被告人は弁護人による弁護を受ける権利を有している（憲37条3項，刑訴30条1項）。

このようなことから，被告人は，検察官立証がどのような段階にあろうとも，それに一切とらわれることなく，随時，公判廷で供述することができ，弁護人による被告人質問に応じることが法律上明確に認められているのである。これは，被告人が刑事訴訟において当事者であることを当然の前提としたものということができる。

したがって，被告人質問先行型の場合，検察官がまず主質問を担うということは適切なものとは思われない。

そして，実際の場面において，被告人質問先行型で検察官が主質問を行う場合，被告人供述の細かな矛盾点，問題点を浮き立たせる質問を重ね，被告人が信用できない人間であると印象づける作戦がとられる可能性があるので，被告人質問先行型の場合には，弁護人が主質問を行うことを裁判所に採用させるよう極力努めるべきである。

なお，裁判所が，主質問を検察官にさせると頑として譲らなかった場合の対応についてもあらかじめ検討しておく必要がある。

1つは，検察官の主質問について，被告人が公判廷で黙秘するという方法

が考えられる。ただ，この方法は，殊に裁判員裁判の場合，裁判員への影響，いうまでもなく悪影響の可能性を考慮する必要があり，この方法を採用するかは慎重に検討する必要がある。

　もう1つは，被告人質問先行型をそもそもやめてしまうという方法である。つまり，旧来のように乙号証朗読，その後に被告人質問（主質問は当然に弁護人）とするのである。上記のように，主質問を検察官が実施した場合のデメリットを考慮するならば，実のところ，消極的な選択ではあるものの，この方法が有用ではないかと思われる。

〔村木　一郎〕

第7章

弁護人の予定主張明示

第1節 予定主張明示の時期

　類型証拠の開示まで受けたならば，被告人・弁護人は「証明予定事実その他の公判期日においてすることを予定している事実上及び法律上の主張」（「予定主張」）を明示する必要がある（刑訴316条の17第1項）。

　同条項は，「第316条の15第1項の規定による開示をすべき証拠の開示を受けた場合において」はと規定しており，類型証拠開示をめぐる攻防が決着していない段階では明示する必要はない。

第2節 明示されるべき予定主張の内容

　法文上，次の3つに分かれる。
(1) 証明予定事実
　証拠調べ請求をして証明しようとする事実（刑訴316条の17第2項）。
(2) 事実上の主張
　・公訴事実を争わない，争う（全部あるいは一部）旨の主張
　・犯罪阻却事由等の主張（違法性阻却・減弱事由，責任阻却・減弱事由）およびその根拠となる間接事実の主張

・検察官主張事実等の不存在の主張およびその根拠となる間接事実の主張
・任意性を争う主張およびその根拠となる事実の主張
・量刑判断上重要な事実の主張

(3) 法律上の主張

法律の解釈，適用についての主張

第3節　主張関連証拠開示へ結びつける配慮を

　予定主張をどの程度まで明示するのかは事案によって様々であろう。全くの自白事件の場合，公訴事実は争わない，その他情状といった程度の予定主張もあり得よう。

　しかし，類型証拠開示請求では取りきれなかった証拠があると考えられる場合（実際には多いものと思われる），次章で検討する主張関連証拠開示請求を行う必要があるが，それには弁護人から主張をしなければならないから，証拠開示へ結びつけることを想定しつつ，予定主張を明示することが求められるということができる。

　さらには，争う事件であろうと自白事件であろうと，早期に裁判官に様々な情報提供をしておいたほうがよいケースはいくらでもある。そのような考慮から，事案によっては詳細な予定主張を明示することもでてくる（筆者は，多くの事案で相当程度に詳細な予定主張を明らかにする傾向にあるがそれをスタンダードとするものではない）。

〔村木　一郎〕

第8章

主張関連証拠開示請求

第1節　この開示制度の意義

　類型証拠開示制度に加えて，主張関連証拠開示（前記のように，「争点関連証拠開示制度」と呼称する向きもあるが適切ではない）が設けられたのはどのような趣旨からであろうか。

　類型証拠開示制度は，あくまでも特定の検察官請求証拠の証明力判断のためのものであって，その意味では受動的な証拠開示制度ということができる。そのこともあって，開示請求対象には一定の「類型」という枠がはめられている。

　これに対して，主張関連証拠開示制度は，被告人・弁護人が明示した予定主張に関連した証拠について，類型といった制限を課すことなく広く開示請求を認めたものであり，積極的な証拠開示制度ということができる。

　このような制度趣旨からすると，否認事件はもとより，むしろ情状事件こそ，この開示制度を果敢に活用して有利に展開できる証拠を入手することに努めるべきこととなる。そして，実際にそれは可能である。

第2節　開示請求の要件

　刑訴法が主張関連証拠として開示請求する場合の要件としているのは，次の2つである（刑訴316条の20，日本弁護士連合会裁判員制度実施本部編『公判前整理手続を活かすPart2（実践編）』（現代人文社，2007年）108頁以下）。
・予定主張に関連する証拠であること（関連性）
・関連性の程度その他被告人の防御の準備のために当該開示をすることの必要性の程度ならびに当該開示によって生じるおそれのある弊害の内容および程度を考慮し，開示が相当と認められること（相当性）
　主張関連証拠の開示請求は，開示請求する証拠を摘示し，上記2つの要件を明示した書面を検察官宛に提出することによって行う（刑訴316条の20第2項）。
　なお，ここで注意すべきは，類型証拠開示請求とは異なり，開示請求する証拠を摘示するにしても限定的に記載する必要はなく，幅広く摘示すべきである。限定的に列挙した場合，それから漏れた証拠については検察官は開示しない可能性があり，類型証拠開示の場面で見たように，検察官による回答書の書き方（「以下の証拠を開示する。」）からは，漏れた証拠があるのかどうか容易に把握することが困難であるからである。
　また，主張関連証拠開示請求書も，検察官だけでなく，裁判所にも提出すべきなのは，類型証拠開示の場合と同様である。

第3節　開示請求の場面

　主張関連証拠開示請求は，被告人・弁護人が明示する予定主張に関連する証拠の開示を求めるものであるから，予定主張の内容いかんで開示を求める証拠は文字どおり千差万別である。
　そこでいくつかの場面を想定して，具体例を見てみることとする。

I　自首の予定主張の場面

　被告人が自首したとする予定主張に関連するものとしては，自首に関する捜査報告書，自首を受けた警察官等の供述録取書等，自首調書，その他，被告人の自首に関する一切の証拠などを開示請求することとなる。

II　責任能力を争う予定主張の場面

　被告人が精神科等に通院していたという主張に関連するものとしては，医療機関のカルテ，診療録，診療報酬明細書など治療状況の記録，医師等医療従事者の供述録取書等，通院に関する捜査報告書，その他，通院に関する一切の証拠などを開示請求することとなる。
　あるいは，被告人が日常生活において，特異な言動をしていたという主張をする場合には，医療従事者の供述録取書等はもとより，被告人の親族，友人，知人，勤務先関係者，近隣住民等の供述録取書等，被告人の言動に関する捜査報告書，その他被告人の言動に関する一切の証拠などを開示請求することとなる。また，逮捕後も特異な言動をしていたという主張も含めるならば，留置場や取調室における被告人の言動等に関するメモなどの記録，捜査報告書，留置管理課職員，取調官等の供述録取書等，その他，逮捕後の被告人の言動に関する一切の証拠などが請求対象となろう。

III　情状として被告人の知的レベルの低さを予定主張とする場面

　責任能力とは別に，被告人の個別情状として知的水準が劣るとの予定主張に関連するものとしては，被告人が通学していた学校の通知表，指導要録，成績・行動面の状況を記録した書面等，通学していた学校の教職員，同級生等の供述録取書等，被告人の親族，友人，知人，勤務先関係者，近隣住民等の供述録取書等，被告人の知的レベルに関する捜査報告書等，その他被告人

の知的水準に関する一切の証拠などが開示請求すべき証拠となる。

Ⅳ 共犯者や被害者の粗暴癖，犯罪的傾向などを予定主張とする場面

　共謀の経緯，内容，状況，あるいは正当防衛などの予定主張に関して，共犯者や被害者の粗暴癖，犯罪的傾向などの主張に関連するものとしては，これらの者の犯罪経歴照会結果報告書，前科調書，判決書等が開示請求すべき証拠となる。

第4節　主張関連証拠開示請求に対する検察官の対応

　検察官は，弁護人が請求した主張関連証拠開示請求が関連性，相当性の要件を満たす限り，証拠開示の義務を負う。
　検察官はこの場合も，「回答書」といった表題の書面で回答する。主張関連証拠開示の場合，類型証拠開示とは異なり，網羅的に請求証拠を摘示している限り，証拠が存在すれば開示されるものと推測することができよう。
　しかし，それでも，不存在との回答に接した場合には，念のため，請求に係る証拠は警察を含めておよそ捜査機関は保持していないという趣旨なのか釈明を求めるべきである。
　また，予定主張との関連性の要件が問題となって不開示となっている場合には，関連性を補充することも検討すべきである。
　そして，上記のようなやり取りを経ても，関連性，相当性の判断にも問題はないと考えられる場合には，裁定申立てに移行することとなる。

第5節　主張関連証拠不開示に対する裁定申立て

　この場合にも裁定申立てができることは類型証拠開示請求の場合と同様で

ある（刑訴316条の26）。
　そして，裁判所が弁護人の裁定申立てを棄却した場合には，即時抗告（刑訴316条の26第3項・422条），さらには特別抗告（刑訴433条）を申し立てることができることも同様である。

〔村木　一郎〕

第9章
捜査機関が収集していない証拠への対応

第1節　証拠開示制度の限界

　公判前整理手続において行使しうる2つの証拠開示請求制度も、捜査機関が収集していない証拠については、その対象になり得ないのは当然である。
　もっとも、公判前整理手続が進行している過程で、それまでに弁護人が請求した類型証拠、主張関連証拠に該当する証拠を捜査機関が入手した場合、検察官は追加して開示してくる。
　したがって、「不存在」との回答に接した場合、検察官に対して、証拠収集活動を促すという工夫は必要であろう。
　しかし、捜査機関が収集しておらず、今後も、収集の意欲を示さない場合には、弁護人として、自らその収集方法を模索する必要がでてくる。

第2節　具体的な収集方法

Ⅰ　弁護士会照会（弁23条の2）

　弁護士は、自らの受任事件について、所属弁護士会を通じて、公務所また

は公私の団体に照会して必要な事項の報告を求めることができる。

　この手続は刑事事件に特有のものではないが，公判前整理手続の過程において，証拠開示制度では収集しきれない証拠を入手するために活用すべき手続の1つである。

　筆者の経験でも，気象台に対する各種気象データについての照会，道路管理者に対する路面凍結注意などの警告状況，路面凍結防止剤散布状況についての照会，あるいは，被疑者が拘置所に勾留された場合に取調べ等のための出房時刻，帰房時刻，被疑者に対する医療行為内容，診断名，投薬の種類・内容などについて拘置所に対して照会したことがある。また，現住建造物等放火事案で，放火対象店舗について消防法に基づく立入検査の有無，日時，発覚した法令違反の内容，発した警告の内容についての照会をした経験もある。

　なお，本項では2つの証拠開示請求で入手しきれなかった場面という文脈で弁護士会照会に触れたが，弁護士会照会そのものはいつ行ってもよいものであるから，早い段階で証拠収集活動することは何ら差し支えない。

　この点，次項の公務所照会などは，弁護人の側で十分な証拠開示請求を履践したが入手できなかったという事情がないと，裁判所は消極的な姿勢を示すものと思われる。

II　公務所照会（刑訴279条）

　裁判所は，当事者の請求または職権で，公務所または公私の団体に照会して必要な事項の報告を求めることができる。

　この公務所照会制度は，証拠調べの準備的な性格の手続と理解されており，旧来の考え方からは，起訴状一本主義に照らして第1回公判期日前に事件の実体に関係のある事項を照会し報告を求めることは許されないとされていた。かなり古い裁判例には，第1回公判期日前の前科照会は違法であるとしたものがある（東京高判昭28・3・16判特38号63頁）。

　しかし，公判前整理手続において証拠請求や証拠決定ができることとなった以上，公判前整理手続において必要な照会を行い，これを受けて裁判所が

公務所照会を行うことが許されるものと解される（日本弁護士連合会裁判員制度実施本部編『公判前整理手続を活かすPart2（実践編）』（現代人文社，2007年）100頁，松尾浩也監修『条解刑事訴訟法〔第4版〕』565頁）。

　実際に，筆者の経験でも，公判前整理手続において，例えば，小学校当時における被告人の成績表，指導要録，同人の成績・行動面の状況を記録した書面について裁判所は公務所照会を決定しているし，あるいは，救急搬送された被告人についての血中・呼気中のアルコール濃度に関する検査実施の有無，実施した場合の検査結果内容などについて，裁判所は公務所照会を決定している。

　したがって，弁護人としては何らためらうことなく，公判前整理手続において，公務所照会手続を活用すべきである。

　なお，刑訴法99条は，裁判所による差押え，提出命令を発することができると規定している。そして，これについても，従来の考え方からは第1回公判期日後に限られるのが一般であるとされている（例えば，前掲・松尾監修203頁）。

　しかし，公判前整理手続が新たに導入されたことに鑑み，この考え方を現時点でも維持できるのか再検討の必要はあろうが，筆者は，いまだ公判前整理手続において，裁判所による差押え，提出命令の経験を有していない。

Ⅲ　証拠保全（刑訴179条1項）

　これは第1回公判期日前における証拠保全（押収，捜索，検証，証人尋問，鑑定）を規定したものである。

　これが認められるには，「あらかじめ証拠を保全しておかなければその証拠を使用することが困難な事情があるとき」という要件が必要とされており，事案によってはこの要件の疎明が難しい場合もあろう。

〔村木　一郎〕

第10章

弁護人からの証拠調べ請求

第1節　公判前整理手続における特色

　公判前整理手続においては，当事者双方について「証拠調べの請求をさせること。」（刑訴316条の5第4号）が予定されているから，弁護人からの証拠調べ請求も，公判前整理手続においてなされる必要がある。
　殊に，被告人・弁護人からの証明予定事実があるときは証拠調べ請求の義務がある（刑訴316条の17第2項）。
　そして，次章で見るように証拠調べ請求の制限（刑訴316条の32第1項）があるから，原則として，弁護人としては証拠調べ請求を公判前整理手続においてやり切っておかなくてはならない。

第2節　公判前整理手続における証拠調べ請求の実際

　証拠調べ請求の方法自体は，公判前整理手続以外の場合と異なるところはない。当然のことながら，証拠を特定するに足る事項を明示するとともに，証拠と証明すべき事実との関係を具体的に命じて行う必要がある（刑訴規189条1項）。
　そして，ここでも，「証拠の厳選」（刑訴規189条の2）の趣旨が求められる

ことに留意すべきである。

　例えば，検察官からの開示証拠について，漫然とそのまま請求するという方法は再検討の余地がある。弁護人としては何を立証したいのか，そしてその立証趣旨に沿う範囲はどこか，これらを十分に検討しなければならない。そして，多くの場合，開示証拠をいわば原資料として，弁護人作成の報告書といった体裁にまとめることが適切である。

　このことは，被告人作成の謝罪文や示談書などについても同様である。

　従前，被害者等に送付した謝罪文のコピーをただ請求したり，示談書そのものを請求するという方法が往々にして見られた。しかし，謝罪文のコピーだけではその存在，被告人が作成した事実までは立証できるが，それを被害者に送付した事実，さらには被害者が受領した事実は立証できない。示談書もそれだけではどのような経緯で示談に至ったのか，あるいは示談が一部の被害者に留まった場合には，他の被害者へはどのような対応をしたのかまでは立証できない。

　ここでも，何を立証するのか見据えた上で，弁護人作成の報告書を作成し，謝罪文や示談書のコピーなどを資料として添付するのが適切である。

　一方，直接主義の観点も重要であるから，供述調書を請求するのが適切なのか，供述調書は請求せず証人尋問を請求することにするのかも検討する必要がある。

　なお，証人尋問を請求する場合，こちらの立証趣旨に沿う供述録取書等が存在することは稀であろうから（例えば，情状証人などの場合），弁護人において証言予定事実記載書を作成し，検察官に開示する必要がある（刑訴316条の18第2号）。

〔村木　一郎〕

第 *11* 章
公判前整理手続における証拠調べ請求の制限

第1節　制度についての正確な知識と冷静な理解を

　公判前整理手続に付された場合の証拠調べ請求の制限（刑訴316条の32）は，公判前整理手続を快く思っていない立場からは最も激しく批判されるところである。
　しかし，どのような立場に立つにせよ，制度については正確な知識と冷静な理解が前提となることはいうまでもない。
　例えば，この証拠制限についての誤解に基づくものと思われるが，公判前整理手続に付されると「主張制限」を受けるという声を聞くことがある。
　しかし，主張制限を規定した明文規定は存在しない（立法過程で主張制限案が提起されたものの最終的に採用されなかったという経緯がある）。無論，証拠調べ請求の制限があるから，新たな主張について，その裏付けとなる証拠調べ請求が制限され，その結果，事実上，裏付けのない主張として扱われるという場面が想定されなくもない。しかし，例えば，公判開始後の証拠調べ過程で，公判前整理手続においてなされた主張の変更，あるいは新たな証拠調べ請求の必要がでてきた場合（刑事に限らず裁判はまさに生き物であるからそのような場面はいくらでも起きよう），後に見る「期日間整理手続」（刑訴316条の28）に付されることが強く予想されるから，上記「想定」は実際のところ思考実験の域を出ないものと思われる。

第2節　条文の確認

公判前整理手続における証拠調べ請求の制限についての刑訴法316条の32は次のように規定する。

「1　公判前整理手続又は期日間整理手続に付された事件については，検察官及び被告人又は弁護人は，第298条第1項の規定にかかわらず，やむを得ない事由によつて公判前整理手続又は期日間整理手続において請求することができなかつたものを除き，当該公判前整理手続又は期日間整理手続が終わつた後には，証拠調べを請求することができない。

2　前項の規定は，裁判所が，必要と認めるときに，職権で証拠調べをすることを妨げるものではない。」

I　証拠調べ請求の制限は検察官にも及ぶ

条文上，極めて明確なことであるが，公判前整理手続に付された場合の証拠調べ請求の制限は，被告人・弁護人だけでなく検察官にも及ぶものである。

このことは，実際の訴訟場面において重要である。

旧来の手続では，例えば，否認事件において弁護人の反証活動が奏功しそうになると，検察官は手持ち証拠の山から新たな証拠を探し出して証拠請求したり，あるいは「補充捜査」と称して，新たな証拠を作成して請求するなどということを往々にして行ってきた。

しかし，公判前整理手続においてはこのような訴訟活動は許されない。そして，検察官が仮にこのような訴訟活動に及んだ場合，例外規定である「やむを得ない事由」について裁判所は厳格に判断するであろうし，職権証拠調べも消極的になろう。

実際の訴訟の場においても，この証拠調べ請求の制限について，検察官の側こそいつもピリピリしているのが実態である。そして，裁判所は，後に検

討する「やむを得ない事由」の判断において，検察官に対して厳しい姿勢で当たることが往々にして見られる。

II 証拠調べ請求の制限は公判前整理手続が終了した後に掛かる

　法文上明らかなように，この証拠制限は，公判前整理手続や期日間整理手続が「終わった後」に発生する。そのようなこともあり，例えば裁判員裁判では，審理計画を策定した後も（第1回公判の8週間以上前にまでに行うのが通常である），第1回公判の直前まで公判前整理手続を終了しない傾向にある。

　ところで，公判前整理手続等が終了した後，改めて公判前整理手続等に付することは制限されていない。この場合，証拠制限はどうなるのであろうか。

　刑訴法は，公判前整理手続について，公判における弁論再開（刑訴313条1項）のような規定を設けていないことから，新たな公判前整理手続等を連続的なものと解することは難しいであろう。したがって，証拠制限から解放されることにならないものと思われる。

　もっとも，改めて公判前整理手続等に付するには種々の事情変更があるのであるから，「やむを得ない事由」が認められる方向に働くものと思われる（松尾浩也監修「条解刑事訴訟法〔第4版〕」790頁）。

　例えば，公判前整理手続終了後，被害者との間で示談が成立したり情状証人が見つかった場合などにおいて，次項の「やむを得ない事由」を疎明しつつ証拠調べ請求を行うと，裁判所は，改めて公判前整理手続を行うことが多い。そして，「やむを得ない事由」を認めて証拠採用したり，職権で証拠調べを行う。

　したがって，「やむを得ない事由」が実際に問題となってくるのは，公判前整理手続を経た後の第1回公判以降ということができよう。

III 「やむを得ない事由」について

さて、この「やむを得ない事由」についてどのように考えたらよいであろうか。

この文言については、全く同じものが控訴審段階での控訴趣意について旧来から存在していた。刑訴法382条の2第1項である。次のように規定する。

「やむを得ない事由によつて第一審の弁論終結前に取調を請求することができなかつた証拠によつて証明することのできる事実であつて前2条に規定する控訴申立の理由があることを信ずるに足りるものは、訴訟記録及び原裁判所において取り調べた証拠に現われている事実以外の事実であつても、控訴趣意書にこれを援用することができる。」

まず、これについての解釈であるが、従来から、物理的不能説と心理的不能説が提唱されてきたのは周知のとおりであり、現在、心理的不能説が多数説といわれている。

では、この控訴審における控訴趣意についての解釈をそのまま、公判前整理手続に持ち込んでよいものであろうか。

もともと、上記の刑訴法382条の2の規定は、事後審という控訴審の構造から導かれたものであり、争点と証拠の整理を主目的とする公判前整理手続に上記解釈をそのまま適用するのはその前提を誤るものということができる。

したがって、公判前整理手続における「やむを得ない事由」は刑訴法382条の2より広く解釈されるのが相当である（日本弁護士連合会裁判員制度実施本部編『公判前整理手続を活かす』（現代人文社、2005年）107頁）。

第1回公判以降に示談や被害賠償がなされた場合、それ以前から被害者と交渉していたという経緯が存在したり、ようやく金員の工面ができたという事情があるならば、当然に「やむを得ない事由」が認められることになる。

あるいは、公判での証拠調べの結果、新たな反証活動の必要が生じた場合にも、「やむを得ない事由」が認められる場合は多いであろう。

いずれにしても、弁護人としては、「やむを得ない事由」についていたず

らに消極的になるべきではなく，新たな証拠調べを果敢に実行するのが適切である。

Ⅳ　職権証拠調べ

　刑訴法316条の32第2項は，上記のように，職権での証拠調べを妨げるものではない旨の規定を置いている。
　ところで，職権証拠調べについては，旧来から刑訴法298条2項に規定が存在していた。しかし，これについては，従来から，裁判所の職権発動は補完的なものであるし，職権発動の義務はないとされてきた（例えば，最判昭32・2・13刑集12巻2号218頁）。
　しかし，もし，公判前整理手続の制度設計にあたり，旧来からの職権証拠調べと同様の趣旨であったならば，あえて同様の規定を置く必要はないし，上記のように刑訴法316条の32第2項が「前項の規定は，裁判所が，必要と認めるときに，職権で証拠調べをすることを妨げるものではない。」という規定の仕方からして，別の趣旨，すなわち，より積極的な職権発動を期待していると解するのが相当である。
　要するに，「やむを得ない事由」ではすくい切れない証拠調べ請求について，裁判所に後見的な職権発動の余地を認めたものということができよう。
　したがって，弁護人としては，新たな証拠調べ請求にあたり，「やむを得ない事由」の疎明に努めるとともに，予備的に，職権証拠調べの必要性についても説得的な主張を展開する必要がある。

第3節　弾劾証拠の取扱いをめぐって

　刑訴法328条は次のように規定する。
　「第321条乃至第324条の規定により証拠とすることができない書面又は供述であつても，公判準備又は公判期日における被告人，証人その他の者の供述の証明力を争うためには，これを証拠とすることができる。」

つまり，自己矛盾供述などの弾劾証拠については，仮にそれが伝聞証拠であっても例外的に証拠能力が認められることとなる。
　では，弾劾証拠について，公判前整理手続における証拠調べ請求の制限についての「やむを得ない事由」との関係をどのように考えたらよいであろうか。
　ある証拠が弾劾証拠として登場してくるのは，いうまでもないことであるが弾劾の対象，すなわち刑訴法328条にある「公判準備又は公判期日における被告人，証人その他の者の供述」が存在することになってからのことである。これらの供述が存在しないのに，その存在を予想してあらかじめ弾劾証拠を証拠調べ請求することなど不可能である。
　したがって，弾劾証拠については，当然に「やむを得ない事由」が存在するものということができる（なお，名古屋高金沢支判平20・6・5判タ1275号342頁参照）。
　筆者の経験でも，検察官証人が共犯者とは面識を有していないと証言したのに対して，当該証人が捜査段階において共犯者の写真を示され面識を有していた旨を供述し貼付写真にその旨を書き加えた警察官調書について，「やむを得ない事由」が認められるとして証拠採用されたことがある。

〔村木　一郎〕

第12章

期日間整理手続について

第1節 制度趣旨

　刑訴法316条の28第1項は次のように規定する。
　「裁判所は，審理の経過にかんがみ必要と認めるときは，検察官及び被告人又は弁護人の意見を聴いて，第一回公判期日後に，決定で，事件の争点及び証拠を整理するための公判準備として，事件を期日間整理手続に付することができる。」
　規定から明らかなように，期日間整理手続は，第1回公判開始後に行われる争点と証拠の整理手続である。
　公判前整理手続が終了しても，第1回公判前の段階で再び争点と証拠の整理が必要となった場合には，公判前整理手続が再開されるのであって，期日間整理手続がなされるものではない。

第2節 手続においてなされるもの

　期日間整理手続においてなされるのは，公判前整理手続と同様である（刑訴316条の28第2項）。もっとも，刑訴法316条の2第1項（第1回公判前に争点と証拠の整理を行うこと），刑訴法316条の9第3項（公判前整理手続における黙秘権告

知)についてはその適用が除外されている（刑訴316条の28第2項）。
　したがって，証拠開示請求やそれについての裁定申立てなどもできることとなる。

第3節　期日間整理手続に付される場面

　期日間整理手続に付されるのは，「審理の経過にかんがみ必要と認めるとき」とされている。
　実際にどのような場面が想定されるのかは様々であろうが，例えば公訴事実に対する被告人の供述が根本的に変化した場合（否認から自白，あるいはその逆），被告人の精神状態に変化を来した場合などが考えられる。
　筆者の経験でも，責任能力を争っていた事案で被告人の精神状態が過度に悪化し訴訟能力自体に疑いを生じたことから，弁護人の申出を容れて裁判所が期日間整理手続に付したことがある。

第4節　最後に

　公判前整理手続は，弁護人の実践を通じて，実績を積み重ねてきたという面が強い。その意味で，今後とも，制度の理解を深め，知恵を絞り，少しでも被告人の利益に沿うよう弁護人として努力を惜しまないことが求められている。
　筆者はこれまでに死刑判決を6件受けたことがある。そのうち4件は公判前整理手続など存在しない時期のものであった。そして，もし，その当時，この手続があったならば，広範な証拠開示を受け，より濃密な弁護活動ができたのではないかという思いに駆られてならない。そして，過去の否認事件でも同様の感を持つ。
　公判前整理手続はその可能性を模索する余地が広範に存在する。まだまだ活用し尽くされてはいない。

様々な立場での弁護人の活動において拙稿が少しでも役立てば幸いである。

〔村木 一郎〕

第8部
心神喪失者等医療観察法について

■CONTENTS

第1章　心神喪失者等医療観察法の概要

第2章　付添人の証拠収集

第1章

心神喪失者等医療観察法の概要

第1節　はじめに

　医療観察法ないし心神喪失者等医療観察法という法律名を初めて聞く人がいるかも知れない。しかし，この法律は，平成17年からは実際の運用がなされているだけでなく，いくつかの興味ある最高裁の判断も出ている，そういう法律なのである。しかも，法曹三者の誰もが遭遇しうるものなのである。
　ところで，この法律は，あの池田小事件を契機に一気に法制化されたもので，歴史的にみれば，古くは刑法改正草案にまで遡ることができる。保安処分の是非という論争である。
　精神障害の結果，責任能力が否定され，刑罰を科すことができない者に対し，そのための施設に収容して社会防衛を図る，それがよいかの問題である。この法律の背景にはそういった面もある。
　この法律は，平成15年7月16日，法律第110号として成立し，平成17年7月15日から施行されている。
　正式名称は「心神喪失等の状態で重大な他害行為を行った者の医療及び観察等に関する法律」（以下「医療観察法」という）という。
　厚生労働省の資料によれば，平成22年6月30日現在で1824件の申立てがなされ，うち入院決定が1071件，通院決定が315件，不処遇決定が295件なされている。

この法律は,「心神喪失者等医療観察法」ないし「医療観察法」と略称されているが,実は,当初の施行予定日である平成17年3月末日までに医療機関側の準備が間に合わないということで上記施行期日になったという経緯がある(それでもなお不足があるといわれている)。

この医療観察法においては,弁護士は付添人として活動することになるのであるが,どういう法律かについての基礎知識が前提となるので,まず,その点について解説する。

第2節　医療観察法の目的

「この法律は,心神喪失等の状態で重大な他害行為……を行った者に対し,その適切な処遇を決定するための手続等を定めることにより,継続的かつ適切な医療並びにその確保のために必要な観察及び指導を行うことによって,その病状の改善及びこれに伴う同様の行為の再発の防止を図り,もってその社会復帰を促進することを目的とする。」(医療観察1条)

そのための入院施設(指定入院機関)(全国で720床を予定。平成22年9月末日現在,599床)や通院施設(指定通院機関)が全国各地で建設されているが,現状では病床不足が指摘されており,それに伴う省令の改正が平成20年8月1日付でなされ,同日公布・施行された(この改正には,「特定医療施設」または「特定病床」における医療水準(人員・設備・予算・処遇内容等)が,指定入院医療機関における医療の水準を下回るおそれがあるとして,批判がなされている)。

第3節　対象行為および対象者

I　対象行為

医療観察法は,刑法に規定される犯罪のうち重大な他害行為を行った場合

に適用が予定されており，その行為を対象行為（重大な他害行為）という（医療観察2条2項）。

対象行為として規定されているのは，①殺人，②放火，③強盗，④強姦，⑤強制わいせつ，⑥傷害に当たる行為（傷害については例外もある）であり，いずれも行為者以外の者に対して，重大な法益侵害行為があった場合を取り上げている。

Ⅱ　対　象　者（医療観察2条3項）

医療観察法の適用があるのは，対象行為を行った者のうち，心神喪失等の理由によって①不起訴処分となった者，②刑事裁判で無罪または執行猶予等となった者（実刑の執行を受けないことが前提）についてである。これらの者を対象者というのであるが，重大な他害行為を行った者について，刑事責任を問えない場合に，本法が登場してくる構造になっている。

Ⅲ　医療観察法の対象とならない者

解釈上，①治療反応性がない者（治療してもよくならない者）及び②人格障害者は対象とならないと考えられている。後者についても現段階では治療不能と考えられており，治療効果があると考えられる者のみを対象とするとされている。

第4節　検察官による審判申立て

Ⅰ　起訴強制の原則

検察官は，①被疑者が対象行為を行ったことおよび心神喪失者もしくは心神耗弱者であることを認めて不起訴処分をしたとき，②刑法39条により無罪

または執行猶予付判決が確定したとき，のいずれかで対象行為を行った際の精神障害を改善し，これに伴って同様の行為を行うことなく，社会に復帰することを促進するためにこの法律による医療を受けさせる必要が明らかにないと認める場合を除いて，地方裁判所に対して，本法による申立てをしなければならない（医療観察33条1項）とされている。原則，義務的申立てなのである。

II 例　外

傷害罪については，傷害が軽い場合であって，当該行為の内容，当該対象者による過去の他害行為の有無および内容ならびに当該対象者の現在の病状，性格および生活環境を考慮し，その必要がないと認めるときは申立てをしないことができる（同33条3項）とされているが，本法施行当初は，かなり軽い傷害罪についても申立てがなされ，弁護士側から問題があるとの指摘がなされていたが，その後，軽度の傷害事件についての申立ては減少したようである。

第5節　鑑定入院命令

検察官の申立てを受けた地方裁判所の裁判官は，鑑定その他医療的観察のため，当該対象者を入院させる旨の命令（鑑定入院命令）を行う（医療観察34条1項）。

これまでの申立てに関しては，ほとんどの場合鑑定入院命令が出されているが，現実問題としては，この条項が対象者の身柄拘束のための根拠規定となっている（この点を批判する立場もある）。

なお，鑑定入院中の治療は可と解されているが，反対の考え方（鑑定のための入院であるから，そのままで鑑定を行うべきであるとの考え）もあり，そのような考え方をする鑑定医は治療を行わないため，対象者の治療の機会を奪うものとして問題があるとの反論がある。

これは，医療観察法上，鑑定入院中の処遇，行動制限，権利擁護に関する規定が欠如していることに起因しているといえる。
　また，対象要件が曖昧であることもあって精神鑑定の基準が一定していないだけでなく，鑑定の質も均一ではないといった欠点も指摘されている。そのため，入院適応性に問題のある対象者に対して入院決定がなされ，入院しているといわれている。
　こういった問題点をはらみつつも，裁判所は，鑑定入院命令を出した上で，鑑定命令を出すことになっている（同37条1項）。もちろん，鑑定を受託するのは精神科医である。その結果は，「医療観察法鑑定書」ないし「鑑定書」として，裁判所に提出される。
　この鑑定入院の期間は原則2ヵ月，例外として1ヵ月延長されることがある（同34条3項）。

第6節　付添人の選任

　対象者および保護者は，付添人を選任することができる（医療観察30条1項）。また，国選付添人の制度もある（同30条3項）。
　第1審の当初審判については，必要的付添いとされており（同35条），結果，国選付添事件がそれなりにある。
　付添人は，記録の閲覧・謄写（同32条2項），鑑定入院命令に対する不服申立て（同72条1項），対象行為の存否についての審理に対する意見（同41条），審判期日における意見陳述（同25条，いわゆる「意見書」の提出），鑑定入院命令による在院中の医療の確保等，多岐にわたって活動が可能である。
　この活動関係で対策をどうするかが問題となり，いかに証拠を集めるかが問題となるのである（後述）。

第7節　社会復帰調整官

(1)　審判では，保護観察所に置かれている社会復帰調整官（医療観察20条1項）の関与が予定されている。
(2)　社会復帰調整官は，精神障害者の保健および福祉その他この法律に基づく対象者の処遇に関する専門的知識に基づいて，第1審（当初審判）においては，生活環境の調査を行い（「生活環境調査結果報告書」として裁判所に提出される），処遇決定を受けた後の生活環境の調整を行う（「環境調整状況報告書」として裁判所に提出される）こととされている（同20条1項・19条1号・2号）。
(3)　なお，社会復帰調整官は，対象者に通院決定がなされた場合についてもかなりの活動が期待されているものの，通院決定の場合，対象者に対する医療面ないし生活面での支援は精神保健福祉法あるいは障害者自立支援法にすべて依存する構造になっているため，入院決定（入院対象者1人あたりの年間予算額は約2000万円）に比し，格段の差があることが指摘されている。

第8節　審判手続

I　合議体の構成

医療観察法の審判は，「一人の裁判官及び一人の精神保健審判員の合議体で処遇事件を取り扱う。」（医療観察11条1項）こととされるが，この合議体には，さらに精神保健参与員を加えることができる（同15条）。東京地裁の場合は，ほとんどのケースで精神保健参与員を付している。

II 別の合議体

　裁判所は，必要があると認めるときは，検察官および付添人の意見を聴いて，対象行為を行ったと認められるか否かについて，その審理および裁判を「別の合議体」(裁判官3人)で行う旨の決定ができる(同41条1項)。対象行為の存否の判断は，「別の合議体」で審理させることができるのである。ただし，審判を行うべき処遇裁判所の裁判官もその合議体のメンバーとなることもできる(同41条2項)。

　ところで，ここにいう「対象行為」の有無をどう判断するかについては，最高裁平成20年(医へ)第1号決定(最決平20・6・18刑集62巻6号1812頁)において，職権判断ではあるものの，「対象者の行為が対象行為に該当するかどうかの判断は，対象者が妄想型統合失調症による幻覚妄想状態の中で幻聴，妄想等に基づいて行為を行った本件のような場合，対象者が幻聴，妄想等により認識した内容に基づいて行うべきでなく，対象者の行為を当時の状況の下で外形的，客観的に考察し，心神喪失の状態にない者が同じ行為を行ったとすれば，主観的要素を含め，対象行為を犯したと評価することができる行為であると認められるかどうかの観点から行うべきであり，これが肯定されるときは，対象者は対象行為を行ったと認定することができると解するのが相当である。」として，一応の指針が示された。

　その理由とするところは「なぜなら，上記のような幻聴，妄想等により対象者が認識した内容に基づいて対象行為の該当性を判断するとすれば，医療観察法による医療が最も必要とされる症状の重い者の行為が，主観的要素の点で対象行為該当性を欠くことになりかねず，医療観察法の目的に反することになるからである。」という点にある。

III 事実の取調べ

　審判手続では，事実の取調べもできることとされていて(医療観察24条)，「刑事訴訟法中裁判所の行う証人尋問，鑑定，検証，押収，捜索，通訳及び

翻訳に関する規定は，処遇事件の性質に反しない限り，前項の規定による証人尋問，鑑定，検証，押収，捜索，通訳及び翻訳について準用する。」(同24条4項) こととされている。そこで，審判期日において事実の取調べがなされることもある。

　実際の審判では，対処行為の存在の確認，対象者の精神状態の確認 (行為時だけでなく，審判時においてもいかなる状態かを確認) がされることも多く，また，鑑定結果を踏まえての対象者に対する審判体からの質問がなされ，その後に決定が下されることとなる。

Ⅳ　審判期日

　審判は，法廷で，非公開で行われる (医療観察31条3項)。

　審判には対象者を呼び出すことになっているが，心身の障害のため，もしくは正当な理由がなく審判期日に出席しない場合，または許可を受けないで退席し，もしくは秩序維持のために退廷を命ぜられた場合において，付添人が出席しているときは，裁判所はそのまま審判を開くことができる (同31条8項但書)。

　対象者が入院している鑑定入院先の病院で審判を行うこともできる (同31条9項)。

　　※東京地裁では，カンファレンス方式を採用しており，審判期日前に，裁判所，鑑定医，社会復帰調整官，検察官，付添人等が一堂に会して打合せを行い，情報の共有を図るとともに，審判準備を行っている (その回数は，事案によって異なる)。

Ⅴ　決定の種類

　審判が行われると，①入院決定 (医療観察42条1項1号)，②通院決定 (同42条1項2号)，③この法律による医療を行わない旨の決定 (同42条1項3号)，または④却下決定 (同42条2項) のいずれかの判断が下される。

第9節　抗告・再抗告

(1)　当初審判の決定に不服がある場合の不服申立手段は，抗告である。
　抗告理由とされているのは，①決定に影響を及ぼす法令の違反，②重大な事実の誤認，もしくは③処分の著しい不当の3種類である（医療観察64条2項）。
(2)　抗告については，対象者に付添人がいない場合に，裁判所は国選付添人を付することになっている（必要的付添，同67条）。
(3)　抗告審の結果に対して不服がある場合は，再抗告ができる。
　再抗告理由は，①憲法に違反すること，②憲法の解釈に誤りがあること，③最高裁判所もしくは上訴裁判所である高等裁判所の判例と相反する判断をしたことに限定されている（同70条1項）。つまり，職権判断は予定されていないのである（その点，一般の刑事訴訟と違っている）。

第10節　処　　遇

　処遇については，条文上は，単に入院による医療を受けさせるために入院させる，入院によらない医療を受けさせるとのみ規定されているため，どのような医療を行うのかについては明確ではない。
(1)　入院決定では，指定入院医療機関において，入院による医療（強制医療）を受けなければならない（無料）（医療観察43条1項）。
　厚生労働省のガイドラインでは，概ね1年半（急性期3ヵ月，回復期9ヵ月，社会復帰期6ヵ月を目途）で退院を予定しているが，現実にはもっと長く入院している者もいる。
　ちなみに，東京にある指定入院機関は，国立精神・神経医療研究センター病院（小平市，身体合併症対応のものも含め66床）および東京都立松沢病院（33床）である。そのほか，独立行政法人国立病院機構の病院や都道府県立病院のい

くつかが指定入院機関に指定されているが、いまだ病床不足の状態であることが指摘されていることは、前述のとおりである。

　この入院先であるが、審判書が対象者に交付されると同時に、厚生労働省の職員が来て、大概午前中に指定入院医療機関に連れて行かれる（同45条）。しかも、行く先は後日、本人から連絡をもらうまでわからなかった（裁判所は入院先を具体的に指定しない。指定するのは厚生労働大臣である（同43条3項）が、近時では、裁判所と厚生労働省との連携により、入院先候補がわかるようになってきており、対象者の将来の社会復帰を見据えての家族側の準備が可能になってきている）。対象者が入院すべき指定入院機関は、対象者、保護者、当初審判をした地裁と同管轄の保護観察所に連絡されるものの、付添人への連絡は義務づけられていないからである（同43条3項）。

　(2)　通院決定では、指定通院医療機関による通院による医療を受けなければならない（無料）（同43条2項）。この指定通院医療機関が具体的にどこかについては、公表されていない。

　(3)　これらの医療と精神保健及び精神障害者福祉に関する法律による措置入院等の医療との関係については後述する。

第11節　退院請求

　医療観察法の決定中、その入院決定については、終期が明確に定められていないことから、保安処分的であるとの批判がある。ただ、退院すべき時期が来た場合に、その旨の申立てをする手段はある。

　(1)　**指定入院医療機関の管理者による申立て**（医療観察49条1項）

　指定入院医療機関の管理者は、入院決定によって入院している者について、入院を継続させて医療を行う必要があると認めることができなくなった場合は、直ちに、地方裁判所に退院許可の申立てをしなければならない（もっとも、入院先の病院が退院許可の申立てをしても、裁判所がそれを許可しない例がある）。

(2) 本人または付添人による申立て（医療観察50条）

入院決定により入院している者，保護者，または付添人は，地方裁判所に対して，退院許可または本法による医療の終了の申立てができる。

(3) 判断のポイント

ただし，結局，入院継続となるか否かの観点からすれば，社会復帰できるだけの条件が整うかどうか（「社会復帰阻害要因」ないし「社会復帰要因」という）がポイントとなっているようである。

第12節　医療観察法にいう医療と精神保健及び精神障害者福祉に関する法律による措置入院等の医療との関係

医療観察法にいう医療の位置づけに関しては，最高裁平成19年（医へ）第4号決定（最決平19・7・25刑集61巻5号563頁）がその点についての見解を示している。

同決定は職権判断ではあるものの，「医療観察法の目的，その制定経緯等に照らせば，同法は，同法2条3項所定の対象者で医療の必要があるもののうち，対象行為を行った際の精神障害の改善に伴って同様の行為を行うことなく社会に復帰できるようにすることが必要な者を同法による医療の対象とする趣旨であって，同法33条1項の申立てがあった場合に，裁判所は，上記必要が認められる者については，同法42条1項1号の医療を受けさせるために入院させる旨の決定，又は同項2号の入院によらない医療を受けさせる旨の決定をしなければならず，上記必要を認めながら，精神保健及び精神障害者福祉に関する法律による措置入院等の医療で足りるとして医療観察法42条1項3号の同法による医療を行わない旨の決定をすることは許されないものと解するのが相当であ」るとして，医療観察法の要件を満たす場合には，同法の医療を受けさせる決定をしなければならないという方向性を示した。

この決定の評価については，賛否両論があるが，ここではその点を指摘するにとどめる。

〔竹村　眞史〕

第2章

付添人の証拠収集

第1節　弁護人との違い

　医療観察法においては，弁護士は付添人として活動することになる。
　しかし，同法が適用になりそうなケースについては，実は被疑者弁護の段階で弁護人として関わることがあり得る。
　当番弁護士や被疑者国選弁護人として被疑者の責任能力が疑われる事例にぶつかることがあるところ，医療観察法適用罪名のケースは，被疑者段階でも弁護活動をすることがあり得るからである。
　現在の運用では，通常，被疑者弁護人が医療観察法の付添人となることが多いことから，実は，当該弁護士に自己矛盾的な行動を求めるものではないかとの批判がある。これは，国選付添事件の場合に顕著となる。
　すなわち，被疑者段階では，責任能力がない方向での活動をするのであるが，付添人となった場合は，その責任能力の関係で，場合により入院決定ないし通院決定を回避する方向での活動が要請されてしまうからである。
　ここでは，医療観察法の付添人としての証拠収集活動の視点を示していこうと思う（抗告・再抗告についても付添人中心に述べる）。

第2節　当初審判時

　前提として，処遇事件記録の閲覧・謄写をすることになるが，そのためには裁判所の許可を受けることが必要である（医療観察32条1項）。ただし，事件処理のためには記録の閲覧・謄写は必要であることから，基本的にこれらはすべて許可される。
　(1)　当初審判においては，対象者について，まず，そもそも対象行為の存否自体が問題となり得る。
　その場合の争い方としては，当初審判体のままということもあり得るが，別の合議体を構成するよう申し出ることもできる（同41条1項参照）。
　ここでの争い方は，通常の刑事手続の場合とそれほど差異はない。ただ，注意してほしいのは，この審判は少年審判手続同様，伝聞証拠を含めた一件記録が審判体に送致されるということである。その点を踏まえた活動が要請されるのである。
　(2)　次の段階では，対象行為があることを前提にした審判手続で，対象者の処遇のあり方について争うこととなる。
　当初審判では，対象者について①疾病性，②治療反応性，③社会復帰阻害要因（「社会復帰要因」という論者もいる）が検討される。
　そこで，それぞれについての争いが想定でき，そのための証拠収集をどうするかが問題となってくる。
　(3)　ここに，①疾病性とは，対象者が対象行為を行った際の心神喪失または心神耗弱の原因となった精神障害と同様の精神障害を有していることを意味するが，この点については，医療観察法上の鑑定書および社会復帰調整官作成にかかる生活環境調査結果報告書が基本情報となるところ，付添人は意見書の形で情報提供が可能である。そして，ここで想定している中心的な精神障害は，統合失調症である。
　この疾病性を争うには，まず，医療観察法鑑定書の検討が必要になるが，そのためには精神医学についての基礎知識が必要となる。

そのための参考書は種々発売されているので、各自で参照していただきたいが、それだけで鑑定書の内容を理解できるとは限らないことから、各弁護士会で協力医を確保しているので紹介してもらうとよい。

そして、ここでの検討は、次の治療反応性とも関わるが、対象者の疾病の診断名をそのまま受け入れてよいかという点にある。

これは、指定入院機関において対象者の治療が始まった場合、医療観察法鑑定で出された病名が実際の疾病と違うケースがかなりあり、その一方で、治療反応性がない者についても入院決定が出ているといわれていることから指摘できる問題である。

ここでは、人格障害を併発していないかといった観点や発達障害がないかといった観点からの検討も有用である。診断名の段階で、次の治療反応性の判断に影響を与える可能性があるからである。

さらに、上記3つの要件の総合判断で入院決定がなされている実情があることからすれば、治療の必要性（②治療反応性）との関係で、病気の程度が高くなく、この法律による医療の必要がないとの判断を導ける可能性があるため、そのための活動が可能となる。

それゆえ、是非とも協力医の援助を受けて、対象者の症状の把握に努めることになる。

そこで、その把握の仕方であるが、まず、鑑定書自体の検討が必要なことはいうまでもないが、その他にも対象者自身との面談、その面談の場面に可能であれば協力医にも同席してもらい（病院により断ってくることもあるが、付添人側にそれを強制する手段はない）、意見を聴取することが考えられる。

協力医の同席が不可能な場合は、あらかじめ面談に際しての注意点を聞いておき、そこを重点的に面談を行い、その後アドヴァイスをもらうという方法もある。

次に、生活環境調査結果報告書の利用も考えられる。そこには、現状における対象者の社会環境が報告されているため、事件記録を超える情報が入手できる場合がある。特に、社会資源についての記載がある場合は、後述の社会復帰要因の確立に役立つ面もあるため、その活用は有用である。

なお、医療観察法鑑定担当の鑑定医や社会復帰調整官からの意見聴取や付

添人の意見表明については，当初審判終了時までいくらでもできるとする考え方もあるが，制度としては審判体に対してのみ意見表明ができるとされていることから否定的な考え方もある。

　東京地裁では，裁判所に相談した上，了解がとれればそれら鑑定医や社会復帰調整官への接触は可能な場合もあるが，基本的にはカンファレンスで十分な情報提供とそこでの意見表明の機会があるということから，接触には否定的である。なお，この扱いは，裁判所によって違いがあるともいわれているので，各自で付添人になった際に当該審判体に確認されたい。

　(4)　次に，②治療反応性についてであるが，これは，対象者が対象行為を行った際の心神喪失または心神耗弱の原因となった精神障害と同様の精神障害を対象者が依然有していると認められた場合に，そのような障害を改善するために，医療観察法による医療を行うことが必要なこと，すなわち，その精神障害が治療可能なものであることを意味する。

　ここでいう治療可能とは，症状が改善し，通常の日常生活が送れるようになる可能性があることを含むことに争いはない。問題は，治療を続けることによって病状の増悪の抑制をすることができる場合を含むかどうかである。

　この点については賛否両論あり，本法による治療をやめてしまった場合に症状が悪化することが予想される場合には，退院が永久的にできなくなる危険があるとして反対する立場，本法の目的から，そのような対象者のためにこそ本法による治療を継続的に受けさせるべきとの立場がある。

　ここではわかりやすくするために両極的な考え方を示したが，いずれの立場に立とうとも，そもそも治療反応性がない場合については本法の適用外であることに重きを置いて活動することになる。

　では，どういった証拠，資料を集めることになるのか。

　ここでも医療観察法鑑定書や生活環境調査結果報告書を手がかりにして，対象者の病状の把握に努めることになるが，その他にも，医療観察法の申立てをするにあたって，検察庁において簡易鑑定，場合により鑑定留置をした上で正式に精神鑑定をしていることもあるので，そういった鑑定に関する書類等をも入手し（記録の閲覧・謄写），併せて検討することになる。なお，事件記録の中には家族の供述調書が含まれている場合もあり，そのような場合

には当該調書から対象者の生育歴や病状についての情報を入手することが可能な場合もあるので，活用するとよい。また，可能であれば，保護者や家族との面談により，より正確な情報を入手することもできるので，その情報を資料の形にしたり，意見書に盛り込む形で裁判所に資料提供することもできる。

　もちろん，対象者自身との面談により，また，主治医（医療観察法の鑑定中に治療を可とする医師に当たった場合，鑑定担当者とは違う主治医がつくこともある）から話を聞き，意見を頂戴する等によって，資料を集めることになる。主治医が意見書を書いてくれる場合は格別，そうでない場合については付添人報告書の形にするか，意見書の内容に取り込む等して裁判所宛提出するようにするのも1つの手である。

　この場合に，協力医がいる場合は，可能であれば対象者面談に立ち会ってもらい（これがなかなか困難なことは前述のとおり），協力医に意見書を作成してもらってそれを付添人の資料という形で裁判所宛提出する方法もある。協力医の立会いが不可能であった場合の対処の仕方については，疾病性についての場合と同様である。

　その他，対象行為時には治療反応性が見られたが，鑑定入院中ないし審判期日までの間に症状が軽快し，そもそも本法による医療までは必要なくなっているのではないかと思われる場合も出てくる。

　この場合は，次の③社会復帰阻害要因（社会復帰要因）とも関連してくるが，本法による医療が必要とまではいえないような場合には，本法による医療を受けさせる必要があるまでの治療反応性がないという形で意見表明することも不可能ではない。

　(5)　そして，③社会復帰阻害要因（社会復帰要因）についてであるが，これは，医療観察法による医療を受けさせなければ，その精神障害のために社会復帰の妨げとなる同様の行為を行う具体的・現実的可能性があることという説明がなされている。

　この③社会復帰阻害要因（社会復帰要因）の射程距離については，先述の最高裁平成19年（医へ）第4号決定の位置づけとの関連で争いがないわけではない。

しかしながら，当初審判では，この③社会復帰阻害要因がないこと，社会復帰要因があることを示して，入院ないし通院決定を出させないように活動することとなる。

ここでは，医療観察法による医療を受けさせなくても構わない状況があれば，この要件を満たさなくなるとの観点で活動すればよい。

では，どういう活動をすればよいか。

前提として，①疾病性があるとしても，その程度が弱い場合ということになるが（この場合であれば有効な活動となる），この場合には，社会資源の有効活用ということを考えるとよい。

ここに社会資源とは，精神科デイケア，精神障害者生活訓練施設（援護寮），精神障害者入所・通所授産施設，精神障害者福祉ホーム，精神障害者地域生活支援センター，精神障害者グループホーム，精神障害者共同作業所といった精神保健福祉関係のものがある。

精神科デイケアとは，精神科の治療の１つとして行われているもので，病院や診療所等の医療機関で週に３～５回くらい行われている。対象者が受診しているような場合，当該医療機関に資料提供をお願いすることも可能ではあるし，担当の精神保健福祉士がいれば，担当者からデイケア利用方法等についてのアドヴァイスをもらうこともできる。

精神障害者生活訓練施設（援護寮）とは，回復途上にある精神障害者に，居室その他の設備を一定期間利用させることにより，生活の場を与えるとともに，生活の指導等を行い，社会復帰の促進を図る施設で，後述する精神障害者福祉ホームより訓練・指導に重点を置いた施設である。

対象者が援護寮で復帰の可能性がある場合，要は居住場所さえあればというような場合に，その利用を考えることになる。情報としては，社会復帰調整官からもらうとよい（裁判所の了解が前提）。

精神障害者入所・通所授産施設とは，相当程度の作業能力を有する精神障害者を入所または通所させて必要な訓練や指導を行い，その社会復帰を促進することを目的とする施設で，この施設への入所ないし通所で対応できそうな対象者の場合に利用を考えることになる。情報入手源としては，社会復帰調整官に聞くのが便利である。

精神障害者福祉ホームとは、一定程度の自活能力のある精神障害者であって、家庭環境、住宅事情等の理由により住宅の確保が困難な者に対し、一定期間利用させることにより生活の場を与えるとともに必要な指導等を行い、もって社会復帰と自立の促進を図ることを目的とする施設である。

精神障害者地域生活支援センターとは、地域の精神保健及び精神障害者の福祉に関する問題全般について、精神障害者からの相談に応じ、必要な指導および助言を行うとともに、併せて保健所、福祉事務所、精神障害者社会復帰施設等との連絡調整その他の援助を総合的に行い、精神障害者の社会復帰と自立と社会参加の促進を目的とする施設である。

精神障害者グループホームとは、地域において共同生活を営む精神障害者に対して食事の世話全般、出納に関する助言、服薬指導、日常生活における相談・指導等の援助を行うため、4人以上が生活する共同住宅に世話人を配置し、精神障害者の自立生活を援助するものである。

精神障害者共同作業所とは、在宅の精神障害者が通所することにより、作業訓練、レクリエーション等を行い、社会復帰・社会参加を目指すものである。

最後の二者については、むしろ、社会復帰に重きを置いたものともいうことができ、その意味では当初審判にはなじみにくい面があることは否めない。

しかしながら、こういった社会資源の有効利用については、きちんと押さえておきたい。社会資源の利用に関しては、報告書でも意見書でも構わないので、利用実態ないしその可能性について、きちんと裁判所に書面で提出しておくことが肝要である。

第3節 抗告審時

(1) 当初審判に不服があるときは、2週間以内に対象者、保護者または付添人は抗告することができる（医療観察64条2項本文）。ただし、付添人は、選任者である保護者の明示の意思に反しては抗告できない（同64条2項但書）。

抗告理由は，(i)決定に影響を及ぼす法令の違反，(ii)重大な事実の誤認，(iii)処分の著しい不当のいずれか（またはこれらの組合せ）に限られる（同64条2項）。一般の刑事訴訟の場合よりはその範囲は狭い（広く解すべきであるとの見解もある）。また，抗告には執行停止効はないので注意を要する（同69条）。

(2) 原審決定で入院決定が出た場合，仮に抗告をしたとしても，原則として執行停止効がないことから（同43条3項），厚生労働省指定の指定入院機関にすぐさま入院させられてしまうので，入院先の把握がスタートとなる。入院先は，対象者本人，保護者には通知されるので（同43条4項），そこから入院先を把握するとよい。

そして，抗告審では，抗告裁判所は，原則として抗告趣意に含まれている事項の範囲で調査を行うのみ（同66条1項）であるので，抗告趣意でなるべく広範囲に主張をするようにすることを心がけるべきこととなる（ただ，裁判所には抗告理由については職権調査を行う権限はある，同66条2項）。

(3) 具体的にどういう証拠を集めることになるかであるが，抗告理由が限定されていることと相まって，かなり限定されてしまう傾向がある。

まず，原審記録の精査と対象者本人からの事情聴取を行うことは一般の刑事裁判の場合と同様である。ところで，事実誤認のうち合議体の裁判（同41条1項）で認定された対象行為の存否そのものを，その裁判での事実誤認等を抗告理由として争うことはできないとされているので注意が必要である。

ただし，原審での入院決定等を争う際に，対象行為の存否を争うことは可能である。そこでは，上記(ii)の重大な事実誤認の一形態として争うことになると思われるが，ここでは，一件記録のすべてが原審裁判所に行くこと，いわば総合判断として決定がなされていることに留意して抗告趣意を作成することを心がける必要がある。

その総合判断の中で，①疾病性，②治療反応性，③社会復帰阻害要因（社会復帰要因）のどの要件を重視しているか，重視されていると思われる要件を支える事実とその根拠はどうか，といった視点で記録を精査するとよいだろう。

その上で，必要に応じて，どのような事実を認定すべきか，場合により原審での事実誤認について意見書を作成することになる。

なお，対象者の入院先には，原審の際に裁判所に提出されていた医療観察法鑑定書と生活環境調査結果報告書しか送られてこないということも押さえておくべきである。つまり，入院先にある原審資料は極めて限定されているということであるところ，その後の入院治療の成果等は抗告審では判断対象にはならないことに留意する必要があることになる。一般の刑事事件でよくあるパターンの1つに示談等の成立により原審判決時の量刑が不当ゆえ破棄自判というケースがあるが，医療観察法の抗告審ではそのような判断はないということである。

ところで，①疾病性や②治療反応性に関しては，入院先の主治医から話を聞くという方法がある。現に，現場で対象者と向き合い，治療計画に中心的に参画しているがゆえに，当初医療観察法鑑定についての異論や治療反応性についての具体的な話を聞くことができる。そういう情報があれば（退院請求のほうが手段的には適当ともいえるが），当初審判の間違いについて指摘が可能となり，意見書としても説得力のあるものができると思われる。ただし，その証拠化ということになると，困難を伴う。指定入院機関の主治医は，身分が公務員であるため，一般の医師に意見書ないし鑑定書を頼む場合と同列にはならないからである。無償で意見書ないし鑑定書を作成してもらえるのであれば格別，そうでない場合は，付添人の報告書といった形で裁判所に提出することになる。ここでは，裁判所から指定入院機関に対し，病名・病状照会をしてもらうことを考えるとよいだろう。

③社会復帰阻害要因（社会復帰要因）に関しては，対象者の保護者や入院先の社会保険福祉士から情報を集め，原審判断時における状況把握に努め，意見書ないしは上申書の形で証拠化を図るとよい。

第4節　再抗告時

(1)　抗告審の決定に不服があるときは，2週間以内に対象者，保護者または付添人は再抗告することができる（医療観察70条1項本文）。ただし，付添人は，選任者である保護者の明示の意思に反して再抗告できない（同70条1項但

書)。

　再抗告理由は，(i)憲法違反もしくは憲法の解釈に誤りがあること，(ii)最高裁判所もしくは上訴裁判所である高等裁判所の判断に反する判断をしたことのいずれか（またはその両者）に限られる。一般の刑事訴訟の場合と違って職権判断を求めることはできない。

　なお，再抗告に理由があると認められた場合は，決定でもって原決定を取り消し，地方裁判所に差し戻すか移送されることになる（同71条2項）。

　(2)　ここでは，再抗告理由が極めて限定されていることと相まって，証拠収集はほとんどできないといってもよいだろう。

　押さえておきたい最高裁判例としては，前述の最高裁平成19年（医へ）第4号決定，最高裁平成20年（医へ）第1号決定のほか，鑑定入院命令発令後に，裁判所が職権で同命令を取り消すことができるとした最高裁平成21年（し）第359号決定（最決平21・8・7刑集63巻6号776頁）がある。

第5節　退院請求時

　医療観察法において他に付添人として関与する場合としては，入院決定が出ていた対象者に対する退院請求（請求権者は，指定入院機関の管理者（医療観察49条1項））に際して，国選付添人に選任される場合がある（もちろん，私選ということもあり得る）。

　この場合，退院が可能かとの観点で活動することになるが，資料としては，原則，指定入院機関の申立書，同入院機関の所在地を管轄する地方裁判所に対応する保護観察所の意見書，同入院機関の退院前基本情報管理シート（電子カルテ）の入手が可能である。そして，それに加えて，対象者との面談，主治医との面談等により具体的な情報の入手が可能となる。

　ここでも，①疾病性，②治療反応性，③社会復帰阻害要因（社会復帰要因）について検討することになるが，前二者については，指定入院機関側から情報提供をしてもらえるし，③社会復帰阻害要因（社会復帰要因）については社会復帰調整官の協力を得るとよい。

その他にも，保護者や親族がいる場合には，通院（退院後，さらに通院することが予定されている）に際しての条件がどう整っているかにつき，報告書ないし上申書の形で裁判所に状況報告を行い，意見書を作成することとなる。

第6節　医療終了の申立て時

　医療観察法による強制治療については，通院，入院を問わず，医療終了の申立てがなされる場合が考えられる（医療観察54条1項。なお，同55条）。
　この場合も国選付添人となる可能性があるが，基本的な視点は，医療を終了させるのが可能か，また，妥当かということになるが，入手可能資料は退院請求と同様であり，証拠収集という点でも同様となる。
　なお，入院継続確認に際して，付添人として活動することは考えにくいことを指摘しておく。

〔竹村　眞史〕

第9部
裁判員裁判と控訴審

■CONTENTS

第1章　1審判決の尊重

第2章　控訴審における新証拠

第3章　裁判員の判断対象とならなかった争点に関する判断

第1章

1審判決の尊重

第1節　はじめに

　本稿は，現時点で，いまだ極くわずかしか裁判員裁判の控訴審がなされていない段階でのものであり，机上の議論は別として，実務に対応した議論が十分に尽くされていないものであることを最初に断っておきたい。

　被告人が控訴をする場合には種々のものがあり，検察官控訴と被告人弁護人控訴では全く異なるが，本稿では，被告人弁護人控訴の事件を中心に論ずることとした。

第2節　1審判断の尊重と控訴審での弁護活動

　司法研修所は2009年5月11日，裁判員裁判によってなされた1審判決に対し，控訴審は「できる限り1審を尊重するべきで，破棄されるケースは例外的なものに絞り込まれる」などとする研究報告書を公表し，現在行われている裁判でも，おおむね，そのように考えられて運用されているようである。

　この報告書は，控訴審では新たに証拠を調べるのではなく，1審判断の当否を審査する「事後審」という趣旨を徹底させるべきだとし，事実誤認を判断する際は「客観証拠で認められる事実を見落とすなどの場合を除き，基本

的に1審尊重の姿勢で臨むべきだ」とした。また量刑についても死刑か無期かの判断の分かれるような場合を除き「よほど不合理なことが明らかな場合」以外は1審を尊重すべきだとしている。

　しかし，1審判決の尊重を絶対視すれば，被告人の裁判を受ける権利，控訴，上告して3回の審理を受ける権利は，ないがしろにされることになる。1審判決を尊重しなければ，控訴審以降は職業裁判官の裁判であるから，市民感覚を取り入れた刑事裁判という制度の趣旨にももとることとなり，市民感覚を職業裁判官が覆すのは，裁判員制度創設の趣旨に反することになろうが，被告人弁護人控訴の場合，やはり被告人の権利こそが重要であることは明らかなのであるから，この点を強く主張すべきであろう。

　もっとも，現実には，控訴審で，裁判員裁判の1審判決は，やはり尊重されてしまうものと考えなければならない。これを打ち破るには，最も有効な手段が，新証拠の提出である。司法研修所の報告書では，新証拠の採用に消極的な意見が述べられているが，例えば，示談が新たになされたような場合に，いかに1審判決尊重とされていても，これが採用されないということはあり得ないものと思われる。同様に，裁判員裁判だからといって，再審すらもできなくなるわけではないから，事実誤認の場合であっても，新証拠採用の可能性は十分にあるから，これを追求すべきであろう。

　仮にこのような新証拠がない場合，量刑不当であれ，事実誤認であれ，不合理な判断だとして（可能なら極めて不合理な判断だとして），1審判決にとらわれずに，新たな判断をするよう求めることとなる。量刑不当を考えるなら，控訴審の役割の1つが，1審判決の量刑のばらつきを是正し，係属した裁判所次第で量刑の変わる不公正さをなくすことにもあるのだから，なおも他の裁判例との比較によって，量刑不当を主張することも必要となるであろう。あるいは事実誤認であったとしても，客観的真実こそが重要であり，不合理な誤判は許されない。したがって，1審尊重といわれる中でも，なおかつさらに証拠を精査して，例えば1審では議論されていない論点を見出して，より説得力を持たせるよう努力しなければならない。特に冤罪の場合，証拠を読み込めば読み込むほど，新たな論点が見えてくることは多い。この努力を，いかに1審尊重といわれようと，惜しんではならない。1審で日の目を

見なかった供述調書を有利に出すべき場合，容易には採用されないことが予想されるが，より説得的な議論をすることによって，採用されるよう努力をする。誤判をただすのが弁護人の役割と肝に銘ずべきなのである。

〔内山　成樹〕

第2章

控訴審における新証拠

第1節　公判前整理手続を経たことによる立証制限

　裁判員裁判では，まず公判前整理手続がなされ，その後，裁判員の関与する公判が行われる。この公判前整理手続を経た後の1審公判での新たな証拠請求について，刑訴法改正法は，公判前整理手続に付された事件については，原則として，公判前整理手続の中で証拠調べ請求をしなければならず，公判前整理手続終了後は，「やむを得ない事由によつて……請求することができなかつたものを除」いて証拠調べ請求をすることができないとされている（刑訴316条の32第1項）。ただし，同条2項では，裁判所が「必要と認めるときに」職権で証拠調べをすることを妨げるものではないともされている。この立証制限は，計画的・集中的に実質的な争点を中心とした公判審理を行うための公判前整理手続を経た後には，証拠調べ請求を制限する必要があると考えられたからであった。

第2節　控訴審における一般的立証制限との対比

　一方，控訴審での立証について，刑訴法382条の2第1項は，「やむを得ない事由によつて第1審の弁論終結前に取調を請求することができなかった証

拠」によって証明することができる事実でなければ,「訴訟記録及び原裁判所において取り調べた証拠に現われている事実以外の事実」を控訴趣意書に援用することができないと規定する。さらに,同393条1項は,控訴裁判所は,必要があるときは職権で事実の取調べをすることができるとしたうえで,但書で「382条の2の疎明があつたものについては,刑の量定の不当又は判決に影響を及ぼすべき事実の誤認を証明するために欠くことのできない場合に限り,これを取り調べなければならない。」とする。

この「やむを得ない事由によつて取調……を請求することができなかつた」場合が何かについては,物理的不能説（その証拠の存在を知らなかった場合,あるいは,これを知ってはいても,その証人が所在不明や外国滞在中などの理由によって取調べ請求できなかった場合等,何らかの理由により取調べ請求することが不可能であったために,1審で取調べ請求することが物理的に不能であった場合がこれに当たるとする説）と,心理的不能説（証拠の存在は知ってはいたが,すでに取り調べられた証拠だけで十分であると考えるなどして,1審で当該証拠を提出する必要がないと考えて,取調べ請求しなかった場合のような,心理的に不能であった場合も,これに含まれるとする説）とがある。

しかし,いずれにしても,公判前整理手続は,まだ公判の行われる前の,その後公判がどのように展開していくかわからない段階での手続であり,1審判決が出てしまった後とは,明らかにその段階を異にする。控訴審において,立証制限がなされるのは,控訴審を事後審とする訴訟構造からして,安易な立証を許さないとの趣旨に発するものであって,証拠の1審集中主義に基づくものである。

第3節 総 論

したがって,公判前整理手続を経た後の立証制限のほうが,控訴審での立証制限より狭いと解されなければならず,そうであれば,公判前整理手続を経たことによって,控訴審での立証制限がより厳しくなるとする理由はないことになる。このことは,裁判員裁判によって判決が出されたとしても同様

と見るべきで，いかに1審尊重といったとしても，控訴審での立証制限がより厳しくなるとするのは誤りである。

　こうして，裁判員裁判を経た1審判決に対する控訴であっても，従来と同様に，新証拠を証拠請求することの妨げとはならないと解されるのが相当である。

〔内山　成樹〕

第3章
裁判員の判断対象とならなかった争点に関する判断

第1節　裁判官の専権に属する法律の解釈等

(1)　法律の解釈や適用，訴訟手続上の判断は，法律の専門家である裁判官の専権に属するとされる。したがって，法律が憲法違反であるとか訴訟手続に違法があるなどの主張をしたとしても，裁判員の評議の対象とはならない。しかし，どこまでが法律の解釈かは，個々の事例で争いとなる余地もあるであろう。正当防衛や誤想防衛の成否も，一種の法律の解釈の問題ではあるが，実務上，この点についても裁判員の判断の対象となっている。東京高裁平成22年7月14日判決は，1審の裁判員裁判による誤想過剰防衛を認めた判決を，被告人が誤想するような被害者の行為はないとして，破棄して，心神耗弱と改めて認定したが，その評議の内容は不明であるので，どこまでが裁判員の判断対象であったのかも不明であるものの，この事件は，法律の解釈と事実の認定のいずれもが必要な事例といいうるであろう。

(2)　したがって，そのような法律の評価にわたる判断については，裁判員裁判であったとしても，何ら，これまでの裁判と異なることはないことになる。事実認定と法律の解釈とがからみあうような事件でも，法律の評価に誤りがあるとして，控訴理由として主張すべき事例はままあると思われる。

第2節　公判前整理手続での争点整理

　このように1審尊重といわれる趣旨は，あくまで裁判員の関わった判断に対するものでしかなく，裁判官のみによって判断されたものにまで及ぶと考えるべきではない。したがって，公判前整理手続において，違法不当な訴訟指揮があり，あるいは判断がなされ，その点が，公判で争点とならなかった場合に，この違法不当な訴訟指揮や判断に対して，控訴審で主張することは，妨げられることはない。例えば事実認定に関する判断であったにしても，公判前整理手続で，裁判官の違法不当な判断で，争点とされなかったとすれば，その点についても，改めて控訴審で主張することは可能としなければならない。極端な場合，弁護人の行ったアリバイ主張が，そのようなものはアリバイではあり得ないなどとして，争点として取り上げられず，証拠も採用されなかった場合，裁判員の評議の対象にはならないということになるであろう。そうだとすると，1審尊重の基礎がないことにならざるを得ないから，事実認定に関する裁判員裁判による判決だということが，この点を控訴審で主張することの妨げになるはずはないのである。

〔内山　成樹〕

判例索引

最〔大〕判昭23・7・19刑集2巻8号952頁 …………………………………………266
最判昭23・8・5刑集2巻9号1123頁 …………………………………230, 314, 315
最判昭23・10・30刑集2巻11号1427頁 ……………………………………………258
最判昭23・11・16刑集2巻12号1549頁 …………………………………………229, 230
最判昭23・12・23刑集2巻14号1856頁 ……………………………………………229
最判昭24・4・7刑集3巻4号489頁 ………………………………………………258
最〔大〕判昭24・11・2刑集3巻11号1737頁 ………………………………………5
最判昭24・12・12裁判集刑15号349頁 ……………………………………………151
名古屋高判昭25・1・12判特6号88頁 ……………………………………………125
最〔大〕判昭25・2・1刑集4巻2号100頁 …………………………………………7
東京高判昭25・3・27判特12号10頁 ………………………………………………127
大阪高判昭25・6・17判特13号52頁 ………………………………………………135
大阪高判昭25・10・21判特15号85頁 ………………………………………………135
最判昭25・11・21刑集4巻11号2359頁 ……………………………………………115
札幌高判昭25・12・15判特15号188頁 ……………………………………………135
大阪高判昭25・12・23判特15号106頁 ……………………………………………135
最判昭26・3・9刑集5巻4号509頁 ………………………………………………258
広島高松江支判昭26・3・12高刑集4巻4号315頁 ………………………………258
最決昭26・5・31刑集5巻6号1211頁 ……………………………………………215
札幌高函館支判昭26・7・30高刑集4巻7号936頁 ……………………………95, 112
札幌高判昭27・2・21判特18号75頁 ………………………………………………135
札幌高判昭27・2・27高刑集5巻2号278頁 ………………………………………135
最判昭27・3・27刑集6巻3号520頁 ………………………………………………141
最〔大〕判昭27・4・9刑集6巻4号584頁 ………………………………………93
最決昭27・6・26刑集6巻6号824頁 ………………………………………………135
東京高判昭27・10・14判特37号40頁 ………………………………………………412
東京高判昭28・3・16判特38号63頁 ………………………………………………457
最判昭28・5・12刑集7巻5号1023頁 …………………………………………39, 111
東京高判昭28・8・14判特39号82頁 …………………………………………………7
広島高岡山支判昭28・10・29判特31号82頁 ………………………………………135
札幌高函館支判昭29・3・16判特32号95頁 ………………………………………229
東京高判昭29・7・24高刑集7巻7号1105頁 …………………………………137, 138
最判昭29・9・24刑集8巻9号1534頁 ……………………………………………212
東京高判昭29・11・7東高時報4巻5号153頁 ……………………………………138
最決昭29・11・25刑集8巻11号1888頁 ……………………………………………112
最判昭30・1・11刑集9巻1号14頁・判タ47号52頁 ……………………………134
最判昭31・1・31刑集10巻1号119頁 ………………………………………………230
最判昭31・6・19刑集10巻6号853頁 ………………………………………………127

最決昭31・6・28刑集10巻6号939頁………………………………………………232
最〔大〕判昭31・7・4民集10巻7号785頁…………………………………………5
東京高判昭31・11・21高刑集9巻11号1171頁……………………………………18
東京高判昭31・12・15高刑集9巻11号1242頁……………………………………132
最判昭32・2・13刑集12巻2号218頁………………………………………………465
最判昭32・7・25刑集11巻7号2025頁…………………………………………147, 426
最判昭32・10・4刑集11巻10号2456頁……………………………………………258
最〔大〕判昭32・11・27刑集11巻12号3113頁……………………………………318
最判昭32・12・10刑集11巻13号3197頁……………………………………………318
最〔大〕判昭33・5・28刑集12巻8号1718頁・判時150号6頁…………………270
最決昭35・3・24刑集14巻4号462頁…………………………………………………69
最判昭35・9・8刑集14巻11号1437頁………………………………………………144
最判昭37・7・3民集16巻7号1408頁…………………………………………………34
最〔大〕判昭37・11・28刑集16巻11号1633頁………………………………………17
最判昭38・9・12刑集17巻7号661頁…………………………………………………230
東京高判昭40・3・15高刑集18巻2号89頁…………………………………………127
大阪高判昭40・11・8下刑集7巻11号1947頁………………………………………135
最判昭41・7・1刑集20巻6号537頁・判時457号63頁……………………………115
大阪地判昭41・8・2下刑集8巻8号111頁…………………………………………268
最決昭43・2・8刑集22巻2号55頁・判時509号19頁……………………………104
最判昭43・10・25刑集22巻11号961頁・判時533号14頁…………………………267
最決昭44・4・25刑集23巻4号248頁…………………………………37, 210, 396, 405
最決昭44・4・25刑集23巻4号275頁…………………………………………………405
最決昭44・6・11刑集23巻7号941頁……………………………………………………5
最〔大〕判昭44・12・24刑集23巻12号1625頁・判時577号18頁………78, 83, 84, 87, 88
最判昭48・12・13判時725号104頁………………………………………230, 312, 316
最判昭48・12・13裁判集刑190号781頁……………………………………………356
東京高判昭50・3・27高刑集28巻2号132頁…………………………………………12
東京高判昭51・2・27高刑集29巻1号42頁……………………………………………6
京都地判昭51・3・1判時829号112頁…………………………………………………81
東京地決昭51・6・15判時824号125頁…………………………………………………8
最判昭51・10・28刑集30巻9号1859頁………………………………………………271
最決昭52・8・9刑集31巻5号821頁・判時864号22頁・判タ352号138頁………245
最〔大〕判昭53・5・28刑集12巻8号1718頁………………………………………265
最決昭53・7・3判時897号114頁・判タ364号190頁………………………………247
最判昭53・9・7刑集32巻6号1672頁・判時901号15頁・判タ369号125頁……120, 152, 154, 155, 194
大津地判昭54・3・8判時948号131頁…………………………………………………13
東京高判昭54・6・27判時961号133頁…………………………………………………90
最判昭54・7・24刑集33巻5号416頁………………………………………………5, 12
東京簡判昭55・1・14判時955号21頁…………………………………………………86
東京高判昭55・2・1判時960号8頁…………………………………………………105

判例索引　507

京都地決昭55・2・6判タ410号151頁……………………………………………102
最判昭55・7・1判時971号124頁……………………………………………249
最決昭56・4・25刑集35巻3号116頁……………………………………………17
大阪高判昭56・12・15判時1037号140頁……………………………………………9
大阪高判昭56・12・15判タ456号35頁・同459号31頁……………………………10
最判昭57・1・28刑集36巻1号67頁……………………………………………249
最決昭57・3・16判時1038号34頁・判タ467号62頁……………………………249
札幌簡判昭57・10・20札幌弁護士会編無罪事例集1986年3頁……………………278
最決昭57・12・17刑集36巻12号1022頁・判時1065号194頁・判タ487号84頁……125
大阪地決昭58・3・23判時1096号153頁……………………………………………102
札幌高判昭58・3・28判タ496号172頁……………………………………………286
最決昭58・5・6刑集37巻4号375頁……………………………………………19
最決昭58・6・30刑集37巻5号592頁・判時1081号159頁・判タ500号132頁……132
最決昭58・9・13判時1100号156頁……………………………………………231
東京高判昭58・10・28判時1107号42頁……………………………………………138
最判昭58・12・13刑集37巻10号1581頁……………………………………………17
大津地判昭59・2・7判時1123号149頁……………………………………………10
最決昭59・2・29刑集38巻3号479頁・判時1112号31頁………………111, 188, 212
東京高判昭59・4・16判時1140号152頁……………………………………………102
最判昭59・4・24刑集38巻6号2196頁・判時1126号133頁……………………269
東京高判昭59・7・18高刑集37巻2号360頁・判時1128号32頁………………315
最決昭59・12・21刑集38巻12号3071頁・判時1141号62頁・判タ546号107頁……82, 85, 149
大阪高判昭60・3・20判タ556号204頁……………………………………………278
仙台高判昭60・4・22判時1154号40頁……………………………………………260
東京高判昭60・4・30判タ555号330頁……………………………………………278
東京高判昭60・6・26判時1180号141頁……………………………………………102
最決昭60・11・29刑集39巻7号532頁……………………………………………17
最判昭61・2・14刑集40巻1号48頁・判時1186号149頁……………………85
静岡地沼津支決昭61・2・24判時1184号165頁……………………………………279
最決昭62・3・3刑集41巻2号60頁・判時1232号153頁…………………101, 102
名古屋地判昭62・12・18判時1262号143頁……………………………………………279
最判昭63・1・29刑集42巻1号38頁……………………………………………250
東京高判昭63・4・1判時1278号152頁……………………………………………87
最判平元・6・22刑集43巻6号427頁・判時1314号43頁……………………268
最判平元・10・26判時1331号145頁・同1355号231頁……………………………279
横浜地判平元・12・21判時1356号156頁……………………………………………279
浦和地判平2・3・28判時1359号153頁……………………………………………279
東京地判平2・7・26判時1358号151頁……………………………………………106
浦和地判平2・10・12判時1376号24頁………………………………………279, 283
大阪高判平2・10・24高刑集43巻3号180頁……………………………………259
大阪高判平3・2・15判時1377号138頁……………………………………………279

浦和地判平 3・3・25判タ760号261頁…………………………………………………116
東京地判平 3・6・27判時1430号 3 頁…………………………………………………279
大阪地判平 3・7・4 判時1262号143頁…………………………………………………279
大阪高判平 4・2・28判時1470号154頁…………………………………………………279
葛城簡判平 5・11・19判タ860号300頁…………………………………………………279
熊本地判平 6・3・9 判タ873号292頁……………………………………………………279
東京地判平 6・3・15判時1498号130頁……………………………………………279, 284
東京高判平 6・8・2 高刑集47巻 2 号282頁………………………………………………18
東京高判平 6・12・2 判時1533号25頁…………………………………………………279
東京高判平 7・3・30判時1535号138頁…………………………………………………279
最判平 7・6・20刑集49巻 6 号741頁・判時1544号128頁…………………………………94
東京高判平 8・1・17判時1558号145頁……………………………………………279, 284
最決平10・11・25刑集52巻 8 号570頁……………………………………………………22
福岡地判平12・3・27判タ1152号301頁…………………………………………………283
最決平12・7・17刑集54巻 6 号550頁・判時1726号177頁………………………………104
最決平12・10・31刑集54巻 8 号735頁・判時1730号160頁・判タ1046号107頁…………138
最決平13・4・11刑集55巻 3 号127頁……………………………………………………18
最決平14・7・18刑集56巻 6 号307頁……………………………………………………19
仙台高判平14・11・12判タ1156号286頁…………………………………………………283
最判平15・2・14刑集57巻 2 号121頁・判時1819号19頁・判タ1118号94頁……153, 154, 155
最決平15・11・26刑集57巻10号1057頁・判時1842号158頁・判タ1139号80頁…………138
大阪地判平16・4・9 判タ1153号296頁…………………………………………………282
福岡地判平17・5・19判時1903号 3 頁……………………………………………………138
東京地判平17・6・2 判時1930号174頁……………………………………………………88
最決平17・9・27刑集59巻 7 号753頁・判時1910号154頁・判タ1192号182頁……148, 443
広島高決平18・8・25判タ1254号17頁…………………………………………………408
大阪高決平18・10・6 判時1945号166頁……………………………………………432, 433
東京高決平18・10・16高刑集59巻 4 号 1 頁……………………………………………430
名古屋高決平19・5・25判タ1254号18頁………………………………………………408
最決平19・7・25刑集61巻 5 号563頁…………………………………………483, 488, 493
最決平19・10・16刑集61巻 7 号677頁………………………………………231, 316, 355
最決平19・12・25刑集61巻 9 号895頁……………………………………………211, 408
最判平20・4・25刑集62巻 5 号1559頁…………………………………………………232
名古屋高金沢支判平20・6・5 判タ1275号342頁………………………………………466
最決平20・6・18刑集62巻 6 号1812頁……………………………………………479, 493
最決平20・6・25刑集62巻 6 号1886頁……………………………………………211, 409
最決平20・9・30刑集62巻 8 号2753頁……………………………………………211, 409
最判平21・4・14刑集63巻 4 号331頁・判時2052号151頁………………………………351
最決平21・8・7 刑集63巻 6 号776頁……………………………………………………493
最決平21・12・8 判時2070号156頁………………………………………………………231
最判平22・4・27裁判所時報1507号 1 頁………………………………………………231

事項索引

ア 行

異 議
　　──の申立て……………205
　　意見としての──………205
　　証拠調べに関する──…207
　　手続の省略を肯認しない旨
　　　の──…………………206
違法収集証拠
　　──の証拠能力…………155
　　──の排除法則…………194
医療観察法………………………473
医療観察法33条1項……………476
医療観察法鑑定書………………487
オービスⅢ………………………84
おとり捜査………………………84

カ 行

開示請求…………………………410
解任事由…………………………6
確 信……………………………314
確定日付制度……………………40
鑑 定
　　──入院…………………477
　　──の種類………………309
　　精神──…………………302
　　声紋──…………………105
　　繊維──…………………105
　　DNA──…………………103
　　毛髪──…………………105
関連性……………………………452
期日間整理手続…………………468
義務的申立て……………………476
供述証拠…………………………61
共犯者の自白……………………263
　　──に補強証拠…………265
具体的証拠の必要性……………442
刑事訴訟手続における「和
　　解」の利用……………………50
刑訴法36条…………………………3
決定の種類………………………480
検察官意見書……………………36
「原証拠」の開示………………403
憲法37条……………………………3
検証調書…………………………142
　　──の証拠能力…………93
合意書面…………………………141
公判前整理手続………………36, 391
公判調書…………………………124
公判手続更新の手続……………51
公務所照会（刑訴279条）
　　…………………………40, 457
国選弁護人…………………………3

サ 行

裁定申立て（刑訴316条の26）
　　…………………………438, 439
　　──の実態………………440
差押え・提出命令(刑訴99条)
　　…………………………………40
実況見分調書………………142, 144
辞任の正当事由……………………6
自白の証拠能力…………………113
社会復帰阻害要因………………488
社会復帰調整官…………………478
写 真……………………………147
　　──の証拠能力…………78
遮蔽措置…………………………44
臭気鑑別書………………………100
臭気鑑別の証拠能力……………102
酒気帯び鑑識カード……………146
主張関連証拠開示
　　……………………38, 407, 451
証拠意見…………………………38
証拠開示命令……………………211
証拠制限…………………………463
証拠提出責任……………………319
証拠能力…………………71, 75, 76, 123
証拠の開示………………………37
証拠の優越………………………314
証拠保全（刑訴179条1項）
　　…………………………40, 73, 458
肖像権……………………………83
証 明
　　──の程度………………314
　　厳格な──………………60
　　自由な──………………60
証明予定事実……………………393
職権証拠調べ……………………465
推定事実…………………………318
生活環境調査結果報告書………486
前科調書…………………………141
「全証拠リスト」の開示………406
訴因の特定………………………19
争点及び証拠の整理手続………391
相当性……………………………452
相反性……………………………132
疎 明……………………………314
「存在しない。」とする回答
　　………………………………436

タ 行

弾劾証拠…………………………466
付添人……………………………477
提示命令（刑訴規192条）……66
伝聞法則…………………………123
同意の撤回………………………39
統合捜査報告書……………140, 402
謄写する機会……………………400
毒樹の果実………………………155
特信性……………………………133

ナ 行

名倉判決…………………………352

ハ 行

被害者等非公開の決定………43
被害者の手続参加……………45
被疑者ノート……………32, 33
被告人側の同意・不同意……38
被告人の員面調書……………91
ビデオテープの証拠能力……87
ビデオリンク方式……………44
不可欠性………………………137
不出廷審理……………………10
不同意に対する弁護人の対応
………………………………186
弁解録取書……………………141
弁護側の冒頭陳述……………56
弁護士会照会制度（弁23条の2）………………39, 67, 72, 456
法律上の推定…………………318
補強証拠………………………258
補強法則………………………257
ポリグラフ検査………………104

ヤ 行

やむを得ない事由……………463, 464, 466
要旨の告知……………………166
予定主張………………………449

ラ 行

類型証拠開示請求
………………………38, 401, 408

[編著者]

庭 山 英 雄（弁護士・元専修大学教授）
荒 木 和 男（弁護士）
合 田 勝 義（弁護士）

実務　刑事弁護と証拠法

2011年5月22日　初版第1刷印刷
2011年5月31日　初版第1刷発行

編著者　庭 山 英 雄
　　　　荒 木 和 男
　　　　合 田 勝 義

発行者　逸 見 慎 一

発行所　東京都文京区本郷6丁目4の7　株式会社　青林書院
振替口座　00110-9-16920／電話03(3815)5897〜8／郵便番号113-0033
http://www.seirin.co.jp

印刷・藤原印刷㈱　落丁・乱丁本はお取り替え致します。
Printed in Japan　ISBN978-4-417-01541-3

JCOPY〈㈳出版者著作権管理機構　委託出版物〉

本書の無断複写は著作権法上での例外を除き禁じられています。複写される場合は，そのつど事前に，㈳出版者著作権管理機構（TEL03-3513-6969，FAX03-3513-6979，e-mail:info@jcopy.or.jp）の許諾を得てください。